"十三五"普通高等教育规划教材

普通高等教育"十一五"国家级规划教材

企业战略管理

ENTERPRISE STRATEGIC MANAGEMENT

（第二版）

主　编　刘　颖

副主编　岳文赫　王秋菲

参　编　徐国涛　黄昌铁　葛　新　于泽孺

中国电力出版社

CHINA ELECTRIC POWER PRESS

内 容 提 要

本书依据企业战略管理研究的基本逻辑，从研究战略的本质出发，系统介绍企业战略管理的含义、过程、战略管理理论及其发展，主要内容包括：战略生态，战略基石，公司战略，业务层战略，动态竞争战略，产业环境与竞争战略，企业战略制订，企业战略实施的组织与效果，企业战略控制，企业文化和战略管理者，互联网时代的商业模式和企业竞争战略，全球化市场的企业竞争战略等。本书创新性提出战略管理环境分析的两大视角，深入挖掘了企业战略选择的组成部分在战略体系中的功能本质，强调了企业战略审计在战略控制中的作用，还介绍了全球化与互联网时代的企业战略特点。

全书精心选编了国内外知名企业和新兴产业领域的经典案例，再现了异彩纷呈的社会经济实践，具有较好的时效性，可激发读者的兴趣和学习热情。书中每章开篇引入中外名家之言及学习要点、学习目标，章后附有复习思考题和练习案例以便于读者消化吸收所学理论知识。

本书主要作为普通高等院校经济类、管理类、工程类相关专业教材，并可作为企业管理相关人员的学习参考书。

图书在版编目（CIP）数据

企业战略管理/刘颖主编. —2版. —北京：中国电力出版社，2020.1（2024.9重印）
“十三五”普通高等教育规划教材　普通高等教育“十一五”国家级规划教材
ISBN 978-7-5198-3683-2

Ⅰ. ①企…　Ⅱ. ①刘…　Ⅲ. ①企业管理－战略管理－高等学校－教材　Ⅳ. ①F272.1

中国版本图书馆CIP数据核字（2019）第202405号

出版发行：中国电力出版社
地　　址：北京市东城区北京站西街19号（邮政编码100005）
网　　址：http://www.cepp.sgcc.com.cn
责任编辑：熊荣华（010-63412543　124372496@qq.com）
责任校对：黄　蓓　李　楠
装帧设计：王红柳
责任印制：吴　迪

印　　刷：北京九州迅驰传媒文化有限公司
版　　次：2007年8月第一版　2020年1月第二版
印　　次：2024年9月北京第六次印刷
开　　本：787毫米×1092毫米　16开本
印　　张：22.25
字　　数：395千字
定　　价：60.00元

前言

PREFACE

在人类文明的历史长河中，人们对有关战略的思想、理论和实践的探索从未停步。从我国春秋时期的《孙子兵法》，到近现代不同流派的学者，对战略本质基于不同视角的认识和探索一直在延续。在全球经济一体化进程不断加快和互联网技术飞速发展的今天，战略管理不再是高层管理者的专属和特权，每一个组织不同层级的管理者和成员都需要了解战略管理的内容和要求并参与其中。纵观国内外战略管理的著述，可谓丰富多彩且不乏真知灼见。

战略管理作为经济与管理类专业的核心课程，将为学生提供全面系统的战略思维与技能训练，并为其他如管理学、营销学、会计学和金融学等商业领域相关学科的发展提供支撑。

近年来，世界各国的商学院战略管理学者已从纯粹的案例情境分析转移到更为全面、活跃的情境模拟和战略实践研究，探索为学习者提供基于战略管理理论的战略实践环境研究。这些颇具吸引力和感染力的锻炼机会，使每一位研习者可以更熟练地应用学习到的概念、原理和分析工具来解决实际问题。

本书的突出特点就是秉承理论与实践结合的理念，在系统介绍战略管理理论、方法的同时，依照不同章节的内容精心选编了国内外知名企业和新兴产业领域的经典案例。这些案例再现了异彩纷呈的社会经济实践并具有较好的时效性，可激发读者的兴趣和学习热情。

本书的结构体系设计在遵循战略管理学科规范的基础上进行的探索和创新主要体现在：

（1）依据企业战略管理研究的基本逻辑，从研究战略的本质出发，系统介绍企业战略管理的含义、过程、战略管理理论及其发展。

（2）创新性提出战略管理环境分析两大视角：

1）战略生态分析——外部环境分析；

2）战略基础分析——资源与能力分析。

（3）将传统的企业总体战略、基本竞争战略整合一体——企业战略选择，并深入挖掘其组成部分在整个战略体系中的功能本质。具体包括：

1）公司战略:合作与成长；

2）业务层战略：创建竞争优势；

3）动态竞争战略：对抗与合作，不同生命周期与市场地位的竞争战略；

4）不同产业环境的竞争战略。

在篇章设计上，本书力图使这几部分内容自成体系又互相联系，充分体现其战略管理中的不同作用和特性，为读者准确把握其属性和合理选择提供依据。

（4）对于战略管理过程，本书着眼于企业战略的制订与执行的科学性和实施效果，强调了企业战略审计在战略控制中的作用。

最后，本书介绍了全球化与互联网时代的企业战略的特点，指出网络技术对企业经营和行业价值链的影响，阐明了国际市场环境及跨国经营的差异性。

全书每一章的开篇皆引入中外名家之言及该章的学习要点、目标，在各章内容中穿插了丰富的战略实践案例，章后附有复习思考题和练习案例以便于读者消化吸收所学理论知识。

全书由刘颖拟订编写提纲并统稿。各章编写人员为：第 1 章至第 8 章由刘颖编写，第 9 章由刘颖、黄昌铁编写，第 10 章由王秋菲、徐国涛编写，第 11 章至第 13 章由岳文赫编写，全书案例材料的搜集、整理由刘颖、葛新、于泽孺完成。

限于我们对战略管理理论和实践的认识水平，书中一定存在许多不足和纰漏，敬请各位读者批评指正。

编　者

2019 年 9 月

目录

CONTENTS

目录

CONTENTS

目录

CONTENTS

目录

CONTENTS

目录

CONTENTS

企业战略管理

ENTERPRISE STRATEGIC MANAGEMENT

第 1 篇 总论

第 1 章 企业战略管理研究的基本逻辑

没有战略的组织像没有舵的船一样会在原地打转，像流浪汉一样无家可归。

——乔尔·罗斯、迈克尔·卡米

将权力和政治引进战略形成过程是有其意义的，因为我们必须承认，在很多情况下，组织或多或少会受到政治和权力因素的影响。

——亨利·明茨伯格

本章要点

- 企业战略的含义与层次
- 战略管理的含义与任务
- 战略管理研究的学派

本章目标

- 了解战略的含义
- 掌握战略管理的概念
- 熟悉战略管理相关研究流派

第1节 战略的本质

1.1.1 战略的含义

有关战略的概念，一直是众说纷纭。亨利·明茨伯格曾这样描述人们对于战略的认识："我们对战略的认识就如同盲人摸象，因为从未有人能够具备完整的审视大象的眼光"。

战略原为军事术语，英语中战略"strategy"一词来源于希腊语，意指军事将领、地方行政长官。后来逐渐演变为指挥军队作战的谋略，即为达成战争的政治目的，依据战争规律所制订和采取的准备和实施战争的方针、策略和方法。军事术语的战略与企业经营战略的区别在于前者的基本假设是冲突，后者则主要关注于竞争。

我国学者对战略理论和实践有很多研究，春秋时期的《孙子兵法》被普遍认为是中国最早有关战略筹划的著作。公元579年，罗马皇帝毛莱斯用拉丁文写的《stratajicon》一书，被认为是西方最早有关战略的著述。《简明不列颠百科全书》（第3版）对战略的解释为"在战争中利用军事手段达到目的的科学和艺术"。

《孙子兵法》有关战略的论述（节选）

◆ 夫用兵之法，全国为上，破国次之；全军为上，破军次之；全旅为上，破旅次之；全卒为上，破卒次之；全伍为上，破伍次之。是故百战百胜，非善之善也；不战而屈人之兵，善之善者也。

◆ 知己知彼，百战不殆；不知彼而知己，一胜一负；不知彼不知己，每战必败。

◆ 故策之而知得失之计，候之而知动静之理，形之而知死生之地，角之而知有余不足之处。

◆ 夫兵形象水，水之行避高而趋下，兵之形避实而击虚，水因地而制流，兵因敌而制胜。故兵无常势，水无常形。能因敌变化而取胜者，谓之神。

资料来源：陈曦. 译注. 孙子兵法. 中华书局，2011.

由于战略管理相对于其他学科而言形成较晚，研究者对企业战略及战略管理内涵的看法很不一致。由于研究方法与视角的不同，有关战略本质的认识形成了不同的学派。美国哈佛大学商学院的教授安德鲁斯（K. Andrews）认为企业战略是一种决策模式（Mode of Decision），达梯莱斯学院的管理学教授魁因（J.B. Quinn）认为战略是一种模式或计划，它将一个组织的主要目的、政策与活动按照一定顺序结合成一个紧密的整体。伊戈尔·安索夫（H.igor Ansoff）将战略管理分为两大类：企业总体战略和经营战略，其中企业总体战略考虑的是企业应该选择进入哪种类型的经营业务；经营战略考虑的是企业选定了某种类型的经营业务后确定如何在这一领域里进行竞争或运行。

加拿大麦吉尔大学管理学教授亨利·明茨伯格（H. Mintzberg）认为在生产经营活动中，人们在不同的场合以不同的方式赋予战略不同的内涵，说明人们可以根据需要接受各种不同的战略定义，只是在正式使用战略的定义时，人们只引用了其中的一个。

概括起来，不同的研究视角决定了对战略本质的不同认识（见表 1-1）。

表 1-1　战略本质面面观

视角	竞争分析	战略程序	产业分析	企业发展	企业层次
含义	战略是计谋（ploy）	战略是计划（plan）	战略是定位（position）	战略是行为模式（pattern）	战略是期望（perspective）

综上所述，战略的定义可表述为：根据变化着的组织外部环境和内部的资源条件，为实现其目标而进行的总体性谋划。

1.1.2　什么是企业战略?

1．企业战略的含义

对于企业而言，战略是为了实现企业经营目标，根据企业外部环境和内部资源条件所制订的总体性谋划。其具体目标是维持和巩固企业在其市场领域中的地位，成功地同其竞争对手竞争，吸引并满足顾客的需求，提高企业经营业绩。

企业战略包括一系列的竞争活动和业务方法的组合，管理者以此来吸引顾客，确保企业目标的实现。企业经营活动包括研究与开发、设计与制造、生产、营销、顾客服务等，不同部门从事的所有活动都必须是彼此支持、协调一致的。

2．企业战略的特征

（1）全局性。全局性是企业战略最根本的特征。它以企业活动的全局作为研究对象，是企业发展的基本纲领。它制约企业经营管理的具体活动，追求企业经营的总体效果。企业战略是对企业的未来经营方向和目标的纲领性的规划和设计，对企业经营管理的所有方面都具有普遍的、全面的指导意义。

（2）长期性。企业战略考虑的是企业未来较长时期内的总体发展问题，着眼于企业未来3～5年甚至更长的目标，其成效要以长期利益来衡量。所以，管理者要以长远的眼光制定企业的战略，而不是仅仅局限于眼前的短期利益。

（3）指导性。企业战略所确定的是指导企业未来发展方向的行动纲领，是一种总体性的规定。企业战略规定了企业在一定时期内基本的发展目标，以及实现这一目标的基本途径，指导和激励企业全体员工为实现战略目标努力工作。

（4）客观性。企业战略是建立在现有的主观因素和客观条件基础上的，一切从现有情况出发。由于企业生产和经营的客观环境会经常发生各种变化，因此，需要对企业战略进行适时、适当调整，并且还要把它们进行具体的细化和落实。

（5）竞争性。战略是为适应市场竞争的需要而建立的，是为了增强企业的活力和优势而制订。战略的作用在于通过研究市场竞争态势和企业自身的相对竞争地位，寻找发挥优势的途径与方法，以求在竞争中克敌制胜。

（6）风险性。企业战略是对未来发展的规划，然而环境变化具有不确定性，企业战略实施和控制都会有风险。也就是说，企业战略是在多种环境不确定条件下制订的。

1.1.3 企业战略管理的含义

企业战略管理（strategic management）是指为制订和实施那些旨在实现公司目标的计划而做出的决策和行动的集合。

企业战略管理是一种过程，是在充分占有信息的基础上的决策和实施过程。包括战略分析、战略制订、战略实施、战略评价与控制等主要部分。

战略管理就是决策及其实施的过程，它包括战略分析、战略选择、战略实施、战略控制等阶段。其中，制订战略、实施战略和战略控制是战略管理的核心职能。

一个企业即便有了正确的战略，如果不能使企业的所有资源合理配置，不能很好地执行既定的战略，也不会有好的企业经营业绩。反之，努力地执行一个平庸的战略也不是正确的选择。卓越的管理不仅取决于企业在多大程度上精心制订战略，更重要的是在多大程度上得到了良好的执行。此外，在企业遇到环境变化时，对企业战略实施适当调整，可以避免企业遭受巨大损失。

战略实践 1-1

精品化＋新能源战略——吉利汽车边丰收边播种

2018 年 6 月 9 日，吉利旗下的首款纯电动 SUV 帝豪 GSe 在北京正式上市。新车共推出 4 款车型，是吉利继帝豪 EV 之后的第二款纯电动车，也是吉利的首款纯电动跨界 SUV 车型。

在此 10 天前，吉利在浙江杭州湾新区展出了全新博瑞 GE。从产品定位来看，纯电动 SUV 帝豪 GSe、混动豪华 B 级车博瑞 GE 与此前上市的纯电动紧凑型家用轿车帝豪 EV 一起形成了吉利汽车新能源产品序列，吉利新能源车已开始参与到各个新能源汽车细分市场的竞争当中。

2015 年 11 月，吉利公司发布了“蓝色吉利行动”公告，正式启动新能源汽车领域市场经营，目标是到 2020 年，新能源汽车将占吉利汽车整体销量 90%以上。

2018 年 5 月，博瑞 GE 上市，同时该公司还展示了新能源动力系统“智擎”，宣示吉利汽车全面进入新能源汽车时代。根据吉利公司发展规划，在未来三年内，其推出的新能源车型和节能车型将超过 30 款。

近年来，吉利汽车每年以远高于行业标准投入研发，依托公司四大研发中心，并通过与沃尔沃的技术协同，以超过 2500 人的新能源研发团队和数百项核心专利，全面实施 100%自主研发的中国新能源技术体系的发展战略。

吉利汽车企业在尝试做新能源领域的行动派，争取做全面自主研发新能源节能技术的行业引领者。

资料来源：风云车讯播报 2018.6.11（有剪辑）

1.1.4 企业战略管理的任务

制订和实施战略的关键在于对企业环境及其变化进行分析，对企业的内部资源进行评价，并据此确定企业的战略目标。因此，企业战略管理的任务就是制订战略和实施战略，并根据企业外部条件和内部资源的变化适时调整战略，实现企业的战略目标。

概括地讲，企业战略管理基本任务包括：①明确公司的使命和战略愿景；②分析公司内部资源和能力；③评估公司的外部环境及相关因素；④制订战略方案并进行评价与选择；⑤高效地实施和执行所选择的战略；⑥对战略过程的进展状况进行评价。

战略管理的任务如图 1-1 所示。

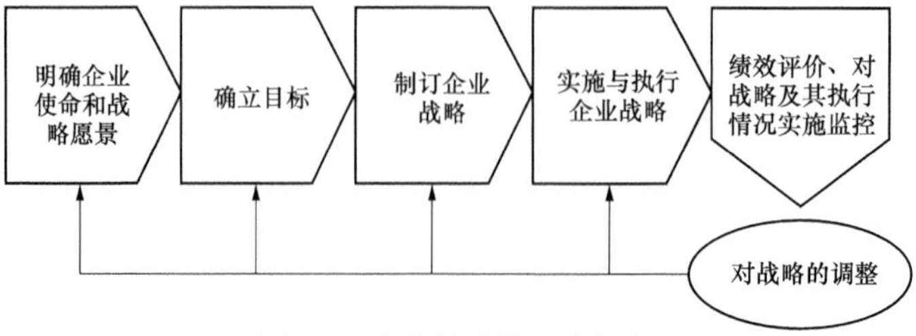

图 1-1 企业战略管理的任务

第2节　企业战略的层次

主流的战略管理理论认为，战略管理包括三个层次：公司层战略、业务层战略及职能层战略。图1-2表示了战略管理三个层次及其关系。

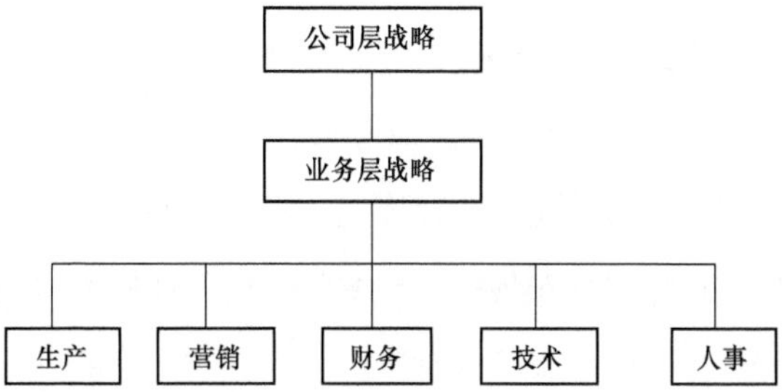

图1-2　战略管理层次

1.2.1　公司层战略

公司层战略是企业最高管理者指导和控制企业一切行为的最高行动纲领，其主要内容包括企业战略决策的一系列最基本的因素，是企业存在的基本逻辑关系或基本原因。公司战略的研究对象是一个企业整体，是一个由一些相对独立的业务或事业单位（Strategic Business Units，简称SBU）组合而成的企业整体。

公司战略主要解决两个方面的问题：

（1）公司应该做什么——确定企业的性质和宗旨。确定企业活动的范围和重点。这些因素不仅决定着企业的经营状况，而且还能决定企业在外部市场环境中的地位，因而是企业生存和发展的根本问题。

（2）在企业不同的战略事业单位之间决定如何分配资源。包括在企业的各种不同活动中，应如何决定资源分配的先后次序？企业内部哪一项业务应当得到这些资源？各应得到多少？以及怎样最大限度地利用好这些资源？如何与投资人和投资机构进行沟通等问题。对于企业来说，合理地配置资源是至关重要的。

公司层战略通常是由企业的最高管理层制订的，这些制订者主要是董事会、首席执行官和首席行政官，他们从各层管理者所提出的各种行动方案中做出选择。重要的战略决策通常由企业的董事会来评审，决策的实施也需要得到他们的批准。

公司战略也在很大程度上反映了股东和社会关注的焦点问题。在多元化公司中，公司战略的执行者决定公司的经营领域，设定经营目标，制订不同经营领域和不同职能部门的战略。通常情况下公司层战略的重点内容应包括：

（1）确定企业使命。即明确企业最适合于从事哪些业务领域，为哪些消费者服务，企业向何种经营领域发展。

（2）划分战略业务单位及制订战略业务发展规划。包括开发新产品、新业务的方式；现有业务的维持扩展或放弃；战略调整的途径等。

（3）制订关键的战略业务单位的目标。

1.2.2 业务层战略

战略层次的中间层为业务层战略，主要是经营战略的制订与执行，其制订者主要是业务经理和公司经理。业务层战略是在公司战略的指导下的某一个特定的战略经营单位的战略计划，是公司战略的子战略。

业务层战略制订是要把公司战略的方向和意图转变为各个业务部门或者战略业务单位的具体目标和战略。从本质上讲，业务层战略决定公司如何在选定的产品——市场领域中进行竞争，明确并确保公司在该领域的细分市场中的良好前景。业务层战略研究的重点是改进一个战略经营单位在它所从事的行业中，或某一特定的细分市场中所提供的产品和服务的竞争地位。业务层战略涉及这个企业在某一个行业经营领域中扮演什么的角色，以及在战略经营单位里如何有效地利用好得到的资源。

在实行事业部制的大中型企业里，业务层战略通常是由事业部在企业战略指导下负责制订的，因为企业的最高管理层将事业部视为企业内部具有调控自主权的战略经营单位。在企业总体目标和总体战略的范围内，竞争战略要协调公司各部门有效地控制资源的分配和利用，同时协调各职能层次的战略，形成一个整体。对于一个从事单项经营的小型企业，或没有实行事业部制的中型企业来说，它的企业战略和事业部战略往往是合二为一的。

从企业外部来看，业务层战略的目的是为了使企业在某一个特定的经营领域取得较好的成果，努力寻求建立竞争优势。从企业内部来看，需要统筹和协调安排企业经营中的生产、财务、研究与开发、技术改造等业务活动。从企业战略的角度，企业内部的关键因素是应当明确从哪些方面及如何提高企业的竞争能力。

1.2.3 职能层战略

企业战略层次的底层是职能层战略，是管理者为特定的职能活动、业务流程或业务领域内的重要部门所制订的谋略规划，其制订者主要是产品经理、地区经理和职能部门经理。这些经理制订诸如生产、技术研发、财务、营销和人事管理等方面的年度目标和短期战略，但主要责任还在于实施或执行公司的战略计划。

职能层战略是为贯彻、实施和支持公司战略与事业部战略而在特定的职能管理领域制订的战略，企业所从事的每一项重要的业务活动和组织单元都需要有职能战略。公司战略和经营战略把重点放在“做正确的事”；职能战略的重点是使企业资源的利用效率最大化，是“把事情做好”。

第3节 企业战略管理过程

企业战略管理是一个过程，包括三个关键环节：战略分析、战略制订与战略实施。

1.3.1 战略分析

战略分析包括确定企业的使命和战略愿景，明确企业的战略方向和发展目标，分析企业外部环境、内部环境，找出企业所处外部环境中存在的机会与威胁，识别企业与竞争者相比较的长处、短处，建立企业长期目标，为制订出可供选择的多种战略方案提供依据。

（1）提出企业使命和战略愿景，明确企业的战略方向。制订战略必须从确定企业使命和战略目标开始。

企业的使命（Mission）。企业首先应明确企业的服务对象、企业的顾客、企业的产品。因此，企业使命阐明的就是企业的根本性质和存在的理由。企业的使命确定了企业生产经营的总方向、总目的和总的指导思想，反映企业管理者的价值观和本企业与其他企业本质上的区别。它主要包括三个方面的内容：企业目的、企业宗旨和经营哲学。

企业目的是企业想要达到的目标，实际上是企业的定位问题，在实际中很难做到准确。企业宗旨是指为了区别于其他同类企业而对企业目的和意图的陈述，明确企业将来应从事什么样的经营活动，以及应成为什么样的组织类型。经营哲学是企业为其经营活动方式所确立的基础价值观、基本信念和行为准则，是企业文化的高度概括。企业的经营哲学主要通过企业对利益相关者的态度、企业提倡的共同价值观、政策、目标、管理风格等方面体现出来。

（2）明确企业愿景。企业愿景是为了区别于其他同类企业而对企业目的和企业意图的陈述，是企业未来期望达到的一种状态。企业愿景是企业的指导思想，描述了企业发展蓝图。它回答两个基本问题：第一，企业应该从事什么样的事业；第二，企业应该成为什么样的企业。

1.3.2 建立目标体系

1. 企业战略目标

制订企业战略时，只有明确的企业宗旨还不够，必须把企业宗旨转化为战略目标。

企业宗旨一般比较抽象，战略目标则比较具体，其内容包括目的、实现目的的指标和实现这些指标存在的障碍、实现指标的时间表等。

从战略管理的角度看，企业的战略目标是企业在其战略管理过程中所要达到的市场竞争地位和管理绩效，其时限通常在 5 年以上。企业战略目标可以为企业的发展指明方向，可减少企业发展中的不确定性；为分配企业资源提供依据，减少企业内部冲突，增加协调作用；为企业绩效的评价提供标准，帮助管理者有效地从事企业战略管理活动。

2．企业战略目标体系

企业中的每个单元都必须有一个具体的、可测度的业绩目标。其中，各个部门的目标必须对完成企业整体的目标具有实际意义。如果将企业的整体目标体系分解成各个组织单元和低层管理者的明确具体的分目标，在整个企业中就会形成一种以结果为导向的气氛。

3．企业财务目标

财务目标强调的是管理者希望企业所取得的财务方面的成果，包括：收益增长率、满意的投资回报率、股利增长率、股票价格评价、良好的现金流，以及企业的信任度等。

4．企业长期目标

长期目标规定了企业在执行战略时期内各个阶段的预期结果，它往往超过企业的一个现行的会计年度。长期目标不应过于含糊，应是明确的、可以衡量的。例如，3M 公司的长期目标是每股收益平均年增长率 10%或 10%以上，营运资金回报率 27%或 27%以上，股东收益回报率 20%～25%。

1.3.3 战略环境分析

战略环境分析是对企业发展的关键因素的分析，主要包括外部环境和内部条件分析。

1．外部环境分析

外部环境通常包括宏观环境和微观行业环境两个方面。一般包括下列因素：经济因素、技术因素、社会因素、政治法律因素等。外部环境分析的目的是了解企业所处的环境及其变化情况，分析这些变化给企业带来的机会和威胁。适时地寻找和发现企业发展的机会与威胁。

2．内部条件分析

企业内部条件主要包括以下三方面因素：一是企业的资源，主要由人力资源、设备、资金、技术、信息等组成；二是企业在市场营销、研究与开发、生产制造、人员管理、企业文化建设等方面表现出来的能力；三是企业生产经营中使用的工具、技术、方法等。

1.3.4 战略制订

1．战略制订的任务

企业战略的制订是要解决企业在现有条件下，如何达到既定目标的问题。企业的目标体系是目的，战略制订是达到目的的手段。

企业战略制订的任务就包括：制订战略、根据不断出现的情况做出调整，将企业的业务方法、行动和竞争策略与其竞争能力密切联系起来。

2．企业战略制订的内容

企业战略的制订应根据战略环境及企业资源能力制订不同的战略。这些战略有的追求低成本领先地位，有的强调其产品或服务的某些特定的性质，有的集中精力满足某一狭窄细分市场上顾客的特殊需求和偏好、培养其独特的能力。企业可以通过许多途径开展其战略活动，并在其参与竞争的市场上找到自己的定位。

企业现行的战略通常是预先确定的战略方案和战略实施与反应的结合，有时还包括针对变化采取的战略调整。由于预先确定的方法和战略行动通常都是可见的，企业外部的人能够推断出企业战略中所包含的许多关键要素。但企业战略的有些部分是对外界保密的，企业外部的人员只能对企业要采取、尚未公开的战略进行猜测。

1.3.5 战略实施

良好的战略实施意味着使组织内部运作方式与战略成功的必要条件之间的匹配。要将组织的内部运作方式同战略成功的必要条件协调起来，有助于将整个组织统一起来，以确保战略实施的完成。确保企业战略成功执行的内部变革程度取决于下列要素：战略的变化程度；企业的内部行为和能力偏离战略成功必要条件的程度；战略和组织文化之间的匹配程度。由于战略的实施取决于内部的变革程度，因此，其实施过程往往需要几个月甚至几年的时间。

1.3.6 战略评价与控制

评价企业战略实施的业绩和进展是战略管理工作的重要内容，也是管理部门的责任。企业的管理者需要有驾驭全局的能力，同时也需密切地关注外部的发展情况。如果战略执行的业绩低于一般水平，或者实施过程所取得的进展很少，那就有必要对企业的长期发展方向、目标、商业模式和战略做出必要的纠正和调整。

企业战略控制是对战略实施的效果进行控制，确定战略在实施过程中达到目标的成效，发现偏差进行纠正偏差的战略管理活动。

战略控制包括以下工作：

（1）确定评价标准。战略评价标准是用以衡量战略执行效果好坏的指标体系，包括定性指标和定量指标两大类。

定量评价可用的具体指标有：劳动生产率、产品质量、新产品开发、市场占有率、销售利润率、成本费用等。企业战略的各项定量标准应与本行业的有关资料进行比较，特别是要与竞争对手的有关资料进行比较，还要与国外同行业领先者的资料对比后才能确定。

（2）分析实际工作成果。实际工作成果是战略在执行过程中实际达到目标程度的综合反映。要准确掌握成果资料和数据，必须建立管理信息系统，运用科学的控制方法和控制系统，并且科学、合理的控制方法和控制系统应当是经济合理的、有实际意义的。

（3）评价工作成绩。战略管理过程中最耗时的是每天都要努力使企业的每个员工为战略的实现做出最好的贡献。为此，要科学评价企业员工的工作业绩，充分调动他们的积极性，不断地完善当前战略的内容和执行效果，从而使战略目标得以实现。

战略实践 1-2

重塑丰田的形象

顾客对价格昂贵的德国进口汽车的狂热追捧使得丰田汽车公司感到精神紧张。对此负责高级轿车销售业务的经理深津康弘有他的看法：“高价轿车是丰田汽车成长的传统支柱，但是宝马（BMW）和梅赛德斯—奔驰（Mercedes-Benz）在如何吸引年轻顾客方面做得更好”。

丰田的对策是：把对手们从公路上赶走。为此，丰田公司向日本市场投放了十余种新车型和改进车型。其中除了像新版佳美这样的中档后备车型之外，都是外形靓丽的豪华车型。丰田公司甚至考虑在国内市场上销售凌志品牌的汽车，而该品牌现仅在国外市场销售。

如何吸引年长的顾客一直是丰田公司没有解决的问题，尤其是在日本市场，大多数购买诸如热销的皇冠之类的高级丰田车的人都是不太年轻的公司主管，然而，价值 3 万美元的皇冠车常常被当出租车来用，因此那些地位正处于上升期的日本人不会把自己的选择限制在这种车型上。

外国进口车在日本汽车市场只占不到10%的份额，有什么值得过分担心的呢？真正让丰田公司担心的是年轻有为的顾客们对德国进口车的忠诚度，就像他们的父母曾经对丰田车那样。一旦发生这样的情况，丰田汽车公司将会失去40岁左右的顾客。

第4节 战略管理理论研究

名家之言

战略管理是相对较新的概念，与传统管理学科研究的商业主题相比，这个主题内容是相对较新的，它使得带有主要目的的传统主题和提供一个商业管理实际的、真实世界的观点整合成为一个整体，以满足在现代商业环境里应用的需要。而且，战略管理被设计用来形成一个意识过程，能在一个组织之内，通过很多部门的有效合作和相互作用，获得所有的配合。

——阿比斯·阿克哈法吉

1.4.1 战略管理理论研究的意义

战略管理研究是一门相对较新的学科，在美国早期的商学院的课程体系里可以追溯到它的根源。1911 年，美国哈佛大学开设了类似于商业政策的课程，从 1920 年开始，该校要求本科二年级的学生学习这门课程。

20 世纪 50 年代末，美国的福特基金会和卡内基基金会资助的研究得出这样的结论：商科专业课程设置中开设的各类专业科目和课程内容，尽管可以教会学生某些知识和技能，但也许会导致学生只能孤立地理解问题。当企业管理实践中要求学生把所学的科目内容融合为一体的时候，他们会很难运用单个的课程内容把商业作为整个实体进行研究。

美国商业学院立法机构（AACSB）开办商业政策课程，并作为一门基础课程，为商业学院的学生提供一个重要的、全面的训练。随后，商业政策相关研究经过不断地发展和更新，最终演变成为战略管理研究。战略管理这一新的领域为其他的商业科目的发展，诸如管理学、营销学、会计学和金融学以及其他的学科做出了贡献。

1.4.2 战略管理理论的发展

战略管理是管理实践发展的产物，它从相关的其他学科吸收营养，综合反映了当代管理理论与实践的发展。

1．形成阶段

20 世纪 60 年代，企业竞争高度加剧，其外部环境更加复杂、多变，传统管理方法难以保证企业的生存和发展。为此，企业必须对不断变化的环境进行深入分析，采用新的管理模式，企业战略管理由此应运而生。

最早在理论上对战略进行研究的学者是切斯特·巴纳德。他在 1938 年出版的《经理的职能》一书中提出，企业是一个多因素的综合体，为使企业有效运行，需引用战略要素对各因素进行协调并对各因素之间的相互影响进行分析。1962 年，美国管理学者小阿尔福莱德·D.钱德勒出版了《战略与结构：工业企业史的考证》，他给出的战略概念侧重于企业成长方法和资源管理，为企业战略研究奠定了基础。1965 年，美国学者安索夫出版了《企业战略论》，1971 年，美国学者安德鲁斯出版了《公司战略思想》。战略构造问题的研究逐渐形成了两个学派，即设计学派和计划学派。设计学派的代表人物安德鲁斯主张经营战略是使企业自身的条件与所遇到的机会相适应的基础上，建立将战略构造分为制订与实施两大部分的基本模型。

1970 年美国的弗雷德·韦尔奇就任通用电气公司（General Electric）总经理。1971 年他大胆地将战略管理的思想和方法运用到公司的管理之中，通过编制战略计划取代长期计划职能，停止没有发展前途的产品的生产，将公司有限的资源集中使用到有发展前途的、能最大获利的产品生产上。

2．发展阶段

20 世纪 70 年代以后，企业的经营环境更加复杂多变。1973 年中东石油战争引发的能源危机使注重战略管理的日本企业以质优价廉的产品战胜了发达欧美国家的企业，其成功经验在一定程度上引发了世界性的研究企业战略的热潮。各国大学的工商管理学院也纷纷将企业战略管理列为工商管理学硕士教学计划的一部分，一些管理咨询公司也推出了企业战略咨询服务。

这一时期的战略管理理论由早期的战略规划时代进入了战略管理时代。战略管理时代的理论强调了战略管理是对战略制订、战略实施、战略控制全过程的管理。其管理的重点在于针对环境的变化制订和实施战略，是动态的管理过程。1979 年，安索夫在他的《战略管理》一书系统地提出了战略管理模式，他认为企业的战略行为是一个组织对其环境的交感过程，以及由此而引起的组织内部结构变化的过程。

3．成熟阶段

20 世纪 80 年代，世界经济进一步发生变化，企业战略的研究更加深入、系统，内容日益成熟和完善。美国的一些大公司，如通用汽车公司、通用电气公司、国际商用机器公司、惠普公司等，通过战略管理抵抗住了日本等国企业的强大竞争攻势，维护其国际市场上的优势地位。

在理论研究方面，出现了以产业结构分析为基础的竞争战略理论。哈佛商学院的迈克·波特把产业组织理论中结构（S）、行为（C）、绩效（P）引入企业战略管理中，提出了以产业结构分析为基础的竞争战略理论。他认为企业盈利能力取决于竞争战略的选择。这基于两点考虑：选择有吸引力的、高潜在利润的产业；在已选择的产业中确定自己优势的竞争地位。波特还提出了著名的五种竞争力量，即进入威胁、替代威胁、现有竞争对手的竞争以及客户和供应商讨价还价的能力，他认为产业的吸引力和潜在利润是这五个方面的压力所产生的相互作用的结果。

与战略结构理论相比，竞争战略理论有了很大进步。它指出了企业在分析产业结构竞争环境的基础上制订竞争战略的重要性，有助于企业将其竞争战略的眼光转向对有吸引力的产业的选择上。

20 世纪 80 年代中期以后，信息技术的迅速发展使企业间的竞争更加激烈，企业纷纷把目光从关注外部环境转向其内在环境，注重其对自身独特的资源和知识技术的积累，以形成特有的核心竞争力。因此，这一时期的企业战略管理理论称为以资源、知识为基础的核心竞争力理论。这种理论认为企业经营战略的关键在于培养和发展企业的核心竞争力，强调企业内部条件对于保持竞争优势以及获取超额利润具有决定性作用。

1.4.3 战略管理理论研究的不同学派

关于战略管理理论研究流派的划分，最著名的是亨利·明茨伯格等在《战略历程》一书中提出的十大学派，即设计学派、计划学派、定位学派、企业家学派、认识学派、学习学派、权力学派、文化学派、环境学派和结构学派。

复习思考题

1. 描述企业战略的含义、特征。
2. 简述战略管理的任务。
3. 企业使命和企业宗旨、企业愿景的含义有什么不同？
4. 叙述企业战略的层次。
5. 阐述公司战略与业务战略的区别与联系。
6. 试述企业战略管理过程。

本章案例

海尔企业的“人单合一”管理模式

作为中国制造行业的知名企业，海尔企业在2009年超越家电巨头惠而浦和LG成为全球白色家电第一品牌，2016年其销售收入高达2016亿元。海尔企业集团CEO张瑞敏先生创立的海尔企业的管理理念与制度，从“休克鱼”“自主经营体”，到“每人是一个SBU（战略事业单位）”，都成为许多国内外知名大学的经典教学案例，同时也是西方企业界与学术界了解中国改革开放以来企业快速发展的必选教案。“人单合一”管理模式是张瑞敏先生自2005年以来在海尔内部推动的深层次组织变革，这次变革在全球范围内引起了学术界和企业界的广泛关注。为什么海尔的“人单合一”双赢管理模式在国内外引起如此大的关注？它解决了企业管理中哪些问题？

一、“人单合一”的解读

“人单合一”管理模式是由海尔集团的CEO张瑞敏先生提出的，他指出：海尔在全球市场中取胜的竞争模式就是：人单合一。“人”就是每一位创新的SBU；“单”就是有竞争力的3A市场目标。“人单合一”模式包括“人单合一”、“直销直发”和“正现金流”，即：

（1）人要与市场合一，成为创造市场的SBU；

（2）直接营销到位、直接发运到位，是实现“人单合一”的基础，只有在直销到位的前提下才能直发到位；

（3）正现金流是企业生存的空气，利润是企业生存的血液，没有正现金流，企业就会窒息。“人单合一”是全流程的模式，其目的是激发SBU的潜能，使每个人都面向市场。

“人单合一”在解决信息化时代由于国际市场规模不断增大引发的竞争所带来的日益严重的库存问题、生产成本问题和应收账款问题取得了良好的效果，为海尔企业保持在全球市场上竞争优势起到了保证作用，也为企业员工认同。

人单合一模式中的“人”即员工，“单”即用户，“人单合一”就是把员工和用户连到一起。“人单合一”实质是将企业目标分解到各个订单上，将各个订单所承载的责任以分订单的形式下发给相关员工，由员工对各自的订单负责，管理部门通过评价各个订单的完成情况对员工进行绩效考评。

二、“人单合一”的组织创新

传统组织结构形式是一个类似正三角形状的结构，最下层是员工，最上层是企业领导。上级对下级下达命令，下级服从上级。海尔在推进人单合一模式将组织结构进一步扁平化，进而变成动态的网状组织结构形式。“人单合一”的组织结构形式与传统组织结构形式对比如图1-3和图1-4所示。

图 1-3　传统组织结构形式

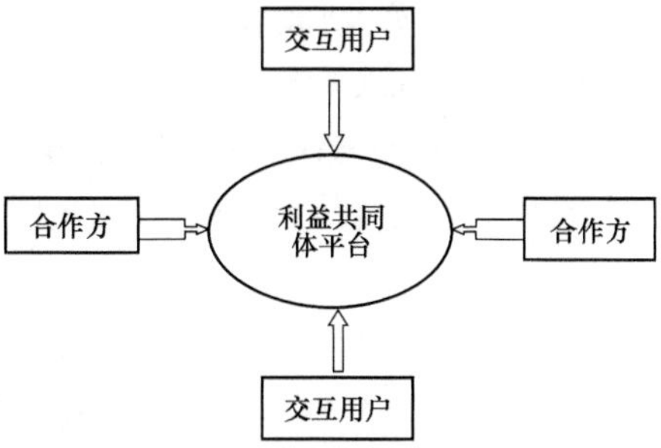

图 1-4　2“人单合一”的组织结构形式

海尔8万多名员工组成2000多个自主经营体，这些自主经营体承接企业战略目标，有明确的客户价值主张、全流程满足用户需求，是独立核算共赢共享的经营团队。自主经营体是人单合一双赢模式下企业的基本创新单元，它与合作方、交互用户共同组成价值共创、风险共担、按单聚散的虚拟组织，因而被称为利益共同体。

这种新型的平台型组织的根本特征表现为资源的按单聚散。企业员工分为在册员工和在线员工。过去企业员工只听上级领导的指令，是接受指令者，现在变成资源接口人。以海尔的家电研发为例，原来的研发者现在是接口人，接外部的资源。海尔现有研发接口人1150多名，接进全球5万多研发资源。这就是说，很多人不是公司的在册员工，而是在线可以整合的员工。资源接口人将来的发展方向是创建小微公司，可以独立创业。

三、“人单合一”管理模式的运行

“人单合一”管理模式源于海尔崇尚创新的企业文化。海尔管理哲学的核心是“企业即人，人即企业”。20世纪80年代企业创业以来，海尔集团的管理实践始终聚焦充分激发员工的创造力、挖掘员工的潜力。海尔企业战略管理者坚信人是企业唯一能够增值的资产，企业最重要的就是两部分人：内部即员工，外部是用户。海尔企业“人单合一”模式创新的主线就是让内部员工与外部用户的零距离，也就是人单合一。在企业不同发展阶段，人单合一有不同的内涵，见表1-2。

表 1-2　“人单合一”模式战略演进阶段

战略发展阶段	“人单合一”理念	管理创新	组织创新
品牌战略	人人都管事，事事有人管	高标准、精细化、零缺陷	自主管理班组
多元化战略	人人都有一个市场，人人都是一个市场	OEC 管理模式	SBU（战略事业单元）
国际化战略	跨文化融合	以市场链为纽带的业务流程再造	MMC（微型公司，或项目团队）
全球化品牌战略	人人有单，单单超值	人单合一双赢模式	倒三角——自主经营体 并联协同——利益共同体
网络化战略	人人创客，引爆引领	人单合一共创共赢模式	互联节点——创客小微

SBU经营作为一种倡导员工自我经营的领先的经营理念和经营方法，一方面赋予每个人一片

独立创新的天地，可以最大限度地激发员工的潜能、创造性和积极性，实现了员工创新空间和自我价值实现的最大化，是一种真正的本能管理模式。每个人都是一个市场，每个人又直接面对一个市场，每个人的报酬与他的市场订单直接挂钩，按效分配，体现了市场经济时代分配的公平性。SBU经营的本质是将创新精神作为基因植入员工的身体，在这个基础上才能获得更有竞争力的订单。

在传统的契约理论下形成的以企业为中心的委托代理关系，主要关注股东价值，忽略了员工和用户的价值。海尔的“人单合一”管理模式形成了新的契约关系，也就是以用户为中心的、动态的自主经营体与用户之间的契约关系，主要关注的用户价值和员工价值。

在核算体系上，海尔的“人单合一”管理模式从“公司的三张表”到“团队的三张表”——即传统企业的整体经营情况通过资产负债表、现金流量表、利润表三张表反映出来。“人单合一”模式改变传统的预算体系、绩效评价体系和薪酬体系，设计了自主经营体的三张表——即战略损益表、日清表、人单酬表。战略损益表表明创造用户价值的正确方向，日清表精确计算绩效完成的流程时效，人单酬表体现员工自我经营的结果，决定了自主经营体和员工的薪酬。

“人单合一”模式中的战略损益表驱动每个经营体始终以用户为中心、通过经营表外资产实现表内资产的增值，同时分享价值。因此，海尔的战略损益表不仅包含了经营绩效，还体现出自主经营体如何通过创造用户价值实现自身价值。战略损益表是纲，决定了战略方向，日清表上接战略损益表下接人单酬表，是对战略执行的纠偏过程，人单酬表是对自主经营体经营及执行战略结果的回馈。

总之，海尔“人单合一”模式很多方面的做法值得战略管理者借鉴。正如宾夕法尼亚大学沃顿商学院艾恩·麦克米兰教授所言：“海尔模式创新的成功源于开放，通过发挥每个人作为‘资源接口人’的力量，聚散全球一流资源为用户需求而创新。

当世界经济日益一体化的今天，还有很多人无法正视甚至否认开放性竞争的存在。但在互联网时代，这的确是企业制胜的关键。张瑞敏先生在海尔探索所获得的变革经验对于很多企业都具有指导意义。

资料来源

1. 曹仰锋. 海尔转型：人人都是CEO. 修订版. 北京：中信出版集团，2017.
2. 赵剑波. 海尔集团人单合一双赢模式战略变革案例研究. 比较管理，2012（1）.
3. 青岛标杆企业考察 www.qdbg.org.
4. 杨克明. 创新经营：海尔人单合一经营模式. 北京：北京大学出版社，2006.

第2章 战略生态：外部环境分析

我们生活在一个动态的、随时都在变化的环境中。企业必须了解环境内的这些变化，了解这些变化是如何影响它们的绩效的。

——（美）阿比斯·阿克哈法吉

本章要点

- 企业一般环境分析
- 行业环境分析基础
- 行业竞争环境分析

本章目标

- 了解企业宏观环境的基本内容
- 掌握行业环境结构及经济特性
- 熟悉行业环境分析基本方法

战略生态管理是一种新的战略思维，是将生态学的理念运用到战略管理研究中，将企业生存的外部环境当成一个生态系统。随着传统行业边界的日益模糊，许多实用的竞争方法不仅限于产品方面，而是研究在建立新的生态系统模式方面超过竞争对手。

战略生态涵盖的范围很广，包括了影响企业生存与发展的所有方面，诸如政治环境、经济环境、广义竞争环境、行业竞争环境、信息环境、全球环境、自然环境等。

企业外部环境是其难以控制的但影响企业战略决策及绩效水平的各类外部因素的总和。通常这些因素包括一般环境和产业与行业环境等，如图 2-1 所示。企业外部环境分析包括对其经营的经济环境、政治法律环境、技术因素、社会文化观念和居民生活方式、政府的管制等一般环境的分析，也包括企业所处的产业与行业环境分析。

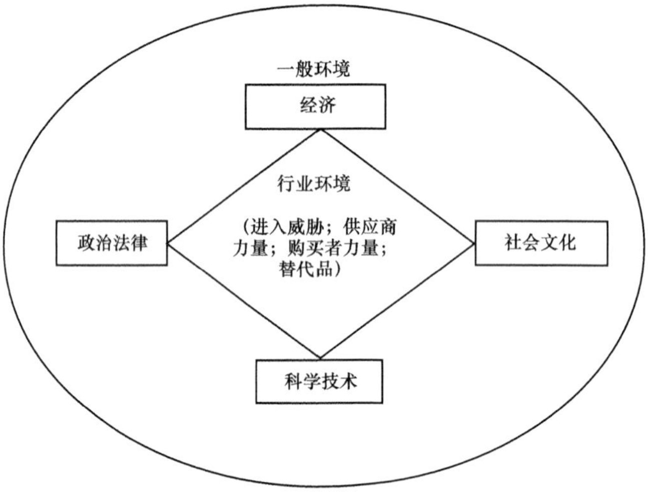

图 2-1　企业外部环境

第 1 节　一般环境分析

2.1.1　外部环境的一般要素

战略生态管理强调生态系统资源和关系资源是企业竞争优势的来源，企业必须整合外部力量来培养和提升自身的核心能力。由于企业所处的环境的各个因素会不同程度地影响到企业战略的制订与实施，因此，将环境作为一个整体来考察、分析宏观环境对企业战略的制订与实施的影响是十分必要的。

战略管理者要在动态环境下做出战略决策，许多战略环境变量很难精确地分离出来，因此经常被误读。尤其是在其特定的产业内，外部环境因素不但影响企业经营，而且会影响整个产业发展。为了保证战略管理的科学性、有效性，就必须对企业环境进行全面、系统的分析。

外部环境分析应关注的要素包括：

（1）重点与关键性因素。影响企业战略的外部因素很多，企业战略的环境研究需要选择重要的、关键性的要素进行分析，这些因素会对企业战略的制订与实施效果产生重要影响，是决定企业经营成败的关键性因素。

（2）相关性因素。外部环境因素及其相互关系是非常复杂的，企业战略环境分析必须考虑这些因素是否与企业经营相关，关联性多大，等等。

（3）动态性因素。企业所处的环境是不断变化着的，这些变化迫使企业不断改变、调整其战略。为此，企业需要考虑动态环境下，各个环境要素对战略实施的影响。企业不仅需要鼓励变革，而且要使变革与企业生产经营流程相吻合，以巩固企业经营地位和建立竞争优势。

美国学者格里高利·G. 戴斯等人曾对影响企业战略一般环境的重大趋势和事件进行分析，其结论见表2-1。

表2-1　一般环境影响因素及趋势

经济环境	1. GDP趋势 2. 利率 3. 消费者价格指数 4. 失业率
政治/法律环境	1. 民事侵权立法改革 2. 美国残疾人法案（ADA） 3. 减少国家对公用事业和其他产业的干预 4. 提高联邦政府规定的最低工资标准 5. 按地方、州和联邦政府三级征税
技术环境	1. 基因工程技术 2. 互联网技术的普及

续表

技术环境	3. 计算机辅助设计/计算机辅助生产系统（CAD/CAM） 4. 人造和特殊材料的研究 5. 环境污染与全球变暖
社会文化环境	1. 女性流动人口越来越多 2. 临时雇用者增多 3. 更加关注健康与环境 4. 结婚时间延迟 5. 公众受教育水平提高
人口环境	1. 老龄化加剧 2. 越来越富裕 3. 种族构成变化 4. 人口地域分布

2.1.2 外部环境分析的逻辑

在开放的系统里，外部环境的影响是至关重要的。这一点决定企业必须通过适应环境和合作实现价值。

按照经济学分析的视角，外部环境分析包括以下几个基本面。

1. 价值创造

价值创造是指企业生产、供应满足目标客户需要的产品或服务的一系列业务活动及其成本结构。它包括：

（1）物理过程。只关注商品的物理属性和商品生产的物理过程。

如汽车的生产过程（见图 2-2），铁矿石加焦炭在高炉里炼出铁，铁经过加工成汽车零件后再组装成整车，这是一个汽车生产的物理过程。在物理过程中考虑人力的参与，但这里对人力的理解是从物理学的角度来理解的，即人力和畜力机械力是一样的。

（2）工程学过程。以商品生产的物理过程为基础，以一个企业为考察单位，以成本和利润为目标，这里价值是均衡价格。商品生产过程就是获取利润的过程，价值生产的工程学过程的运行方式是：占有、契约、命令服从等。仍以汽车生产为例子，铁矿石归矿主所有，炼铁厂的老板要取得矿石就得向矿主购买，和矿主谈判，订契约，以及组织招工等。

（3）社会学过程。以对人性、对社会的充分理解为基础，正确地评价价值及其来源，以整个社会健康发展为目的，引导社会创造出更丰富的、真实的价值。

图 2-2 宝马工厂的产品

很多人对使用价值的理解有偏差，把使用价值理解为纯物质属性是错误的，因为人类生存的意义已经大大超出了生物性的生存。以住房为例，如果仅从生理的需求看，一个三口之家 $50m^2$ 就够了，但现在人们都追求 $100m^2$ 以上的大房子。

2．价值获取

价值获取是指企业通过正确的机制，使企业有吸引力的价值定位产生利润。其核心目标是“解决企业在何处赢利的问题。

企业提供给顾客的价值可能包括很多方面，但企业可能仅仅对价值内容中的某个或几个环节收费。究其原因主要包括两点：

（1）免费环节。是收费环节的重要条件，企业只有通过免费的服务吸引到足够多的顾客，才有可能进行收费。价值内容中的某些环节由于具有很强的外部性，企业从技术上无法对其进行收费。

（2）成本管理。是企业管理成本和资产优化的方式，它所要解决的问题是企业在创造价值的活动中，如何进行成本结构和成本控制。

3．价值创新

价值创新是指企业探寻新的价值创造逻辑，它所要解决的问题是——企业如何开创新的市场空间，实现获利性增长。

战略实践 2-1

华为的鸿蒙系统

华为鸿蒙（Harmony OS）是华为公司自 2012 年开始研发的一个操作系统，它具有小巧量轻、功能强大等特点。应用于智能手表、智慧屏、车载设备、智能音箱等智能终端，可带来各终端之间实现能力的共享。

2019 年 5 月 24 日，我国国家知识产权局商标局网站显示：华为公司申请了“华为鸿蒙”商标，其申请日期为 2018 年 8 月 24 日，注册公告日期为 2019 年 5 月 14 日，专用权限期自 2019 年 5 月 14 日至 2029 年 5 月 13 日。自此华为公司在业界串先开发出鸿蒙操作系统并投入走向市场，使全球开发者进入鸿蒙生态圈。

PingWest 联合创始人骆轶航说：“鸿蒙生态系统的建立不仅对华为生死攸关，也是影响中国相关产业未来生存环境的关键。中国市场将给华为面向全球打造鸿蒙 OS 生态的底气，但要吸引海外开发者并达到谷歌安卓的水平，对华为还是重大考验。”

在操作系统这个核心底层领域，华为和鸿蒙将有望在万物互联时代为我国填上操作系统市场的空白，我国整个科技产业也或将因此而受益。

资料来源

（1）每经网 2019-05-24

（2）科技日报 2019-08-12（有删节）

2.1.3 企业宏观环境四要素

总体来说，企业宏观环境包括政治环境、经济环境、技术环境、社会环境四类，称为 PEST 环境。

1. 政治环境

政治环境是指那些制约和影响企业的政治要素。包括一个国家或地区的政治制度、政治局势，政党、政治性团体、方针政策、政府制定的一些法律和法规等。具体来说，政治环境包括国家和企业所在地区的政局稳定状况，执政党所要推行的基本政策以及这些政策的连续性和稳定性等。

政治环境对企业的生存与发展产生长期与深刻的影响，直接制约、影响着企业的经营行为。其中，对企业的影响具有刚性约束的因素主要有政府的产业政策和税收制度、企业法、专利法、环保法、反垄断法、政府预算等。就产业政策来说，国家确定的重点产业总是处于有利发展的趋势。处于重点行业的企业增长机会就多，发展余力大。

政治环境分析的具体内容包括：

（1）国际政治环境。国际政治包含全球性的政治活动，它与国际关系、国家间的互利与合作、各个国家的政治动态有密切关系。国际政治关系一般主要表现为三种基本状态：竞争、合作和冲突。

1）竞争。国际竞争是国际政治最基本、最普遍的运行状态。各国为了实现其国家利益，必然要在政治、经济、军事、文化等领域内同他国相互竞争。

2）合作。国际合作是国际各行为体之间在一定领域和范围内，在利益和目标一致或基本一致的基础上所进行的一定程度的协调和联合。国际合作的领域包括政治、经济、军事、文化等。合作的规模可分为双边性合作、区域性合作和全球性合作。

3）冲突。国际冲突是国际各行为体之间因彼此利益和目标不同而造成的矛盾和对立。各国都有特定的国家利益，任何主权国家都不会放弃或忽视自身的国家利益。虽然贸易自由化是国际经济发展的主要趋势，但出于各国自身利益的考虑，形式各异的贸易壁垒将长期存在，国际贸易摩擦的协调将逐步由政府间磋商转向以企业为主体的诉讼和协议。

（2）国内政治环境。国内政治环境是指一个国家和地区的政治制度、体制、方针政策、法律、法规及其所形成的氛围与影响。政府的政策对企业的经营行为有较大影响，即使在市场经济比较成熟的发达国家，政府对市场与企业的干预也广泛存在。具体表现为：

第一，政府的国策与宏观经济政策，包括是否鼓励私人和海外投资。这对投资者来说是投资安全性的一种保证。实施何种宏观经济政策影响到经济总体的回报程度，进而影响投资者的投资回报率。

第二，政府制定的产业政策。在经济发展的不同时期，政府制定相应的产业政策，约束或鼓励特定产业的发展。政府还会对某些产业、企业提供直接、间接支持，如政府补贴、科研基金、政府购买等。

第三，政府对某些产业的直接管理。直接管理是指政府以管制国有控股的形式对某些产业施加重大影响。

第四，政府预算。政府预算反映了资源在政府支出与企业消费之间的再分配，反映了政府对经济发展方向的主宏观调控。政府的税收政策、投资政策会对企业活动、经济效益产生影响。例如我国政府对西部的开发投入会推动整个地区经济的发展，也会促进相关企业的发展。

政府政策对企业战略的影响具有复杂性。一些政策会对企业行为起鼓励和支持作用，另一些则起到限制和制约作用。例如，政府以低税率鼓励环境保护、绿色农产品生产、能源综合开发利用等类型企业的发展，以高税率限制高能耗、重污染、浪费资源的企业的发展。

（3）法律环境。对于企业战略而言，法律环境指企业和外部发生经济关系时所应遵守的各种法律、法规和规章，主要包括公司法、证券法、金融法、证券交易法、经济合同法、税法、企业财务通则、内部控制基本规范等。

法律、法规是国家意志的体现，对于规范企业行为具有直接作用。国家立法在维护公平竞争、保护消费者利益等方面起重要作用，其完善程度也反映了该国市场经济的成熟度。一般来讲，政府主要通过制定法律、法规间接影响企业行为。它们主要表现为：保护社会整体利益不受损害；促进社会经济发展；禁止不当商业行为以保护消费者利益；反对不正当竞争行为等。

企业在制订战略时，除了要了解现行法律的规定，还要关注酝酿中的法律，分析它实行后给企业带来的是机会和挑战。对于准备进入国际市场的企业，需要了解有关国际法和东道国的法律体系与具体法律规定。

2. 经济环境

经济环境是指构成企业生存和发展的社会经济状况及国家经济政策的多维动态系统。与其他环境力量相比，经济环境对企业的经营活动的影响更直接、更具体。通常情况下，经济环境分析涉及更多的是企业所处的整体经济的性质和方向，即企业所处的产业或行业对企业经营的影响，企业需要考虑所在的区域经济发展特点和发展趋势。另外，企业制订战略不仅要考虑宏观经济总体情况，还要考虑利率水平、劳动力的供给情况、价格指数的变化等。

企业的经济环境主要由社会经济结构、经济发展水平、经济体制、经济政策和经济周期等要素构成。

（1）社会经济结构。经济结构（Economic Structure）指国民经济的组成和构造，是一个由许多系统构成的多层次、多因素的复合体。包括产业结构、分配结构、交换结构、消费结构。

经济结构的各个组成部分具有一定联系，相互之间具有客观制约性。技术结构等因素对企业战略的影响中最重要的是产业结构的影响。影响经济结构形成的因素很多，最主要的是社会对最终产品的需求，科学技术进步对经济结构的变化也有重要影响。

（2）经济发展水平。经济发展水平是指一个国家或地区经济发展的规模、速度和所达到的水准。反映一个国家经济发展水平的常用指标有国民生产总值、国民收入、人均国民收入、经济发展速度、经济增长速度等。观察宏观经济发展水平发展变化的趋势对企业经营环境的影响，对于正确确定与调整企业的战略方向，指导企业的生产经营活动具有重要意义。

衡量对一个国家或地区经济发展的水平，还可以从其规模（存量）和速度（增量）两个方面来考察，其中经济规模指对一个国家在特定时间范围里能够生产出来的财富总量。反映经济规模最常用的指标是“GDP”，即国内生产总值，它是一个国家或地区在一定时期内所生产的财富的综合反映。

（3）经济体制。经济体制指在一定区域内（如一定国家或地区）制订定并执行经济决策的各种机制的总和。经济体制是资源配置的具体方式或制度模式，是特定社会生产关系的具体表现形式，是一定的所有制和产权结构与一定的资源配置方式的统一，属于经济运行中的制度安排范畴。一定的经济体制规定了国家与企业、企业与企业、企业与各经济部门之间的关系，它通过一定的管理手段和方法来调控或影响社会经济活动的范围、内容和方式，是国家组织经济活动的基本形式。经济体制对企业的生存与发展提出了系统的基本规则和条件，企业战略应与国家经济体制协调一致。

（4）经济政策。经济政策是国家或政府为了达到充分就业、价格水平稳定、经济快速增长、国际收支平衡等宏观经济目标，为增进经济福利而制订的解决经济问题的指导原则和措施。经济政策总体上有宏观经济政策和微观经济政策两大类别。宏观经济政策包括财政政策、货币政策、收入政策等；微观经济政策是指政府制定的一些反对干扰市场正常运行的立法以及环保政策等。

（5）经济周期。经济周期也称商业周期，指经济运行中周期性出现的经济扩张与经济紧缩交替更迭、循环往复的一种现象，是国民收入或总体经济活动扩张与紧缩的交替或周期性波动变化。国民经济的波动呈现的周期性，以及随之而来的衰退、收缩等变化会按一定的顺序反复出现是经济环境分析的主要内容之一。

1936 年，奥地利经济学家 J. 熊彼特以他的“创新理论”为基础，对各种周期理论进行综合分析并提出“熊彼特周期”。他认为每一个长周期包括 6 个中周期，每一个中周期包括三个短周期。其中短周期长度约为 40 个月，中周期约为 9～10 年，长周期为 48～60 年。在每个长周期中仍有中等创新所引起的波动，这就形成若干个中周期。

经济发展的周期性特点要求企业战略家在战略的制订与实施过程中，对经济周期波动进行深入了解，以把握其变化规律，在此基础上制订相应的战略来适应经济周期的波动，以使企业经营处于有利地位。

反映经济环境的主要指标包括：

（1）经济增长。经济增长是衡量经济发展的主要指标，是国力增强和人民生活水平提高的重要体现。体现经济增长的常用指标是国内生产总值（GDP）及其增长速度。GDP 代表一个国家或一个地区所有常住单位和个人在一定时期内全部生产活动（包括货物和服务）的最终成果，是社会总产品价值扣除了中间投入价值后的余额，也就是当期新创造财富（包括有形和无形）的价值总量。国内生产总值是对一国总体经济运行表现做出的概括性衡量，它具有国际可比性，是联合国国民经济核算体系（SNA）中最重要的总量指标，为世界各国广泛使用并作国际比较。

（2）就业。通常用失业率来衡量，我国主要使用城镇登记失业率来反映。由于城镇登记失业率指标有一定的局限性，不能完全反映就业情况。如外来劳动力中的失业人员，不愿进行登记的失业人员，已经登记失业但实际处于隐性就业的人员不能得到完全反映。所以，需要按国际通用做法建立劳动力调查制度，通过科学设计调查方案，采取抽样调查的办法获得调查失业率数据。

（3）价格。价格是经济环境的一个敏感因素，是反映和调节市场供求的经济杠杆。我国从生产、建设领域到流通、消费领域，已形成了一套比较完整的价格指数体系。主要有居民消费价格指数、农业生产价格指数、工业品价格指数（包括工业品出厂价格指数和原材料燃料动力购进价格指数）、固定资产投资价格指数、房地产价格指数和商品零售价格指数等。以居民消费价格指数（CPI）为例，该指数反映城乡居民购买消费品和服务项目价格水平的变动情况，是分析和制定货币政策、价格政策、居民消费政策、工资政策以及进行国民经济核算的一个重要依据。按国际惯例，居民消费价格指数还是反映通货膨胀或通货紧缩程度的重要指标。

（4）国际收支。国际收支是在一定时期内一个国家与其他国家商品、服务贸易和资本流动的结果。实现国际收支基本平衡是保持国家宏观经济稳定的重要条件之一。在经济全球化条件下，维持国际收支平衡对稳定物价、促进经济增长更有重要意义。

国际收支平衡由经常项目（主要是货物和服务进出口，生产经营要素收入）、资本项目和统计误差三个部分组成。

（5）消费结构。消费结构指的是消费支出在不同消费项目上的分配比例，如在食品、日用品、电器、住房、交通等方面的消费比例。随着我国居民消费水平稳步提高，恩格尔系数逐步下降，消费重心从生活必需品的消费、耐用消费品的消费，转向休闲娱乐的消费。大多数商品的买方市场已初步形成，商品消费向个性化、多元化发展，选择性消费逐渐明显。

除了上述指标外，社会消费品零售总额、市场销售、工业生产、居民收入等也是反映经济环境的基本指标。社会消费品零售总额是采用全面报表，层层汇总取得的；工业增加值有两个部分，一是规模以上工业增加值，二是规模以下工业增加值。规模以上工业增加值是指全部国有工业企业及年产品销售收入 500 万元以上的非国有工业企业实现的增加值，是通过企业报表取得的。规模以下工业增加值是年产品销售收入低于 500 万元的非国有工业企业的增加值，是采用抽样调查取得的，为季度公布指标。

3. 技术环境

技术环境是指一个国家和地区的技术水平、技术政策、新产品设计研发能力，以及发展动向等，它影响企业所在产业的技术发展动态和竞争者技术开发、新产品研发动向等方面。技术可以从本质上改变企业的竞争方式、企业的目标市场，影响产品的性能和特点。

技术领域的发展和变革对企业经营的影响是多方面的。技术进步使社会对企业的产品或服务的需求发生变化，从而给企业提供有利的发展机会；而一项新技术的发明或应用可能又同时意味着经营环境的重大变革，给企业经营战略设计和实施带来重大影响。因为一种新技术的发明和应用会带动一批新行业的兴起，从而威胁原有相关行业的经营。

技术环境对企业战略选择的影响主要表现为两个方面：

（1）技术革新为企业创造了机遇。新技术的出现使得社会和新兴产业增加对本产业产品的需求，从而使得企业可以开辟新的市场和新的经营范围；技术进步可能使得企业通过利用新的生产方法、新的生产工艺过程或新材料等各种途径，生产出高质量、高性能的产品，同时也可能会使得产品成本大大降低。

（2）新技术的出现使企业经营面临挑战。技术进步使社会对企业产品和服务的需求发生重大变化。技术进步对某一个产业形成了机遇，可能会对另一个产业形成威胁。例如塑料制品业的发展使许多塑料制品成为钢铁产品的代用品，这在一定程度上对钢铁业形成了威胁。此外，竞争对手的技术进步可能使得本企业的产品或服务陈旧过时，也可能使得本企业的产品价格过高，从而失去竞争力。

衡量技术环境的指标包括一个国家或地区的研究开发经费总额、技术创新综合实力与知识产权保护水平；一个企业的技术研究开发支出状况、技术开发力量集中的焦点与新产品开发状况及其向市场转移情况等，这些都是战略分析的重要要素。

一般来说，技术环境分析要素主要包括：①基础科学研究、应用科学研究的最新动态；②最新的科技发明和科技水平状况；③新技术能够给企业经营带来的商机和新的利润增长点；④新技术的应用产生的新产品和新行业及其对相关产业和产品的影响；⑤科学技术转换为科技成果的情况及企业自身的科技开发能力；⑥新技术、新工艺、新材料、新发明、新产品的开发、推广和应用状况；⑦科研经费投入、科研人员的水平、开发的进度、先进程度；⑧新科技对企业经营或消费者购买行为带来的影响等。

战略实践 2-2

亚马逊 2018 财年第二季的经营业绩

【凤凰网科技讯】北京时间 7 月 27 日消息，亚马逊公司发布了截至 6 月 30 日的 2018 财年第二季度财报。财报显示亚马逊第二季度总净销售额为 528.86 亿美元，较上年同期的 379.55 亿美元增长 39%；净利润为 25.34 亿美元。亚马逊第二季度营收不及预期，但每股收益超出预期，推动股价在盘后交易中上涨逾 3%。

截至 2018 年 6 月 30 日的过去 12 个月，亚马逊公司的运营现金流为 217.93 亿美元，较上年同期的 178.02 亿美元增长 22%；自由现金流为 104.21 亿美元，较上年同期的 95.95 亿美元增长 9%；剔除融资租赁偿还本金，自由现金流为 41.40 亿美元，较上年同期的 54.22 亿美元下降 24%；剔除融资租赁偿还本金和资本租赁所需要资产，自由现金流为 5.46 亿美元，较上年同期的 14.06 亿美元下降 61%。

从不同部门表现来看，其业绩增长存在差异：

（1）北美部门第二季度净销售额为 321.69 亿美元，较上年同期的 223.70 亿美元增长 44%；营业利润为 18.35 亿美元，较上年同期的 4.36 亿美元增长 321%。

（2）国际部门第二季度净销售额为 146.12 亿美元，较上年同期的 114.85 亿美元增长 27%；营业亏损为 4.94 亿美元，较上年同期营业亏损 7.24 亿美元收窄 32%。

（3）AWS 云服务部门第二季度净销售额为 61.05 亿美元，较上年同期的 41.00 亿美元增长 49%；营业利润为 16.42 亿美元，较上年同期的 9.16 亿美元增长 79%。

亚马逊创始人兼 CEO 杰夫·贝佐斯（Jeff Bezos）说："我们想要让顾客们在任意地方使用语音助手 Alexa。现在，全球 150 多个国家的数万名开发者正在开发使用 Alexa 语音服务的新设备。2017 年，由 Alexa 驱动的设备数量已经增长了两倍以上。我们的合作伙伴正在开发各种各样的新 Alexa 设备和体验，包括来自 Polk 和 Sonos 公司的条形音箱，丹麦捷波朗的头戴式耳机，ecobee 和 First Alert 公司的智能家居设备，宏碁、惠普以及联想集团的 Windows 10 PC 以及来自宝马、福特和丰田等汽车制造商的汽车。”

资料来源：凤凰网科技 2018 年 7 月 27 日（有删减）

4. 社会环境

社会环境是指一个国家和地区的民族特征、文化传统、价值观、宗教信仰、教育水平、社会结构、风俗习惯等情况。文化因素影响人们的购买决策和企业的经营行为，不同的国家有着不同的主导文化传统，也有着不同的亚文化群、不同的社会习俗和道德观念，会影响人们的消费方式和购买偏好，进而影响企业的经营方式。企业制订战略之前必须了解社会行为准则、社会习俗、社会道德观念等文化因素的变化对企业的影响。

社会环境包括以下内容：

（1）社会组织结构。社会组织结构表现为两方面：一是家庭结构；二是企业组织结构。家庭结构表现为家庭人口结构的构成、家庭成员人际关系等；企业的组织结构表现为企业的组成方式，如直线制、矩阵制、多维制等，社会组织结构决定一个社会的生活方式。

（2）人口。人口总量、地理分布和密度、家庭数量、年龄构成以及人口增长率对以消费者为服务对象企业的生产和销售具有更为显著的影响。一个国家的总人口数量往往决定了许多产业的市场潜力，如食品、衣着、交通工具等。另外，人口的地理分布和年龄分布上的特征也会影响上述相关的细分市场的特性。

（3）教育水平。教育对于经济环境的影响是间接的，但教育水平直接影响一个国家的文化水平和国民素质。通常，经济发展水平常被视为一个国家和地区的经济实力，它与教育投入及当地平均的教育水平呈高度相关性。

随着人们受教育水平的提高和对生活质量的更高要求，会出现各种自发的利益团体，如消费者协会、环境保护组织等。一些利益团体对企业的行为有很大的影响力，甚至对企业的活动有很大的限制作用。公众的价值观念随着时代的变迁而变化，它表现了人们对于婚姻、生活方式、工作、道德、性别角色、公正、教育等方面的看法。

（4）社会价值观。社会环境变化会引起社会整体价值观的变化，由此引起社会成员行为态度的变化。如人们对生活方式、婚姻、生育、职业、性别、种族、教育等方面的看法。每一个社会里都有一些核心价值观，它们常常具有高度的持续性。例如，对社会教育的重视不但促进了教育产业的发展，而且也改变了人们的生活。受教育时间延长使人们推迟了就业年龄，使人口结构发生变化。另外，受教育的不同也影响人们的收入水平。同时，受过现代化教育的人群又为企业提供了优良的人力资源，使得产业演进的速度不断加快。

综上所述，企业制订战略不仅要分析上述几方面的影响因素，而且要考虑这些影响因素的复杂程度和变化性，即要进行环境不确定性分析。

第2节 行业环境分析

2.2.1 行业基础分析

除了对企业经营一般环境的分析，战略管理者还必须关注竞争环境（又称行业环境或产业环境）。一个产业竞争环境如何，对企业经营的影响更为重要和直接。

行业状况是企业最直接、最重要的环境。企业所处的产业环境状况取决于两个重要因素：①企业所在行业整体发展状况；②企业在行业中的竞争地位。企业判断所处的行业是否存在发展的机会，可以根据行业的寿命周期来判断行业所处的发展阶段。行业环境在决定竞争原则和企业可能采取的战略等方面具有重要影响，因此，行业分析是企业战略环境分析的一个重要方面。

不同行业在经济特点、竞争环境、未来的利润前景等方面存在着巨大差异。汽车行业和零售行业相比，两者的经济及竞争特性方面的相似性少；快餐业与网络服务供应商所处的行业相比，其经济及竞争特性方面存在差异；影响制造业的行业因素及竞争环境与影响娱乐业行业的行业因素及竞争环境也不相同。

行业环境分析属于企业外部环境分析中的微观环境分析，其主要内容是分析本行业中的企业竞争结构及与其他行业的关系。行业是由一些企业构成的群体，其产品有相同或类似的属性。行业是影响企业生产经营活动最直接的外部因素，是企业赖以生存和发展的空间。

进行行业环境分析的目的在于了解企业所在行业的总体状况，寻找所在行业中存在的威胁和机会，确定企业在行业中的地位。

通过行业分析，企业可以了解以下问题：①行业最重要的经济特征；②行业中的竞争力量；③行业变革的影响因素；④行业竞争力最强的企业；⑤行业的吸引力；⑥决定行业竞争成败的关键因素。

2.2.2 行业演变分析

行业的产生、发展与衰落过程中，行业环境变幻复杂且频繁，这要求企业管理者必须深入细致分析行业发展、演变过程特点和规律，准确预测行业环境变化给企业经营带来的影响，从而制订科学战略决策使企业能够适应行业发展。

行业的生命周期是企业战略管理者分析行业演变过程的基本方法之一。所谓行业的生命周期，是指从行业出现直到行业完全退出社会经济活动所经历的时间。

行业的生命周期主要包括四个发展阶段：导入期、成长期、成熟期、衰退期。行业是随着社会某种需求的产生而产生，又随着社会的这种需求的发展而发展，当这种需求消失时，整个行业也就随之消失，行业的寿命即告终止。识别行业生命周期所处阶段的主要指标有：市场增长率、需求增长率、产品品种、竞争者数量、进入壁垒及退出壁垒、技术变革、用户购买行为等。

1．导入期

行业导入期也是行业产生或生成的时期，这个阶段属于行业发展的初级或幼稚阶段，行业技术、管理等方面还不成熟，面临风险也较多。

通常情况下，行业生成主要有三种方式：分化、衍生、新生长。

（1）分化是指新行业从其原来所在行业中分离出来一部分，成为为一个独立的新行业，比如石化行业是从石油工业中分化出来的。

（2）衍生是指新行业的出现，通过一体化发展，在原有行业基础上产生的新行业，如汽车业衍生出来的汽车修理业，房地产业衍生出来的房地产咨询业等。

（3）新生长是指新行业以相对独立的方式产生的新型行业，它们并不依附于原有行业。这种行业往往是科学技术进步的结果。比如生物医学、生物工程、海洋产业等。

在导入期的前期阶段，行业内的很多企业在财务上可能不但没有盈利，反而普遍亏损，企业多为投机者和创业投资者。经营方面的特点是高风险、低收益。在导入期的后期阶段，随着行业生产技术的成熟、生产成本的降低和市场需求的不断扩大，新行业便逐步由高风险、低收益的幼稚期迈入高风险、高收益的成长期。

2．成长期

行业的成长期是行业的扩大再生产阶段。判断行业成长能力主要看其如下几个方面的表现：①需求弹性如何；②生产技术发展情况；③产业关联度；④市场容量与潜力；

⑤行业在空间的转移活动；⑥产业组织变化活动。

成长期的行业环境基本特点是高风险，高收益。此时行业的市场增长率较高，需求高速增长，竞争对手迅速增多。行业关键技术趋于成熟，行业竞争状况和用户特点已比较明显地表现出来。

3．成熟期

行业进入成熟期的标志是技术、产品、生产工艺、产业组织的全面成熟。行业成熟在技术上的表现是行业内企业普遍采用的是适用的且至少有一定先进性、稳定性的技术；在产品方面成熟的表现是开发出质量稳定、品种齐全、规格系列完整的众多产品；生产工艺、产业组织方面成熟的表现是工艺标准配套、产业组织管理系统完善。

一般而言，技术含量高的行业成熟期历时相对较短，而公用事业行业成熟期持续的时间较长。这一时期的特点是行业的市场增长率不高，需求增长不高，市场发展呈下降趋势；技术已经成熟，行业特点、行业竞争状况和用户特点清晰而稳定，买方市场形成；行业赢利能力下降，产品种类减少，新产品和产品的新用途开发更为艰难，竞争更为激烈，进入行业已非常困难。

4．衰退期

当行业进入市场增长率持续下降，产品需求、竞争者数量下降，产品差异度变小；行业生产能力萎缩；企业投入研发的支出降低甚至停止；行业盈利能力持续下滑等等情况陆续出现时，表明其进入了发展的衰退期。在这个时期，行业内的新产品和产品的新用途开发更为困难，行业进入壁垒增高。销售额曲线越来越趋向于横坐标，而利润曲线基本上与横坐标重合，甚至低于横坐标。

影响行业生命周期的主要因素主要包括：

（1）技术因素。产品的稳定性对于行业发展的影响是较大的。此时分析产品的性质及技术复杂性有助于判断产品的未来需求变化，如果出现大幅度变化，行业的生命周期也将受到影响。例如仅以流行的产品为基础的行业很快会被淘汰；产品性质较稳定的产业，如钢铁工业、化学工业，其产品需求则有着长期的稳定性。由于价格构成的变动及其产品需求的减少，这些产品需求较稳定的行业在不同的年份获利能力仍有波动。

（2）政府的影响和干预。企业战略制订者需要评估政府政策对特定行业的影响，因为政府可通过多种途径来广泛地影响一个行业。政府对行业的促进作用可通过补贴、优惠税法、限制外国竞争的关税、保护某一行业的附加法规等措施来实现，因为这些措施有利于降低该行业的成本，并刺激和扩大其投资规模。

政府的管理措施可以影响到行业的经营范围、增长速度、价格政策、利润率和其他许多方面。政府重点实施管理的主要行业有：①公用事业，如煤气、电力、邮电通信、广播电视等；②运输部门，如铁路、公路、航空、航运和管道运输等；③金融部门，如银行与非银行金融机构、保险公司、商品与证券交易市场、经纪商、交易商等。

政府实施管理的主要行业都是直接服务于公共利益，或与公共利益密切联系的。公用事业是社会的基础设施，投资大、建设期长，政府往往通过授予某些企业在指定地区独家经营某项公用事业特许权的方法来对它们进行管理，被授权的企业也就因此而成为这些行业的合法垄断者。

但这些合法的垄断者和一般的垄断者不一样，它们不能任意规定不合理的价格，其定价要受到政府的调节和管制。政府一般只允许这些企业获得合理的利润率，而且政府的价格管理并不保证这些企业一定能够盈利，成本的增加、管理的不善和需求的减少同样会使这些企业发生亏损。

阅读材料

政 府 管 制

★ 政府管制是指政府为维护和达到特定的公共利益所进行的管理和制约。

★ 政府管制是政府为达到一定的目的，凭借其法定的权利对社会经济主体的经济活动所施加的某种限制和约束，其宗旨是为市场运行及企业行为建立相应的规则，以弥补市场失灵，确保经济的有序运行，实现社会福利的最大化。

★ 政府管制属于政府的经济管理职能，是政府行政机构依据法律授权，通过制定规章、设定许可、监督检查、行政处罚和行政裁决等行政处理行为，对构成特定社会的个人和构成特定经济主体的活动进行限制和控制。

★ 政府管制的分类：

◆ 经济性管制。经济管制是指对价格、市场进入和退出条件、特殊行业服务标准的控制。一般来说，它是对某一个特定行业、特定产业进行的一种纵向性管制。这些行业往往具有一些特点，如自然垄断性。电信中的本地网络、电力中的配电和输送、铁路的轨道传输网络等，这些环节获得合法垄断有合理意义和社会效应。如果他们的服务质量和价格不合理，很可能危及购买并使用这些产品的人的利益，为此政府要在准入管制的同时进行价格管制。

◆ 社会性管制。主要用来保护环境以及劳工和消费者的健康和安全，它主要针对外部不经济和内部不经济。前者是市场交易双方在交易时，会产生一种由第三方或社会全体支付的成本，如环境污染，自然资源的掠夺性和枯竭性开采等。政府必须对交易主体进行准入、设定标准和收费等方面的管制。后者是交易双方在交易过程中，一方控制信息但不向另一方完全公开，由此造成的非合约成本由信息不足方承担。如假劣药品的制售，隐瞒工作场所的安全卫生隐患等，政府要进行准入、标准以及信息披露方面的管制。

（3）社会习惯的变化。消费者和政府越来越强调企业所应负的社会责任，越来越注重企业生产给社会所带来的影响。这种日益增强的社会意识或社会倾向对许多行业已经产生了明显的作用。防止环境污染，保持生态平衡目前已成为工业化国家一个重要的社会趋势，很多国家每年都要花费巨额的经费来研制、生产与环境保护有关的各种设备，以便使工业排放的废物、废气能够符合规定的标准。可见，社会环境、习惯的变化对企业的经营活动、生产成本和利润收益等方面都会产生一定影响。

2.2.3 行业能力与行业规模

1. 行业能力

行业能力是指行业中每个竞争者所具有的能力的总和。行业能力分析主要是对行业结构和行业技术状况的分析。

2. 行业规模

行业规模分析可以弄清行业的发展与社会需求之间的关系，这对于确定企业的经营范围具有重要意义。

行业规模分析的主要内容包括：①行业提供服务的总量与社会需求之间的关系；②行业产品结构与该产品的发展趋势之间的关系；③行业目前的实际生产能力与设计能力之间的关系；④行业内规模能力悬殊型和规模能力均衡型各自所占的比重；⑤本企业规模与行业规模的发展趋势之间的关系。

2.2.4 行业结构

行业结构是指在特定的市场中，企业间在数量、份额、规模上的关系以及由此决定的竞争形式。行业结构的划分依据有：交易者数量、交易商品的单一性、交易信息是否完全、交易者进入市场有无障碍、对产量和价格的控制程度等。这些因素决定了市场的竞争程度，按照这些标准可将市场划分为完全竞争市场、纯粹垄断市场、垄断竞争市场。

行业结构主要影响因素有市场集中度、产品差别和进入壁垒。市场集中度包括市场绝对集中度和市场相对集中度。市场绝对集中度用市场内大企业的生产、销售，员工、资金等的投入与产出指标的累计数占整个市场相应指标的总数的比例表示；市场相对集中度反应的是企业规模分布的集中度。

行业内产品是可以相互替代的，但行业内产品在绝大多数情况下是有差异的，这种产品差异性是企业争夺市场份额的重要手段。

拓展阅读 2-1

全球主要商品市场份额调查：优势企业走向寡头化

2018 年 7 月 25 日《日本经济新闻》公布了其汇总的 2017 年全球主要商品与服务市场份额调查，调查显示优势企业的垄断性不断加强。在调查的 71 个商品品类中，数码相机、平板电脑和光伏面板等 7 个品类，市场地位居前 3 位的企业的合计份额均提高 5 个百分点以上。大型企业通过并购和价格战扩大份额的规模竞争优势表现突出。

1．平板电脑

美国苹果、韩国三星电子和美国亚马逊这三强占份额的 52.3%，超过一半。苹果 2017 年春下调 iPad 售价，扩大了购买者的范围，增加了市场份额。排在第 4 位的中国华为技术份额提高 2.1 个百分点，达到 7.7%，将追赶美国企业。

2．医疗器械

在心脏起搏器等循环系统医疗器械生产领域，美国雅培实验室公司（Abbott Laboratories）收购美国 St. Jude Medical，跃居第 2 位。前 3 家份额达到 53.4%，提高 11.2 个百分点。

3．运输业

运输工业产品和日用品等的集装箱船运领域也在推进并购。最大企业 A.P.穆勒—马士基集团（丹麦）通过收购德国的海运企业，将其份额提高至 19.2%。此领域市场份额前 3 家企业的份额高达 45.9%，比同期提高了 6 个百分点。

日本邮船、商船三井和川崎汽船三家日本企业于 2017 年合并集装箱船业务，成立了新企业。这一新企业 2018 年 4 月开始营业。不过，其份额仅为 7.2%，排在第 5 位，与欧洲大型企业相差悬殊。

4．发电企业

光伏面板因建设热潮的推动，按发电能力计算的供货量增加 2 成。从居第 1 位的晶科能源到第 3 位都是中国企业，其中前 3 家企业的市场份额为 27.1%，比同期提高 5 个百分点。中国企业除了成本竞争力较高之外，中国国内发电站增加也成为其发展的动力。日本企业的情况则是京瓷和夏普曾居前列，但现在未进入行业前 10 名。

市场萎缩导致优势企业形成垄断的是数码相机。佳能、尼康和索尼等前 3 家的份额达到 89.1%，提高了 17 个百分点。由于智能手机崛起，市场规模萎缩 21.4%。卡西欧计算机 2018 年 5 月决定撤出袖珍数码相机领域，出现了缩小业务的趋势。

资料来源：光明网　光明科技 tech.gmw.cn 2018.7.26

2.2.5 行业技术性

技术状况对行业发展的影响越来越重要，只有对行业技术状况进行全面的分析，才能正确地判断行业的发展前景和行业能力的发展水平。

行业技术状况分析的主要内容包括：①行业的总体技术水平；②行业技术的变化节奏；③行业技术的发展方向；④本企业的技术水平在行业中所处的地位。

2.2.6 行业经济性

行业经济特性受行业总容量、市场成长率、行业内技术变革的速度、市场的地理边界、消费者与供给者的数量及规模等因素影响。在某些行业中，各种竞争力量可能比较温和；而在另外一些行业中，竞争却可能是激烈的。某些行业的竞争焦点是适宜的价格；而在其他一些行业中，竞争却可能集中在质量或产品的可靠性方面，或集中在产品特色和性能方面，或快速服务和便利性方面。而在其他某些行业中，市场竞争所提出的挑战要求企业同供应商、客户甚至一些关键的竞争对手密切合作以促进新一轮产品革新的出现，从而创造出全新的市场机会。

一个行业的经济特性和竞争环境及其变化趋势决定了该行业的利润前景。行业及竞争环境之间的差别很大，使得没有吸引力的行业中最好的企业也很难获取可观的利润；在有吸引力的行业中，即使是弱小的企业也有可能取得良好的经营业绩。

研究与讨论

1. 对近期一些政府出台的政策对于某一类产业或企业的影响进行讨论（如房地产限购、取消户口限制……）
2. 广义信用供给增速是房价暴涨的真实原因吗？
3. 列举出你所预见的某种替代品及其对现有产品的威胁。

第3节 行业竞争性分析

名家之言

战略的核心在于以竞争对手模仿您今天所采取的战略的速度为自己创造明天的优势。

——加利·哈默尔和 C. K.普拉哈拉德

竞争战略没有定法。这就意味着要以不同的方式开展您的价值链上的各项活动，或者开展与竞争对手不同的活动为顾客提供独特的价值组合。

——迈克尔·波特

2.3.1 行业竞争性分析概述

在一个行业内，企业与企业之间的力量对比构成了竞争环境。行业的竞争激烈程度取决于行业内的经济结构，行业的经济结构状况又对竞争战略的制订和实施起制约作用。企业战略管理者要根据企业所处行业内影响企业竞争的经济力量及其发展变化来确定企业的竞争战略，进行行业竞争分析是制订企业战略的基础。

一个企业在竞争中取胜，其战略一定深深地根植于持续竞争优势之中。也就是说，一家公司在吸引顾客和防御竞争方面拥有相对于竞争对手的优势，它就拥有了竞争优势。

企业获得竞争优势的途径很多，其核心途径就是为顾客提供他们认为最有价值的价值——好产品低价格或者值得支付高价的更好的产品或服务，或者是代表着价格、特色、质量、服务以及其他特点的最佳组合。

2.3.2 行业竞争性分析方法

美国哈佛大学商学院的迈克·波特教授提出的五种力量模型（Porter’s Five-Forces Model），如图 2-3 所示，即竞争分析方法。它是广泛应用于行业竞争性的一种分析方法。波特证明：一个行业中的竞争状态是以下五种竞争力量综合作用的结果。

（1）行业中竞争卖方企业之间的角逐；

（2）潜在竞争对手的进入；

（3）其他行业中那些试图通过自己所提出的替代产品争取顾客的企业的竞争；

（4）来自供应商的竞争压力——卖方之间的合作与讨价还价；

（5）来自卖方与买方之间的合作及其讨价还价行为的竞争压力。

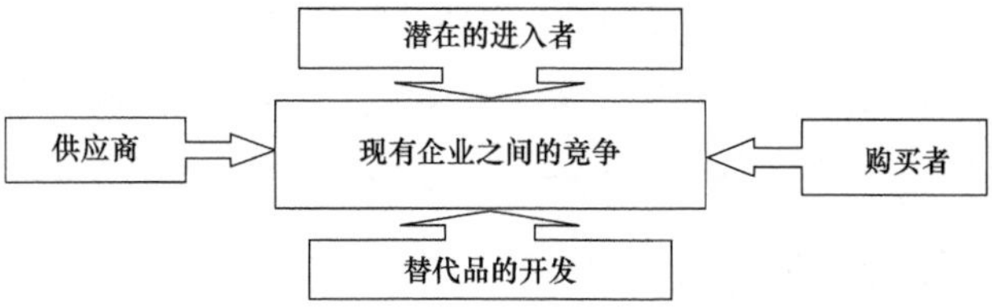

图 2-3　波特提出的五种力量模型

企业在行业分析的基础上制订战略，其目的就在于取得相对竞争优势，达到更高的赢利水平。按照迈克·波特的理论，企业的赢利程度取决于行业的赢利能力，而行业的赢利水平又取决于五种竞争因素的相互作用。

一个行业中的竞争，不仅在现有竞争对手之间进行，而是存在着五种基本的竞争力量。这五种基本竞争力量的状况及其综合强度，决定行业的竞争激烈程度，决定行业获得利润的最终潜力。不同行业的竞争力量的综合强度是不同的，因此各行业利润的最终潜力也不同。在竞争激烈的行业中，很难出现某个企业获得惊人的收益的情形。而在竞争相对缓和的行业中，各企业普遍可能获得较高的收益。

从战略的角度看，五种竞争力量决定了行业竞争的强度和获利能力，但它们的作用是各不相同的。例如，一个企业在某行业中处于有利的市场地位，潜在的加入者对它不能构成威胁。但如果它遇到了高质量、低成本的代用品的竞争时，它只能获得低的收益。即使没有代用品和大批的加入者，现有竞争者之间的激烈抗衡也会限制其潜在收益。

企业在制订经营战略时，应仔细分析每个竞争力量的来源，弄清企业生存的优势和劣势，寻求企业在本行业中的有利地位，了解那些战略发生变化时会产生巨额开支的领域，以及对机会或威胁可能具有重大意义的行业动向方面的问题。所以，行业结构分析是制订经营战略的基础工作，是战略分析的出发点。

随着行业中竞争的不断进行，投资收益率会不断下降，以至于接近竞争的最低收益率。如果投资者的收益率长期低于这个收益率，他们将退出这个行业。

应当指出的是，行业中竞争力量的综合强度决定着资本流入的程度，它使收益趋向较低的水平，最终使行业内的企业保持获得较高收益的能力。

1. 潜在进入者

所谓潜在进入者是指行业外试图或正在进入该行业的企业。

在特定的行业中，一个市场的新进入者往往会带来新的生产能力，希望在这个市场上有一定位置，他们可能拥有参与竞争所需要的重要资源，向该行业投入新的生产能力和物质资源，以获取一定的市场份额。新进入者在给行业带来新生产能力、新资源的同时，希望在已被现有企业瓜分完毕的市场中赢得一席之地。这就有可能会与现有企业发生原材料与市场份额的竞争，最终导致行业中现有企业为与其竞争而降低产品价格，带来产品盈利水平降低，严重的话还有可能危及这些企业的生存。

可见，如果一个新进入的企业能够轻易地进入，企业间的竞争强度就会提高。这种由于新竞争者加入带来的竞争力量的变化，并对行业内原有企业产生的竞争威胁称为进入威胁。反之，行业的新进入者也会遭遇竞争威胁。其所遭遇竞争威胁严重程度主要取决于两类因素：进入壁垒和现有企业对新进入的预期反应。

一旦新进入者很难打开这个市场或该市场上的经济因素使得潜在进入者处于劣势，就意味着出现了进入壁垒或进入障碍。

所谓进入障碍是指那些允许现有企业赚取经济利润，却使行业的新进入者无利可图的因素。如果面对进入障碍比较多、比较高，对欲进入行业的企业来说就会非常困难，对行业现有企业来说，进入威胁就会小一些；反之，进入威胁就会增大。进入障碍分为结构性障碍和行为性障碍。

（1）结构性障碍。

①规模经济。规模经济是指在一定时期内，企业所生产的产品或劳务的绝对量增加时，其单位成本就会趋于下降。规模经济会迫使新进入者不得不面对两种难以接受的选择。首先，以大的生产规模进入该行业，结果是大量投资引起的市场投入量的增加，利益分配格局剧烈变化，引发该行业现有企业的强烈抵制。其次，以小的生产规模进入该行业，结果是产品成本过高造成新进入者的竞争劣势。当行业规模经济显著时，处于最小有效规模或者最小有效规模经营的企业对于较小的新进入者就具有成本优势，从而构成进入壁垒。

规模经济阻止了潜在进入者的进入，这个因素使潜在进入者在进入之时要有很大的规模，否则它将不得不接受成本劣势以及较低的利润水平。如果这些新进入者从一开始就通过扩大规模来克服规模小造成的不利，那则会有长期的生产能力过剩的问题，从而影响现有厂商的市场份额，使他们采取积极的报复措施，如削价、加强广告和销售攻势，以及采取类似的阻挠行动等；如果采取其他方式，新进入者也可能受到低利润的阻挠。新进入者所遭遇的与规模相关的壁垒常存在于下面这些领域：如产品广告、市场营销和产品分销、财务融资、售后服务、原材料采购、研究与开发等。

②学习（经验）曲线效应。它也称学习（经验）效应，是指由于重复做某件事（或活动）的次数增加，人们可以从中学到更加具有效率的做事方法，从而使成本降低。这些导致成本降低的因素主要来源于员工对工作方法的改进，新的设备、工艺方法的研制，生产流程和生产布局的优化等。

应当指出的是，有些行业的规模经济不显著甚至不存在规模经济。例如，软件领域的进入障碍来自它的经验曲线效应。不仅企业的劳动成本可以通过熟练和学习而下降，而且成本中的其他影响因素也同样会发生变化。企业拥有的专利可能会有效地防止新进入者；同时，新进入者可能缺乏技术熟练的员工，并且不具备使用复杂的生产制造技术的能力。行业中的现有企业往往非常谨慎地保护那些会给它们带来技术和制造能力方面的优势的技术诀窍；除非新进入者能够得到这种专有知识，否则他们就无法与其在同一起点上展开竞争。

③产品差异。产品差异是由于顾客或用户对企业产品的质量或品牌信誉的忠实程度

不同而形成的产品之间的差别。产品差异是通过广告、用户服务、产品差异、行业历史悠久等形成的，它所形成的进入壁垒，就是迫使新加入者要用很大代价来树立自己的信誉和克服现有用户对原有产品的忠诚，并从现有企业中夺取用户，取得一定的市场份额。

④资金需求。资金需求所形成的进入壁垒，是指在这种行业经营的企业，不仅需要大量资金，而且风险大，进入者要在握有大量资金、冒很大风险的情况下才敢进入。资金需求是企业进入行业所需的物资和货币的总需求量。资金是一个重要的进入障碍。如果进入一个新的行业需要大量的投资，就会迫使企业慎重地考虑是否值得进入或应如何进入。尤其是资金密集型行业，企业如果没有足够的资金就很难进入，即使贸然进入也要承受巨大的投资风险。

⑤转换成本。转换成本是企业从一个行业（或产品）转向另一个行业（或产品）时所支付的一次性成本。转换成本包括：由于重新训练业务人员、增加新设备、调整检测工具等因素而引起的增加的成本。这些会造成购买者对变换供应者的抵制。进入者要进入，就必须用大量的时间和特殊的服务来消除这种抵制。如果转换成本过大，对企业就会形成进入障碍，企业或者冒着成本过高的风险而进入该行业，或者放弃进入的机会。

⑥销售渠道。销售渠道是企业进入新行业时所面临的与以往不同的产品分销途径或方式。一个行业原有的分销渠道已为行业中原有的企业所占有，新进入者要想让这些销售渠道接受自己的产品或服务，就必须采用让利、合作、广告补贴等减少企业利润的方式，这就形成了进入壁垒。

在消费品领域，潜在进入者可能面临着充分接触消费者的障碍；分销商往往不愿意承销尚未被顾客认知的产品，潜在进入者还必须建立其特许经销商网络，必须说服零售商为其新品牌的展示提供充足空间和足够长的试销期。现有生产商与现有分销渠道的联系越紧密，潜在进入者的进入就越难。要克服这个壁垒，潜在进入者可能不得不花钱取得分销渠道的准入，提高特约经销商和分销商的利润，或给予广告补贴等其他方面的激励。

⑦原材料、技术。对原材料、生产技术、工艺配方的方面的控制，形成的竞争优势使新进入者面临原材料、生产技术方面的进入壁垒。

⑧政府的政策。政府的政策、法规，政府补贴等也会在某些行业限制新进入者，清除不合格者，为现有企业造就了强有力的进入障碍。如政府为了环境保护，要求年产量在 5000 吨以下的造纸企业必须关停并转，因为只有年产量在 5000 吨以上的企业才有能力建立防污设施。另外，政府通过对申请发放许可证的控制和对获取原材料的限制也能

够阻止对某一行业的进入，国际贸易中的贸易壁垒、技术壁垒、绿色壁垒等都会构成进入障碍。

（2）行为性障碍。

行为性障碍是指那些现有企业对进入者实施报复手段所形成的障碍。如果现有企业对新进入者采取比较宽容的态度，进入某一行业就相对地容易些；反之，如果现有企业非常敏感，就会对新进入者采取激烈的反击和报复措施，如在规模、价格、广告等方面加大进入障碍的强度以扼制新进入者。

行为性障碍可分为主动和被动两种方式。①进入对方领域。进入对方领域是寡头垄断市场上常见的报复行动，目的在于抵消进入者首先采取行动可能带来的后果，避免对方的行动给自己带来的风险，这是一种主动性、进攻性的行为障碍。②限制进入定价。限制进入定价是行业内的现有企业降低产品定价，以阻止进入者的行为，是一种消极的、防御性的报复行动。现有企业试图以这种行为告知进入者，进入这一领域是难以获得理想利润的。

总之，新竞争者进入一个行业的可能性大小，取决于进入者主观估计进入所能带来的潜在利益、所需花费的代价与所要承担的风险这三者的相对大小情况。

2．替代品的开发

替代品是指那些与本企业产品具有相同功能或类似功能的产品。替代品的开发是新技术和社会新需求的产物，对行业来说这种替代威胁是十分严峻的。

两个处于同行业或不同行业中的企业，可能会由于所生产的产品是互为替代品，从而在它们之间产生相互竞争行为，这种源自于替代品的竞争会以各种形式影响行业中现有企业的竞争战略。在质量相同的情况下，替代品的价格会比被替代产品的价格更具竞争力。替代产品投入市场以后，被替代产品就会失去价格优势，生产被替代产品的企业的收益就会降低，对企业构成威胁。科学技术的发展导致了替代产品的不断出现，如塑料替代钢材、电气机车替代蒸汽机车、空调机替代电风扇，手机取代 BP 机等。

基于替代产品的竞争压力的大小取决于三个方面的因素：

（1）是否可以获得价格上有吸引力的替代品；

（2）在质量、性能和其他方面购买者的满意程度如何；

（3）购买者转向替代品的难度。

在价格方面有吸引力的替代品往往会产生竞争压力。替代品会给行业中的企业确定出一个不使已有客户转向替代品同时又面临着销售额被削减的风险的最高价格。同时，这个最高价格也限制了行业中竞争企业可以在不降低成本的情况下所获得的利润。如果替代品的价格比行业内现有产品的价格低，那么行业中的竞争企业就会面临着降价的竞争压力，以及降低成本以降低价格的压力。

在竞争性市场方面，替代品所带来的竞争威胁在下列情况下会很强大：①替代品很容易获得而且其定价很吸引人；②购买者认为替代品具有更好的特色；③购买者的转换成本很低。来自替代品的竞争强度的另一个决定因素是本行业中的客户转向替代品的难度和成本。最常见的转换成本有：额外价格、追加设备的成本、测试替代品质量与可靠性的时间成本、断绝供应关系并建立新供应关系的精神方面的成本、转换时获得技术帮助的成本、职员培训成本。

拓展阅读 2-2

锂电池技术难以突破，看全球科学家发明了哪些替代品？

悬浮滑板是一种有趣的自平衡滑板车，却会在使用中起火。航空公司因此禁止使用或携带它们。至于起火的元凶就是锂离子电池。这类电池应用广泛，尤其是在消费类电子产品中。

斯坦福大学的研究人员有了解决方案。他们在最近一期的《自然》杂志上发表研究成果，一种会在过热前自动关闭并在温度下降后迅速重启的锂离子电池。华裔化学家鲍哲楠指出，这种电池大规模生产的可能性非常高，它大部分材料都是便宜的塑料和镍，并且电池重启后不会降低效率。

2015 年，一个哈佛大学团队首次发明了一种不易燃的流体电池，这种电池能在外部储液罐中储存电网级别的电能。而麻省理工学院的研究人员发表论文称，用固体替代液体来作为电解液，以提高锂离子电池的安全性。

资料来源：锂电网 2016.2.26

3．供应商

对于特定行业的企业而言，其供应商主要通过提高投入要素价格与降低单位价值质量的能力，来影响行业中现有企业的盈利能力与产品竞争力。

在交易过程中，供应商在满足对方物资需要时往往会想尽办法使对方在价格、质量、服务等方面满足自己的要求，使自己获得更高的收益，这就是供应商的力量——讨价还价能力。通常，供应商力量的强弱与大小主要取决于他们所提供给买主的是什么投入要素，构成了买主产品总成本的多大比例，对买主产品生产过程、产品质量的影响等。

影响供应商讨价还价的因素主要有：

（1）行业的集中程度。如果供应商所在行业的集中程度比对方高，即由几家大企业控制，就会相对提高自己的重要地位，迫使对方接受自己的交易条件。

（2）交易量的大小。如果供应商的供应量占购买者购买量的比重大，供应商的讨价还价能力就大。

（3）产品差异化情况。如果产品的差异性大，购买者对产品的依赖性就大，供应商就会处于优势地位，在交易中持强硬态度。

（4）转换供货单位费用的大小。如果购买者转换供货单位的费用大，转换困难，供应商讨价还价的地位自然就高。

（5）前向一体化的程度。若供应商已实现了前向一体化，就会使对方处于不利的地位。

（6）信息的掌握程度。在信息社会，信息影响着供应者和购买者双方的力量对比，谁拥有的信息量大，掌握的速度快，运用及时，谁就拥有主动权。

如果供应商所提供的产品足可以通过开放市场获得，并且有大量生产能力充足的供应商提供，那么供应商的竞价能力或影响力就很小，甚至根本就不具备这方面的能力。在这种情况下，竞争对手们就可以很容易地从许多有生产能力的供应商那里获得所需的一切供应，以推动订单方面的竞争。只有当某种产品供应紧俏，并且用户急于得到他们需要的产品，以至于他们接受对供应商来说更为有利的供应条款的时候，供应商才会拥有某种特定的市场权力。

在许多行业竞争中，销售商与部分供应商之间建立长期的战略性合作伙伴关系和密切的工作关系可以有效实现下列战略目标：①确保即时送货并降低存货成本和后勤管理成本；②加速推出新一代产品部件；③提高所供应的产品部件和组件的质量，降低残品率；④降低供应商的成本，为更低的供应商品定价奠定基础。对于行业中那些能够最好地管理这种供应链关系，并且能够与供应商之间建立有效的合作伙伴关系的企业来说，这些好处都可以转变成为一种竞争优势。

4. 购买者

购买者主要通过其压价与要求提供较高的产品或服务质量的能力，来影响行业中现有企业的盈利能力。

对于行业中的企业来讲，购买者是一个重要的竞争力量。购买者在价格、质量、服务等方面提出有利于购买者利益的条件，从而造成作为供应者的企业之间相互竞争的能力就是购买者的讨价还价能力。购买者可以通过压低价格，要求高质量的产品，提供附加服务，加剧供应者之间的相互竞争等手段提高自己在交易中的地位。

当具备以下条件时，购买者就会有很高的讨价还价能力。

（1）购买者所在行业与供应商行业的集中程度：购买者的集中程度大或购买者所购买的产品比较固定，则购买者的重要性就高，优势明显；反之，供应商的行业集中，购买者只能在少数几家供应企业买到这种产品，那么供应企业比较主动。

（2）购买者的交易费用：购买者的交易费用占全部购买费用的比重大，购买者在价格和挑选余地上就会有优势。

（3）行业内产品的差别化程度：购买者购买的是标准产品或产品差异性较小，购买者就可以挑选供应者，并造成供应者之间的相互竞争，则买方在交易中占有优势；如果购买者购买的产品差异性较大，那么，行业内企业在与买方的交易中占有优势。

（4）购买者的转换成本：购买者的转换成本不高，购买者不必固定于某个供应者，竞争能力就会提高。

（5）购买者的赢利水平：购买者的赢利水平较高，购买者的注意力就不会只局限在价格上，对价格就不会太敏感。

（6）购买者采用后向一体化的可能性：购买者采用后向一体化，就会在交易中取得优势地位，对供应者造成威胁。

（7）购买者拥有行业内企业信息程度：购买者充分掌握了有关市场需求、市场价格、供应者制造成本等详尽的信息资料，就会具有较强的讨价还价能力。

5. 现有企业之间的竞争

这是指行业内各企业之间的竞争关系和程度。如果一个行业内主要竞争对手之间力量对比基本相当，无论行业内企业有多少，行业内部的竞争必然激烈，在这种情况下，某个企业想要成为行业内的领先企业或保持原有的高收益水平，就要付出较高的代价；反之，如果行业内只有少数几个大的竞争对手，形成半垄断状态，企业间的竞争便会趋于和缓，企业的获利能力就会增大。

决定企业间竞争激烈程度的因素有：

（1）主要竞争者的数目，竞争者之间的实力对比，行业销售的增长程度，产品及服务的差异化程度，企业的战略使命和战略目标，以及退出障碍等。

（2）收益方面：竞争激烈的行业，企业的收益水平处于均等状态。在竞争相对缓和的行业中，企业会普遍获得较高的收益。

（3）资本流向：竞争激烈的行业，会导致投资收益率下降，最终会使那些投资收益率长期低于竞争收益率的企业终止经营，将资本投向其他行业。相反，在竞争相对缓和的行业，由于投资收益率较高，就会刺激外部资本流入该行业，表现为一方面是新进入者带入的资本；另一方面是行业内现有企业追加的投资。

综上所述，五种竞争力量模型阐述了某一特定市场上的竞争模式——五种竞争力的能力、五种竞争力所带来的竞争压力的特性以及竞争的总体结构。

一般来说，五种竞争力量的总体影响力越大，行业中竞争企业的总体利润水平就越低。理想的竞争环境是供应商和客户都处于谈判劣势，没有很好的替代品，进入壁垒相对较高，现有卖方企业之间的竞争也比较温和。即使某几类竞争力量很强大，对于那些其市场地位和战略可以防御竞争压力，确保自己能够获得平均利润水平之上的利润的企业来说，该行业在竞争方面仍然是有吸引力的。

复习思考题

1. 试述企业宏观环境四要素。
2. 什么是经济周期？如何描述“熊彼特周期”？
3. 影响供应商讨价还价的因素有哪些？
4. 反映经济环境的主要指标有哪些？
5. 简述企业技术与社会环境分析关注的要素。
6. 通过行业分析企业可以了解哪些问题？
7. 举例说明行业生成的分化、衍生与新生长方式。
8. 分析影响行业生命周期的主要因素。
9. 试述迈克·波特教授提出的五种力量模型。

本章案例

网约车的发展对出租车行业的影响

出租汽车是城市综合交通运输体系的组成部分，为社会公众提供运输服务。然而，近年来，乘客对传统出租车的服务模式和乘车体验等方面的投诉和意见越发突出。而网络预约出租车（以下简称“网约车”）利用网络平台的信息化优势，以其高质量的个性化服务模式迅速抢占传统出租车行业的市场份额，对传统出租车行业造成了巨大冲击。

据《2016年中国约车及租车市场分析报告》显示，2015年中国整体出行需求为28亿次/天，其中网约车/专车的潜在市场需求为0.9亿次/天，网约车市场空间广阔。

《每日经济新闻》记者2018年4月3日走访南京出租车市场后发现，退车潮目前有加剧趋势。不少出租车司机对记者表示，在到期后就会退掉手中的出租车，转向网约车市场。南京出租汽车协会秘书长凌强也介绍说，截至2018年3月份，退租总数已达到3000辆，而且这个数字还在增加。这些车辆大多是2015年、2016年投入运营的，有些甚至是2017年更新过的车辆。

那是什么原因让出租车市场发生了如此改变呢？答案就是：网约车的大量入市。2017年初，美团打车进入南京市场，与滴滴打车展开激烈竞争。你打折，我就减现，大幅度“让利”用户，两家公司不仅在活动时间与减免额度上基本保持一致，对司机的补贴也层出不穷，如冲单奖、单单奖等。

网约车得到了补贴，但是传统出租车的订单量却大幅减少。南京江南出租车司机王师傅介绍，网约车这种价格战让出租车受到很大冲击，美团推出的1元打车，以及滴滴对乘客的补贴，让很多乘客都不再选择乘出租车出行，而选择网约车。

《每日经济新闻》记者4月3日从位于南京水游城打出租车到中央北路，花了35元，返回时记者选择网约车，同样的行程，记者只花了15元。对此，出租车司机王师傅对《每日经济新闻》记者说：“这种价格的差距目前是非常明显的，并且随着网约车补贴力度的加大，出租车的生存空间会进一步萎缩。”

除网约车外，共享单车其实也对出租车带来了一定的冲击。王师傅说：“现在使用支付宝，共享单车是免费骑的。出租车起步价是3公里，很多3公里以内的路程，市民都会选择共享单车出行，所以我们现在很少拉到起步价的乘客，这些乘客大都选择共享单车，这对我们出租车冲击也非常大。”

对于出租车不敌网约车的原因，专业人士的分析是这样的——江苏交通运输部管理干部学院张柱庭指出：随着时代的发展，传统出租车在争取顾客的同情、支持和肯定上，现有的手段落后了，至少没有太多的创新。反过来看网约车的做法。弄一点顾客评价，还弄一个新鲜词，夸一下顾客，让顾客坐得感觉挺好。产业（发展）必须要争取用户，争取服务对象对你的评价，这是影响你生意最重要的方面。

面临困局如何实现可持续发展？一些城市出租车公司也在尝试改变，认为挽留出租车司机唯一的办法就是降份子钱。但实际上这种做法收效甚微。

按照交通部要求，网约车和出租车行业应该走融合发展之路。面对网约车的强势来袭，出租车行业如何才能突破困局呢？

业内人士给出的判断是造成现在的困局，双方都有责任。出租车公司需要改革，要结合目前互联网的形式，探索一条适合目前形势的运营方式。同时，监管部门应该加大对网约车的监管力度。

出租车该如何改革？首汽副总经理梁海晨认为，先用科技的手段把车况差、卫生差，从业人员素质参差不齐等问题解决好，相信老百姓对出租汽车还是有期望的。因为出租车有一种天然优势：既能够在网络空间上使用，也能够在实际空间使用，获客能力和运营的效率要比网约车高得多。出租车公司要进行改革，同时针对目前比较乱的网约车市场，应该加强监管，让更多的网约车（经营）合法化，把不符合网约车（运营）标准的车清理出去。国家发改委价监局公平竞争审查处调研员杨佳佳认为，最后的发展还是要靠市场选择，政府会提供公平竞争的机会，也给消费者更好的出行服务和体验，这是行业希望发展的方向。

对于网约车的管理，有关部门已开始行动。2016年12月21日，北京市交通委员会联合多部门发布了《北京市网络预约出租汽车经营服务管理实施细则》，其内容涵盖了网约车平台公司、驾驶员、车辆许可条件、网约车经营服务申请办理流程、网约车经营许可审核、网约车经营规范、网约车监督检查和法律责任等多方面的具体管理制度。

2018年10月，北、上、广、深等地网约车征求意见稿陆续出台。其中，各地细则最大的差异就在于对驾驶员户籍、车辆牌照、车辆排量与轴距等的限制性条款要求不一。以北京为例，其要求网约车驾驶员需为本市户籍，车辆为本市号牌车辆。相比之下，一些城市的网约车政策则相对温和。比如成都发布的细则并未对驾驶员的户籍设限，同时对车辆的要求也更为宽松，只要求“车辆排气量不小于1.6L或者1.4T”，并没有像很多城市那样规定要求轴距达到2700mm。

工信部电信研究院政策与经济研究所副总工程师何霞认为，网约车领域要注意审慎监管、包容性监管。网约车是区域性市场，各地新政要兼顾满足公共出行的需求和缓解交通拥堵之间的关系。

资料来源

1. 刘亮明，向坚持，李要星. 乘客视角的新型网约车与传统出租车商业模式对比分析——以滴滴出行为例，特区经济，2017（3）.

2. 查道坤. 受网约车冲击，传统出租车该如何突围？新浪财经：每日经济新闻 2018.4.3.

3. 张爱萍，林晓言，陈小君. 网约车颠覆性创新的理论与实证：以滴滴出行为例［J］. 广东财经大学学报，2017，32（2）：31-40.

第3章 战略基石：资源与能力

在公司未来战略形成之前，必须对公司内部的环境、组织内部的环境进行评估。对战略制订来说，了解公司的内部环境是很重要的，因为组织必须清楚地了解可利用的资源，并有效地使用这些资源。

——（美）阿比斯·F. 阿克哈法吉

本章要点

- 企业资源基础论
- 企业资源分类
- 企业能力及其划分
- 企业竞争力与竞争优势

本章目标

- 了解企业资源论的含义与基本假设
- 掌握企业资源的分类
- 熟悉企业竞争优势及其取得方法

任何一个企业的战略制订与实施，都需要依赖一定的资源与企业的经营能力。战略管理者需要依据企业拥有资源与能力的特点，选择合适的战略以提升企业的竞争能力。本章除了研究企业资源与能力的构成之外，还将讨论与之密切相关的企业竞争力及核心竞争力问题，这涉及企业资源、能力及其竞争力之间的关系。为此，我们需要关注以下问题：

（1）影响企业竞争优势的基础是什么？

（2）为什么有的成功的企业会逐渐丧失竞争优势？

（3）企业如何保持长期的竞争优势？

第1节　企业资源论

现实中，人们常常会有这样的疑问：某一特定的产业或市场中，为什么有些企业的绩效高于另一些企业？它们的竞争优势的基础是什么？

我们来看一个实例。

战略实践 3-1

海尔全球化实践：构建互联平台，实现资源共享

2015年3月，海尔集团在日本推出了一款“手持”洗衣机coton，比刮胡刀略大，主要功能是清洗衣物的局部污渍。产品推出后在日本销量持续上升，值得一提的是这款产品从研发、制造到营销都在日本完成。

不同于其他企业集团，海尔集团没有从全产业链进行战略布局，而是在产品和品牌塑造下功夫。自1990年起，海尔通过了美国最严苛的UL认证，进入竞争激烈的美国市场。对于全球市场，海尔集团针对工业4.0时代特点提出建设海尔互联工厂，将互联网思维融入制造业，让用户参与产品制造全程。

海尔企业通过与用户直接交互，驱动企业在前端的研发资源、设计制造资源基础上，整合供应商模块化资源，完成大规模个性化定制，实现最佳体验。目前，海尔已经逐步将这种模式

在全球范围内进行了推广和实践。上文提到的在日本推出“手持”洗衣机 coton 就是这样完成的。

资料来源：海尔官方网站 www.haier.net

从上述关于海尔企业国际化运营的描述中我们可以看出：它的竞争优势来源于独特的商业模式，以及将自己特有的战略转化为卓越效率、客户响应和创新的独特竞争力。

一个战略管理者不仅要清楚地了解企业为顾客创造价值、为企业创造利润的过程，而且要熟悉这个过程中企业的资源、组织能力和独特的企业竞争力所发挥的作用。为此，他们必须分析企业竞争优势的来源，判断企业利润的驱动因素和提升的机会并采取有效措施把握它们。

3.1.1　企业资源基础论

1．企业资源基础论的含义

近年来，有关企业内部分析作为有效的战略管理的决定性基础的研究逐渐受到关注并得到普遍认可。很多学者采用这种新的方法分析公司的成功的基础，认为企业经营的成功与否取决于对其内部资源的应用程度，这一理论流派被称为资源基础论。

资源、能力与竞争能力是企业内部条件分析的主要内容，构成了企业竞争优势的基础。改进企业内部的资源、能力与竞争能力状况是企业战略最为重要的可控变量。

所谓的企业资源是指企业的专用性资产，是企业用于战略行动及其计划推行的人力、物力、财力等资源的总和。事实上，人们对企业资源的认识有各种不同的说法，按照其存在形态来说，企业资源可以分为有形资源和无形资源两大类。有形资源是看得到、摸得着、可以数量化的资源，它们通常可以在企业的账面上反映出来；而无形资源则主要包括诸如专利、商标、版权等知识产权，Know-How、网络、企业文化以及与产品（服务）和公众利益相联系的企业形象等方面，通常不能在企业账面上反映出来。

可口可乐和百事可乐的竞争是以资源基础论为核心的一些观念有用的例证。资源基础论的基本假设应该是不同的公司具有不同的基础，因为不同的公司都拥有其独特的资源，即有形资产和无形资产以及运用这些资源的能力。公司如果能够把这些资源转化成组织的能力，这些资源就会形成其独特的竞争优势。

2．企业资源基础论的基本假定

企业资源基础论的基本思想是把企业看成是资源的集合体，将目标集中在资源的特性和战略要素市场上，并以此来解释企业的可持续的优势和不同企业间的差异。

企业资源基础论的基本假设是企业具有不同的有形和无形的资源，这些资源可转变成独特的能力。另外，这一理论认为资源在企业间不可流动且难以复制，这些独特的资源与能力是企业持久竞争优势的源泉。

可见，企业资源基础论假定支持的观点是如果企业所拥有的资源能使企业利用机会或消减威胁，这些资源只为少数相互竞争的企业所拥有。如果这些资源复制昂贵或供给无弹性，那么这些资源将成为企业竞争优势的来源和基础。

3.1.2 企业的基本资源

企业资源依其性质可分为有形资源和无形资源。有形资源指能被人们看见和利用的各种自然资源和社会资源。对于企业来讲，有形资源包括企业所拥有的房屋建筑、各类生产设备、原材料等实物资源以及用来投资或生产的资金、有价证券等。

企业的有形资源通常较易识别，是能够在企业的财务报表上量化体现出来的资源。但是有时企业的财务报表上所反映的资产价值并不是真实的某项资产的市场价值，因而管理人员评估有形资源的价值时必须注意它是否有机会更经济地利用财务资源、库存和固定资产。

无形资源是企业发展过程中逐步积累起来的、难以用货币直接度量及直接转化为货币的一类资源。如创新能力、专利、版权、技术诀窍、品牌声誉等。相对于有形资源，无形资源是竞争对手更加难以了解、购买和模仿。

1．有形资源

企业有形资源分析应重点关注以下内容：

（1）企业实物资源。企业实物资源是指具有物质形态的各类资产，如房屋建筑、生产设备、工具器具、原材料等。

房屋建筑及生产空间。企业的房屋建筑是企业开展生产经营活动的重要物质条件。对这类资源的分析内容主要包括：企业生产、经营用地情况分析；企业拥有的建筑物数量、位置、用途等。由于这类资源的单位价值较大，使用年限较长、物质形态较强、流动性较差，其价值多表现出边际收益递减规律的特性，也有一些在折旧完毕之后仍然具有使用价值和价值，甚至会增值，如城镇繁华商业区的店铺等。

生产设备。生产设备指在企业生产过程中，直接参加生产过程或直接为生产服务的各类机器设备，包括各类机械、动力及传导设备等。对企业生产设备的分析主要包括人均固定资产、设备平均使用年限、设备的品种结构、设备的专业工艺特性等的分析。企业人均固定资产因企业所在行业不同而有所不同，在同一行业中企业人均固定资产值越高说明企业资金技术构成越高，其生产力水平也越高。设备平均使用年限及设备品种结构说明企业设备更新的速度及生产能力的潜力。

原材料及获得能力。原材料是企业在生产过程中经加工改变其形态或性质并构成产品主要实体的各种原料及主要材料、辅助材料、 燃料、修理备用件、包装材料、外购半成品等。原材料是企业进行生产经营活动的劳动对象，是其存货的重要组成部分。由于原材料的品种、规格较多，企业为加强对原材料的管理要对其进行科学的分类。原材料分析主要内容包括：①原材料采购的价格及市场供求；②原材料供应的可靠性、及时性；③原材料供应的技术特性及质量；④原材料的消耗定额及需求核算；⑤原材料加工的外部协作分析等。

（2）企业能源资源。主要包括：①企业所用电力、水、煤、气、油等能源供应的可靠性、及时性问题；②供应的技术特性及质量保证问题；③企业对能源的消耗定额及其管理问题；④企业与能源供应部门的协作关系问题；⑤企业“三废”的处理问题等。

（3）企业财力资源。财力是指从价值形态上表现的企业实力。它一方面表现为企业在本时期可以动用的现实资源,另一方面则表现为企业继续获得这种现实资源的能力。企业的财力资源可划分为现实财力和潜在财力两个部分。

1）现实财力指企业在现阶段已经拥有或可以控制的财务资源。根据其来源途径不同，主要包括：

①基本财力。基本财力表现为企业的注册资本，是股权投资者投入企业的财力。

②杠杆财力。杠杆财力表现为企业的各种负债，是企业通过各种杠杆方式向企业外部进行融资而得的财务资源。

③衍生财力。衍生财力是通过企业的生产经营活动而扩展的基本财力和杠杆财力，实际表现为企业的生产经营成果。企业的衍生财力是其投资者追求的最终目的——通过企业的生产经营活动，获得财力的增值即衍生财力。

2）潜在财力指企业在一定时期内可以持续从外部融资的能力。当企业需要的时候潜在财力可以转化为现实财力。一般情况下，人们对潜在财力的分析通过以下相关的影响因素进行判断。

①企业偿债能力。一般通过企业基本财力和衍生财力对杠杆财力的保障程度来体现，如用企业的资产负债率、流动比率、纯益为利息的倍数等指标来衡量。

②企业盈利能力。即企业利用现有财力赚取利润的能力，一般通过企业的衍生财力与基本财力、杠杆财力之间的对比关系来体现，如投资报酬率、资本收益率等。

③企业所处的市场环境。当市场环境发生变化时，企业的潜在财力也会随之增强或减弱。企业的竞争环境、经济周期的波动影响、资金供求关系的变化等都会对潜在财力

发生影响。

④国家相关政策法规。国家可以运用财政政策、货币政策等经济手段，通过对市场环境施加影响，从而使企业的潜在财力受到抑制或刺激。

为了制订企业战略，财力资源分析的重点是中期和长期的财务优势和劣势，而不是短期的财务形势，因而要把更多的注意力放在长期的企业净收入趋势及总资产利用上。同时要计算出企业在计划期内为保持战略所要求的增长率而必须进行再投资的数量，从而判断出企业能否单独依靠自己内部的财力资源来支持预期的增长。

（4）企业人力资源。企业人力资源是企业员工向企业提供的知识、技能、管理能力等。确认和评价企业的人力资源是一项复杂的工作，很多企业常用员工的工作业绩、知识经验和资历来评价人力资源水平。在环境变化和对员工团队精神、合作意识要求日益提高的情况下，全面、客观分析企业人力资源是十分重要的。对人力资源的分析需要研究很多相关问题，分析企业中不同岗位、不同技能人员的数量、类型，还要分析他们是否适合其从事的工作。

人力资源分析一般应从以下两个方面来考虑：

1）企业维度。从企业方面来分析，即获得企业发展所需要的人才的途径；有效地利用企业现有的人力资源的方法；提高员工激励与人才管理水平的措施；科学规范员工的培训与绩效考核等。

2）员工维度。其目的是帮助员工更好地发展其个人的职业生涯，实现员工的职业规划目标。其具体分析内容主要包括：

①企业高层管理者的分析。主要对企业高层领导者的年龄、文化程度、来源、工资状况进行分析；对高层领导者的经营管理能力与素质、威信、思想状况、人际关系等方面进行分析。

②企业管理人员的分析。主要是对企业管理人员数量占全体职工的比例，管理人员的年龄、来源、文化程度、工资状况进行分析；对管理人员的工作能力、工作效率与素质、健康状况、思想状态进行分析。

③企业技术人员的分析。主要是对技术人员的数量占全体职工的比例，技术人员的年龄、专业结构、文化程度及工资状况进行分析；对技术人员中从事研究与开发工作的技术人员比例、近年来技术工作的绩效及奖罚、进修情况等进行分析。

④企业一般员工的分析。主要是对企业员工的数量、男女比例、年龄、来源、文化程度及工资状况进行分析；对员工的思想状况、素质、健康状况、劳动效率、工资福利、

奖罚、培训等方面进行分析。

（5）组织资源。组织资源指不体现于企业财务报表，也不从企业某一项资源中分离出来的，产生于整个企业组织的一种工作能力、工作状态和工作方式，是资产、人员与组织投入产出过程的复杂结合，如企业文化、某项业务的经营许可或特许经营权、某种技术的标准制定、良好的学习曲线、强有力的销售渠道、快速的市场反应能力等。

组织资源是员工所拥有的技能与知识同组织结构、制度规范、组织文化等结构性形态结合而产生的一种能力、处理方式和良好状态。反映企业结构的类型与各种规章制度的特征，它决定了企业的运作方式与方法。应当说明的是，组织资源侧重的是能力、方式和状态，而这种能力和状态则可能附着于某些实物资源中。

2．无形资源

无形资源是企业在长期的经营实践中逐步积累起来的，虽然不能直接转化为货币，但却能给企业带来效益，因此具有与有形资产同样的价值。通常情况下，无形资源不会因使用而消耗，反而会因使用而增加其价值。因此，企业更有可能以无形资源作为竞争优势的基础。随着科学技术进步速度的加快，社会环境变化的多元化等因素的影响，无形资源对企业经营的重要性越来越突出地体现出来并受到重视。

企业作为一种社会经济组织。在拥有厂房、场地、设备、资金等有形资源的同时。也拥有种类繁多的无形资源，如商标权、专利权、专有技术、客户关系、企业信誉、企业文化等，它们在企业的生产经营过程中发挥重要作用。

①商标权。商标是用来辨认特定商品或劳务的标记，它是指专门在某类指定的商品或产品上使用特定的名称或图案的权利，一般包括独占使用权和禁止权两个方面。

②专利权。专利权指国家专利主管机关依法授予发明创造专利申请人对其发明创造在一定期限内所享有的专有权利。专利权一般包括发明专利权、实用新型专利权、外观设计专利权三个方面。专利权都有法律规定的有效期限，在我国发明专利为 20 年，实用新型和外观设计专利为 10 年，超过法定有效期，任何人均可以自由使用该专利。专利权一般具有专用性、期限性、收益性的特征。

③专有技术。专有技术指不为外界所知，在生产经营活动中已采用了的、不享有法律保护的各种技术和经验。一般包括工业专有技术、商业贸易专有技术、管理专有技术等。

④客户关系。客户关系通常指购买企业产品的顾客与销售、服务、制造企业在长期

交往和共事中形成的相互关系，这种关系是无形存在的，对于企业产品销售量的提高影响颇大。

⑤企业信誉。它是企业在其生产经营活动中所获得的社会上公认的信用和名声。斯特恩商学院的名誉教授查尔斯·丰布兰在1996年对企业信誉做了这样的描述："企业信誉是一个企业过去一切行为及结果的合成表现，这些行为及结果描述了企业向各类利益相关者提供有价值的产出的能力"。

⑥企业文化。企业文化是指以企业价值观为核心的企业意识形态，包括企业价值观、企业经营理念、企业精神、企业经营方针、企业宗旨、企业规章制度、员工行为准则等。

企业无形资源分析的内容：

（1）企业技术资源。主要包括企业的研究与开发方面的分析、技术及市场信息方面的分析、产品质量方面的分析等内容。

企业的研究与开发方面分析的主要内容包括：科研经费占企业销售额的比例；每年新产品销售额占企业总销售额的比例；企业进行技术研究与开发的物质条件；企业的工艺技术水平、产品技术水平与国内及国际先进水平的比较；新产品开发效果等。

企业技术及市场信息分析的主要内容包括：

①环境信息。如技术、生产的知识，顾客的信息，市场的信息，国际国内技术发展的趋势等。

②企业信息。如企业的信用、商标、企业形象，流通渠道的支配力，广告技术等。

③企业内部信息。如企业文化，职工工作积极性，经营方式及经营管理能力等。

④企业产品质量分析。主要包括：主要用产品平均技术性能指标、产品合格率、产品成品率、产品等级品率、产品质量分数、废品率、返修品率等指标来进行分析。如产品平均技术性能、产品合格率产品成品率、产品等级品率、产品质量分数等。

（2）企业商誉分析。企业商誉是指能在未来一定期间内为企业经营带来超额利润的潜在经济价值，是企业预期的获利能力超过可辨认资产正常获利能力的资本化价值。美国财务会计准则委员会（FASB）于1999年9月首次提出了"核心商誉"（core goodwill）概念，认为商誉由六个要素组成。

①被收购企业净资产在收购日的公允市价大于其账面价值的差额；

②被收购企业未确认的其他净资产的公允市价；

③被收购企业存续业务"持续经营"（going-concern）构件的公允价值；

④收购企业与被收购企业净资产和业务结合的预期协同效应的公允市价；

⑤收购企业由于计量收购报价的错误而多计量的金额；

⑥收购企业多支付或少支付的金额。

商誉是企业整体价值的组成部分，包括企业的品牌知名度、品牌美誉度、品牌重购率、商标、企业形象；公众对企业产品可靠性、耐久性等质量水平的认同度；供应商、分销商的支持程度、交易方式等。企业商誉反映企业内部、外部对企业的整体评价水平，是决定企业生存环境的重要因素。

（3）企业管理资源分析。企业管理资源是企业的生产经营活动进行计划、组织、指挥、协调和控制等所利用的各类资源。企业管理资源分析的主要内容包括：企业生产发展情况和财务情况；企业组织机构图及关于各机构任务的文字说明；企业员工人数和基本素质的说明；先进管理方法、手段及技术应用情况等。

战略实践 3-2

商标“裸泳”惹麻烦，网红餐饮被蹭热度

近几年，网红餐饮在重庆开得越来越多。随着这些网红餐饮店生意越来越红火，引来“山寨”不断。2017 年 11 月，黄愉函、熊伟等几个“兄弟伙”一起筹划创办了重庆幺幺幺捌餐饮管理有限公司，并在小龙坎正街开了首家“三合鱼”店，取名“小门坎三合鱼”。短短半年时间，小店征服了不少食客，成了新晋网红。

可最近有市民反映，“小门坎三合鱼”在天星桥凤天路开第三家分店了。可正宗的“小门坎三合鱼”却很快声明：他们在重庆市范围内仅有两家直营店，无任何加盟店。就当该店老板打算好好理论一番时，发现在大众点评、美团等 APP 上也有一家叫“小门坎三合鱼”的，地址位于沙坪坝天星桥凤天路。

“创业之初，只知道埋头做生意，根本没在意商标保护，没想到引来这么大的麻烦。”熊伟告诉商报记者，公司为了做响这块招牌，从开业以来就投入大量人力、财力，对该品牌进行宣传推广，现今已具有一定知名度及影响力。目前，“重庆嘿好吃”美食非常道”等均投入大量宣传广告，央视近日也来店内录制美食，即将播出。

熊伟说：顾客到所谓的“新店”去用餐，但服务品质、菜品味道等均有较大差距，吃到不正宗的“小门坎三合鱼”，让公司形象受到一定程度的损害。

“是正能量哈哈哈”的网友在大众点评上留言，听说周围也开了“小门坎三合鱼”，特意来打卡，结果发现和小龙坎的并不是一家。

自从声明发出后，大众点评、美团等平台上的“耿记小门坎三合鱼”更名为“馋掉牙美蛙鱼”，但是实体店的招牌并没更改，仍然有不少食客被店招误导。熊伟称，“小门坎三合鱼”联合创始人黄愉函已于 2018 年 4 月 13 日将“小门坎三合鱼”“小门坎三合”等图形文字申请注册商标，目

前尚在审核期。现在唯一的办法，就是等商标一旦申请下来，公司将立即展开“打假”，才能名正言顺。

“如果当初能尽早注册商标，就不至于陷入眼睁睁看着别的商家打着自己的招牌，招揽生意的境地。”熊伟说。

资料来源：人民网 2018年8月8日 来源：重庆商报 （记者 严薇 实习生 郎林芳）（有删减）

第2节 企业资源分析方法

名家之言

只有那些始终能比它们的竞争对手以更快的速度和更低的成本建立新的战略性资产的公司才能长期获得超额回报。

——C. C. **马凯斯**（C. C. Markides）和 P. J. **威廉森**（P. J. Williamson）

一个新的战略几乎总会涉及获取新资源和新能力。

——**劳伦斯·凯普伦**（Laurence Capron）**和威尔·米切尔**

你必须学会把人当作一种资源……你不应该问他们的成本是多少，而是收益是什么，他们能够产出什么？

——**彼得·德鲁克**

3.2.1 价值链分析方法

价值链分析法是迈克·波特在《竞争优势》一书中提出来的。他认为企业的生产活动是一个创造价值的活动。可以将一项业务划分为几个相互连接的活动，而每一个活动都可以为顾客创造价值。互不相同但又相互关联的生产经营活动，构成了一个创造价值的动态过程，即价值链，如图3-1所示。

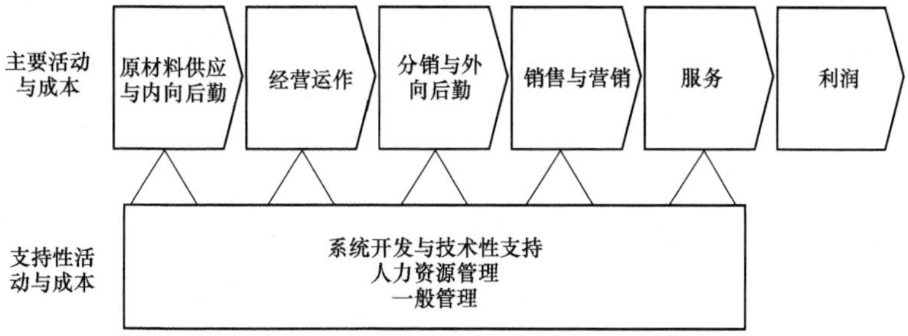

图3-1 典型的企业价值链模型

迈克·波特认为企业的价值创造是通过一系列活动构成的，这些活动可分为基本活动和辅助活动两类，基本活动包括内部后勤、生产作业、外部后勤、市场和销售、服务等，而辅助活动则包括采购、技术开发、人力资源管理和企业基础设施等。

1．基本活动

基本活动指企业生产经营实质性活动，涉及生产实体的产品加工、销售、服务等。可分为内部后勤、生产、外部后勤、市场营销、服务五种活动，其中每种活动又可以划分为若干类别。

（1）内部后勤。包括：收货、储藏、原材料整理、发放、库存控制、运输及退货等。

（2）生产。将生产要素投入转变成最终产品的活动，如机械加工、装配、包装、组装、机器维修、产品检测、打印和厂房设施管理等。

（3）外部后勤。产品库存和将产品实际分销给客户有关的活动，它包括：收集成品、入库储存、订单处理、发货车辆的调度、送货等活动。

（4）营销。促进和引导消费者购买企业产品的各种活动。如广告、人员促销、营业推广、分销渠道的选择、与分销商建立关系、定价策略等。

（5）售后服务。提供各种服务以提高或保持产品价值的活动。如安装、修理、人员培训、零配件供应以及产品的调试等。

2．辅助活动

辅助活动主要包括以下几方面：

（1）采购。指购买用于价值链中的生产要素投入的这种职能活动，而不是被采购的投入品。包括生产所用原材料的采购，也包括对其他投入资源的管理。

（2）技术开发。包括旨在改进产品和生产过程的一系列活动，而这些活动通常由企业的工程技术部门和研究与开发部门来完成。

（3）人力资源管理。它涉及人员的甄选、录用、培训、技能发展以及制订各类人员的报酬制度等。

（4）企业基础设施。包括总体管理、企业计划、企业财务、会计核算、法律事务、与政府间的关系以及质量控制等。

价值链分析从原材料作为投入资产开始，直至原料通过不同过程售给顾客为止。研究范畴由核心企业内部向前延伸到供应商，向后延伸到分销商、服务商和客户。它使人们关注价值链中的作业之间、公司内部各部门之间、公司和客户以及公司和供应商之间的各种关联，以及价值链中作业之间、核心企业内部部门之间、核心企业与节点企业之间以及节点企业之间的依赖关系。强调协调、管理和控制价值链中节点企业之间的相互依赖关系，以提高价值链中各节点企业的作业效率和绩效。

3．价值链分析应注意的问题

（1）关注支持企业竞争优势的关键性活动。

虽然价值链的每项活动对组织竞争优势的影响是不同的。在关键价值活动的基础上建立和强化的优势很可能使企业战略获得成功。例如万科房地产成功的关键在于其市场物业管理的优势，支持企业竞争优势的关键性活动是企业培养的独特能力的一部分。

价值链中的每一项活动都需要一定的成本，都会占用企业的一部分资产。将企业的经营成本和资产在价值链的每一项活动中进行分配可以估算出每一项活动的成本。

（2）明确价值链活动之间的联系。

价值链中基本活动之间、基本活动与支持活动之间以及支持活动之间存在各种联系，建立合理的联系方式对于提高价值创造和战略能力十分重要。例如，在基本活动之间，保持高水平的存货会使生产安排宽松，并且能对顾客的需求做出快速反应，但会增加经营成本，所以需要评估存货增加的价值和增加的成本之间的关系，以确定合理的存货水平。

（3）分析各项价值活动之间的关系。

价值活动的联系不仅存在于企业价值链内部，而且存在于企业与企业的价值链之间。企业的采购和内部后勤活动与供应商的订单处理系统相互作用；供应商的技术人员与企业的技术开发和生产人员之间是可以协同工作的；战略联盟的建立和发展正是基于这一思路。

3.2.2 SWOT 分析法

SWOT 分析是一种综合企业内部、外部环境和条件的各种因素，进行系统评价，以选择满意战略的方法。其中，“SWOT”分别是指企业内部优势（Strengths），企业内部劣势（Weakness），企业外部环境的机会（Opportunities）和企业外部环境的威胁（Threats）。

SWOT 分析法是战略设计学派的主要分析模型。这一学派认为战略是领导者有意识但非正式的构想过程，是对企业实力和机会的匹配。SWOT 分析模型研究了企业面临的机会和威胁、企业本身的优势和劣势，反映了企业内外关系对战略制订的重要影响。

（1）SWOT 分析的主要内容。

环境因素分析的对象主要是企业所处的各种环境因素，包括经济因素、社会因素、政治因素、法律因素、社会文化因素等。这些因素还分为优势因素和劣势因素。

企业的资源劣势指的是某种企业缺少或做得不好，使企业在竞争中处于劣势的资源，它们从某种方面制约和限制了企业的发展。

企业的资源优势是企业的竞争资产，而资源劣势则是企业的竞争负债。理想的状态是企业的资源优势或竞争资产大大超过企业的资源劣势或竞争负债。

企业资源分析的主要目的不在于列出企业资源的数量、种类和品质清单，而是分析和判定相对于竞争对手企业的资源优势和劣势所在，进而确定形成企业核心能力和竞争优势的战略性资源。

一个企业的内部劣势通常与以下因素有关：

①缺乏有着重要竞争意义的技能、专业知识或某种智力资本；

②缺乏有着重要竞争意义的有形资产、组织资产或无形资产；

③在关键领域里缺乏某种竞争能力或竞争能力很弱。

内部劣势就是企业在资源补充方面存在的不足和缺陷。某种劣势究竟是否会使一家企业在竞争中遭受伤害，取决于这项劣势在市场上的重要程度及其是否会被企业所拥有的优势所抵消或减弱。

表 3-1 列出了 SWOT 分析应该考虑的因素。

表 3-1　判断企业优势和劣势应该考虑的因素

资源和竞争能力优势	资源和竞争能力劣势
1. 战略富有影响力，在关键领域内拥有竞争价值的技巧和专业知识； 2. 财务基础强大，有充足的财务资源来发展业务； 3. 品牌认知度/企业声誉很高； 4. 公认的市场领导者，拥有富有吸引力的客户群体； 5. 能够利用规模经济和/或学习及经验曲线效应； 6. 专有技术/卓越的技术技能/重要的专利； 7. 与竞争对手相比拥有卓越的智力资本； 8. 成本优势； 9. 强大的促销能力； 10. 优异产品创新技能； 11. 能够改善生产流程的技能； 12. 对电子商务技术和流程的巧妙利用； 13. 良好的客户服务的声誉； 14. 与竞争对手相比更好的产品质量； 15. 广泛的市场覆盖范围； 16. 与其他能够提供有价值的技术、能力和的企业建立联盟。	1. 没有明确的战略方向； 2. 设施过时； 3. 资产负债状况很差，债务负担过重； 4. 同竞争对手相比，企业单位成本过高； 5. 一些重要的技能或能力正在丧失； 6. 与处于领先地位的竞争对手相比缺乏智力资本； 7. 企业的赢利水平低于平均水平； 8. 同竞争对手相比产品线过于狭窄； 9. 品牌形象或声誉不佳； 10. 与关键的竞争对手相比，其分销商网络更差； 11. 与竞争对手相比，低于平均水平的电子商务系统和能力； 12. 缺乏为有前途的战略行动提供资金支持； 13. 工厂的生产能力利用率很低； 14. 产品质量和研发水平低。

续表

面临的潜在机会	外部威胁
1. 客户群扩大，或者业务扩张进入新的地域市场或产品细分市场； 2. 扩展产品线的宽度，满足更多顾客的需要； 3. 利用企业现有的技术开拓新的产品线或进入新领域； 4. 利用互联网和电子商务技术大幅度地削减成本或寻找新的能促进销售额增长的机会； 5. 前向或后向一体化； 6. 有吸引力的市场的进入障碍降低； 7. 购并竞争对手或者拥有吸引力的专业知识的企业； 8. 建立联盟或合资企业扩大了公司的地理覆盖面和竞争能力； 9. 有机会利用新技术。	1. 强大的新竞争对手将要进入市场； 2. 替代品出现； 3. 实施电子商务战略带来的挑战； 4. 行业内竞争日益激烈导致利润率下降； 5. 市场增长率下降； 6. 外部因素变化导致企业成本上升； 7. 客户或供应商的谈判能力提高； 8. 购买者需求和喜好发生变化。

（2）SWOT分析应用的价值。SWOT分析不仅仅是列出四个列表，这种分析的应用价值在于判断每一方面的列表内容反映了企业所处的何种形势条件，并思考要采取哪些措施并做出有关下述问题的结论：

①企业战略与其所具有的资源潜能及其市场机会如何匹配；

②弥补某种资源弱势、抵御某种外部威胁的形势。

要使SWOT分析具有管理价值和战略决策价值，必须使其成为行动的基础。企业管理者确定了企业的资源优势和资源劣势，就必须就其所具有的竞争价值进行认真的评价并分析其战略内涵。某些资源优势可能比另一些资源优势具有更为重要的竞争意义，因为它们使企业战略更加有力、有助于企业建立强大的市场地位并进一步提高企业的赢利水平。

有些资源劣势如果不予以弥补的话，可能会给企业带来致命的打击；而另外有些资源劣势则不那么严重，它们很容易得到弥补，或很容易被企业的资源优势抵消。一家企业一旦出现资源劣势，就表明企业的管理者必须对企业的资源基础进行评价，主要内容包括：企业现有的哪些资源缺陷需要加以纠正？企业是不是有重要的资源缺口需要填补？要改善企业未来的资源基础需要采取什么措施等？

从战略制订的角度看，企业所拥有的资源优势有着非常重要的意义，因为它们往往会成为企业战略的奠基石，成为建立竞争优势的基础。如果一家企业不具有可以赖以制定战略的资源和竞争能力，那么企业管理层就必须采取补救措施，改善企业现有的组织资源和能力，并在必要的情况下增加其他的资源和能力。同时，企业的管理层应注意弥补企业的竞争弱势，因为它们会使企业在竞争中受到伤害，使企业的利润水平降低，或者使得企业不具备把握某种有吸引力的新机会的条件。因此，战略制订的原则就十分简单：企业战略必须与其资源相匹配，既要考虑资源优势，又要考虑资源弱势。

一般来说，企业管理层应该将其战略建立在充分挖掘和利用企业能力的基础之上，避免将企业的战略建立在那些很弱或没有确切能力的基础上。如果企业有幸拥有独特能力或其他具有出色竞争价值的资源，战略管理者也应该冷静地意识到这种资源的价值会随时间的推移而改变，会由于竞争的深化而减少。因此，为未来的发展建立起强大的资源基础以及维持现有独特能力在竞争方面的卓越性，这是企业的一项重要的任务。

第3节　企业能力分析

3.3.1　企业能力的界定

1. 企业能力的含义

企业能力（company competency）是与竞争是相关的概念，是指企业利用资源的效率，使其价值不断增加的各种力量的总称。它来源于对企业有形资源、无形资源和组织资源的整合，是企业各种资源有机结合的结果。企业能力是管理者在实践中积累起来的学识及其实际技能。企业能力成长于为了培养企业完成某事的能力而有意识地努力的过程。这一努力过程包括挑选具有必要的知识和技能的人，对他们的进一步培养、提高其个人的能力，将这些个人的能力整合成集体的努力，从而形成某种组织能力。

关于企业能力的解读，理论界一直有不同的观点。纳尔逊和温特（1982）认为企业是路径依赖性知识基础的集合。他们认为企业是拥有异质性能力的实体，异质性能力是惯例和搜寻的函数，而这些能力植根于组织的技能和惯例中，并作为组织的记忆为不断地实施生产性活动服务，这些组织的技能和知识具体体现了组织进行生产性活动的知识和能力。格兰特（1996）认为，组织的惯例是在个人层次的知识和组织层次的能力间的一种联结。高层级的能力结构上是跨职能的组合并由低层级能力构成，职能层级能力包含一个职能领域的特定的任务能力，在基层属于个人专门的知识。

20 世纪 90 年代以后，全球市场环境变化日益复杂，动态能力理论在此背景下产生了。科学技术创新不断加速，世界经济一体化与顾客需求的多样化趋势显著，企业间竞争日益加剧。理查德·达韦尼提出了动态能力理论，他在 1994 年出版了《超越竞争》一书中指出：动态能力是企业为使产品快速地上市、有效地掌握商机，以及能否持续地建立、调适、重组其内外部的各项资源与智能来达到竞争优势的一种弹性能力。

2．企业能力的构成

企业能力包括获取专业知识、技术的能力，开发新产品的能力，与顾客沟通合作的能力，对生产材料与设备管理的能力、对生产过程有效控制的能力等。企业能力通常是一个完整的系统和结合体，这与某种单一的技能、资源或技术是不同的。

企业的各类资源本身并不能直接产生竞争能力和竞争优势，它们源于对企业多种资源的整合。企业的竞争优势源于企业的核心竞争力，核心竞争力又源于企业能力，而企业能力源于企业资源。企业的竞争优势是由企业在长期的生产经营过程中，将具有战略价值的资源和能力进行特殊的整合而形成的核心竞争力所产生的。

在战略管理领域，企业竞争优势的寻求以及如何获得并保持竞争优势，是人们普遍关注的问题。动态能力理论阐明了企业可以通过培育独特灵活的能力，来满足顾客和市场日趋增长的需求。

3.3.2 企业能力分析

1．财务能力分析

判断一个企业的经营能力，首先要分析企业的财务状况，因为企业的财务报表和资料记录了企业经营的整个过程和取得的绩效水平。分析企业财务状况广泛使用的方法是财务比率分析，通常财务比率分析从两个方面进行：一是计算本企业有关财务比率，并与同行业中的竞争对手进行比较或与同行业的平均财务比率进行比较；二是将获得的财务比率与企业以往的财务比率及预测的财务比率进行比较。

财务比率的分析要根据企业主要财务报表所提供的数据进行。单纯计算企业的财务比率只能反映企业在某一个时间点上的情况，只有把计算出来的财务比率与以前的、其他相关企业的财务比率和整个行业的财务比率进行比较，财务比率分析才有意义，这种对财务比率的比较分析称为趋势分析。财务指标的变化趋势反映企业处于什么样的财务状况。其具体指标有：销售利润率、资本利润率、每股平均收益、流动比率、速动比率等。

反映企业资源的经营效率指标主要有：收益性的毛利率、经营利润率、投资收益率、自有资本收益率等。而反映企业成长性指标主要有：销售额增长率、利润增长率、市场份额增长率、无形资产增加值等。

2．产品市场竞争能力分析

一个企业产品竞争能力主要体现在以下几个方面：

①竞争性。产品竞争性反映企业产品在竞争中的情况。可用本企业的某种产品与有

相同用途的不同产品和同类产品的不同形式之间竞争能力的对比表示。

②成本。指产品的成本结构。可以与本企业历史水平、计划水平、同行业平均水平以及国内外先进水平相比较，反映企业产品成本当前水平的合理性和降低的可能性。

③价格。分析产品价格也可从价格构成入手，进行各种对比分析，并应预测发展趋势上升或下降的幅度大小。

④质量。产品满足消费者需求的能力。包括产品的设计、工艺和成品的内在质量和外观设计、包装等的外部质量的比较分析。

⑤服务。包括销售前和销售后的服务，以及使用产品的技术指导等情况。

一个企业产品竞争能力的指标与企业所处行业的技术经济特点、企业管理水平、产品本身的构成等多种因素相关，反映产品竞争力的指标也有很多。

（1）市场占有率。

产品的竞争力取决于它的市场地位，反映一个企业产品市场地位的指标要看其市场占有率。与市场上同类产品比较，相同的产品在同样的市场上，市场占有率高的产品获利机会就多。市场占有率是反映产品竞争力的重要指标，它是企业某种产品销售额占市场该种产品全部销售总额的比重。通常情况下，企业的市场占有率应与其市场营销努力成正比。分析产品市场占有率要对产品细分市场布局、产品差异及产品价格对需求的影响等因素进行分析。

当然，值得注意的是，有时企业的产品市场占有率高，但企业并不盈利甚至亏损。为此，需要关注另外一个指标——产品获利能力。

（2）产品获利能力。

产品获利能力是指企业通过销售产品获取利润的能力，可通过一定时期内企业销售产品获得收益数额的来表示。一种产品的获利能力反映该产品为企业提供的利润水平，它可通过下列指标分析：

①产品贡献：产品贡献＝销售收入－变动成本

②归属利润：归属利润＝产品贡献－归属固定成本

③利润：纯利润＝归属利润－共同的固定成本

3．技术创新与研发能力分析

技术创新能力所涉及的内容广泛，包括新产品、新技术、新工艺、新材料等方面的创新。在技术变革飞速发展的环境中，新产品不断替代老产品，技术进步越快，新的产品、技术和产业出现越多，产品的生命周期就越短。为此，企业都将必须参加到技术和产品革新的竞争之中。为了在技术创新竞争中立于不败之地，企业战略管理者必须对企业技术创新与研发高度重视。

分析企业产品创新与研发能力可通过关注以下内容来进行：

（1）采用什么新技术可以使产品质量得到改进；

（2）生产过程中吸收什么新技术可以降低产品成本，提高产品的竞争能力；

（3）哪些新技术可以给企业开发新产品提供可能；

（4）企业从事研究与开发工作的人员数量及其结构情况；

（5）研究与开发的主要设施及其利用状况；

（6）研究与开发经费占整个销售额的比重；

（7）研究与开发投资的收益情况；

（8）研究与开发的组织管理能力。

战略实践 3-3

可口可乐公司的资源与能力

可口可乐公司有很多资产，然而很多与其相关联的资源都是各式各样的无形资源。尤其是可口可乐创造出了自己的品牌，并且拥有管理品牌、创造家族产品持续价值的能力。

可口可乐有很多广告部门来帮助它管理自己在消费者心中的形象。尽管以前可口可乐市场营销的战略主要是以电视曝光为主，但是最近可口可乐团队已经有能力用网络在线过滤方式提升自己的形象。它还谱写了一首单曲“无论何方”（Anywhere in the World），这首歌曲在 2012 年奥运会期间广为传唱。除此之外，它的北极熊卡通形象在“超级碗”比赛的网络视频中担任了主角（从 1922 年起，已经成为可口可乐广告的一部分），得到了 909 万直播流媒体观看量。据估计，这段可分享的网络视频使可口可乐 2012 年全球软饮料销售收入快速提升了 5 个百分点。

一家企业必须能通过独特的市场营销能力掌握自己的信誉资源和品牌，就如这里的可口可乐公司所做的一样。可口可乐公司也有专注于有形金融能力的资源。在世界排名前 22 的市场，可口可乐占据了果汁类饮料销售总量的 17%，而百事可乐只有 9%。

在佛罗里达州，可口可乐拥有规模庞大的隔热储存罐，装满了新鲜榨取的 30%～34%的冰凉果汁。超过 400 名佛罗里达种植者生产了 14 500 万箱桶子，可口可乐和其巴西果汁合作伙伴几乎购买了总量的 1/30。

在美国，可口可乐通过其在 1960 年收购的美汁源（Minute Maid）销售自己的果汁。果汁的“销售涉及复杂的业务分析算法，包括用来管理从农场到集散中心的运作流程，它甚至涵盖饮料的原始材料，即冷冻果汁浓缩液的大缸。管理整个流程的金融分析是可口可乐独特的无形资源。

第 4 节　企业核心竞争力

战略的基本目标是建立竞争优势，为企业带来卓越的绩效。要想运用战略取得竞争优势，企业必须拥有独特的核心能力，即建立独特的核心竞争力。

企业核心竞争力来源于其核心能力，它是企业能够比其他企业做得更好的经营活动的能力，而核心能力与一般能力的区别在于核心能力对企业的竞争力和赢利能力起着至关重要的作用，而不是次要作用。企业的核心能力通常与企业的以下活动有关：

（1）获得优质的资源与先进技术；

（2）拥有卓越的技术、管理人才；

（3）创建并整合多种技术开发新产品的创新活动；

（4）对新的市场趋势的准确判断；

（5）对不断变化的市场条件做出快速而灵活的反应；

（6）建立开展经营活动所必需的网络和系统，快速将新产品推向市场；

（7）提供良好的售后服务的能力。

3.4.1　企业核心竞争力的含义

企业的核心竞争力是指能够作为企业竞争优势来源的核心能力，它是企业在长期的经营中不断地积累形成的。美国的普拉哈拉德和哈默认为，核心能力是能使企业提供附加值给客户的一组独特的技能和能力，它使企业不断进行技术创新，扩展市场能力。

核心能力是企业发展独特技术、开发独特产品和创造独特营销手段的能力。它具有三个明显特征：①能够为用户带来巨大的价值；②能够支撑多种核心产品；③竞争者难以复制或模仿。

企业的核心竞争力可表现为卓越的技术创新优势、经营管理优势、品牌竞争优势等等。在不同的产业，企业的核心竞争力有不同的表现形式：在制造业产业，常见的核心竞争力是品牌优势和规模优势；在互联网产业，常见的是经营模式优势。另外，企业的不同发展阶段的核心竞争力也是不同的：在企业创业发展阶段，其核心优势可能是商业模式或者技术优势；而在企业快速发展时期，会转为规模优势、品牌优势、价格优势或者产业链优势。

在企业的资源组合中，其核心能力可能不止一个，但一个企业很难拥有三种以上的核心能力。在大多数情况下，一个企业的核心能力存在于其人员和智力资本中，而不存在于企业资产负债表上的资产中。核心能力往往是建立在各种技能、资源和技术的跨部门整合的基础上，其中知识和智力资本是企业的核心能力和竞争潜能的关键因素。

3.4.2 企业核心能力的评价标准

如表 3-2 所示，企业可以用这些标准来判断哪些资源和能力可以为企业提供核心竞争力。

表 3-2 识别企业核心能力的标准

标准	能　力
有价值的能力	创造为顾客所重视的价值及帮助企业利用机遇与降低威胁的能力
独特的能力	现有和潜在竞争对手极少能拥有的能力
难于模仿的能力	其他企业不能轻易建立起来的能力
不可替代的能力	那些不具有战略对等资源的能力

1．有价值的能力

有价值的能力指具备创造为顾客所重视的价值的能力，即能够帮助企业在外部环境中利用机遇与降低威胁创造价值的能力。普拉哈拉德和哈默认为，核心能力给顾客带来的价值应是核心的价值。例如奔驰公司在发动机方面的领先技术可称为其核心能力，而奔驰的销售网络并非其核心能力，因为顾客购买奔驰汽车更看重的是奔驰发动机的性能等对顾客特别有意义的价值。企业在确定其核心能力时，必须判断该项能力对顾客来讲，是否为其最看重的、最有价值的。

2．独特的能力

独特的能力是指那些现有和潜在竞争对手极少能拥有的能力。从竞争角度看，一项能力要成为核心能力必须有一定的独特性。如果某种能力为多个企业普遍掌握，就不能成为核心能力。独特能力是可以用来参与竞争的上乘的企业资源，独特能力使企业有能力建立自己的竞争优势。

绝大多数的零售商认为自己在产品选择和店内商品采购方面有核心能力，但是以这些能力为基础制订战略的企业在市场上都遇到了麻烦，它们的竞争对手在这些领域内比它们做得更好。因此，核心能力只有在成为独特能力的时候才会成为竞争优势的基础。例如，丰田和日产公司在低成本、高质量的制造技术和很短的设计，即市场周期方面的独特能力使它们拥有全球汽车市场上的竞争优势，星巴克公司的店内设计和创新性咖啡饮料方面所具有的独特能力使其成为咖啡零售商领域的领头羊。

独特能力对战略制订的重要意义在于：

①它能给企业带来某种对参与竞争有价值的能力；

②成为企业战略基础的潜力；

③为企业带来某种竞争优势。

如果企业拥有在市场竞争方面具有重要意义的独特能力，而它的竞争对手没有与之相抗衡的独特能力，并且竞争对手模仿这种独特能力的成本很高或需要花费大量的时间，那这家企业就很容易建立起竞争优势。独特能力是企业成功的潜在的重要原因，除非竞争对手拥有的某些更强有力的资源能够超越这种能力。

3．难于模仿的能力

这种是指其他企业不能轻易模仿建立的能力。一般能力是可以被竞争对手模仿的，只有那些不易模仿的能力与技能才是有价值的核心能力。一项能力的模仿成本越高、难度越大，它的潜在竞争价值就越大。难于复制的能力往往能阻止竞争者的加入，使得这些能力所带来的利润具有持久性。

难以模仿的能力的形成具有复杂多变的特性。企业有时候可以基于特定的历史条件而发展自身能力。随着企业的发展经常获取对其而言独特的能力，如资源的独特性（不动产所在的优越的地理位置、受到专利的保护等）；需要经过一段时期以难以模仿的方式逐渐形成的，如大量的资金投入等。

企业可以通过以下方面形成难于模仿的能力。

①体现历史：悠久、独特而有价值的企业文化和品牌。例如竞争对手、顾客、分析家都认为，麦肯锡的竞争优势的首要来源是其文化。麦肯锡的文化创造出一种苛刻却积极的工作态度，使得在麦肯锡工作的人永不满足，不断地挑战自己，为客户创造更高价值。

②体现模糊性。竞争能力的成因和应用模糊化，从而使竞争对手难以理解和学习。

③体现社会复杂性。有些竞争能力是复杂社会的产物。如经理与员工之间，企业与供应商、分销商、客户之间的人际关系、信任和友谊等。它们构成企业的竞争优势，且难以模仿。

4．不可替代的能力

不可替代的能力是指那些不具有战略对等资源的能力。如果两种不同的企业资源和能力，在执行相同战略的情况下，能分别产生价值，那么它们就称作战略对等资源。一种能力越难被替代，它所产生的战略价值越高；能力越是不可见，就越难找到它的替代能力，竞争对手就越难以模仿。

没有两个企业所拥有的资源完全相同，也没有两个企业拥有相同的技能、资产、能力和市场，不同的企业所拥有的资源优势和资源弱势不同。企业资源的差异性是不同企业在竞争中获利水平不同，发展速度各异的重要原因。

一项核心能力保持的时间越长，它的价值就越大。有些企业的核心能力很快丧失其竞争价值，其重要原因是技术的不断进步和行业的环境的快速变化。有很多企业并非本来就拥有具有竞争价值的资源，能够获得上述能力的，具有竞争价值的资源的企业就更少了。绝大多数企业所拥有的都是各种资源的组合，只有少数企业，常常是行业的领导者或未来的挑战者才拥有具有相当高的竞争价值的优质资源。有时企业可以从一系列一般性资源中获取重要的竞争活力，甚至还可以取得竞争优势。这些资源结合起来往往可以形成参与市场竞争的竞争力。

核心竞争力是企业相对于竞争对手而言拥有的竞争优势的来源。不能满足上述四个为企业带来可持续性竞争优势的核心能力标准的能力就不能被视为核心竞争力。虽然每种核心竞争力都是企业的一种能力，但不是每种能力都能够单独成为企业的核心竞争力的源泉。全面客观地评价一个企业的核心能力是十分困难和复杂的。通常，人们更加重视企业主营业务和核心产品的分析。

（1）主营业务。主营业务分析是要分析企业是否有明确的主营业务，企业优势是否体现在主营业务上，其主营业务是否有稳定的市场前景，本企业在该领域中与竞争对手相比的竞争地位如何等内容。一个企业如果没有明确的主营业务，经营内容过于分散，则很难形成核心能力。或者企业虽有主营业务，但在该业务领域中的竞争地位很弱，也不能说具有核心能力。在主营业务分析中，企业可以运用主营领域明确程度、主营领域市场占有率及其行业排名、主营领域收益占总收益的份额、主营市场前景预测等指标和方法对主营业务进行具体评价。

（2）核心产品。核心产品是核心能力的体现。通用汽车公司的发动机、英特尔公司的微处理器都是其核心产品。企业核心能力的分析需要分析企业是否有明确的核心产品，核心产品的销售现状如何，企业的竞争地位、市场前景怎样，扩大销售的可能性等。企业的核心产品可以扩展为若干最终产品领域，最大限度地实现核心能力的范围经济。一个企业如果没有过硬的核心产品，就不能说该企业具有较强的核心能力。分析核心产品的具体指标包括：核心产品的市场份额、美誉度、行业延展性、销售收入增长速度及市场发展速度等。

企业核心能力具有动态性，昔日的核心能力今天可能已退化为一般能力。企业为了具有长久的竞争优势，必须不断保护和发展自己的核心能力，因此对企业核心能力的分析，还应涉及更深层次的内容，即企业发展核心能力的能力分析。这主要包括对企业培育和管理核心能力的情况进行分析。

此外，价值链分析法也是一种寻求确定企业竞争优势的工具，企业可以利用这种方法来选择那些需要不断维护、更新或发展并能创造价值的活动模块。在企业拥有多种资源、能力和竞争优势的条件下，把企业作为一个整体无法准确识别这些竞争优势，需要将企业活动进行分解，即通过这些活动本身及其相互之间的关系来确定企业的竞争优势。

价值链分析的基础和是价值活动分析，它把企业的价值活动分为两种活动：基本活动和辅助活动。基本活动指涉及产品的物质创造及其销售、转移给买方和售后服务的各种活动；辅助活动指辅助基本活动并通过提供外购投入、技术、人力资源以及各种公司范围的职能以相互支持。企业要保持的竞争优势，实际上就是企业在价值链一个或几个特定的战略环节上的优势。

3.4.3 建立核心能力的方法

（1）外部购买。从其他企业或组织购入与核心能力有关、有利于其发展的技能与资源。它的实质是外部核心能力的内部化。具体方式有购买技术与专有知识，购并拥有这种核心技能的企业等。

（2）组成战略联盟。实现企业间资源共享、降低研发成本、相互获得彼此的特定技术、资源和技能，以实现核心能力的快速发展。但在结盟中企业还必须注意对自己核心技术的保护，以防培养出潜在的竞争对手。

（3）通过企业自身力量发展核心能力。依靠外部购买或成立战略联盟的方法来发展核心能力，存在依赖性和核心技术外泄的问题。因此，在这三种方法中，利用自身力量培育和发展核心能力应是主要方法，而另外两种只应是辅助方法。

企业核心能力的培育一要注意企业所选培育方法的合理性、收益性和风险性；二要注意企业培育和发展核心能力的长期目标性和计划性。培育和发展核心能力本身是一项长期的系统工程，它涉及多个业务领域、多个职能部门、多种资源及能力的长期协同整合，必须用明确的战略目标和严密的战略规划作保证。

3.4.4 企业核心能力选择

选择企业的某些能力和潜能作为重点培植对象是很重要的。企业能够在竞争性市场中取得成功，是因为他们能够比竞争对手更好地为顾客提供价值。战略制订的核心就在于选择企业的某些能力作为焦点，并将其作为支持其战略的基础。在有些情况下，企业已经拥有了必要的具有竞争价值的能力和潜能；在有些情况下，企业需要采取相应的措施开发和培养新的能力与潜能来补充和强化现有的资源能力。必要的能力与潜能有时必须在组织内部开发和发展，而有时最好的方式则是与拥有必要专业能力的企业建立合作伙伴关系和战略联盟。

市场机会是影响企业战略的重大因素。一般来说，企业管理者如果不首先确认企业面临的每一个机会，评价每一个机会可能带来的成长和利润前景，就不可能制订出与企业所处的形势相匹配的战略。企业所面临的机会往往取决于其所处行业主要的环境，有时可能遍地都是，有时可能极为罕见；有时可能是很有吸引力的机会，有时也可能引不起企业多大的兴趣。

在评价企业所面临的市场机会并比较其各自的重要性时，企业管理者必须防止将每一个行业机会都看作是企业机会。并不是行业中的每一个企业都有足够的必要的资源来追逐行业中存在的每一个机会。有些企业可能比其他企业拥有更多的资源追求某些机会，而有些企业在追求机会时可能会被无情地淘汰出去。战略管理者必须密切关注企业所拥有的资源基础与企业追求有吸引力的成长机会是否适合。对企业来说，重要的是它们能够为企业提供获取利润和成长的机会，能够与企业的财务和组织资源能力很好地匹配起来。

通常情况下，企业所处的外部环境中总存在某些可能危及企业的赢利能力和竞争地位的威胁。这些威胁来自出现价格更低或更好的技术；竞争对手推出了新产品或更好的产品；成本更低的外资竞争厂商进入了企业的市场根据地；一些新的管制条例给企业带来的负担比其给竞争对手带来的负担更重；利率上升的冲击；可能被敌意接管；购买群体出现了不利变化、汇率较大的波动；企业的生产部门所在的国外当地政府出现政治动荡等等。或许外部威胁所产生的负面效应可能不大，也可能相当严重。

总之，环境因素的变化会使企业所处的形势和发展前景变得非常复杂，战略管理层的任务就是清楚、准确地确认危及企业未来利益的威胁，并做出科学判断，采取有效的战略行动抵消或减轻这些威胁给企业经营带来的不利影响。

复习思考题

1. 什么是企业资源？企业无形资源分析包括哪些内容？
2. 简述企业财力资源分析的内容。
3. 举例说明价值链分析方法的应用。
4. 试述 SWOT 分析的主要内容。
5. 企业基本竞争能力分析要体现哪些方面的因素？
6. 如何分析产品的市场竞争能力？
7. 试述企业的核心能力的评价标准。
8. 以一特定企业为例，阐述企业核心能力的培育方法。

本章案例

华为公司的核心竞争力

一、华为公司简介

华为技术有限公司（HUAWEI TECHNOLOGIES CO., LTD.）是一家生产销售通信设备的民营通信科技公司，公司于 1987 年在中国深圳正式注册成立，总部位于中国广东省深圳市龙岗区。华为公司的产品主要包括通信网络中的交换网络、传输网络、无线及有线固定接入网络和数据通信网络及无线终端产品，以及为世界各地通信运营商及专业网络拥有者提供硬件设备、软件、服务和解决方案。

2016 年 8 月，华为投资控股有限公司以 3950.09 亿元的年营业收入，荣登 2016 中国民营企业 500 强榜首。2017 第一季度，华为首次超越核心路由器市场全球首位的思科，占据核心路由器市场的全球第一份额企业。

华为作为一家全球化高科技企业，2017 年销售收入 6000 亿元人民币，成为通信设备商的第一。从 2008 到 2017 年，华为保持每年 8%净利润率，华为公司逐渐形成核心竞争力和不凡的行业控制能力。华为公司经营情况如图 3-2 所示：

	17年	16年	增长率	08-17
收入	6,036.21	5,215.74	15.73%	19.09%
利润	474.55	370.52	28.08%	22.13%
净利润率	7.86%	7.1%		**8.48%**
销售毛利	39.45%	40.29%		40.69%

图 3-2　华为十年经营指标一览

华为成功的一个很重要原因是，它能够不断进行管理变革，突破自身的组织桎梏，稳步向前发展。更有意义的是，华为用制度化的方式主动地将“变革”融入组织，使其成为所有员工的共识，进而形成华为极其独特的组织文化和“常态”。

二、华为公司的产品竞争力

很多人认识华为公司的产品是从华为手机开始的，实际上华为赖以起家的是通信行业和电信行业。华为公司产品的竞争力目前主要集中在路由器交换机等网络设备、运营商电信行业、手机生产三个行业，在这些行业的经营华为均达到领先水平。交换机是数据链路层的传输设备，路由器是 ip 层传输设备，我们使用的互联网的每一帧数据都要通过路由器和交换机进行交换和路由。一般家用的路由器都是家用设备，属于比较低端的设备。而华为的路由器和交换机一般在大型的数据中心机房使用，属于高端设备。目前就技术上来说，华为和美国思科公司差距不大，在某些方面还领先于后者，比如 400G 路由器产品。

2018 年，华为公司完成了中国三阶段 NSA 功能测试，获得全球首张 5G 产品 CE-TEC 认证证书，公司开启 5G 端到端商用系统从发布到深圳 5G 业务体验园区建设以及华为将于 2018 年在全球主要城市开启 5G 早期商用部署。

在 5G 时代，无线站点将是分布式部署（D-RAN）和集中式部署（C-RAN）混合的组网场景。华为 CRAN 架构采用当今业界集成度最高的站点解决方案 BBU5900 和集中式站点解决方案 CBU5900。CBU5900 将大量的基带单元集中部署实现 CRAN 架构，简化远端站点，降低大量的空调机房、建站投入和站点维护成本。与此同时，CRAN 集中式部署基站还能通过更加优异的站间协同，提升整网性能，并可以面向未来 5G 部署需求灵活增加站点，满足 5G 长期演进和发展的需要。

三、华为公司核心竞争力构建

企业的核心竞争力是企业在组织内部整合、协调多种生产技能和服务的能力，超越竞争对手实现竞争优势。企业的核心竞争力，简单地说就是企业比任何竞争对手都做得好的事情。华为创始人任正非经营华为十几年，成功构建了华为的核心竞争力。

（1）造就大批商业工程师，实现技术商业化；

（2）实现全方位客户服务，满足和尊重客户需求；

（3）利用规模效应、增强低成本优势；

（4）在自主研发基础上，通过兼并等方式掌握更多前沿技术。

华为每年招聘新员工大约 3000 人，公司在对新员工的培训中将这种“工程商人”思想灌输到每位新人的脑海中；在客户服务方面，华为从决策层到基层操作员，围绕电子信息领域来发展，华为对客户给以长期的高质量售后服务，与优良供应商真诚合作并给予尊重；在生产管理方面，华为的产品与解决方案已经应用于全球 100 多个国家和地区，国际市场已成为华为销售额的主要来源。

公司毛利是支撑公司生存的基础，进而才能构建核心竞争力。让企业活得越来越健壮，形成企业的战略控制点，这也是巴菲特有关价值投资中常说的“护城河”原理。客户选择是从他们的角度看可能是更低的价格、更好的质量、更能满足客户需求的产品、更快的交货周期。

虽然华为是个非上市公司，但是利润对于华为的重要性直接关系到它的生存。华为公司的管理者认为，公司经营首先一定要以利润为中心，局部区域可以战略投入，不考虑利润，但是整个公司必须要有利润。否则公司没有后续发展的动力，更谈不到持续投入研发及激励奋斗者。

华为是个全员持股公司，员工中的杰出贡献者（奋斗者）在公司都有股份，而且随着级别上升。奋斗者的收入一半以上都是股票分红，如果哪天公司没有分红了，对公司来说意味着集体降薪，影响公司稳定。

确定了企业经营的核心纲领——活着之后，华为公司管理者下一步要考虑的是如何看待利润和规模这两个矛盾的统一体。对于这一点有的企业经营是以利润最大化为目标，期望每年赚钱越多越好，同时可以提升企业估值；有的企业考虑的是规模最大化，占领更多的客户和市场份额，做到最大，期望摊薄成本，形成规模收益。而华为谋求的则是在一定利润水平上的规模或者说成长最大化。华为公司每年收入的 15%会投入研发，提升技术和产品的核心竞争力；每年会投入大量费用进行大型的公司级管理变革和小型的管理改进，不断提升内部运作效率，解决客户不满意的问题。华为公司管理变革投入不仅是其财报看到的支付给国际咨询公司的管理咨询费用，更多的是其投入的大量参与变革的业务骨干和管理层的时间，这是其最大的管理变革成本。

资料来源

1. 吴晓波. 华为管理变革. 北京：中信出版集团，2017.

2. 豆世红. 统治：技术商人与华为的核心竞争力. 南京：江苏人民出版社出版，2009.

3. 企业的核心竞争力不是人才，而是培养和保有人才的能力 （卞志汉《华为“以奋斗者为本”的多元化激励》节选）搜狐科技 2017.9.12.

4. 以终为始，华为构建面向 5G 时代竞争力领先　经济日报-中国经济网　责任编辑：施晓娟

5. 华为为啥这么牛？论华为竞争力的根源搜狐财经　金融生态圈 2015.6.26.

企业战略管理 ENTERPRISE STRATEGIC MANAGEMENT

第2篇 企业战略选择

第4章 公司战略：合作与成长

公司战略回答了这些问题：

（1）组织在一些产业中有特定利益或明确的战略优势吗？

（2）组织渴望竞争还是选择找到一个领地？

（3）组织希望关注一个特定的产品线，还是寻找多种产品或产品线？

（4）公司将会革新还是受到威胁？

（5）组织是否有必要扩张、稳定、保护自己，再生或减少投资？

——阿比斯·F.阿克哈法吉

公司要做每一项业务的赢家，不做输家。

——杰克·韦尔奇

本章要点

- 企业总体战略的界定及其层次
- 战略合作与战略联盟
- 战略并购的过程与方式
- 一体化战略的类型

本章目标

- 了解公司层战略的含义
- 熟悉战略并购的过程
- 熟悉一体化战略的类型
- 掌握战略合作与战略联盟的特点

一个企业的战略包括公司（层）战略、经营战略（一般竞争战略）和职能战略几个层次。本章要研究的是第一个层次——公司（层）战略，它以公司整体为研究对象，研究整个企业生存和发展中的一些基本问题。

第1节 公司战略概述

名家之言

成功的业务战略就是积极地去影响您所参与的游戏，而不仅仅是参与您所能够发现的游戏。

——亚当. M. 布兰登博格和巴里. J. 奈尔巴夫

战略的核心，在于以快于竞争对手模仿您今天所采取的战略的速度，为自己创造明天的优势。

——加利·哈默尔和 C. K. 普拉哈拉德

竞争战略没有定法。这就意味着要以不同的方式开展您的价值链上的各项活动，或者开展与竞争对手不同的活动为顾客提供独特的价值组合。

——迈克尔. E. 波特

4.1.1 公司战略的含义

通常情况下，人们普遍认为公司战略是指企业扩展业务、增加利润的战略。它回答的是这样一些问题：应在哪些业务领域使企业利润最大化；如何在新业务领域进行经营以及建立战略联盟等。因此很多学者认为，对于大多数公司而言，公司战略只是各部门战略的总汇。

美国学者阿比斯·F. 阿克哈法吉是这样界定公司战略的——组织努力的领域及组织如何选择竞争的业务。他提出公司战略主要有四种类型：专业化战略、多角化战略、战略联盟和收缩战略。他认为公司战略应关注的核心包括：塑造和设计组织做什么和不做什么；选择重点放在每个组织的业务活动和每个业务在公司资产组合结构中的地位。

美国学者迈克尔·古尔德·坎贝尔等人认为：公司战略是指导公司一级的决策。公司决策涉及两个基本问题：

（1）公司通过何种方式——少量持股、合资经营、合作经营——向何种行业投入资源；

（2）母公司如何影响其旗下公司的业务并处理与它们的关系。

概括起来，公司战略作为企业战略的一个重要组成部分，是以整个企业总体为研究对象，是关于确定企业行业领域、经营范围、通过何种方式获取盈利的各种战略的统称。

4.1.2 公司战略的类型

公司战略根据其对企业发展的不同作用，可分为稳定型战略、成长型战略、防御型战略和退出战略等几大类型。

1. 稳定战略

稳定型战略是在内外部环境约束下，企业选择在战略规划期限内使其资源分配和经营状况基本保持在目前状态和水平的战略。采取稳定型战略意味着企业经营方向及经营领域内所达到的产销规模和市场地位都大致不变，或以较小的幅度增长或减少。从企业经营风险的角度来说，稳定型战略的风险是相对小的。

稳定型战略适用于那些对环境变化预测比较准确且前期经营较成功的企业，它坚持前期战略对产品和市场领域的选择，以前期战略所达到的目标作为本期希望达到的目标。在这种战略下，企业只需要集中资源于原有的经营范围和产品，并通过改进其各部门和员工的表现来保持和扩大竞争优势。

依据战略目标和资源分配方式的不同，稳定型战略包括以下类型。

（1）无变化战略，是一种没有战略的战略。通常情况下，企业采用这一战略的原因是其前期经营比较成功，经营环境也没有发生重大变化；尚未发现重大的经营问题或隐患。因此公司的战略管理者没有选择战略调整。

（2）维持利润战略，是为了维持公司现有利润水平的战略。企业之所以选择维持利润战略，是为了渡过经营暂时性的难关，这种战略通常在客观经济形势不太景气时采用。由于这种战略比较注重考虑短期利益，故可能会使企业经营基础受到损害，进而影响公司长期发展。

（3）暂停战略，是在一段时期内降低企业的目标和发展速度甚至暂时停止下来的一种战略。由于某种原因，企业可能会遇到一些问题使得经营效率下降，这时采用暂停战略对未来企业发展或许是一种好的选择。例如选择并购战略的企业往往会在新收购的企业尚未与原来的企业很好地融合时，先采用一段时间的暂停战略，以便有充分的时间来重新实现资源的优化配置。

2．成长型战略

成长型战略是企业在一定时期内关于发展方向、发展目标、发展规划等所做的谋划，是一种使企业在现有战略基础上向更高一级的目标发展的战略。该战略以发展为导向，引导企业不断地开发新产品，开拓新市场，采用新的生产方式和管理方式，以便扩大企业的产销规模，提高竞争地位，增强企业的竞争实力。成长型战略可以帮助企业指引长远发展方向，明确发展目标并确定企业需要的发展能力，实现企业经营的持续发展。

20 世纪 70 年代末，美国战略学者德鲁克通过对 358 个企业的研究发现：在各种公司战略中，美国的大企业采用最多的是成长型战略，约占 54.4%。

企业成长型战略一般包括一体化战略和多元化战略等形式。

（1）一体化战略。这是一种为提高自身竞争能力，将独立的若干个部分有机地结合成一个整体的战略，是企业利用生产链中的直接关系来扩大经营范围和经营规模的战略。根据产业链延伸方向分类，一体化战略主要有纵向一体化、横向一体化和混合一体化等类型。

（2）多元化战略。多元化战略是指企业同时经营两种以上基本经济用途不同的产品或服务的一种发展战略。公司采用多元化战略可以更多地开拓市场及降低单一经营的风险，它体现出企业不满足于现有产业链的经营，或对现有产业链的前景抱有不乐观的预期。多元化战略是相对企业专业化经营而言的，其内容包括产品多元化、市场多元化、投资区域的多元化等等。

（3）集中成长战略。集中成长（concentrated growth）战略是指公司在单一市场内将优势技术、资源用于单一产品的利润增长的战略。这种战略也可被称为市场集中战略，它是公司利用其在有限的市场竞争领域内的战略。在稳定的条件下，集中成长战略的风险比任何其他总体战略都要小。但是，在变化的环境中，实施集中成长战略的公司面临高风险，其中最大的风险是集中于一个单一产品市场使公司很难应对其细分市场的变化。细分市场缓慢的增长会危害到公司的经营，因为它的投资、竞争优势和技术都全部集中于特定的产品。如果它的产品受到近期的市场疲软、新的替代者出现或技术及顾客需求变化等威胁时，公司经营将面临危机。

3．国际化战略

国际化战略是公司在国际化经营过程中的发展规划，是跨国公司为了把公司的成长纳入有序轨道，不断增强企业的竞争实力和环境适应性而制定的一系列战略的总称。企业的国际化战略可以分为本国中心化战略、多国中心战略和全球中心战略等。

（1）本国中心化战略，是指对于实施国际化经营的企业，在本国的母公司的利益和价值判断下做出的以本国的母公司为中心的经营战略，其目的在于以高度一体化的形象和实力在国际竞争中占据主动，获得竞争优势。这一战略的特点是在其木国母公司集中进行产品的设计、开发、生产和销售协调，企业经营决策权由母公司控制。这种战略的优势在于采用的集中管理方式可以降低成本支出，劣势是可能造成产品对东道国当地市场的需求适应能力差。

（2）多国中心化战略，是指在统一的经营原则和目标的指导下，按照各东道国当地的实际情况组织生产和经营。母公司主要承担总体战略的制定和经营目标分解，对海外子公司实施目标控制和财务监督；海外的子公司拥有较大的经营决策权，可以根据当地的市场变化做出迅速的反应。这种战略的优点是对东道国当地市场的需求适应能力好，市场反应速度快，缺点是增加了子公司和子公司之间的协调难度。

（3）全球一体化战略，是将公司将全球视为一个统一的市场，通过在全世界的范围内获取资源并在全世界销售产品实现经营目标的战略。采用这种战略的企业通过全球决策系统将其子公司连接起来，通过全球商务网络实现资源获取和产品销售。这种战略的优势是既考虑到东道国的具体需求差异，又顾及跨国公司的整体利益；其缺陷是对企业管理水平的要求高，各类资源投入大以及经营风险较高。

战略实践 4-1

通用电气公司的多元化战略

通用电气公司是世界上著名的多元化公司。自 2004 年 1 月 1 日起，围绕市场和客户，GE 将其原有的 13 个业务集团重组为 11 个 GE 高新材料集团、GE 消费与工业产品集团、GE 医疗健康集团、GE 运输集团和 GE 基础设施集团等。

通用电气的业务涉及许多行业：家电、航空、消费电子产品、能源、金融、医疗保健、石油、风力涡轮机等，非常多元化。通用电气公司的业务包括四个模块：通用电气金融服务公司、通用电气能源集团、通用电气技术基础设施公司、通用电气家庭和企业服务公司。

管理一个庞大的、业务非常多元化的公司是非常困难的。通用电气从 2008 年开始在金融业务上也出现一些严重问题，致使收入和利润大大下降。GE的战略变革能力和战略执行能力为其多元化战略实施起到了关键性的作用。尤其是20世纪80年代杰克·韦尔奇掌舵以来，GE总是能够随着外界环境的变化而调整自己的战略，是为数不多取得如此成就的多元化的公司之一。

多年来，通用电气实现多元化发展的一个常用战略就是合并与收购。例如在2013年通用电气以33亿美元收购了拉夫金公司，该公司为通用电气的石油和天然气业务提供设备。另外，通用电气还将旗下的美国全国广播公司卖给康卡斯特公司，还以60亿～90亿美元来进行其他收购。如通用电气以44亿美元收购了意大利零部件供给商阿维奥，同时还计划将纵向一体化战略扩展到其他业务上，以控制产出的质量和时间安排。

第2节 一体化战略

一体化本意为将独立的部分结合而成为一个整体的过程。一体化战略是指公司为提高自身竞争能力，将独立的若干个部分有机地结合成一个整体的战略。作为一种公司层战略，一体化战略是从公司总体出发，将其生产过程或市场经营上应有密切联系的部分结合成一体而制定并实施的各类战略的总称。

采用一体化战略通常基于两个方面考虑：一是公司所属的产业有广阔的发展前景，期望在这一产业链上获取更多利润；二是通过一体化战略提升竞争力，给公司经营增加效益和带来活力。一体化战略属于成长战略，它有利于深化专业分工和综合利用资源。一体化战略大体可分为两大类：横向一体化战略和纵向一体化战略。

4.2.1 纵向一体化战略

1．纵向一体化战略的含义

纵向一体化战略（Vertical Integration Strategy）也称垂直一体化战略，是在同一行业内扩大企业的竞争范围，将企业的活动范围后向扩展到原材料供应，或者向前扩展到销售领域乃至最终用户的战略形式，即向行业价值链的不同方向扩张。纵向一体化是企业确定最佳经营范围的核心问题，主要涉及企业销售成本在决定企业边界以及企业内外部关系时的作用，是企业的重要战略之一。纵向一体化可以是完全一体化，即参与行业价值链的所有阶段；也可以是部分一体化，比如参与行业价值链的某些阶段。企业纵向一体化的形式可以在行业价值链中自己创办其他阶段的经营业务，也可以通过并购已经开展相关业务的企业来实现。

2．纵向一体化战略的分类

纵向一体化战略按物质流动的方向分为后向一体化战略和前向一体化战略。

（1）后向一体化战略（Backward Integration Strategy）。后向一体化战略是一种防御型战略。它是企业将业务向产业链的上游延伸，通过建立或购买一个或若干个企业而将业务扩展到供应商的领域内——获得对供应商的所有权或控制力的战略。实施后向一体化战略目的是为了保证产品或劳务所需的全部或部分原材料的供应，加强对所需原材料的质量控制，降低成本。

2013 年 3 月，星巴克购买了有 6000 英亩面积的咖啡工厂，用来发展新的咖啡种类和做一些应对咖啡真菌疾病的实验。后向一体化是企业获得对供应商所有权或控制权的战略，如果供应商要价太高或者不可靠，后向一体化对于企业就特别适用。

1）后向一体化战略的优势：①有利于降低公司与其生产流程上、下游企业在市场上进行购买或销售的交易成本；② 控制稀缺资源；③ 保证公司关键投入的质量；④获得新客户。

2）后向一体化战略的劣势与风险：①可能增加企业的内部管理成本；②不熟悉新业务领域所带来的风险；③涉及的投资数额较大且资产专用性较强，增加企业的退出成本。

3）后向一体化战略的适用准则：①企业现有原材料供应商供货不稳定、索价高，或在质量方面不能满足生产的需要；②原材料供应商数量少，而同行业的竞争者多，实施后向一体化可使企业掌握获取原材料的主动权；③企业所处行业增长速度快，供应商的产品是企业生产经营主要的零配件；④企业的经营实力雄厚，拥有独立生产所需原材料的资源和能力；⑤ 稳定原材料的供应和价格对企业意义重大。

（2）前向一体化战略（Forward Integration Strategy）。前向一体化战略是向产业链的下游延伸，指企业通过兴办或购入一个或若干个企业而进入其产品的销售领域。前向一体化是企业获得对分销商或零售商所有权或控制权的战略，实施企业与用户企业之间的联合，目的是促进和控制产品的需求，从总体上实现降低成本以达到扩张市场的目的，它是一种进攻型战略。

例如：国际商用机器企业（IBM）为了直接向消费者销售自己的电脑，设立了许多电脑零售商店。亚马逊公司通过安置大的金属柜子来加速其前向一体化，而沃尔玛通过发起便利店服务，保证其顾客在全美任何城市网上订单在一天内到达。

前向一体化战略的适用准则：①企业当前分销商要价高或不大可靠，不能满足企业对分销产品的需要；②分销商数量少、代理能力不够，使企业与那些已采用前向一体化的企业相比处于劣势地位；③企业所处的产业快速增长，而且预计将会有长期稳定的增长，实施前向一体化可扩大企业在特定产业或市场的规模；④企业具备开展或扩大分销自己产品这一业务的资源与能力；⑤可以使企业对市场需求预测更准确，提高企业生产的稳定性；⑥企业现有分销商的利润高，通过前向一体化可降低销售成本及增加企业利润。

（3）纵向一体化战略的优势。

1）实现范围经济，降低经营成本。范围经济是因同时生产经营多种相关产品而带来的节约。它是建立在生产的相似性基础上，把不同的生产过程放在一起，可以减少生产步骤，使生产过程易于控制并减少运输费用。

2）稳定供求关系，防止价格波动给企业带来的损失。纵向一体化可以使产业链的上下游企业之间不会随意终止供求关系，不管是产品供应紧张还是总需求很低时期，都能保证充足的货源供应，从而减少市场供求的不确定性。实现纵向一体化，上下游企业之间的交易虽然也反映市场价格，但这种内部转移价格实际上只是一种为了便于业务管理、成本核算，从而避免产品价格的大幅波动的手段。

3）增强差异性，建立企业经营特色。一体化经营使企业规模扩大，有更强的成本控制能力。对于竞争者来讲，进入壁垒更高了。另外由于强化了对关键零部件设计的控制，有可能更好地满足不同市场层面用户的特殊需求，从而增强了对最终用户的控制。同时也有更多机会通过使用特殊原材料、零部件或技术等途径寻求区别于同行业竞争者的产品特色。

4）更好利用资源，提高企业竞争力。前向一体化可以使企业获得由于提高加工深度使出产产品获得较丰厚的利润。后向一体化可以使企业对它生产现有产品所需的原材料、半成品的供应更加有保证，而且可以对所需原材料、半成品供应的数量、质量、时间、成本等诸方面实行更有效的控制。

（4）纵向一体化战略的劣势。

1）降低灵活性。企业选择一体化会导致产品设计方面的局限性，对厂房和原材料来源的巨额投资常常阻碍新产品设计和材料品种的完善。在技术更新较快的行业实行纵向一体化会导致企业产品升级换代方面付出更多的代价，使企业承担更大风险。

2）生产能力难以平衡。纵向一体化要求企业内部生产的各个阶段的能力达到均衡，若某个阶段的生产能力不足以供应下一阶段生产的需要，则需要从市场购入加以补充；如果某个阶段生产能力有富裕，则必须寻求新的市场。这种情况下企业的购买和销售行为将存在风险，因为企业可能需要向竞争者购买和销售产品。

3）内部激励弱化。纵向一体化意味着通过固定的关系来进行购买与销售，把原本的市场交易行为转移到企业内部交易。上游企业的经营积极性可能会因为是在内部销售而不是在市场上竞争而有所减弱，下游企业同样也会由于从企业另一个单位购买产品，从而不会像从外部供应商购买时那样认真地讨价还价。

4）管理难度加大。实行一体化战略后两个或多个不同的企业合并或联合在一起，企业的管理层次与管理幅度都会加大，企业管理所需的生产、营销、服务等各项职能都更加复杂，需要掌握多方面的技术，在供应、生产、销售、质量服务等方面都比以前要复杂得多，人事关系也更加复杂。

5）需要较多的资金，加剧财务紧张状况。企业实行纵向一体化后，自制零部件或自产原材料所需的生产资金、储备资金和材料资金要比外购这些零部件和原材料增加许多。虽然这些零部件和原材料由企业自制的成本也比外购低，但自制所需的生产资金、储备资金和材料资金等都要比外购时多得多，如果企业的财务资源不够雄厚的话，就有可能加剧企业的财务紧张状况。

6）较高的移动屏障。企业规模扩大使得资产的专门化需求增加，从而造成企业退出困难。同时，克服移动屏障的成本上升，纵向一体化战略要克服上游企业和下游企业的竞争所带来的成本增加风险。

7）效率降低，操作难度大。一般情况下，企业自己制造原材料或自行销售产品往往难以形成规模经济，其效率也往往低于专业制造和专业销售的公司。虽然纵向一体化在加强控制方面会带来好处，但在实际操作中要实现上述好处并不容易，上述有利因素有一个假定条件，即一个企业内部能对一体化的各个方面成功地进行协调，这实际上是很困难的。

8）不利于技术创新。企业实行纵向一体化后，上下游企业形成紧密联系，技术更多的是在这些企业中进行扩散，而无法扩散到一体化企业之外。同样，纵向一体化中的下游企业为了上游企业的利益，而拒绝接受纵向一体化外的企业的先进技术或先进的零部件，影响了技术水平的提高。并且，企业向前、向后延伸的产品生产领域扩大，互相牵制，不利于企业新产品、新技术的开发。从某种意义上讲，纵向一体化也会成为技术创新的障碍。

企业是否实施这一战略以及向哪个方向进行纵向一体化整合主要取决于下列因素：①是否通过降低成本、积累专业技能或提高差别化程度等方式提高企业业绩；②是否对企业投资成本、灵活性以及管理费用等方面产生影响；③能否为企业创造竞争优势。

专题辩论

1. 在线销售免税是否有利于促进经济发展

2. 在线销售是否抢了传统商家的顾客

4.2.2 横向一体化战略

1. 横向一体化战略的含义

横向一体化战略（Horizontal Integration Strategy）也称水平一体化战略，是指为了扩大生产规模、降低成本、巩固企业的市场地位、提高企业竞争优势、增强企业实力而与同行业企业进行联合的一种战略。横向一体化的实质是资本在同一产业或部门内的集中，目的是实现扩大规模、降低产品成本，维护市场地位。横向一体化的实现方式主要有两种：契约式联合、合并同行业企业。

横向一体化战略一般是企业在竞争比较激烈的情况下进行的一种战略选择。这种战略选择既可以发生在行业成熟化的阶段，成为增加竞争实力的重要手段；也可以发生在行业成熟之后，成为避免过度竞争和提高效率的手段。

横向一体化属于企业的横向扩张，一般要求企业具有一定的品牌或技术优势，成功的横向一体化需要企业拥有成熟的管理体制与管理人才，这样才能在横向一体化中保持战略的一致性和原有企业的管理水平。

2. 横向一体化战略的适用准则

（1）企业希望在某一地区或市场领域中减少竞争，获得某种程度的垄断；

（2）企业在迅速增长的行业中竞争；

（3）需要扩大规模经济效益来获得竞争优势；

（4）企业的资本和人力资源丰富；

（5）企业需要从购买对象身上得到某种特别资源。

3. 横向一体化战略的优势

横向一体化是一种收购企业竞争对手的增长战略。通过实施这一战略能够吞并竞争对手而减少竞争对手的数量，降低产业内相互竞争的程度，为企业的进一步发展创造良好的产业环境。横向一体化战略通过收购同类企业实现生产能力的扩张，还能够形成更大的竞争力量去与竞争对手抗衡，实现规模经济效益，获得被吞并企业的技术及管理等方面的经验，取得更大的竞争优势。

4. 横向一体化战略的劣势

为实现横向一体化战略而进行的并购涉及较多的协调问题，由于原公司和新公司在人员构成、企业文化等方面的差异，战略的协调变得困难。企业要承担在更大规模上从事某种经营业务的风险，若过于庞大则会出现机构臃肿、效率低下的情况。因为过度扩张所产生的巨大生产能力对市场需求规模和企业销售能力都提出了较高的要求。同时，在某些横向一体化战略如合作战略中，还存在技术扩散的风险；此外，组织上的障碍也是横向一体化战略所面临的风险之一，如“大企业病”、并购中存在的企业文化融合问题等等。

战略实践 4 2

盲目扩张，东芝转型陷入困境

2017 年 2 月 14 日东芝公司发布业绩预期：2016 财年前三财季（4 月至 12 月）财报预计就美国核电业务计提 7125 亿日元（1 元人民币约合 16.67 日元）的损失。集团净利润预计出现 4999 亿日元的亏损。截至 2016 年 12 月底，公司已经陷入资不抵债的境地，股本降至负 1912 亿日元。

这是东芝公司连续第三年出现经营亏损。之后东芝持续推进重组措施，包括出售大量非核心资产并将芯片和核电作为核心业务，但其核电业务在国内外均推进不力。此外，东芝旗下的西屋电气 2015 年底收购了从事核电业务的美国石伟公司，结果设备费用及当地人工费远高于预期，导致 2016 年的巨额亏损。

东芝公司曾经是日本工业的名片。从 1890 年制造出日本首个白炽灯泡开始，陆续推出电风扇、洗衣机和冰箱等产品。1980 年以后还在全球率先发售笔记本电脑和 DVD 播放器，其电脑业务也一度占据全球最大市场份额。

从 2006 年开始东芝全面开展海外核电业务。该企业除收购美国核能巨头西屋电气外，还定下目标力争获得中国、印度等全球几十座核电机组订单。2011 年福岛核事故后世界各国加强了核电限制，东芝却依然加大对美核电站建设的参与力度。为解决资金运转困难，东芝拟出售旗下芯片业务 50%以上的股份，并计划停止修建新的核电站。

芯片业务是东芝公司的主要利润来源，失去对芯片业务的控股权意味着业务的“空心化”。日本内阁官房长官曾表示东芝公司掌握的电子闪存技术是日本科技成长战略上一项非常重要的技术。

与之接近的日本企业的转型道路却有不同的结果。日立、松下两个企业的转型实现了业绩 V 形反转，而改革不力夏普公司深陷巨亏。

日立制作所放弃电视和电脑业务，将重点转向基础设施等面向企业的业务。2015 年其业绩创下新高，高性能材料、通信业务成为主要利润来源。松下公司将裁员后多出的资金投入到汽车和住宅等成长性领域，利润占到公司整体收益的 50%。东芝固守于作为企业招牌的电脑和芯片业务，并染指会计操纵。对核电业务战略误判，巨资收购美国西屋电气公司，导致研发投入不足、技术进步受阻。

资料来源：《人民日报》2017 年 02 月 16 日 22 版　记者　田泓

第3节 多元化战略

4.3.1 多元化战略的含义

多元化战略（Diversification Strategy）是企业在为某一市场提供产品和劳务的同时，进入其他市场的战略。多元化经营是企业增加新的不同于现有营运单位业务的过程，实行多元化经营战略可有效地减少企业在单一领域或行业经营所面临的风险，提高企业的市场竞争地位。

哈默尔（Gary Hamel）和普拉哈拉德（C. K. Prahalad）认为，识别出当前的独特竞争力是在多元化机遇决策过程中跨出的第一步。根据他们的理论，识别不同产品和市场机会的富有成果的途径，是重新把该企业构思成为独特竞争力的组合体，而不是产品的组合体，然后去思考如何巧用那些竞争力在新的产业中创造商机。

4.3.2 公司实施多元化战略的动因

1．为提高企业经营效益寻找新的机会

当经济效益好的时候，多数企业倾向于集中化经营；而当经济效益不好的时候，多数企业则往往倾向于通过多元化经营寻找新的市场机会。然而，实际上一些多元化战略常常并不能改善企业的经营局面，这使得一些企业又转过头来放慢了多元化经营的步伐，甚至通过重组对企业进行较大的剥离。与上面的情况相类似的，有些处在行业生命周期成熟期以后的企业，虽然目前的情况还可以，但是由于未来的不确定性，他们也会通过实施多元化战略来试图寻找新的发展机会。

2．政府部门政策及相关法规的影响

政府政策法规的颁布实施会对企业的多元化经营有重要影响，它们往往是企业多元化经营的外部推动因素。例如税法对多元化经营的影响不仅包括个人所得税的影响，也包括公司税的影响。一些公司拥有大量的超额利润再投资后的现金，这些现金应以红利的形式再分配给股东。

3．转移企业竞争力

转移企业竞争力是企业将在一个产业中开发的独特竞争力应用于另一产业中现有的业务单位。例如，美国的菲利普·莫里斯公司在产品研发、消费者营销和品牌定位方面具有独特的企业竞争力，使它在烟草业中取得了领导地位。公司通过收购米勒酿酒公司——一个啤酒业中相对较小的企业，将其一些优秀的营销人员转移到米勒酿酒公司中

去，将其在菲利普·莫里斯公司掌握的技能应用到米勒酿酒公司的业务中，于是菲利普·莫里斯制造出世界上第一种淡啤酒——米勒牌淡啤酒，帮助米勒酿酒公司的市场份额从第六位上升到第二位。

4. 管理者提升薪酬

许多管理者希望通过多元化战略降低经营风险进而增加个人收入，因为多元化战略可使企业经营平稳，即使盈利很少或是微利，管理者仍可以保住现有的职位；而集中于某一业务，虽然可以使企业获得更大的利润，管理者也可能一时收入很高，但从长期来看风险很大。另一方面多元化经营作为一种成长战略，可以很快扩大企业的经营规模。随着企业规模的扩大，管理者的薪金也就会相应地随着增加。

4.3.3 多元化战略的分类

多元化战略按产品、技术与市场的关联程度之间的关系和收入比例可以分为相关多元化战略和非相关多元化战略。通过相关多元化，可以利用价值链的匹配关系实现“1+1>2”的企业业绩和股东价值。

1. 相关多元化战略

（1）相关多元化战略的含义。

相关多元化战略是指企业进入与现有的业务在价值链上拥有战略匹配关系的新业务。战略匹配关系可以存在于整个价值链，但多数存在于以下几个方面：

技术方面。企业不同的业务之间存在着可以分享共同的技术，或者可以将技术秘诀相互转移时，彼此间就存在着技术匹配。在这种情况下，将专有技术、关键技能由一种业务有效地转移到另一种业务，企业可以在技术开发和新产品的研究开发上时间更短、成本更低，使两种业务的销售都得到增长，从而提高企业经济效益。

生产运作方面。企业不同的业务之间在原材料、研究开发活动、生产过程、成品装配等活动方面可以进行合并或者可以转移技术时，就存在运作匹配关系。各业务间存在运作匹配关系可以实现企业产品的更低成本。例如，青岛海信集团将其产品分为七大类：空调、计算机、电冰箱、超级 VCD、DVD、电话、家庭影院等，实现了相关多元化的扩张。

市场方面。企业不同业务的价值链重叠，产品有相同的顾客群，这些业务间就存在与市场相关的战略匹配。这种市场匹配也可以创造范围经济，提升分享企业共同品牌的能力；例如，对所有相关产品使用同一个销售队伍、同样的广告和宣传材料、共同的品牌名称、共同的促销性手段等，会降低企业在市场开发上的成本。

管理方面。企业不同业务在行政管理或运营管理上具有可比性，可以将在一种业务经营中的管理方法转移到另一业务经营中去，将管理秘诀由一种业务有效地转移到另一种业务，创建有竞争性价值的企业资源力量和竞争能力。

（2）相关多元化战略的实施方式。

①将不同经营业务的相关活动合并在一起，进入能够共享销售人员、广告、品牌和销售渠道的领域，降低经营成本；②探索相关的技术和专有技能；③将专有技能或生产能力从一种经营业务转移到另一种经营业务；④将产品的品牌和在顾客中建立起的信誉转移到新的产品或服务中；购入有助于提高企业市场地位的新业务。

（3）相关多元化战略的动因。

相关多元化战略可以获得范围经济性和市场力量。所谓范围经济性（economics of scope），是指当一个企业在多个行业或多个市场经营时，企业通过将其在某项业务经营中所形成的能力与竞争能力移植到一项新的业务，从而降低企业的总成本所产生的经济性。实现范围经济性的基本方法是作业共享（sharing activities）和移植竞争能力。

作业共享。即通过有形资源在各个业务之间的共享以创造范围经济。在实施相关多元化战略的企业中，作业的共享非常普遍。例如，宝洁公司有两个企业分别生产纸巾和婴儿尿布，这两种产品在加工过程中都使用纸浆作为主要原料，这两家企业就共同建立了纸浆生产厂，以共享原材料的供应网和销售网。

从价值链的角度分析，基础作业如进货后勤、制造、销售后勤会有多重作业共享。通过有效的和有效率的共享这些作业，企业能够建立具有优势的竞争能力。从进货后勤方面看，各业务单位可以共享共同的仓库设施、运输设备和发运管理体系；制造过程可以共享共有的装备设施、质量控制体系和维修保养体系；从销售后勤方面看，两个业务单位可以共享一个共有的销售队伍和售后服务体系；从支持性作业方面看，可以将几项业务组织起来进行共享采购作业以降低和控制外购成本，各业务之间也可以共同分享管理信息系统等技术开发成果。作业共享可以提高范围经济性，但它只有在能够优化由这种共享产生的成本结构的基础上才可能发生，参与共享也要付出成本，有些成本还是隐含的。如果这项业务的客户对时间看得非常重要，不能及时供货就会降低顾客满意度。

移植竞争能力。这是实现范围经济性的另一种有效方法。移植竞争能力主要指通过无形资源在各个业务之间的移植以创造范围经济。在多数情况下，多元化经营的企业并不能通过有形资源的共享而形成范围经济效益，在此情况下，转移无形资产和竞争能力就成为首选方法。通过并购，将具有竞争力的企业或业务并入本企业或将本企业的竞争力移植入被并购企业中，会增强企业的竞争优势。海尔公司是从电冰箱起步的，后来开始通过并购洗衣机、电视机、空调器等业务发展壮大。

获得市场力量。即获得企业对市场的控制力或影响力。当企业能够以高于现有的竞争性价格水平销售产品，或者企业能够降低成本使其比现有的竞争性价格水平更低，或者两者同时具备的时候，企业就可以获得市场力量。我国的大多数知名家电企业都实行相关多元化经营战略，每个大型的家电企业都使用同一个品牌促销他们的多元化家电产品。这种做法一方面开发利用了他们得以立足的某种家电产品所形成的商誉，同时，通过多元化产品的面市，又扩大了他们的市场力量。

2．非相关多元化战略

（1）非相关多元化战略的含义。

非相关多元化战略也称集团多元化战略，是企业通过收购、兼并其他企业业务，在其他行业投资，把业务领域拓展到其他行业的做法，即向与本企业原有行业完全不相关的行业扩张。与相关多元化不同，非相关多元化不追求战略资源的匹配，任何可以为企业的财务利益和利润目标带来利益的业务都可以成为企业多元化经营的扩展目标。非相关多元化经营业务的扩张一般以并购一家符合企业战略目标条件的企业来实现。

（2）非相关多元化战略动因。

非相关多元化战略可以通过两种类型的财务经济性创造价值。所谓财务经济性是指企业在内部投资或对外投资的过程中，通过提高财务资源分配的有效性而实现的成本节约。第一种类型的财务经济性涉及对内部资本的有效分配，这种类型的财务经济性也寻求在企业的业务单位中减少风险。例如，可以通过发展具有不同风险的业务组合从而减少企业整体的业务风险。第二种类型的财务经济性与企业并购然后再进行资产重组相联系。这个方法可以用于为了增加企业的总价值而在外部市场上买卖企业或是企业的某一部分上。

非相关多元化战略动因主要包括以下几个方面：

有价值的内部资本市场的分配。在市场经济中，资本的有效分配通常是通过资本市场来进行的。资本不仅通过股权来分配，而且也会通过债权来分配。股东和债权人通过投向预期能快速发展的企业来寻求提高他们投资的价值。企业也可以运用这个原理来进行资本投资。例如，在大型的多元化经营的公司中，公司总部可以把资本投向企业内部的分支机构来为整个公司创造价值。在这种情况下，较之将公司资本投向外部资本市场，公司总部可以获得更为详细和精确的企业运营效益的信息，从而提高资本投资的效益。

分散风险。公司可以通过在多个业务中适当地分配资源来降低其整体风险。与相关多元化战略相比，这是分散财务风险的好办法。因为企业的投资可以分散在有着完全不同技术、竞争力量、市场特性、顾客群体的业务中，使收益更稳定。当然这种减少风险的战略只能降低企业股东的投资风险，却不能为他们提高价值。而且，这种通过多元化降低风险的做法如果处理得不好，形成投资分散和核心竞争能力丧失，反而会增加企业的风险。

重组。与内部资本市场的方法相似，另外一种可供选择的方法就是在外部市场购买和销售其他公司的资产。重组的方法通常是先买进某一企业，然后将其包装后再整体卖出或部分卖出，以获得利润。一种最初经常采用的重组方式是卖出业绩不好的分支机构，留下有前途的分支机构并使其处在严格的财务控制下，例如严格的财务预算、严格的现金管理和严格的账户管理等。

利用协同效应获益。当多个经营单位在企业内进行经营活动时，可对它们进行企业内平衡，使之充分利用企业的生产设施、研究开发、市场营销等方面的资源，通过协同效应使它们受益。同时，当某些经营单位发生困难时，企业可以从其他经营单位获得支持。

（3）实施非相关多元化战略的条件。

①实现企业获利能力增长和提高投资回报率的目标；②能够筹集战略实施需要注入的资金；③能够解决新业务可能出现的在兼并困难或者违反政府有关规定等问题；④新业务所处行业增长潜力大。

（4）实施非相关多元化可能面临的问题。

评价业务的难度大。联合大企业式的多元化经营对管理者的才智无疑是巨大的挑战。一个企业所涉足的经营领域越多，多元化程度越高，越难以准确评价每个经营行业吸引力和竞争环境；管理者越是难以对每个子企业进行观察并尽早地发现问题，难以判断由各业务层次的经理们提出的计划和其战略行动的质量。因此，企业在施行非相关多元化战略时，高层管理人员们需要仔细分析：是否有足够数量的、有能力的经理承担某一项业务；经理们提出的主要战略计划是否合理；当一个经营业务出现失误时，应当如何面对这种局面等问题。

企业总体绩效不理想。不相关多元化的企业不会依靠战略匹配关系带来竞争优势潜力。而且各种不相关多元化业务的总效益不一定比各业务独立经营时所获效益的总和多。如果企业的管理者不适当地干预经营单位的运作，企业总体绩效会受到很大影响。除非有强大的财力作保证，不相关多元化战略不会对各个经营单位获得竞争优势有帮助。

利润的稳定性难以保证。在经济周期性波动中，非相关多元化战略可以使销售和利润会更加稳定。没有几种富有吸引力的经营业务具有相反的波动周期，以此来保持利润的稳定。绝大多数的经营业务都是随着经济的繁荣而繁荣，也会随着经济的萧条而萧条。不能保证多元化经营企业所获取的合并利润在萧条时期会比多元化程度较低的企业的利润更稳定，或更少受到衰退的影响。

3．同心多元化战略

同心多元化战略是以公司现有的设备和技术能力为基础，发展与现有产品或劳务不同的新产品或劳务。实施同心多元化战略的条件包括：

（1）企业所处的行业增长缓慢或停止增长；

（2）增加相关的新产品可以带动现有产品的销售；

（3）新的相关产品可以以较高的价格出售；

（4）新的相关产品的季节性特征与现有产品的季节性相反或互补；

（5）企业现有产品处于产品寿命周期的衰退期；

（6）企业有很强的管理队伍；

（7）增加新的相关产品会给企业带来某种综合经济效益。

同心多元化战略的优势在于可以充分利用生产技术、原材料、生产设备的类似性获得生产技术上的协同效果，风险比较小且易于取得成功；其面临的风险在于由于新产品在销售渠道、促销等方面与原有产品有所不同，在市场营销的竞争中有时会处于不利的地位；企业实施同心多元化战略使自身规模越来越大，经营力量分散难以兼顾多方面的业务。

4．复合多元化战略

复合多元化战略是指通过合并、收购其他企业或合股经营等形式来增加与现有产品或劳务不相同的新产品或新服务的一种战略。

复合多元化战略的优势是通过向不同行业渗透或向不同的市场提供产品或服务，可以分散企业的经营风险和增加利润，有利于企业发挥优势，综合利用各种资源，提高经济效益；有利于充分利用各种市场机会、生产设备、研究开发及管理等各种资源，产生协同效应，提高经济效益；企业可以在各种经营业务之间进行平衡，并且逐步向具有更优经济特征、更大市场的行业转移，以改善企业的整体盈利能力和灵活性，从而提高企业的应变能力。

复合多元化战略的劣势是当公司进入不同的行业后，由于组织机构的膨胀加大了管理的难度；有时过于强调多元化而导致企业在各类市场上都没有取得领先优势，当外部环境发生剧烈变化时企业受到各方面的压力将加大；实行复合多元化战略需要的投资较大。

实施复合多元化战略的条件主要包括：

（1）公司所处的行业处于成熟期或衰退期时，可以考虑进入新的领域开展多元化经营；

（2）公司所处的行业集中程度较高，企业间相互竞争激烈，为追求较高的增长率和收益率，可以考虑进入本行业以外的新市场；

（3）公司所处的外部环境存在多变性和不确定性；

（4）公司拥有进入新行业的资本和人才优势；

（5）公司面临很有吸引力的市场机会；

（6）公司及所属行业与要进入的行业之间存在着某种经营互补关系。

战略实践 4-3

腾讯公司的公司层战略

腾讯控股有限公司成立于1998年11月，是由马化腾等人创办一家民营IT企业。公司于2004年6月在香港上市（股票代号00700），是目前中国最大的互联网综合服务提供商之一。腾讯公司的经营战略主要包括：

（1）差异化竞争战略。腾讯以QQ为核心产品，通过其强大的用户数量，为新产品获得用户。在网游领域，腾讯以棋牌游戏作为切入点，建立起了QQ游戏门户网站，在此基础上又打造一些中型休闲网络游戏。

（2）集中化战略。腾讯公司在成立之初致力于发展个人即时通信软件QQ业务。2014年4月，腾讯QQ最高同时在线账户数超过2亿个。近年来腾讯公司主要发展微信业务，为数众多的企业借助微信公众平台为用户提供了更加定制化和更新的服务体验，广大用户则可以通过微信体验更便捷的移动互联网生活方式。

（3）品牌战略。品牌延伸是有效的营销策略之一，即通过使用相同的品牌名来命名不同的产品类别，以此提高用户的品牌忠诚度。目前，很多腾讯公司产品都享有共同的名称，如QQ邮箱、QQ游戏等。腾讯游戏将“用心创造快乐”的产品理念与品牌理念融为一体。

（4）兼并与收购。腾讯公司采用"先合作后入股"的方式，通过兼并与收购实现公司快速成长，由一家以 QQ 业务为主的网络服务公司转型为涉及互联网娱乐、电子商务、金融等多元业务的企业集团。2011 年至今，腾讯先后收购或者投资华谊兄弟、金山软件、滴滴打车、易迅网、大众点评、京东商城等公司。

（5）全球化战略。2009 年，腾讯公司推出 QQ 国际版。2015 年腾讯公司采用投资的方式收购海外企业，开始全球化战略布局。除了在国际市场推广 QQ 和微信等业务之外，腾讯公司的国际化主要集中在腾讯游戏业务领域，例如收购美国游戏开发商动视暴雪、韩国游戏公司 CJGames、美国移动游戏开发商 Pocket Gems 等。

第 4 节　并购与重组战略

4.4.1　并购的含义

多元化战略帮助企业有效地利用资源创造价值，而并购战略作为企业价值增长和超值收益的来源而备受重视。

并购是一个内涵广泛的概念，它是指两家或更多的独立企业合并组成一家企业，一般由一家占优势的企业吸收一家或多家企业。并购通常包括兼并、收购、接管和联合等形式。由于兼并和收购（Mergers and Acquisitions，M&A）都是企业产权交易，动因极为相近，运作方式有时也很难区分，因此人们常将它们当作一个固定的词组来使用，简称并购。

4.4.2　并购战略的分类

按并购的内容分，并购可以分为兼并、新设合并、收购和接管。

（1）合并。合并（merger）是两个公司在关系平等的基础上将双方的业务进行整合的一种战略。其具体形式包括吸收合并和新设合并。

吸收合并又称兼并，是指两个或两个以上的企业通过有偿转移和资本集中等途径合并，其中一个企业吸收（兼并）了其他企业而成为续存企业的合并形式。续存企业保留原有名称，有权获得被吸收企业的资产和债权。同时承担其债务，被吸收企业从此不复存在。

新设合并又称创立合并或联合，是指两个或两个以上企业通过合并同时消亡，在新的基础上成立一个新的企业，这个企业叫新设企业。新设企业接管原来几个企业的全部资产、业务和债务，新设组建董事会和管理机构。

（2）收购。收购（acquisition）指一家公司通过购买另一家公司的部分或全部股权将被其业务纳入自己的战略组合的一种战略并购形式。例如，A 公司购买 B 公司股份的

70%，于是A公司成了控股公司或母公司，B公司成了附属公司或称子公司。

所谓控股股份，在理论上指持有投票权的股票即普通股的51%，如A公司持有B公司50%的股权，即取得绝对控股权，可直接对B公司的经营业务行使决策权，而B公司的法人地位并不消失。但在公司规模较大、股权又比较分散的情况下，A公司只需取得30%或更少的股份就足以有效的对付那些分散的70%左右的股权而控制局面，达到控股的目的。

（3）接管。接管是指收购到一定比例的股权而取得经营控制权时，企业即可以接管该公司。接管是收购的一种特殊方式，被收购公司往往并非出于自愿与收购方达成交易，这时的接管属于恶意收购。

按并购双方所处的行业状况分，并购可以分为横向并购、纵向并购、混合并购，见表4-1。

表4-1　三种并购方法的区别

并购类别	并购企业间关系	并购结果
横向并购	都属于同一产业部门，其产品属于同一产品市场	扩大生产规模，提高市场份额，增强企业的竞争能力和盈利能力
纵向并购	生产和经营过程相互衔接、紧密联系	扩大生产规模，节约共同费用，加速生产流程，缩短生产周期等
混合并购	分属不同生产领域，各产业部门之间无特别生产技术联系	扩大企业规模，实施企业多元化经营战略，提高市场份额

（1）横向并购，是指处于同行业，生产同类产品或生产工艺相似的企业间的并购。这种并购实质上是资本在同一产业和部门内集中，迅速扩大生产规模及提高市场份额，增强企业的竞争能力和盈利能力的手段。

（2）纵向并购，是指生产和经营过程相互衔接、紧密联系间的企业之间的并购。其实质是通过处于生产同一产品的不同阶段的企业之间的并购，从而实现纵向一体化。纵向并购除了可以扩大生产规模与节约共同费用之外，还可以促进生产过程的各个环节的密切配合，加速生产流程，缩短生产周期，节约运输、仓储费用和能源。

（3）混合并购，是指处于不同产业、不同市场，且这些产业之间没有特别的生产技术联系的企业之间的并购。包括三种形态：产品扩张性并购，即生产相关产品的企业间的并购；市场扩张性并购，即一个企业为了扩大竞争地盘而对其他地区的生产同类产品的企业进行的并购；纯粹的并购，即生产和经营彼此毫无关系的产品或服务的若干企业之间的并购。混合并购可以降低一个企业长期从事一个行业所带来的经营风险，另外通过这种方式可以使企业的技术、原材料等各种资源得到充分利用。

4.4.3 实施并购的动机

（1）增强市场影响力，克服行业进入壁垒。具体表现为更好利用现有设施、销售渠道、人员，使现有销售系统更有效率。一个公司以比大多数竞争者更低的成本和更有利的价格出售产品提供服务该公司就拥有了较大的市场影响力。如果一家公司有大的市场份额，它可能成为行业领导者。在此情况下通过购并同行业和相关行业企业也可以更好地克服进入新行业的壁垒，获得和保护生产经营中所需要的资源，提供新的产品和服务。

（2）多样化经营。很多实施多元化经营的公司通过收购来实施其战略。因为，企业发现通过市场中已有的企业来推出新产品要相对容易一些。相反，依靠企业自身原有的力量来开发其不熟悉的新市场相对比较困难。相关多元化和非相关多元化战略都可以通过收购行动来实现。施乐公司收购 Affiliated 计算机服务公司（一家外包企业），以支持其服务业务，这一收购交易使施乐公司成为主要的销售文件管理设备的硬件科技公司。

（3）实现规模效益以降低成本。并购带来企业生产规模的扩大及产品成本降低。在一定条件下，由于变动成本同比例增加而固定成本不增加，生产得越多则分摊到单个产品中的固定成本就越少，给企业带来的盈利越多。当然这是在一定的产量范围内予以考虑的，若企业的收入没有变化而成本下降，企业的利润就会增加。

（4）减少企业新产品开发的时间和风险。与企业自行开发新产品相比，并购得到的新产品生产能力带来的回报更具有可预测性，并且也更容易快速进入市场。有调查表明即使存在着很大的风险和不确定性，购买早期阶段的产品仍然是一个很好的战略选择，因为收购可以使企业迅速进入市场并提高投资收益的可预见性。

（5）提高企业的学习和发展能力。通过收购，企业可以拓展获取知识的空间和领域，帮助其提升学习能力。一些公司通过跨国收购网罗人才，实现收购与被收购公司互补融合发展。另外，收购战略还可以为收买企业的人员和管理资源提供拓展机会，保持其管理的继承性和公司的持久性。

4.4.4 并购的实施方法

1. 现金收购

现金收购是收购公司向目标公司的股东支付一定数量的现金而获得目标公司的所有

权的一种方式。凡不涉及发行新股票的并购都可视为现金并购。被并购企业的股东在得到现金支付后，就失去了选举权和所有权，这是其突出特点。现金收购存在资本所得税的问题，这可能会增加收购公司的成本，因此在采用这一方式的时候必须考虑这项收购是否免税。另外现金收购会对收购公司的流动性、资产结构、负债等产生影响，所以应该综合进行权衡。

2．股票收购

股票收购指收购公司通过增发股票的方式获得目标公司的所有权，即发行本公司的股票，以替换被并购公司的股票。在这种方式中公司不需要对外付出现金，因此不至于对公司的财务状况发生影响。但是增发股票会影响公司的股权结构，原有股东的控制权会受到冲击。

3．综合证券收购

综合证券收购指在收购过程中，收购公司支付的不仅仅有现金、股票而且还有认股权证、可转换债券等多种方式的混合，也就是说，并购企业以现金、股票、认股权证、可转换债券等形式向目标公司提出并购要约的并购。这种兼并方式具有现金收购和股票收购的特点，收购公司既可以避免支付过多的现金，保持良好的财务状况，又可以防止控制权的转移。

4.4.5 并购战略的利益与风险

1．实施并购战略的利益

（1）获取战略机会。并购者的动因之一是要购买未来的发展机会，当一个企业决定扩大其在某一特定行业的经营时，一个重要战略是并购那个行业中的现有企业。因为它直接获得正在经营的发展研究部门，获得时间优势，避免了建设延误的时间；减少一个竞争者，并直接获得其在行业中的位置。另外就是市场力的运用，两个企业采用统一价格政策，可以使他们得到的收益高于竞争时的收益，大量信息资源可能用于披露战略机会，财会信息可能起到关键作用，如会计收益数据可能用于评价行业内各个企业的盈利能力；可被用于评价行业盈利能力的变化等，这对企业并购十分有意义。

（2）发挥协同效应。企业并购后的生产协同主要通过工厂的规模经济取得。首先，购并后企业可以对原有企业之间的资产及规模进行调整，使其实现最佳规模，降低生产成本；其次，原有企业间相同的产品可以由专门的生产部门进行生产，从而提高生产和设备的专业化，提高生产效率；第三，原有企业间相互衔接的生产过程或工序，购并后可以加强生产的协作，使生产得以流畅进行，还可以降低中间环节的运输、储存成本。

经营协同。经营协同可以通过企业的规模经济来实现。企业购并后管理机构和人员可以精简，使管理费用由更多的产品进行分担，从而节省管理费用；其次原来企业的营销网络、营销活动可以进行合并，节约营销费用；另外研究与开发费用还可以由更多的产品进行分担，从而企业可以迅速采用新技术，推出新产品。

财务协同。购并后的企业可以对资金统一调度，增强企业资金的利用效果，由于规模和实力的扩大，企业筹资能力可以大大增强，满足企业发展过程中对资金的需求。购并后的企业由于在会计上统一处理，可以在企业中互相弥补产生的亏损，达到合理避税的效果。

人才与技术的协同。购并后原有企业的人才、技术可以共享，增强了企业的竞争力，尤其是一些专有技术，企业通过其他方法很难获得。通过购并获取了对该企业的控制，而获得该项专利或技术，促进了企业的发展。

（3）提高管理效率。当企业被更有效率的企业收购后，由于更替管理者而提高管理效率。当管理者自身利益与现有股东的利益更好地协调时，则可提高管理效率，如采用杠杆购买，现有的管理者的财富构成取决于企业的财务成功，这使管理者集中精力于企业市场价值最大化。

（4）获得规模效益。企业的规模经济是由生产规模经济和管理规模经济两个层次组成的，生产规模经济主要包括：企业通过并购对生产资本进行补充和调整，达到规模经济的要求，在保持整体产品结构不变的情况下，在各子公司实行专业化生产；管理规模经济主要表现在：由于管理费用可以在更大范围内分摊，使单位产品的管理费用大大减少。

（5）降低企业进入新行业、新市场的壁垒。企业进入一个新的行业会遇到各种各样的壁垒，包括：资金、技术、渠道、顾客、经验等，这些壁垒不仅增加了企业进入这一行业的难度，而且提高了进入的成本和风险。如果企业采用购并的方式，先控制该行业的原有的一个企业，则可以绕开这一系列的壁垒，实现在这一行业中的发展，这样可以使企业以较低的成本和风险迅速进入这一行业。

（6）买壳上市。上市资格也是一种资源，某些并购不是为获得目标企业本身而是为获得目标企业的上市资格，通过买壳上市，企业可以在国内外筹集资金进入外国市场。

（7）实现公司的跨国发展。随着全球化趋势日趋明显，跨国经营成为企业的重要战略选择。企业面临着比进入国内新市场更多的困难。如企业的经营管理方式、经营环境的差别，政府法律、法规的限制等。采用并购当地已有的一个企业的方式来进入，不但可以加快进入速度，而且可以利用原有企业的运作系统、经营条件、管理资源等，使企业在以后阶段顺利发展。

2．实施并购战略的风险

（1）这是一种较昂贵的市场进入方式。收购企业往往需要支付高于股票市价 30%的代价完成收购目的；

（2）并购可能带来不必要的业务。企业收购的目标公司通常有多项资产和业务，但它们不都是企业并购必需的，因而，剔除和改组多余资产令企业耗费较多成本；

（3）并购后的企业一般都比较庞大复杂。并购可使管理难度加大，需要在沟通和协作上加大力度；

（4）并购后的整合问题。由于收购企业和目标公司之间存在的管理制度、生产方式、企业文化、人员结构等方面的差异，使企业并购后的资源整合面临困难。

4.4.6 并购战略理论

1．竞争优势理论

并购动机源于竞争优势。首先并购的动机根源于竞争的压力，并购方在竞争中通过消除或控制对方来提高自身的竞争实力；其次，企业竞争优势的存在是企业并购产生的基础，企业通过并购从外部获得竞争优势；第三，并购动机的实现过程是竞争优势的双向选择过程，并产生新的竞争优势。并购企业在选择目标公司时正是针对自己所需的目标公司的特定优势。

2．规模经济理论

经济学从成本的角度论证企业经济规模的确定取决于多大的规模能使包括各工厂成本在内的企业总成本最小。产业组织理论和古典经济学分别从不同的角度对规模经济的追求给予解释，而古典组织理论主要从市场结构效应的理论方面论证行业规模经济，同一行业内的众多生产者应考虑竞争费用和效用的比较。企业并购可以获得企业所需要的产权及资产，实行一体化经营，获得规模效益。

3．交易成本理论

在适当的交易条件下，企业的组织成本有可能低于在市场上进行同样交易的成本，市场为企业所替代。企业规模扩大，组织费用增加，考虑并购规模的边界条件是企业边际组织费用增加额等于企业边际交易费用的减少额。在资产专用性情况下，需要某种中间产品投入的企业倾向于对生产中间产品的企业实施并购，使作为交易对象的企业可以转入企业内部。

4．代理理论

当管理者只拥有小部分公司的所有权时，代理问题便产生了。这种部分所有权会导致管理者的工作热情比拥有全部所有权时少，并且因为大多数花费可由拥有多数股份的所有者承担，所以他们会消耗更多。同时，在股权分散的企业，单个所有者没有足够的动力花费大量资源去监督管理者的行为。如何解决这些代理问题？并购活动的存在也是其中的方式之一。

5．价值低估理论

企业并购的发生主要是因为目标公司的价值被低估。低估的主要原因有三个方面：一是经济管理能力并未发挥应有的潜力；二是并购方有外部市场所没有的有关目标公司真实价值的内部信息，认为并购会得到收益；三是由于通货膨胀等原因造成目标企业资产的市场价值与重置成本之间存在的差异，如果当时目标企业的股票市场价格小于该企业全部重置成本，并购的可能性大。价值低估理论认为在技术变化快，市场销售条件及经济不稳定的情况下，企业的并购活动将频繁发生。

4.4.7 重组战略

重组（Reconstruction）是公司制定和控制的改变其业务架构、财务体系组织形式、经营范围以及经营方式等的行为，公司重组战略主要包括放弃部分业务组合和精简公司规模。属于公司重组的事项主要有：

①出售或终止公司的部分经营业务；

②对公司的组织结构进行较大调整；

③关闭公司的部分营业场所；

④将公司营业活动由一个国家或地区迁移到其他国家或地区。

虽然重组战略往往出现在收购战略实施失败之后，但许多企业有时也会因为察觉到外部环境变化而选择实施重组。例如，一家公司在其内部环境中已经建立了核心竞争力的，但常常面对外部环境中出现的各种机会。面对这种变化，重组或许意味着公司的战略定位更为合适。

1．资产重组

资产重组是指企业改组时将原企业的资产和负债进行合理划分和结构调整，经过合并、分立等方式，将企业资产和组织重新组合和设置。

广义的资产重组包括企业机构和人员的设置与重组、业务机构和管理体制的调整，狭义的资产重组仅指对企业的资产和负债的划分和重组。一般情况下，所谓资产重组是指广义的资产重组。

按资产重组的范围不同，资产重组分为内部重组和外部重组。

（1）内部重组，指公司（或资产所有者）将其内部资产进行的重新调整和配置。在这一过程中，仅公司内部资产配置发生变化，其资产的所有权没有发生转移，属于企业内部经营和管理行为。

（2）外部重组，指通过公司之间通过资产的买卖（收购、兼并）、互换等形式，剥离不良资产、配置优良资产，实现现有资产的效益最大化的行为。这种资产重组下，公司买进或卖出部分资产甚至丧失企业独立经营主体资格，是资产的所有权在不同的法律主体之间发生转移。

2．并购重组

并购重组是指企业合并与收购实现资产重新组合的资本运作行为。有关并购的相关内容本节前部分已介绍，这里不再重复。

通常情况下，企业可以采用精简、收缩和杠杆收购这几种重组战略。

（1）精简战略。精简是一种有目的管理战略，公司以减少公司的员工甚至业务单元，但或许并没有改变公司业务的组成。有些情况下精简是收购战略的一部分，它通常在交易完成未达到期望价值时发生，或者发生在收购公司对目标企业付出了过高的溢价时。实施精简战略时，裁员可能会缩减公司的产品产量和市场范围，也可能带来企业由于收购带来的价值提升。当公司整合收购双方的业务时，管理者开始通常不会采用精简这种方式。事实上，没有人喜欢解雇员工或是关闭厂房，只有在公平合理的人力资源管理措施的配合下，精简战略才会更加有效。

（2）收缩战略。收缩战略是指通过剥离、分立或者其他一些削减公司非核心业务的方法实施的战略。和精简战略相比，收缩战略对公司影响更正面。收缩战略可以使公司更专注于其核心业务，战略目标更专一。高层管理团队倾向于更深入了解公司核心业务及其相关业务，其管理效率也会相应提高。

（3）杠杆收购战略。杠杆收购（Leveraged Buyout，又作 LBO）战略是一方（通常是股份制公司）为了将公司私有化而买下公司全部资产的一种重组战略。杠杆收购本质是举债收购，指收购者仅有少许资金，借由举债借入资金来收购其他公司，有如运用杠杆原理以较小的力量抬起重物。杠杆收购的主体一般是专业的金融投资公司，投资公司收购目标企业的目的是以合适的价钱买下公司，通过经营使公司增值，并通过财务杠杆增加投资收益。由于其融资收购通常将收购的公司或未来的现金流做担保，因而风险较大。

战略实践 4-4

友谊股份购买及换股吸收合并百联股份

友谊股份和百联股份均为上海国资委下属从事百货超商类业务上市公司，友谊股份由友谊复星和百联集团分别持有20.95%和6.31%的股份，同时发行有B股。百联股份由百联集团持有44.01%的股份。这两家公司在百货业务上存在一定的同业竞争。

（一）交易结构

（1）友谊股份发行股份购买八佰伴36%股权和投资公司100%股权；

（2）友谊股份换股吸并百联股份；

（3）由海通证券向友谊股份异议股东提供收购请求权，向百联股份异议股东提供现金选择权；

（4）1和2的股份定价根据董事会决议公告日前20个交易日的A股股票交易均价经除息调整后确定；

（5）1、2为资产重组不可分割的一部分。

（二）受关注的相关问题

（1）友谊股份同时发行B股，同样B股股东也涉及现金选择权问题，由于政策的限制，持有B股的只能是非居民，境内机构不能持有B股，由海通证券的境外子公司向友谊股份B股异议股东提供现金选择权。

（2）原百联集团拟作为现金选择权的提供方，由于百联集团的持股比例已经比较高，如果再因提供现金选择权将导致更高的持股比例，而现金选择权地提供导致增持的股份能否豁免要约，《收购管理办法》尚无明确的规定，因此改由海通证券单独提供现金选择权。

（3）友谊股份发行股份吸收合并与东方航空类似，同样由重组委审核通过。

资料来源：搜狐财经 2017.6.21（有删减）

第5节　战略合作与战略联盟

名家之言

关于战略联盟的多种解释

（1）布劳易斯等人：稳定的联盟即为“准一体化”（Blois，1972）。

（2）威廉姆森：战略联盟是“非标准商业市场合同”（Williamson，1983）。

（3）巴特勒和卡尔奈：战略联盟是“被管理或被组织的市场”（Butler等，1983）。

（4）索雷利：从联盟组织多边性出发，战略联盟为“网络化”组织（Thorelli，1986）。

（5）汤普森等：战略联盟为除市场和管理等级制之外的第三种社会经济活动协调工具（Thompson 等，1991）。

（6）迈克·波特：战略联盟为“企业间达成的既超出正常交易，又达不到合并程度的长期协议”（Porter，1990）。

4.5.1 战略合作

1. 战略合作的含义

战略合作（cOoperative strategy），是多个企业为了实现一定战略目标而建立起来的合作关系。战略合作是多个企业出于长期共赢考虑，建立在共同利益基础上，实现深度的合作，是要从合作各方整体利益出发，考虑相互之间的合作条件与基础，使整体的利益最大化。

战略合作有助于企业建立竞争优势，因此这种竞争优势通常被称为关联优势（relational advantage）。另一方面，合作战略的实施使得企业能够为消费者或用户创造其自身不能单独创造的价值。

战略合作各方签署的合作协议是合作各方为明确合作义务与权利而签署的协议，其中各个协议缔约方可以联合进行研究开发新产品、分享技术、联合使用生产设施，分销对方的产品以及合作生产配件或组装产成品等等。实际上，战略合作协议往往是一个在某一生产或经营领域或者在部分区域合作的协定，合作目的还是以各自的利益最大化为主，不一定是合作各方整体的利益最大化。

2. 战略合作的目标

企业间建立战略联盟或者签订合作协议的战略目标主要包括以下几个方面：

（1）实施技术合作或者合作开发新产品。战略联盟内的企业可以共享联合研发的技术成果，通过合作实现技术互补和新产品研发共享，使企业技术与管理人员获得更多学习机会。

（2）提高供应链的效率。制造商与零配件供应商建立合作联盟，改善供应链管理的效率，加快新产品投放到市场的速度。

（3）获得规模经济效应。合作各方企业通过合作生产零配件、组装模型或者营销联盟公司的产品，可以实现小规模生产难以实现的成本节约。同时，也可以通过相互研究和学习各自的制造方法来优化产品生产工艺流程，改善质量控制方法。

（4）改善市场准入。一般情况下，联盟的组建是为了分享分销设施和特约经销商网络或者联合促销能够互相补充的产品，从而相互加强和扩大到达顾客的渠道。

3. 合作战略的优势

公司通过合作战略建立起来的联盟关系，可以使其能够利用更强的竞争能力共同应对竞争对手，而不再彼此消耗。在通信电子、计算机软件和生物制药等行业中，战略合作是一个很受欢迎的战略。在这些行业中，技术发展的速度很快，而且会沿着很多不同的路径发生。一项技术进步往往会带来对其他相关技术的重大影响。一旦行业中的许多领域同时发生快速的技术变革，各个企业就会发现，即便是自己的在专业化领域中处于技术和产品性能的领先地位，也有必要同其他的公司建立合作关系。这些企业之间有必要在技术开发方面、开发新产品方面进行合作，也可以在建立销售它们的产品的分销网络方面合作。

4. 合作战略的风险

合作战略的弱点是有可能造成企业在一些关键技能和能力上长期依赖其他公司，从而削弱自身提升竞争能力的动力并逐步丧失竞争优势。另一方面，战略联盟的运作也是十分重要的，除非公司对此管理细致到位，否则或许是这种联盟对于企业来说是得不偿失的。

事实上，许多合作战略的实践都以失败告终。有资料显示，约 2/3 的合作战略在开始的两年即出现了严重的问题，近七成的企业合作联盟最终失败。尽管合作战略能给伙伴关系能够带来巨大的潜在收益，包括各种互补和协同效应。但也应当看到，如何使战略联盟成功运营仍然是一个非常复杂的问题。

合作战略的风险主要包括以下几个方面：

（1）合作者的机会主义行为。当正式合同无法约束合作者行为，或者错误地估计了合作伙伴的可信任程度的时候，机会主义行为便开始出现。在此情形下，企业希望获得尽可能多的有关合作伙伴的隐性信息。因此，合作战略实施之前，公司与合作伙伴之间的相互了解非常重要，因为这可减少企业由于机会主义行为遭受损失的可能性。

战略实践 4-5

BP 与俄罗斯的合作战略

2003 年，BP 石油公司与石油界大亨米哈伊尔·弗里德曼、维克多·维克塞尔伯格及莱恩·布拉瓦特尼克合作成立了一个合资公司，名为 TNK-BP。

2007 年下半年，BP 公司占据 TNK-BP 50%的股份而其他三位大亨占据了剩下的 50%，这个公司也被誉为“史无前例地获取俄罗斯石油和天然气的西方公司”。但是由于克里姆林宫在国家能源产量中不断介入并且宣称 TNK-BP 在科维克塔气田并没有完成许可证中预期的产量，这个合作企业面临危机。许可证要求企业每年在科维克塔气田生产 90 亿立方米的天然气，但是 TNK-BP 的实际产量仅为大约 1/18。有人预测俄罗斯政府企业、石油巨头俄罗斯天然气股份有限公司将加入这个合资公司来解决产量过低的问题。

如果真的加入，“TNK-BNP将很难获取自己的利益”。作为其中的成员，BP要与俄罗斯政府形成良好的关系，所以BP为了履行义务计划在2007年向TNK-BP投资12.5亿美元。此外，按照俄罗斯现有石油及天然气储备，BP正形成另一个合作关系，其中包括它在2007年占有少量股份的“与俄罗斯石油巨头俄罗斯石油公司联合在库页岛上开采原油的战略”。

资料来源：中国社会经济决策咨询中心网站

（2）合作伙伴对另一方的胜任力的误解。由于对战略合作伙伴的不了解，使企业过高或过低估计合作者对战略实施的胜任能力。比如合作的一方仅贡献无形资产的情况下，容易让另一方产生胜任力的误解。实践中为减少此类风险，经常质询合作战略中对方提供的资源与产能的证据是可行的选择。

（3）合作的一方没有将互补资源与另一方共享。这一风险常发生在国际化的战略合作，即合作双方处于不同国家的情况下。不同国家的文化差异很可能导致对合同条款的不同理解，以及对双方信任的不同期望并由此产生合作风险。

（4）合作战略的一方进行专用资产投资而另一方却没有。战略合作涉及的联盟内企业可能需要利用其能力和资源开发只能用于合作战略使用的生产设备。如果合作伙伴没有进行专用资产投资，则进行专用资产投资的一方将处于谈判劣势的地位，其所获得的相关收益也可能因此受到负面影响。

皮克斯公司（Pixar）和迪士尼公司的合作就遭遇了类似风险。两家公司共同设计了多个电脑动画形象，如《玩具总动员》（Toy Stroy）、《怪物公司》（Monsters Inc.）和《汽车总动员》（Cars）等影片。但是，迪士尼却看到了合作关系当中所蕴含的风险，公司的管理层也正在考虑终止与皮克斯公司合作关系的可能性，相对而言，皮克斯公司具有更强的议价能力——与迪士尼合作或者选择其他合作对象。皮克斯公司所有的电影票房都好于迪士尼同期的动画电影。

为了避免这种情况的发生，企业必须在能够保护自己竞争力和建立竞争优势的重要领域里开发自己的资源和能力，必要时企业可以通过并购等方式获得自己需要的技术与资源。

4.5.2 战略联盟

1. 战略联盟的含义

战略联盟（strategic alliance）是指两个或两个以上的企业或组织为了一定的战略目的通过一定的方式组成的网络式的联合体。战略联盟是企业间按照某种协议建立起来的一种合作关系，企业间可以通过这种关系实现资源共享，提高各自的市场竞争力。联盟中的企业一般不互相拥有产权关系，但比完全通过外部市场进行交换的关系紧密，企业相互依赖，这种深层次的合作关系可以形成双赢的效果。战略联盟建立的最终目的都是为了更好地服务于企业的市场地位的改善，为了获取更多的利润，实现企业的长期发展。

战略联盟的概念最早由美国 DEC 公司总裁简・霍普兰德（J. Hopland）和管理学家罗杰・奈格尔（R. Nigel）提出，他们认为，战略联盟指的是由两个或两个以上有着共同战略利益和对等经营实力的企业，为达到共同拥有市场、共同使用资源等战略目标，通过各种协议、契约而结成的优势互补或优势相长、风险共担、生产要素水平式双向或多向流动的 种松散的合作模式。

战略联盟属于合作战略的一种形式，它是两个或两个以上的企业或组织为了实现一定的战略目标而建立的一种合作战略关系。建立战略联盟可以平衡现有的产能和资源，通过企业间的合作形成新竞争优势的基础。

在理论界，战略联盟被认为是企业发展竞争性战略的基石。各种类型的企业在某种程度上互换和共享资源和产能，实现共同发展以及服务于企业的产品或服务。在业界很多公司都开始同其他的公司建立合作伙伴关系和战略联盟，以求在各自的战略行动方面进行互补。

2．企业战略联盟的特征

（1）松散性的组织。战略联盟以共同拥有市场、合作开发技术等为基本目标，如果有机会，联盟中的成员便会聚集在一起。一旦环境变化使合作机会散失，联盟各成员又各奔东西。因此，战略联盟是个动态的、开放的系统，是一种松散的企业间组织形式。同时，联盟内成员之间也可能存在彼此的竞争关系。

（2）竞争与合作并存。传统的企业竞争是以竞争对手消失为目标的对抗性竞争，战略联盟的出现改变了这种竞争方式，承认企业间除了对抗性竞争，还需要从防御的角度出发同其他企业合作、结盟。

战略联盟中竞争与合作并存的方式有三种：一是先合作后竞争。合作各方在一定领域中合作，再在其他领域中竞争。二是竞争与合作同时进行。如美国通用汽车公司与瑞典沃尔沃公司在美国建立合作生产重型卡车项目的同时，在其他产品和市场上彼此仍然展开竞争。三是合作各方与他方竞争。这种联合能减少竞争对手，维持现有的市场地位，并使业务集中。

（3）联盟行为的战略性。战略联盟的方式与结果，不是对瞬间变化所做出的应急反应，而是为了优化企业竞争环境的一种长远谋划。因此，联盟行为注重从战略的高度改善联合体共有的经营环境和经营条件。

（4）成员地位的平等性。战略联盟各方是在资源共享、优势相长、相互信任、相互独立的基础上通过事先达成的条款或协议而建立的平等关系。联盟各成员共享经营资源，并在持续的联合过程中，共创联盟的整体经营资源。这就从根本上改变了合资合作企业之间依赖股权多少或其他控制能力的强弱来决定母公司与子公司、高级与初级的不平等关系，有利于建立平等合作的经济秩序。

（5）成员优势的互补性。在竞争激烈的高科技产业中，任何一个企业都很难能在所有方面都处于世界领先水平。战略联盟可把各个企业独有的优势结合起来，建立一个特别的机构。其中每项工作、每个环节都可能是世界一流的，是任何单个企业所望尘莫及的。因此，通过联盟企业可以实现技术上的优势相长，并可加快创新速度和降低风险。

3．战略联盟的形式

常见的战略联盟形式有以下几种。

（1）合资。两家公司共同投入资本成立，分别拥有部分股权，并共同分享利润、支出、风险及对该公司的控制权。合作各方将各自的资源投入到合资企业中，发挥单独一家企业所不能发挥的效益。在世界经济一体化的背景下，这种联盟形式多发生在发达国家与发展中国家的企业之间。

（2）合作研发。这是企业为了研究开发新技术、新产品、新材料、新能源而采取的一种联盟形式。为了某种新产品或新技术，合作各方签定一个联发协议，联盟缔结方分别以资金、技术、人员、设备等进行联合开发，开发成果按协议共享。由于是汇集各方的优势，不仅可以提高研发效率，而且有利于降低研发费用与风险。

（3）定牌生产。它属于制造生产战略联盟的一种形式。拥有闲置生产能力联盟一方为对方定牌生产，一方面可解决联盟方有知名品牌但生产能力不足的问题；同时可充分利用联盟另一方闲置的生产能力；对于拥有品牌的一方，还可以降低投资或购并所生产的风险。企业实行制造生产战略联盟，可以实现规模经济和在市场不景气时减少生产能力。这种类型的战略联盟在汽车或重型设备工业是很普遍的，因为它可以给这些企业带来规模经济和降低成本的机会。

（4）特许经营。特许经营权拥有者以合同约定的形式，允许被特许经营者有偿使用其名称、商标、专有技术、产品及运作管理经验等从事经营活动的商业经营。通过特许的方式组成战略联盟，其中一方具有重要无形资产，可以与其他各方签署特许协议，允许其使用自身商标、专利或专用技术，建立特许经营战略联盟。这样拥有特许经营权的一方不仅可获取收益，还可利用规模优势加强无形资产的维护，而接受许可方则可扩大销售，实现更大的经营收益。

（5）相互持股，是指两个合法存续的公司互相向对方公司出资并成为对方公司股东而建立起来的一种战略联盟。由于这种战略联盟的合作各方持有对方一定数量的股份，具有相同的利益关系，因而其合作关系相对更加紧密。

战略联盟典型案例

1. 丰田汽车与其零部件供应商之间的联盟（整车制造商——零部件独家供应商）；
2. 微软公司与英特尔公司之间的“WINTEL”联盟（操作系统——中央处理器）；
3. Google与HTC之间的手机研发代工联盟（手机操作系统研发——手机研发与制造）；
4. 苹果公司与AT&T之间的联盟（信息终端——通信网络服务）。

4．战略联盟的优势及需要面对的问题

（1）战略联盟的优势。

战略联盟将企业资源和能力整合到一起，这种资源和能力要比它们在分散状态下更有价值。企业组建战略联盟最为常见的原因就是进行技术合作或合作开发有前途的新产品，填补它们在技术和制造技能方面的空白，提高供应链的效率，获得生产和市场营销方面的规模经济以及通过合作营销协议获得或改善市场准入条件。想要在全球市场上取得领先地位的企业可通过战略联盟完成那些在他们独自发展的情况下无法实现的目标。这种优势具体体现在下面几点：

①迅速进入一些具有重要意义的国家的市场，加速在全球市场上建立起强大地位的进程；

②通过与当地合作伙伴的联盟，获得关于自己不熟悉的市场和文化的内在信息；

③得到一些聚集在特定的地理区域的有价值的技巧和能力，使企业在准备参与目标行业建立根据地；

④比依靠自己内部发展更快的速度掌握新技术，并积累新的专业知识和能力；

⑤通过将自己的能力与合作伙伴所具有的专业知识和能力融合到一起的方式，在目标行业中开辟更多的机会。

（2）战略联盟合作需要面对的问题。

过度依赖战略联盟。战略联盟合作的弱点之一是可能导致企业在关键的技能和能力上长时间依赖于别的企业。一个公司如果要想成为一家市场领导者，它就必须在那些对其进行内部的战略控制、对企业保护其竞争力和建立竞争优势起着至关重要作用的领域中开发自己的能力。而且，有些战略联盟的潜力是有限的，因为合作伙伴对最有价值的技能和专有技术采取的是保护政策。在这种情况下，购并一家拥有自己想要的资源的公司可能是一个更好的解决办法。

组织结构的适应性问题。战略联盟中的企业如何更好地分配管理责任是需要考虑的问题。虽然很多企业建立了高级管理机构，负责监督外部战略关系。但这些只能监督一部分，一些企业在功能链方面分散责任，市场性质的联盟由市场经理来管理，技术方面的联盟由研发部门管理，另一些公司则按业务单元来管理其各自的关系。对于大型企业联盟，尤其是那些包括反复投资的联盟，通常把管理责任集中于高层。

原有战略的约束。是企业的外部影响条件。当在某一行业领域和地区市场已经形成了相当多的联盟的时候，较好的潜在的合作伙伴很难寻找。由于在这种情况下已经建立联盟的企业已经形成了相互依存的关系，再进入联盟就很可能产生冲突，这些冲突将导致整个联盟战略的效益的下降。

5. 战略联盟的管理

战略联盟的失败率较高。为实现对其的有效管理，需要对战略联盟的建立、运营实现全过程管理。为此，需要认真研究与战略联盟成功相关联的关键因素。

提高战略联盟的有效性的首要前提是选择正确的合作伙伴，一个好的合作伙伴通常应具备下列特性。

（1）帮助合作企业实现战略目标。例如进入市场、分担新产品开发的成本与风险或获得关键的企业竞争力，一个好的合作伙伴必须拥有准备与之建立合作关系的企业缺乏而又有价值的组织能力。

（2）认同合作企业对联盟的愿景。如果两家企业在建立联盟时意见不统一或各怀心腹事，则其建立的合作联盟摩擦不断甚至和很快分手的可能性很大。例如，美国通用汽车公司与韩国大宇汽车公司曾建立战略联盟，通用汽车公司的目标是通过大宇汽车公司获得低成本劳动力；而大宇汽车公司则希望利用通用汽车公司的技术和分销系统，提高其产品在韩国和美国的市场份额，进而实现在欧洲市场的扩张，最终因为双方因各种对战略认识的分歧导致了联盟的解体。

（3）抵制机会主义倾向。例如窃取合作伙伴的技术，违反商业游戏规则，令伙伴企业遭受利益损失，利用联盟合作方单纯实现企业一方经营目的等等。产生这种行为产生的原因往往在于联盟合约的不完全性、联盟各方利益驱动的差异性以及联盟管理机制的缺陷性。要有效克服战略联盟中的机会主义行为，需要联盟各方共同建立以选择、监督和信任为基础的合作机制。

如何找到具备上述特性的战略合作方？常见的做法有以下几种：

（1）对合作对象进行深入的调查。要尽可能收集更多的关于合作方的各类信息资料，包括已经同该合作对象建立战略联盟的企业、与之有业务往来关系的金融机构、雇员等。

（2）科学设计联盟的结构。这样可以降低公司流失有价值资源的风险。例如，为减少公司技术秘密的泄露，公司可对战略联盟所制造产品的设计、开发、制造和服务中对敏感技术建立预防窃取措施，以免将自己的技术秘密泄露给合作方。

（3）双方协商同意互换技术和技能，保证各方有机会获得平等收益。其中双向许可协议就是实现上述目标的方法之一。例如，美国的摩托罗拉公司与日本的东芝公司建立的联盟就有这样的协议，约定摩托罗拉公司将部分微处理器技术许可转让给东芝公司，而东芝公司则将部分记忆芯片技术许可转让给摩托罗拉公司。

（4）事先从合作方处取得可信的承诺，减少机会主义的风险。例如施乐公司和富士公司为亚洲市场制造复印机建立的长期战略联盟就是一个好范例。施乐公司不同意非正式的协议或许可，而要求富士公司投资开办各占50%股份的合资公司来服务日本和东亚市场，这一合作包括人力、设备方面的重大投资。同意建立合资公司是富士公司对战略联盟的可信的承诺，为此施乐公司认为将复印机制造技术转让给富士是安全的。

企业之间建立起来的战略联盟关系不但能够抵消竞争优势，而且通过建立联盟关系，可以使联盟各方能更多地将它们的竞争矛头对准它们共同的竞争对手，而不是彼此之间展开竞争。有些情况下，潜在的竞争对手可以通过组建合作性联盟的方式而有效地缓和彼此的矛盾，谁和谁结成伙伴关系将影响行业竞争的模式。很多非一流公司想保持它们的独立性，所以它们为了减小同一水平公司之间的竞争差距，所采取的有效策略就是建立战略联盟，依靠同别的公司进行合作来提高它们自己的能力，开发有价值的新战略资源，以及有效地参与市场竞争。

企业间的战略合作是一个很好的策略。在技术方面，一项技术上的进步往往会影响其他的技术。当行业中的许多领域同时出现快速的技术变革时，企业即便是要想在它们自己的专业化领域之中处于技术和产品性能的领先地位，同其他的公司建立合作关系也是必要的。

企业战略联盟能否长期维持和发展下去，关键因素是战略联盟各方能够在多大程度上进行很好的合作，是否能够对不断变化的内外环境条件做出反应，以及在必要的情况下双方进行重新协商谈判的意愿。在战略联盟中的合作各方都应重视彼此为联盟所带来的经验技术、资源等，并且有关的合作活动应给双方带来好处，否则战略联盟是不会成功的。

复习思考题

1. 简述公司战略的含义与类型。
2. 什么是一体化战略、前向一体化战略和后向一体化战略？
3. 纵向一体化战略是如何分类的？它们分别适用什么样的情况？
4. 阐述横向一体化战略的优势、劣势及其适用准则。
5. 简述多元化战略的含义、分类与优势。
6. 描述公司实施非相关多元化战略的动因及条件。
7. 简述并购的概念、分类。
8. 试述并购可能给公司带来的利益和风险。
9. 什么是战略合作？其风险主要有哪些？
10. 简述战略联盟的概念、特征及形式。
11. 一个好的战略联盟伙伴具备哪些特征？怎样才能找到这样的合作者？

实践练习

步骤一：将参与者分为几个小组，每组3-5人。每组选择一个公司（上市公司尤佳）进行研究，分析内容要点：

（1）公司主要经营领域、发展历史

（2）主要的公司战略

（3）公司战略是否发生转变？原因是什么？

步骤二：分析公司近期财务报表（包括主要领域经营业绩、收购情况等等）

步骤三：制作一个简报，对公司现行战略进行评价

本章案例

阿里巴巴全资收购大麦网

2017年3月21日，阿里巴巴集团宣布，对中国最大演出票务平台大麦网完成全资收购。作为阿里大文娱板块重要组成部分的阿里音乐，未来将同大麦网实现业务打通。一方面，在线演出票务结合音乐应用，实现用户数据打通；另一方面，以粉丝为核心，联动艺人、票务资源，形成以粉丝、艺人、平台三方联动的“线上＋线下”的音乐营销模式。

2014年7月，阿里巴巴集团以D轮投资人身份进入大麦网业务，持有32.44%股份。成为大

麦网的重要股东。阿里巴巴文化娱乐集团董事长兼CEO俞永福在公开信中表示：随着大麦网的加入，将进一步完善线下基础服务环节的搭建，拥有更丰富的用户触及渠道，从而将优质内容、“一站式”服务和独一无二的创新文化娱乐体验带给更广泛的消费者。阿里巴巴集团副总裁、阿里文化娱乐集团秘书长张宇将出任大麦网CEO，大麦网创始人曹杰担任特别顾问。

阿里方面还表示，VR（虚拟现实）技术将成为未来颠覆线下演出行业的关键。作为“第二现场”的VR演唱会，其市场前景不可估量。“我们认为，VR技术将为消费者带来一种更加自如，同时更为经济的全新娱乐体验。”阿里相关负责人表示。

大麦网为何获得阿里巴巴的青睐？在票务市场几近饱和的背景下，这家元老级的在线票务公司除了卖票还有什么具有竞争力的业务？

大麦集团（北京红马传媒文化发展有限公司）成立于2004年，并于2005年获得君联资本投资的3000万元A轮融资。此后，大麦网还分别于2010年、2015年获得君联资本、SIG海纳亚洲共同投资的1亿元B轮，及未透露金额的C轮融资。

大麦网以演唱会票务起家，是中国最大的覆盖现场演出、体育赛事等领域的演出票务平台，也是该领域最大的系统服务提供商。大麦网作为大麦集团的核心业务部门，是全球华语排名领先的知名票务公司品牌，全方位提供演唱会、音乐会、话剧、体育比赛等上万种门票订购服务，市场份额占国内可市场化票务部分70%以上，是国内互联网电子票务行业龙头企业。

大麦网的优势并不止于在线票务领域。有资料显示，大麦网还专注于大文体业务的多元化整合营销，产品及服务横跨文化、体育、娱乐、游展及高科技研发等多个创意产业领域。旗下拥有自营大麦演出、大麦体育、大麦电影、大麦玩乐等多个独立运作的业务子品牌。

大麦网作为演艺出品制作、多样化业务宣发、智慧型场馆运营、数字化票务销售，以及高新系统终端的全产业链高端品牌服务体系的核心定位，与阿里大文娱今后的规划一致。事实上，大麦网早已在阿里大文娱业务中有了自己的角色。除了投资本身，阿里巴巴在业务上与大麦网也有过接触。2016年5月中旬，阿里巴巴集团旗下的淘票票宣布与大麦网合作，通过打通双方后台售票服务，进一步稳固于在线电影的票务市场地位。与大麦网牵手后，阿里巴巴的淘票票市场份额迅速上升。

资料来源

1. 阿里全资收购大麦网：谈了三年恋爱终于领证 电商在线 2017-03-21 （有剪辑） http：//www.ebrun.com/.
2. 孙奇茹：阿里全资收购大麦网. 北京日报 2017年03月22日.（有剪辑）

第5章 业务层战略：创建竞争优势

业务层战略的核心是一种企业专有的商业模式，能够帮助它在同对手的竞争中获得竞争优势。

——（美）C. W. L. 希尔　G. R. 琼斯

竞争战略的关键就是差异化，它意味着特意以不同的方式实施获得或者实施与竞争对手不同的活动，从而获得独一无二的综合价值。

——（美）迈克尔·波特

本章要点

- 基本竞争战略的界定及其内容
- 成本领先战略
- 集聚化战略
- 差异化战略

本章目标

- 了解竞争战略的含义
- 熟悉差异化战略
- 掌握成本领先战略的内容
- 理解集聚化战略优势与风险

企业在制订战略及寻求竞争优势时，竞争战略的选择是首先需要明确的。市场经济的本质是竞争，企业在何种基础取得在市场中的优势地位，取决于其竞争战略的选择。企业的业务战略的重点是在市场竞争中构建可持续的竞争优势，或在某一特定的细分市场中寻求有利的竞争地位。

第 1 节　基本竞争战略

竞争战略所涉及的问题是在给定的一个业务或行业内，企业如何参与竞争并取胜的问题，即在什么基础上取得竞争优势。竞争战略是专门研究以取得竞争成功的战略——取悦顾客、反击对手、强化公司的市场地位等等。

竞争战略属于企业业务层战略，它的运用和发展经历了成本领先战略、差异化战略和集中化战略，此三种战略是建立在零和博弈的市场基础上的战略。零和博弈是指参与博弈的各方在严格的竞争条件下，一方的收益意味着另一方的损失，博弈各方的收益和损失相加总和永远为“零”，双方不存在合作的可能。

对于基本竞争战略的类型划分，理论界的观点存在分歧：许多人认为不同的竞争战略之间本质的区别主要可归结为两个方面，其一是企业目标市场选择的宽窄——集中化战略，这是战略重点在市场范围上更加集中于整体市场的一个狭小部分；其二是企业所谋求的竞争优势是追求低成本还是产品的差别化。

在经营单位的战略选择方面，迈克·波特提出三种可供采用的一般竞争战略，分别是成本领先战略、差异化战略和集中化（集聚、聚焦）战略。

图 5-1 列出了这些基本战略的不同特色。

在设计业务层战略和商业模式时，企业战略管理者通常会强调基本的竞争战略，如成本领先战略、差异化战略、集中化战略等等。每一种基本战略都来自企业对产品、市场和独特企业竞争力的一贯选择。基本竞争战略的特点见表 5-1。

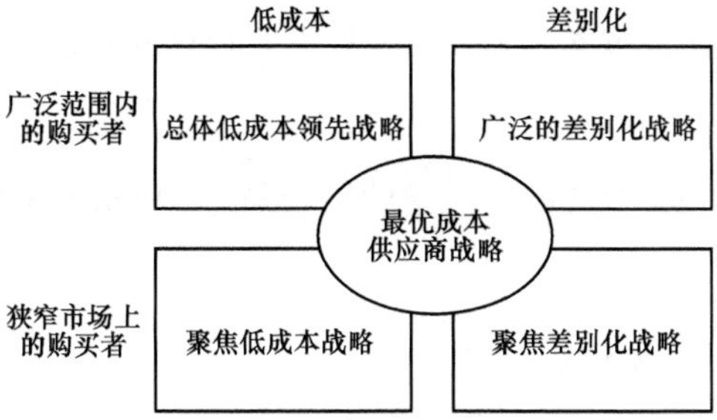

图 5-1　五种基本竞争战略所追求的竞争优势

表 5-1　列出了这些基本战略的不同特色

战略类型	成本领先战略	差别化战略	最优成本供应商战略	集中化战略
战略目标	广泛跨越市场的各个部分	广泛跨越市场的各个部分	注重价值的购买者	在狭窄的市场满足顾客的需求和偏好
竞争优势的基础	成本比所有竞争对手更低	注重为购买者提供有差别化的产品或服务	在购买者所支付价值不变的前提下提供更大价值	在聚集的市场上提供更符合该市场特殊要求的产品或服务
产品生产重点	在不降低质量要求和特色前提下降低成本	为购买者创造价值，努力使产品更出色	低成本地提供高级特色和属性	针对小市场上顾客的爱好进行定制生产
市场营销重点	尽量低成本的市场特色	建立特色；补偿寻求差别化产生的成本而形成的高价	和竞争对手比，向购买者提供同价质优或同质价廉的产品或服务	企业具备能够满足购买者独特需求的能力
对战略的维持	提供经济的价格和基本质量，以获取成本竞争优势为目的	强调产品的差别特色；注重创新；重点在关键的特点上塑造品牌形象	培养专业技能：在降低成本和提高性能方面不断改进	致力于比竞争对手更好地为聚集的市场提供产品和服务；在满足不同的特色需求方面扩张以扩大市场

第 2 节　成本领先战略

在一个具有大量对产品价格很敏感的购买者市场中，企业努力成为行业中低成本的供应商是一种强有力的竞争力方式。

5.2.1　成本领先战略的含义

成本领先战略（Low-cost　Leadership strategy）是使企业的产品或服务成本低于竞争对手的战略，其目标是想方设法建立一个单位成本比竞争对手更低的成本结构。成本领先战略是在追求产量规模经济效益的基础上，通过降低产品的全部成本使企业成为所在行业中成本最低者，用成本优势战胜竞争对手的一种战略。企业在寻求低成本领先时，必须认真地考虑在购买者看来是至关重要的特色和服务，决不能以损害企业产品吸引力的方式获得低成本。

通常情况下，实行成本领先战略的企业往往采用以低成本的商业模式来实现建立竞争优势和超过平均水平的利润率的目标。

5.2.2 成本领先战略的竞争抵御优势

有效地实施成本领先战略可以为公司抵御各种竞争力量。总的来讲，成本领先战略有两项基本优势。其一，如果企业和它的竞争对于处于相同时区间或细分市场，则成本领先者可以实现更高的利润率；其二，也是更常见的情况——成本领先者的价格比竞争对手低，从而建立竞争优势。成本领先战略的优势具体可体现在以下几个方面：

1．有效抵御潜在进入者

由于拥有成本领先者的有利位置，使竞争对手很难从价格方面与其竞争，特别是在其仔细衡量这种竞争的后果之后。通过不断的努力使成本低于竞争对手，成本领先者变得非常有效率。规模经济和低成本优势使企业为那些欲进入本行业的潜在进入者设置较高的进入障碍，使那些生产技术不熟练、缺乏经营经验或缺乏规模经济的企业很难进入此行业。

2．降低替代品的威胁

与行业内竞争对手相比，成本领先者对替代品来说也占据了比较有吸引力的位置。在市场上替代品代替老产品主要取决于两种产品的性能——价格比，低成本战略通过降低价格提高现有产品的性能——价格比，可有效抵御新产品的威胁。面临可能出现的替代品，成本领先者通常比竞争对手更有主动权。为了留住消费者，成本领先公司可以采取降低其产品或服务价格的方式吸引顾客。

3．增强公司的讨价还价的能力

公司产品成本低可使其在抵御购买商讨价还价方面能力增强，从而对抗强有力的购买者。因为低成本能为企业提供部分的利润保护，即使是强大的购买商也很难通过谈判使其购买价格低于行业产品的成本水平。在与供应商的谈判关系方面，降低投入因素变化所产生的影响，那么它就比竞争对手更易于避开供应商的制约，提高自己对供应商的讨价还价能力，更灵活地处理供应商的提价行为。

4．保持价格领先的竞争地位

当企业与行业内的竞争对手进行价格战时，由于企业的成本低，可以在竞争对手毫无利润的水平上保持盈利，从而扩大市场份额，保持绝对竞争优势的地位。企业的低成本使企业在与行业内的竞争对手进行价格竞争时，在竞争对手毫无利润的低价格水平上保持赢利，从而保持企业的绝对竞争优势。

战略实践 5-1

小米手机的“百分之五”战略

雷军曾说：小米紧贴成本定价，把实惠留给用户，用户会始终支持小米。“利小量大利不小，利大量小利不大”。谨守 5%的红线，是我们对用户的承诺，也是对自己持久的鞭策。

2010 年，一款高性能智能手机的售价 4 000 元左右，这样的售价让大多用户望而却步。

这一年雷军等人创立了小米公司，并于 2010 年 8 月发布第一款基于安卓深度优化的 MIUI 操作系统产品，并通过快速迭代模式持续更新；同年 12 月小米发布第一款应用类产品米聊，定位为可以语音聊天的即时通信应用；2011 年 8 月，小米以顶配 1 999 元价格发布搭载 MIUI 系统的小米手机而社会大众用户认可，小米手机销量快速增长。

小米手机采用成本定价的战略取得了实效。相比于 iPhone、galaxy 以及国产厂商的同类产品，同样是顶级配置旗舰手机，后者售价可能高达 4 000 甚至更高，但小米手机售价只有 1 999 元，使用户明显感知到小米手机在价格上的吸引力，驱动小米手机销量的爆发式增长。

为什么小米取得快速增长？5%运营成本是如何做到的？小米如何用接近成本的价格去销售产品？雷军说，小米用了两招：（1）专注： 在一类品类上只做一两个型号，这样研发和运作成本最低；（2）利用互联网的优势，将市场、营销、渠道、店面的成本重构。

资料来源：

（1）小米 2016 年战略分析　360 个人图书馆 2017.10.29

（2）雷军：为什么中国的东西做得差还卖得贵　搜狐文化：川报观察 2016.10.13

5.2.3　成本领先战略的风险

成本领先战略虽有其价值和长处，也存在局限和弊端。以下是成本领先战略可能面对的主要风险和问题：

1．单纯片面强调成本

单纯重视数量和效率，强调低成本会使企业只针对数量大共同需求，进行大批量少品种的生产。这使得成本领先战略的制定与实施者产生只重视客户需求的共性而忽视个性化需求的倾向。如果这种共性化的产品需求是稳定的，在相当长的一段时期内不会出现大的下滑；或者个性化的需求数量非常小，没有形成一种大趋势，公司以成本领先作为基本战略就没有什么风险。但是，当情况并非如此之时，过分专注于成本降低，固守传统的成功做法，就容易忽视顾客需求的改变和差异化等其他竞争因素，可能产生严重问题。

2．强调低成本引起利润率降低

单位产品成本降低的情况下，只有新增的产品销售收入带来更高的利润总额时，低成本或低价格优势才能带来更高利润。例如，一个公司只有5%的单位产品成本优势，绝不能削价20%。也就是说强调低成本，加大降价幅度会使企业利润水平降低。降价幅度控制在使企业总体利润不减少的范围之内，除非出于抢占市场等其他战略目标实现的需要。

3．顾客需求的改变

如果公司过分地追求低成本，降低了产品和服务质量，会影响顾客的需求，结果会使企业失去顾客的信任和忠诚，企业非但没有保持竞争优势，反而会处于劣势。经营者将注意力放在成本上面而忽视市场需求变化，从而使公司对市场变化的预见能力降低，最终导致虽然产品价格很低，但也不为顾客所欣赏和接受的局面出现。

4．竞争对手的强大和创新

如竞争对手拥有开发更低成本的生产方法、更新的技术、更低的成本，形成更大的低成本优势，这会使得企业原有的优势成为劣势。成本领先公司用来生产以及分销产品或服务的流程可能因竞争对手的创新而过时。这些创新可能使竞争对手能以比成本领先公司都低的成本进行生产，或者提供额外的差异化特征而不需要把增加的成本转嫁给消费者。

5．竞争者的模仿

当公司的产品或服务具有竞争优势时被竞争对手模仿，形成与企业相似的产品和成本，会给企业造成较大威胁。利用自身的核心竞争力，竞争者有时可以学会如何成功地模仿成本先者的战略。当模仿发生的时候，成本领先者必须提升其提供给顾客的产品或者服务的价值。

6．受外部环境的影响，丧失对市场变化的敏锐反应

经济环境的变化给成本领先战略的实施带来很多不确定因素，例如通货膨胀的影响会使企业生产成本升高，降低了成本价格优势；消费者对价格敏感性降低，对特色服务的需求增加会削弱成本领先战略的实施效果；技术进步会降低企业资源的效用，新技术的出现可能使得过去的设备投资或产品学习经验变得无效，变成无效用的资源等等。

5.2.4　成本领先战略实施的条件

成本领先战略的理论基础是规模效益，它要求企业必须有较高的市场占有率。为实现产品成本领先的目的，实施成本领先战略应具备如下条件：

（1）现有竞争企业之间的价格竞争非常激烈。

（2）企业所处产业的产品基本上是标准化或者同质化的。在这种条件下，由于产品在性能、功能等方面几乎没有差异，消费者购买决策的主要影响因素就是价格的高低。

（3）实现产品差异化的途径很少。不同品牌之间的差异化对消费者来说并不重要，从而使得消费者对价格的差异非常敏感。设计一系列便于制造和维修的相关产品，彼此分担成本。同时使该产品为主要的用户服务，以扩大产品销售。

（4）绝大多数消费者使用产品的方式都是一样的，用户要求相同，标准化的产品，能够满足购买者的需求。在这种情况下，低的销售价格而不是特色或质量成了决定购买者选择品牌的主要决定因素。

（5）消费者的转换成本很低。当消费者从一个企业转向另一个企业所承担的成本较低时，他就具有较大的灵活性，从而容易转向低价格、同质量的企业。

5.2.5 公司建立成本优势的途径与方法

要想在本企业的价值链的各个环节上进行成本控制，使本企业价值链上的累积成本低于竞争对手。需要实现两个方面目标：其一是比竞争对手更高效地完成价值链活动、更好地管理可能降低价值链各项活动的成本；其二是对企业价值链进行改造，减少高成本的价值链活动。

1．降低价值链相关各项活动的成本

成本行为取决于影响成本的一些结构性因素，被称之为成本驱动因素。分析成本驱动因素，可以采取如下措施：

（1）实现规模经济。价值链上某项具体活动常常会受到规模经济或规模不经济的约束。在完成某项活动的过程中，规模大比规模小成本更低，以及如果公司能够将某些成本，具体表现为一些需要分摊的成本如固定费用、研发成本、广告费用等分配到更大的销售量之上，就可以获得规模经济。一般情况下，在使用一条生产线生产不同规格的产品时，每个生产批次量的大小也会影响产品的单位成本；在销售环节上通过提高在市场上的份额、实现更大的销量来降低单位销售成本。

（2）学习（经验）曲线效应。开展某项业务的成本一般会随着经验和学习的积累而下降。随着时间的推移，企业员工不仅学会了更高效率地完成职能任务，还可能发现在工艺流程、关键技术等方面的改进途径，使企业产品的生产和销售成本得以降低。另外，通过学习竞争对手的技术和方法可有效地降低研发方面的投入；与之相反的是，控制好本企业特有技术的工艺、方法的保密工作是防止对手学习的重要环节。

（3）关键资源的投入成本。价值链各活动的成本部分取决于企业购买关键的资源投入所支付的成本，如劳动力、关键的技术装备以及供应商提供的原材料等。对于从供应商那里购买的投入或价值链各活动中所消耗的资源，各个竞争企业所承担的成本并不完全相同，一家企业对外购投入的成本的管理通常是一个很重要的成本驱动因素。另外，在生产工厂的布局方面还要考虑生产地的劳动力成本、运输成本、税率、能源等因素形成的综合成本。

（4）采取外包方式。采取把本企业生产不能实现规模经济性的作业外包给专门的供应商的方式是降低企业总成本的有效手段。在确保相关的活动以一种协调合作的方式开展的情况下，可以降低成本。例如，当一个企业的质量控制成本或材料库存成本同供应商的活动相关的时候，就可以通过同供应商合作来降低成本，从零配件的设计、质量保证程序、及时送货，以及一体化材料供应等环节都可以进行。

（5）提高企业的生产能力利用率。提高生产能力利用率是一个很大成本驱动因素，因为它本身附带较大的固定成本。生产能力利用率的提高可以使得单位产品成本承担折旧及其他固定费用的生产量增加，从而降低单位固定成本。反之，生产能力利用不足就会使单位成本遭受很大的损失。

（6）企业内部同其他组织单元的成本分享。企业内部的不同产品线或不同业务单元通常共同使用一个订单处理和客户账单处理系统，通常使用相同的销售力量，共同使用相同的仓储和分销设施，依靠相同的客户服务和技术支持队伍等。这种类似活动的合并和跨部门的资源分享可以带来重要的成本节约。成本共享有助于获得规模经济，有助于缩短掌握一项技术的学习曲线，有助于促进生产能力更充分的利用。

2．改造企业的价值链结构

改造企业的价值链是寻求更经济的方式来做同样工作的方案，以重构价值链或省略、跨越一些高成本的价值链活动。其主要途径有：

（1）简化产品设计。改进产品的设计，可以形成成本优势。利用计算机辅助设计技术、减少零部件，将各种模型和款式的零配件标准化，转向易于制造的设计方式。

（2）削减产品或服务的附加部分，使产品简单化。只提供基本无附加的产品或服务，从而削减多用途的特色和选择。如仓储型家电商场、毫无装饰的直销店等，可以使成本低于同类型的企业。

（3）将企业的生产转向更简单的、资本密集度更低的或者更简便灵活的技术过程。

如利用计算机辅助设计和制造。这样既能够实现低成本高效率，又能够实现产品定制性的柔性制造。

（4）节约材料和人工等费用。寻找各种途径避免使用高成本的原材料、零部件，降低人员成本支出。

（5）其他途径。包括通过科学的管理降低库存成本；采用不同规格的出厂包装以适应不同场合需求的方式可降低销售环节地再包装费用；简化产品设计和生产工艺；采用替代材料及使用直销策略，减少被批发商和零售商瓜分的利润等。

战略实践 5-2

沃尔玛通过价值链管理获得的成本优势

沃尔玛通过百货零售价值链的重组以及不同价值链的活动带来了超越竞争对手的高效率，获得了成本和价格优势。

◆ 通过在线系统直接向供应商传送商品销售信息。沃尔玛和供应商建立起了广泛的信息共享，向供应商提供了顾客的需求和偏好的实时信息，产生了大约 6%的成本优势。

◆ 和大量的供应商在采购和仓储配送的各个方面标准化协作。这有益于双方的成本节省，沃尔玛的最大的供应商宝洁公司将其 ERP 系统与沃尔玛公司的信息系统整合在一起。

◆ 某些商品的全球化采购和集中采购。以此建立公司的采购能力，产生了大约 2.5%的成本优势。

◆ 为配送中心购置顶尖的自动化设施，使向沃尔玛公司卖场送货的货车运输队高效运转；此外在总部、配送中心、各大卖场采用各种各样的成本节约的实践活动（带来大约 4%的成本优势）。

◆ 努力优化产品结构，实现更大的营业额。带来约 2%的成本优势。

安装安全系统和设置仓储操作工艺，降低损耗率，带来约 0.5%的成本优势。

◆ 优先和房地产开发商和业主协商卖场网点的租赁费率。产生大约 2%的成本优势。

◆ 以低劳动成本的管理方式支付劳动力报酬，产生大约 5%的成本优势。

上述这些价值链活动让沃尔玛获得比其他的连锁超市领先者高出接近 22%的成本优势，进而有采用比对手更低的价格优势，快速成为世界零售超市业领先者。

第3节　差异化战略

当某一类产品的购买需求及顾客偏好多样化程度较高而标准化产品难以满足时，差异化战略便具有很强的吸引力。

5.3.1 差异化战略的含义

差异化战略（differentiation strategy）是指企业向市场提供与众不同的产品或服务，持续地满足顾客特殊的需要，从而使企业形成竞争优势的一种战略。这种战略的核心是独特性。它包括独特的产品设计、生产技术、产品性能、服务、销售网络、商标形象等方面。实施差异化战略可以培养顾客的品牌忠诚性，降低其对价格的敏感性。如果购买者的偏好非常多样化，标准化的产品或者一般的企业难以完全满足其需求，差异化战略就成为值得选择的竞争战略。

顾客需求是可以通过产品或服务的特点和属性来满足的欲望、愿望或渴望。例如，喝水愿望可以通过一瓶矿泉水、一杯茶、一听可乐或者果汁饮料等产品来满足。差异化战略的目标是通过创造一种顾客认为重要的、独特的商品或服务获得竞争优势。此时企业的优势在于以竞争对手做不到的方式满足顾客，这也意味着它可以收取高价。有效实施这一战略可以帮助企业通过高价提高收入超越竞争对手，提升自己的赢利能力。

差异化战略的本质是通过提高顾客效用来提高顾客价值，这需要顾客能够感知产品与服务的独特性。一个企业要成功地实施差异化战略，就必须认真了解购买者的需求偏好，进而研究对于这些购买者来说最重要的是什么？一般来说，购买者对产品差异化特色的偏好越强，就越容易对企业所生产的符合其需要的产品建立较高的忠诚度。差异化可以使企业在产品销售过程中制定相对高的价格，通过差异化的特色吸引更多的顾客以扩大销量。顾客觉得物有所值，购买企业产品的积极性就更高了。

此外，差异化战略可以构筑很高的进入障碍，增加讨价还价的能力，减少替代品的威胁，提高与行业内现有企业的竞争力。

5.3.2 差异化优势的建立

具吸引力的差异化是使竞争对手模仿起来难度很大或代价高昂，持久性的差异化则是同企业独特的核心能力以及企业对价值链活动的卓越管理相联系的。如果企业拥有竞争对手不易模仿的核心能力和卓越的管理能力，并以提高差异化程度的方式管理其价值链上的各项活动，就可以获得持久的差异化基础。成功的差异化需要对消费者需求进行深入细致的研究，了解他们关注的重点。

1. 产品差异化

产品特性是决定顾客购买首要和直观的要素。差异化战略的实施为塑造产品的独特性提供条件，从而建立起相对于竞争对手的竞争优势。企业向顾客提供产品或服务的独特性可以使产品获得额外的溢价，如果它的产品或服务的这个加价超过因保持独特性所需要增加的成本，那么这个企业就因为这种差异化获得竞争优势。

一个企业要创造有效的产品差异化优势，首先需要解决的问题包括：

（1）确定公司的目标顾客。

在竞争激烈的市场环境中，企业所面对的消费者的需求是多方面、多层次和不断变化的。任何一个企业都难以完全满足所有的市场需求，而只能选择自身优势最大限度地去满足一定的目标顾客的需求。所以，对于差异化战略的实施，确定目标顾客群是非常重要的。

（2）分析顾客需要的产品或服务构成。

确定了目标顾客之后，就应进一步分析顾客产品或服务类型及构成。顾客需求是指顾客的目标、需要、愿望以及期望。在体验经济时代，随着科技进步的不断加速，社会生产力水平、居民收入水平的不断提高，消费者的需求层次有了进一步的提高，产品和服务作为提供品已不能满足人们精神享受和发展的需要。人们需要更加个性化、人性化的消费来满足自我需要。因此，不同驱动因素会引起不同层次的顾客的购买行为并影响他们的购买量，企业可通过对不同层次的顾客提供差异化的服务组合，刺激和吸引顾客成为企业产品和服务忠实的支持者。

（3）顾客价值分析。

差异化优势的最终目标是有效实现顾客价值。如果对顾客没有价值就不可能实现差异化。企业提供的差异化的产品与服务只有与顾客价值一致，才能实现更有效地其市场价值，进而获得竞争优势，所以科学、深入地研究顾客价值是公司建立差异化优势的基础。

如何建立产品差异化优势？其实现途径可以考虑以下几个方面：

（1）产品质量差异化。由于产品质量包括产品的耐用性、式样、工作性能等方面，所以产品质量差异化可以从这些方面建立与竞争者不同的特点，以形成自己的优势。这种竞争优势往往不易被竞争对手模仿，即使竞争对手具备相应的能力，要在企业产品赢利的前提下获得这些特殊属性所必备的能力也非常困难。

（2）产品可靠性差异化。可靠性是产品可使用到某一特定时间而不发生故障的概率量度。产品可靠性差异化实际上也是一种产品质量差异化战略，其核心就是要保证企业产品的可靠性，甚至在出现意外故障时，也不完全丧失其使用价值并保证使用者的安全，消费者在购买一些耐用、贵重、关乎安全的商品时，总是会将这个因素放在首位。

（3）产品创新差异化。拥有雄厚研究开发实力的高科技企业，可以实施以产品创新为主的差异化战略，它不仅可以保持企业在科技上的领先地位，而且可以增强企业的竞争优势和获利能力。

（4）产品品牌标识差异化。品牌形象差异化是差异化的重心所在，它能够吸引消费者的注意力，使人们迅速地记住产品。当消费者在面对大量的选择时，他们已习惯以关于产品品牌形象的知识帮助他们做出购买决定。产品品牌差异化战略就是通过创造品牌、维护品牌，使企业经营活动持续稳定发展的战略。企业拥有消费者信赖的知名品牌可以使企业获得长期稳定的、高于行业一般水平的利益。

拓展阅读 5-1

是谁咬了“苹果”——苹果公司标志的由来

乔布斯身为苹果公司的创始人，在众多果粉当中的地位是无法取代的，2011年的10月5日乔布斯逝世的消息传来的时候，很多果粉都不敢相信。乔布斯给人留下了太多著名的产品。其中被世人记住最深的，可以就是著名的“咬了一口的苹果”了。而关于这个标志的由来，一直都是众说纷纭。

一种说法是乔布斯和沃兹决定成立苹果公司的时候，他们一直想不到该给公司起个什么名字，而在下班的时候，办公室的人决定，看看老板在干什么公司就叫什么，而下班的时候老板正好在吃苹果。苹果公司成立于1976年4月1日，苹果的第一个标志是400年前落在牛顿头上的那一个苹果，之所苹果被咬了一口，是因为乔布斯觉得苹果的产品像伊甸园的禁果一样让人不能自拔。

另一种说法是乔布斯对“计算机科学之父”图灵的纪念，苹果公司的标志就是为了纪念伟大的人工智能领域的先驱者艾兰·图灵。尽管很多人都认为苹果电脑是用苹果这种水果而命名，但是真正的原因乔布斯从没透露过。

资料来源：中关村在线 ZOL.COM.CN 2012/8/16 作者：李皓明

2．服务差异化

企业除了产品本身的差异化外，还通过提供服务的方式实现差异化。当产品实体差异化逐渐变小时，服务差异化可以帮助企业建立的竞争优势，以服务取胜是许多企业取得成功所一致采用的战略。

随着科技水平的提高和市场竞争的加剧，同行业企业相互之间的模仿、渗透使得产品同质化的倾向越来越明显，同类产品在功能、质量、式样等方面的差距越来越小。为了在竞争中取胜，围绕产品营销的服务显得越来越重要。产品技术与质量的提升空间有限，但服务质量是少有止境的。企业可以通过优质服务提高消费者的满意程度，从而产生消费者忠诚，通过消费者满意的不断积累，通过消费者的口碑效应不断增加新的消费者忠诚。

服务差异化的具体内容主要包括：

（1）交货服务。交货服务是把产品交付给消费者的服务质量，包括交货速度和准确性、交货过程中负责的态度等。越来越多的企业将其竞争的重点放在迅捷的服务战略上。当我们的产品的安装使用越方便，就越能说服消费者购买产品。

（2）安装服务。安装服务是为产品在其预定的位置能够运行而需进行的工作。大型设备的购买者都期望供应商能够提供良好的安装服务。如果企业将顾客所采购的所有设备运送到目的地，并将所有的零件安装调试完毕，给顾客带来产品使用上的方便，使顾客建立对企业的好感和忠诚。

（3）修理服务。修理服务的差异化中包括企业产品的保修的期限、修理的便利性、修理服务的速度等方面与竞争者有显著不同。作为顾客来说当然希望保修期限越长越好，修理越便利越好，速度越快越好。

（4）咨询服务。咨询服务是指企业免费向顾客提供一些咨询、建议，或建立信息系统支持顾客等。正确使用咨询服务的差异化，能取得更高的顾客忠诚度。此外顾客训练也是一种很好的方法，它使顾客正确使用企业所销售的产品，吸引购买该类产品，建立差异化的一种策略。

3. 管理模式差异化

组织管理的改善同样可以帮助公司构建差异化优势，虽然它对产品价值的提高不如前面一些要素那么明显，但是它的作用却是巨大的。例如通过流程的改造、营销模式的优化等等，不仅提升产品质量和工作效率，而且向消费者传播一种新的理念，帮助公司产品在市场中建立起好的声誉，从而建立起独特的竞争优势。

5.3.3 实施差异化战略的优势和风险

1. 优势

相比较而言，通过实施差异化战略建立起来的竞争优势更容易保持。这是因为这种差异化特性往往都是基于公司的创新能力与卓越的管理能力，竞争对手要模仿这些要素的难度相对也就更大，这是很多企业实施差异化战略的一个动因。实施差异化战略的优势主要包括：

（1）形成进入屏障。产品差异可以建立现有企业产品的品牌识别、顾客忠诚和转换成本，增加进入者的成本和周期，从而减少进入威胁。差异化的产品很好地满足了顾客的特定需求，这对新进入者形成了强有力的进入障碍，进入者要进入该行业则需花很大气力去克服这种已建立起来的顾客忠诚性。

（2）降低顾客敏感程度。差异化使顾客缺乏与之可以比较的产品选择，降低购买行为在价格方面的敏感度。同时，顾客对该产品或服务具有某种程度的忠实性，当这种产品的价格发生变化时，顾客对价格的敏感程度变化不大。因此，企业便可以运用产品差异化的战略，在行业的竞争中形成对竞争者隔离。

（3）增强讨价还价的能力。如果企业的产品是独特的，那么消费者就不大容易找出类似的产品来比较价格。此时，企业也就掌握了产品定价的主动权。差异化战略产生的高边际效益，降低了企业的总成本，增强企业对供应者的讨价还价的能力。同时，企业可以运用这一战略削弱购买者的讨价还价的能力。

（4）防止替代品的威胁。产品的差异性增强了企业产品在特色和价值上的吸引力并提升了顾客转换成本，有助于降低替代品威胁。同时，企业的产品或服务的特色建立起顾客其信任，使得企业在于提供替代品的厂商的较量中处于更有利的地位。

（5）应对供应商威胁。在与供应商的方面，差异化战略实施结果或有则具有两面性：一方面差异化产品具有独特价值和顾客忠诚度，即使供应商提高供应品价格，企业也有可能将增加的成本转嫁给顾客，而避免对企业盈利的影响。另一方面差异化带来的高利润和对供应品涨价的免疫力确有可能诱使供应商提价。此外，差异化企业较小的采购量和对供应品质量的更高要求也会降低它的议价能力。但如果供应商的提价幅度过大，超过了企业的承受能力，企业会考虑寻找替代供应品和供应商。

（6）提升企业的盈利能力。差异化的产品优势在于能较好地将顾客关注的焦点从价格转移到特定需求上。当这种需求给消费者带来心理上更大的吸引力时，他们就会情愿地为此支付一定的溢价，企业为此可以比竞争对手获得更大的利益。

2．差异化战略的风险

如果企业所强调的差异化特色不为购买者接受，这种差异化战略就不会形成市场的积极反应。如果产品或服务的属性能够很快被竞争对手模仿，企业为差异化所做的努力就会挫败。

实施差异化战略的风险及应避免的问题主要包括：

（1）面临实行低成本战略企业的威胁。如果顾客对某种差异化产品可觉察价值的评价不足以使其认同该产品的高价格，这时低成本战略会很容易地击败差异化战略。

（2）买方需要的差异化程度下降带来的威胁。顾客变得更加精明，对公司差异化的尝试反响不大。此时他们可能降低了对产品或服务的差异化要求，转而选择价格较低的产品。企业的差异化战略在买方看来并不能降低他们的成本或者提高他们的利益，或者由于企业没有准确理解或者确认出买方认为有价值的差异化内容，结果都会导致差异化战略的失败。

（3）竞争的威胁。企业在差异化上的创新在很多情况下需要付出巨大的研发成本，而当产品进入市场后，竞争者的低成本模仿会使差异化企业陷入危险境地。竞争对手的模仿可缩小顾客感觉到的产品差异，这是随着行业成熟而发生的一种普遍现象。竞争对手推出更有差异化的产品，使得企业的原有购买者转向了竞争对手的市场。

（4）不是真正意义上的差异化。除非独特性是对顾客有价值的，否则它不是真正意义上的差异化。其次，差异化战略因时间、需求、技术等影响而有一个循环过程，这个循环过程所经历的时间越来越短；另外，竞争对手的模仿和进攻也会使企业已经建立起来的差异化的程度降低，这也是随着行业成熟而发生的一种现象。

（5）外部环境变化。外部环境变化的影响使企业难以在一个较长的时间内保持差异化优势，企业始终面临成本领先战略和差异化战略的威胁。购买者不再需要本企业赖以生存的那些产品差异化的因素。例如，经过一段时间的销售，产品质量不断地提高，顾客对电视机、录放机等家用电器的价格越来越敏感，这些产品差异化的重要性就降低了。

（6）过度差异化。企业形成差异化的成本过高，如果企业为实现差异化，使得价格与竞争对手的差距过大，消费者就不愿接受这种过高的价格。这使企业的获利能力减小。过度差异化使得产品的价格相对竞争对手的产品来说太高，或者差异化属性超出了买方需要。例如产品质量和服务水平超过了用户需要。那么这个企业应对质量、服务适当而价格更便宜的竞争对手的挑战就很弱。

（7）企业形成产品差异化的成本过高。大多数购买者难以承受产品的价格，企业也就难以盈利。竞争对手的产品价格降得很低时，企业即使控制其成本水平，购买者也会不再愿意为具有差异化的产品支付较高的价格。如果企业对差异化产品或服务定价过高，必然降低差异化对用户的价值，而使用户转向低价格的竞争对手。除非企业以一种适当的价格与用户分享所创造的价值，否则就可能失去客户。

5.3.4 实施差异化战略的条件

在建立公司的差异化战略的活动中总是伴随着很高的成本代价，有时即便全产业范围的顾客都了解公司的独特优点，也并不是所有顾客都将愿意或有能力支付公司要求的高价格。

对于一个企业来讲，实施差异化战略的条件主要包括外部环境和内部条件两大方面：

1．外部环境

（1）有利的市场环境。可以有很多途径创造企业与竞争对手产品之间的差异，并且这种差异被顾客认为是有价值的；在购买者看来差异化产品有其独到的价值，并且企业实现产品或服务差异化的途径有很多。

（2）竞争对手较少。能够实现真正意义上差异化的竞争对手较少，采用类似差异化途径的竞争者实力不强。

（3）行业中的技术更新和产品创新速度快。市场上的竞争主要集中在不断地推出新的产品特色，快速的产品创新可提高购买者的兴趣。例如视频游戏、智能家电产品、各类软件等等。

（4）顾客的产品需求和使用多元化，即他们对产品的需求和使用要求的差异性明显。例如顾客对酒店的菜肴、就餐氛围、服务及价格的多元化偏好使得各种酒店有更大的空间开发差异化产品。

2．内部条件

（1）企业具有与差异化战略实施相匹配科学研究和技术开发能力，科技人员的创新能力较强；

（2）企业建立了有效的管理制度，研究与开发、产品开发以及市场营销等职能部门之间具有良好的协调性；

（3）企业拥有独特的物质资源、专有技术和能够吸引高素质的人才；

（4）企业具有很强的市场营销能力，有较完善的市场营销网络和与顾客沟通方面的优势。

战略实践 5-3

湖南卫视的差异化发展战略

近年来，我国电视媒体竞争越来越激烈，各省级卫视大型综艺节目的运营遇到严峻挑战。

其中央视与湖南卫视、东方卫视、浙江卫视、江苏卫视、北京卫视等省级卫视经过激烈市场竞争取得了一定优势。一些省级卫视借助与庞大资本优秀的综艺、影视制作公司合作，逐渐形成较强的竞争优势和品牌效应。湖南卫视的差异化及多元创新便是成功的例证。

在大型综艺节目不再独霸天下的背景下，王牌的综艺栏目在网综的冲击下由蓝海变红海，要在新时代的内容市场获得一席之地，差异化、多元化发展势在必行。

2004年，湖南卫视确立了“打造中国最具活力的电视娱乐品牌”的目标，并且以“快乐中国”这一运营理念，对自身品牌进行了清晰的定位。采取栏目、大型活动、电视剧并驾齐驱的战术，突出频道品牌特色。以“超级女声”为代表的湖南卫视创新节目形式在短时间风靡中国，推动了中国内地电视娱乐化节目的新一轮改革进程。

2017年湖南卫视通周整体格局由原有的“4+3”转为“3+4”，周一至周三，两大周播剧场合二为一，周四至周日，7大节目集群出击。周末格局以四大季播和两大经典为主打产品，产品格局打造五大节目集群，观众格局继续锁定“周间女性、周末年轻”策略。

资料来源：搜狐科技 2016.10.28

第4节 集聚化战略

集聚化战略与成本领先战略、差异化战略的不同在于它专注于一个相对狭小的细分市场，企业可以根据地理位置、产品需求以及资源的特殊性定义目标市场。

5.4.1 集聚化战略的含义

集聚化战略（Focus Strategy）也可称为集中（聚焦）化战略、专一化战略，是指企业把经营战略的重点放在一个特定的目标市场上，并为这个特定的目标市场提供特定的产品或服务。集聚化战略的经济学逻辑是企业专注于某一特定的细分市场或特定的产品可以获得规模经济效应，而分散资源超出它所专注的市场或产品就不能得到这种效应。集聚化战略的基础主要有两个方面：一是服务于单一或集中化市场的成本比竞争对手的成本低；二是能够给目标市场的购买者提供更适合其独特爱好和兴趣的产品或服务。

准确地讲，集聚化战略不是一个独立的基本战略，它是上述两个战略在某个边界条件下的一种折中战略，这个边界条件就是企业的资源与能力的约束。集聚化战略同低成本战略、差异化战略的区别在于集聚化战略的注意力集中于整体市场的一个部分，其他战略则以广大的市场为目标。

根据侧重点不同，集聚化战略可分为成本领先集聚化战略和产品差异集聚化战略，前者它需要研究是否存在这样的市场，满足该市场顾客需求所付出的代价相比满足所有市场或其他细分市场顾客需求的代价要小；后者则取决于是否存在这样一个细分市场，该市场的顾客对产品属性具有特殊的需求。

集聚化战略的目标是利用集中的目标市场与整体市场及其他细分市场的差别，更好地服务目标细分市场的顾客。有效集聚化战略成功是要么能从比竞争对手更低的成本服务小市场，要么能为小市场中的顾客提供更好的产品，它要围绕一个特定的目标进行密集性的生产经营活动。

5.4.2 集聚化战略的优势与风险

集聚化战略将企业资源和注意力集中在某一个狭窄的市场上，这种狭窄的市场既可以按产品的专业性来界定，也可以按地域来界定。集聚化战略的竞争优势来自企业的专业性。由于专注于某一细分领域的经营，企业在成本或其他经营方面体现出领先于竞争对手的能力。其中基于成本的集聚战略对企业资源与管理的要求与成本领先企业相同；基于差异的集聚化战略在资源与组织上则与歧异性企业相同。

1．集聚化战略的优势

（1）避免大范围的与竞争对手的直接竞争。更好地利用防御力量，使企业在行业竞争中获得有利地位，对竞争力量不足的中、小型企业较适宜。

（2）便于集中使用整个企业的资源，更好地服务于企业的某一特定目标；聚集化战略利用地点、时间、对象等多种特殊性来形成企业的专门服务范围，以更高的专业化程度构成强于竞争对手的优势。

（3）形成产品的差异化。在为该目标市场的专门服务中降低成本，形成低成本优势。例如，可口可乐就是利用其特殊配方而构成的差异化低成本，在饮料市场长期保持其竞争优势。

（4）目标集中于特定细分市场。（也称利基战略）这种高度的专业化战略可以使企业能更好研究有关市场、技术、顾客、对手的情况，专注于这一细分领域的经营，培育领先于竞争对手的能力。

（5）战略目标集中明确。由于集聚化战略是主要面对某个特殊的顾客群、某类产品线的一个细分区段或某一地区市场，经济成果易于评价，战略管理过程易于控制。

2．集聚化战略的风险

（1）目标市场狭窄。如果目标市场相对狭窄，会使企业的市场份额总体水平相对较低，使企业在取得市场份额方面存在局限性。如果目标市场过于狭窄，就难以支撑必要的生产规模，高成本会抵消与竞争对手成本上的差异，从而失去成本或差异化优势。

（2）竞争者加入。如果竞争者加入企业进行经营的市场，采取优于企业的、更集中的战略或拥有更强的资源优势，或者竞争对手从企业的目标市场中找到了可以再细分的市场，并以此为目标实施集聚化战略，会使原来采用集聚化战略的企业失去优势。

（3）目标市场与总体市场之间在产品或服务的需求差别变小。消费者的需求偏好改变，产品销路变小，企业原来赖以形成集聚化战略的基础失去。

（4）大范围提供服务的竞争对手与目标集聚企业间的成本差距变大。针对一个狭窄目标市场的服务丧失成本优势或使目标集聚战略产生的优势被抵消。

5.4.3 集聚化战略的类别

1．集中低成本战略

以低成本为基础的集聚化战略，是企业向目标市场的消费者提供比竞争对手更低价格的产品，以建立和保护其竞争优势。当公司能够很好地细分消费者市场，通过有效的策略满足目标市场需求，并可以大大地降低成本时，集中低成本战略就具有明显优势。

战略实践 5-4

何氏眼科的集中低成本战略

何氏眼科医院是由留日归国医学博士何伟于1995年在辽宁省沈阳市创办的一家大型非营利性眼科专科医院，是经卫生部批准的东北第一家民营眼显微外科医院。2013年，沈阳何氏眼科医院获批国家“科技惠民计划”综合示范类项目。该项目从2014年1月1日起正式实施。何氏眼科与辽宁爱之光防盲基金会的“爱之光国际俱乐部”合作，从2013年5月开始，为辽宁省内1 000位贫困白内障患者提供免费手术治疗。

白内障是一种引发失明的常见眼病，可通过快速的外科手术治疗而恢复视力。然而有限的治疗机会阻碍着成千上万的患者获得手术治疗，这客观上迫切地需要可以解决这一问题的有效的方法。何氏眼科这家拥有规范专业治疗设备和医务人员的专科医院通过集中低成本战略，不仅使很多患者承受白内障手术费用，而且能为城乡贫困患者提供各种眼科疾患免费手术。何氏眼科在不降低治疗质量情况下，提升高产水平门诊量和治愈率，是因为其发达的标准化外科手术制系统，使得白内障摘除手术已成为常规治疗。

经过长时间的探索，何氏眼科创造的集中、大批量、高质量、低成本的白内障防盲工作系统为中国开展白内障防盲提供了可复制、可持续的模式。2000年至今，何氏眼科累计为130多万人免费筛查眼病，并为78 000余人实施了减免费手术，共减免检查费、手术费超过1.6亿元。何氏眼科医院2010年被国家卫生部正式批准为“国家临床重点专科建设项目（眼科）单位”；2016年成为中国首个国际眼科理事会顾问委员会委员单位。

资料来源：何氏眼科医院官方网站

2．集中差异化战略

集中差异化战略主要是针对一些特定的消费者群体而提供专门设计的产品或服务，

这些消费者包括那些有独特偏好、需求集中以及一些明确定义的购买者。企业能否成功使用差异化战略，一方面取决于细分市场的顾客的存在，这些顾客一般会追求独特产品性能和卖方能力；另一方面取决于公司在相同的目标市场把自己与竞争对手于区别开的能力。

（1）产品专一化。企业集中力量为不同细分市场提供某一种特定产品，例如一些专门开发通用财务软件的公司。

（2）地域专一化。企业专向某一特定地域市场提供一些相关产品，比如一些地方性啤酒厂专为本地市场生产各种类型的啤酒。

（3）顾客专一化。企业向某一特定顾客群提供各种相关产品，比如香奈儿专为高收入的白领女性提供服装、鞋帽、手袋、香水、首饰等一系列配套用品。

5.4.4 集聚化战略实施的条件

在以下情况下，不论是实施以低成本为基础的集聚化战略还是以差异化为基础的集聚化战略都会对企业发展有利：

（1）目标市场足够大，可以取得盈利并且会使企业具有相当大的发展潜力。市场上有显著不同的客户群，这些客户群或对产品有不同的需求，或者习惯于以不同的方式使用产品；

（2）行业领先者对进入这目标市场不感兴趣，或者认为对于他们未来的发展不重要，但目标市场有很好的成长前景；

（3）目标市场不是竞争对手争夺的重点。对于多细分市场的竞争厂商来说，他们很难顾及这一小市场上购买者的特殊需要或是对他们来说参与这部分竞争不划算；

（4）行业中可分为很多的细分市场，企业可以依据自身的优势来满足市场的这部分需求，行业的各个市场面在规模、增长率、利润率等方面参差不齐，使得对于特定企业而言某些市场面要较另一些市场面更具有吸引力；

（5）企业拥有能有效服务目标小市场的资源和能力。企业现有虽然资源不允许追求较宽的市场面，但采取集中化的企业能够借以形成市场竞争优势，同挑战者展开有效的竞争。

企业实施重点集中战略时，要对产品获利能力和销售量进行综合平衡，并对产品差异化与成本状况进行权衡。集聚化战略中的重点可以是成本重点，也可以是产品重点。实行成本重点时企业要在所处的目标市场中取得低成本的优势；实行产品重点时企业则要在目标市场中形成独特的差异化。

第 5 节 职能（事业）战略

职能战略与公司战略相比更短期、更具体，它以行为为导向并要与公司战略目标保持一致。

5.5.1 职能（事业）战略的含义

职能（事业）战略又称为职能支持战略（以下称职能战略），是按照企业总体战略与业务战略对其各类职能活动进行的谋划的统称。职能战略包括生产运作战略、资源规划与配置战略和顾客服务战略等。职能战略作为公司战略和业务战略的支撑战略，必须与公司战略和业务战略相匹配并为之服务。

职能战略规定了公司战略和经营单位战略执行的过程中企业中的每一职能部门的工作目标，但其具体内容和方法不同于公司战略和经营单位战略。具体表现为：

（1）职能战略是公司战略和经营单位战略在某一生产经营职能方面的分解，它们比公司战略和经营单位战略更具体和专业，具有行动性。

（2）职能战略的实施时间普遍短于公司战略和经营单位战略。

（3）职能战略的制订需要基层管理人员的参与。基层管理、技术人员的意见对于职能战略的制订与实施是十分必要的。

（4）职能战略实施效果需要实践的检验。

职能战略的重点是提高企业资源的利用率，使企业资源的利用最大化，优质高效的职能战略对于公司战略和业务战略目标的实现具有重要的实际意义。职能战略是关注公司在竞争市场产生期望的绩效，关注提升公司产品或服务在细分市场的地位，关注公司在所选产业或业务中有效展开竞争。由于职能战略比公司和业务战略更短期、具体并以行为为导向，它负责为公司生产经营每个重要活动制订战略，这些战略必须与由公司战略和业务战略决定的战略目标一致。

5.5.2 职能战略的内容

职能战略主要包括生产运作战略规划、人力资源战略、和营销与顾客服务战略等。

1. 生产运作战略

生产运作战略生产运作战略是在公司经营战略的总体框架下，确定如何通过生产活动来达到其经营目标的战略，它是根据对公司各种资源要素和内、外部环境的研究，对企业生产运作系统有关的问题进行的谋划。这类战略关注的是企业在生产的成本，质量流程等方面的问题。

从生产与其他职能部门关系看，生产战略必须协调与其他职能战略之间的关系。生产运作战略的制订过程包括：

（1）分析市场竞争地位，了解竞争者生产产品的特性、技术及采用的战略。

（2）评估企业自身的资源、设备、人力、技术及产品战略。

（3）确定企业市场营销战略目标及销售计划。

（4）决定企业应发挥的生产功能，如生产能力、质量、投资收益等。

（5）考虑产业的经济限制和技术限制。经济限制包括成本结构、产品组合、产业结构、产业政策及其未来发展趋势等；技术限制包括技术水平、技术开发、技术进步等。

（6）制订生产战略及相关的计划与制度，如品种策略、采购策略、存货策略、生产计划、设备计划、技术计划、生产控制制度等。

（7）执行生产战略，控制生产过程，衡量生产业绩和成效，并进行信息反馈，修改或调整生产战略内容。

需要注意的是，一些公司将战略重点转向只重视提高质量、加速产品发展和购买新设备方面，生产部门内部的运作管理已经逐渐忽略，只放在 R&D 和技术服务上了，这是一个需要引起注意的问题。

2．人力资源战略

人力资源管理战略是与公司其他职能领域一起发生在公司事务和职能层的战略，它是指根据企业总体战略的要求，为适应企业生存和发展的需要，对企业人力资源进行开发，培养、激励等方面所进行的长远性的谋划。

人力资源系统通过提供人员、技能及便利和加强行为需要的系统，为高层管理人员实施组织战略提供支持。人力资源活动主要在职能层执行。在职能层的人力资源管理是将公司和业务单元战略转变为具体的职能活动，如确定特有能力和竞争优势及在组织内部制订、评价和沟通职能计划等。人力资源的主要活动包括为公司制订人力资源需求计划，招聘员工，安排新的工作岗位，补偿雇员，绩效考核，培训雇员，把雇员发展成为更有效率的高级人才等。

3．研究与开发战略

研究与开发涉及科学技术研究、生产过程组织、产品市场营销等各方面。研究开发的基本类型包括：

（1）基础研究。基础研究主要是为发现新知识、新事物、探索自然现象的内在联系及其发展变化的规律，为开创新技术、开发新产品等提供理论基础而进行的研究。基础研究可以为新技术的创立、发明提供理论前提，具有探索性但投入风险较大。

（2）应用研究。应用研究的目的在于科学知识和科学理论的应用，探索基础研究中所取得的研究成果应用到生产实践中去的可能性。应用研究具有一定的实用目的和应用价值，比较受企业和投资者的欢迎。

（3）开发研究。开发研究是运用基础研究和应用研究的知识和成果，对开发新产品、新生产工艺及制造技术等所进行的研究工作。

4．财务战略

财务战略（financial strategy）指为实现企业战略目标，谋求企业资金均衡及有效的流动，在分析企业内外环境因素的基础上，对企业资金管理进行的全局性、长期性谋划。一个公司的现金流管理包括对企业的流动资本的管理及最小化财务成本和税收，许多跨国公司的财务部门执行了公司管理重要职能。战略管理者既要负责管理企业的现金流和保证投资基金的安全，也要负责为母公司提供国际管理服务和解决与企业经营相关的多方面风险。

企业财务战略主要包括投资战略、融资战略、财务管理等内容。首先投资战略包含有关企业资金投资方向选择、相关多元化领域中的潜在市场机会评估等；融资战略是企业为了有效地支持投资所采取的各类战略行为的总称，具体包括国内融资和国际融资战略。财务部门另外一个重要职能是管理增长和风险，评估投资和强调资本成本的重要性。企业的增长需要消费资本，需要被认真管理。投资战略的制定必须以收集尽可能详细的相关信息用于评估投资机会为前提。有效的风险管理要使企业避免处于无法预期的危险境地。财务人员的专业技能应要求懂得资本预算，因为资金的使用不是免费的。

5．营销与服务战略

营销与服务是公司与顾客相联系的桥梁，企业战略执行的终端和目标都要通过这个过程实现。营销不只是卖产品，这是现代营销战略的重点和核心理念。

有效的市场营销战略是企业经营的基础，它是一个完整的体系，其基本内容包括：市场细分战略、市场选择战略、市场进入战略和市场营销组合战略等等。营销与服务战略涉及市场营销活动过程整体，例如市场调查与预测、目标市场确定制订、营销战略制订与实施等。

战略实践 5-5

三星智能手机的赶超战略：模仿的力量

三星集团是韩国的一家大型企业，它在超过 80 个国家的雇员达 37 万人。2012 年，三星电子的销售额超过 1 411 亿美元。

为了进入智能手机领域，三星实施了“模仿者”战略：创新其所长，其他模仿。三星集团模仿现有的创新产品 iPhone，发展起自己的业务。经过长时间的研究，三星集团打造了一款比 iPhone 的销量更好的产品。为此，苹果公司开启了一场针对三星集团的诉讼，声称三星集团侵犯了它的专利权。尽管三星集团模仿了 iPhone 某些方面的设计，实际上三星集团已经进入高科技屏幕领域很长时间了，长期从事电视和其他 LED 屏电器的制造为三星提供了开发智能手机的基础。三星智能手机产品的优化从其核心竞争力一一“生产大的、漂亮的屏幕”中受益。

三星集团专注于生产自己和其他公司的元件的生产，取得了越来越大的成功。而手机市场中其他的竞争者却出现了问题：摩托罗拉分离出了手机业务，并将一部分卖给了谷歌；索尼和爱立信的合作关系解散了等等。

不仅如此，三星电子还在努力研发高效生产和跨范围或生产线的杰出新产品——它在硅谷建立了研究院研发自己的软件，三星银河系列智能手机采用了由谷歌研发的安卓操作系统。三星集团董事长李健熙说："我们处在危险之中，我们处在危险的境地之中"，这种危机意识或许让人们看到了三星企业经营成功的理由。

第 6 节　目标市场选择战略

依照阿贝尔的观点，业务定义的流程包括三方面的决定：顾客需求（公司打算满足的对象）；顾客群体或公司打算满足哪些人；独特竞争力（公司如何满足顾客）这些是业务战略选择的基础，因为它们决定了企业在哪里竞争和如何进行竞争——企业打算如何为顾客创造价值。

目标市场选择是估计每个细分市场的吸引力程度，并选择进入一个或多个细分市场。就是企业根据市场需求的多样性和购买行为的差异性，把整体市场划分为若干个具有某种相似特征的顾客群（称之为细分市场或子市场），以便选择确定自己的目标市场。

5.6.1　目标顾客选择

目标市场的选择也就是要确定企业的目标顾客群。企业在内部资源评价和外部环境分析的基础上，做出目标顾客选择的基本判断。为此，企业首先需要清楚地了解企业自身的能力和市场需求情况。

企业与顾客之间的商品交换关系的总和形成市场，顾客的选择就是市场选择。通常企业向顾客提供的产品和服务是明确的，也就是说企业从事着或准备从事某种特定产品和服务的生产，接下来的一个重要问题便是企业将要为哪些顾客提供产品和服务。

目标顾客选择要建立在科学的顾客分析基础上，这一过程的主要步骤有：

1．顾客行为分析

顾客行为分析包括顾客行为分组、顾客理解和顾客组之间的交叉分析三个步骤。顾客行为分组根据顾客行为方式的不同将顾客划分为不同的群体，每个群体的行为特征有着明显不同。通过这种方式可以更好地了解顾客需求，研究群体顾客的行为规律。顾客理解是将顾客在行为方面的共性进行具体分析，研究他们的购买行为、分布情况以及企业带来的利润情况。顾客组间的交叉分析也是企业顾客行为分析的重要内容，许多顾客同属于两个不同的行为组，而这两个行为分组对企业的影响差别很大。此时，如果顾客同属两组，企业就需要充分分析顾客发生这种现象的原因，这些分析可以为企业准确地制定市场经营策略、赢得更多的顾客提供决策依据。

2．重点顾客识别

有国外学者研究发现一个规律：在企业或社会中，80%的财富是20%的人创造的，而另外80%的人只创造了20%的财富。这个定律告诉我们：80%利润可能来自20%顾客，识别重点顾客对于企业战略的制定和实施有重要意义。这里主要应考虑几方面：①有价值的顾客；②潜在顾客；③重复购买的老顾客及其忠诚度。为了研究这些情况，需要收集与顾客有关的大量信息。包括顾客个人信息、收支情况、消费习惯及信用等级等。

3．顾客盈利能力评价

根据顾客行为分析，企业可以准确地制定市场策略和指导市场经营活动。然而，这些市场经营活动是否能达到预定的目标是改进市场策略和评价顾客行为分组性能的重要指标。因此，企业必须对所做的顾客行为分析和市场决策进行评估。顾客盈利能力评价以顾客的市场行为反馈为基础。其评价的方法是针对企业的市场目标设计一系列模型，及时跟踪市场的变化。同时给出一些统计指标来度量市场活动的效率，为企业实施战略调整和战略控制提供依据。

5.6.2 竞争对手分析

1．竞争对手选择

在市场经营活动中，企业选择的目标顾客往往也为竞争者看好。所以，企业在进行目标市场选择时，需要对生产经营相同或相似产品的竞争者进行仔细分析。在制订企业战略时没有必要把行业中的企业都视为企业的竞争对手，要对竞争对手的范围进行科学界定。竞争对手是存在直接的竞争关系，向相同或类似的顾客销售相同或类似的产品或服务的竞争者。

从企业与竞争对手所处的行业来分析，由于市场细分相类似，行业可以细分为不同的战略组群，只有处于同一战略组群的企业才是真正的竞争对手。所谓战略组群是一个行业中沿着相同战略方向，采用相同或相似的战略的企业群。这些企业通常采用相同或相似的技术，生产相同或相似的产品，提供相同或相似的服务，运用相互竞争性的定价方法，因而其竞争程度要比与战略组群外企业的竞争更直接、更激烈。

2．竞争对手分析

在确定了主要的竞争对手之后，就要对各个竞争对手做出尽可能深入的了解和详细的分析。企业要在以下方面对竞争对手的情况进行分析：

（1）竞争对手的长期目标。对竞争对手长远目标的分析可以了解竞争对手对目前的地位是否满意，由此判断竞争对手可能采取的战略行动，以及对外部事件会采取什么样的对策和可能采取的竞争性活动。

（2）竞争对手的战略假设。企业所确立的战略目标，是建立在一定的假设基础之上的。这些假设主要可分为三类：第一，竞争对手所依据的理论假设；第二，竞争对手对自己企业的假设；第三，竞争对手对于行业及行业内其他竞争者的假设。如认为行业内竞争者的经营水平过低或过高等。

一般情况下，企业战略是不会向社会公布的，在分析竞争对手的战略时，就需要根据已知的对手情况对其战略进行假设。在分析竞争对手的战略时，还应充分考虑不同文化背景、世界观、企业经营及营销理念等方面差异对企业战略制订的影响。尽量充分的信息是必要的，企业掌握的信息越充分，风险就越低。

（3）竞争对手的战略途径和方法。企业的战略途径和方法包括企业在技术、产品、营销等诸多方面的措施。为在竞争中取胜，企业应从多方面去了解和分析对手，只有对竞争对手可能的战略途径做出最接近的判断，才能更好地制定本企业的战略，采取有效的行动。

（4）竞争对手的战略能力。战略目标要以能力为基础。企业要在分析竞争对手的战略目标的基础上，对企业是否有能力实现这些目标进行研究。要从综合的角度对竞争对手的竞争优势进行分析，特别要比较本企业与竞争对手之间的优势和劣势。如果企业具有较强的竞争优势，那么好的选择是或者做一个跟随者，或者避而远之。

3. 预测竞争对手可能的反应

竞争对手对竞争的反应有三种情况：防御性的反击、进攻性的反击和不反击。竞争对手可能采取的反击形式取决于其所处的市场地位、竞争对其产生的刺激程度以及其内部的经营情况。

竞争对手可能采取的反击模式通常包括：

（1）全面反击。这一类的企业对其所在行业的任何变化都非常敏感，对竞争对手的任何进攻性行动都会做出迅速的反应。

（2）选择型反击。这类企业对某些类型的攻击做出反应，对其他类型的攻击则不然。对于这种类型的竞争对手，企业在选择竞争战略时就有选择的余地，如果选择对手不敏感的竞争手段就会为企业发展争取到较宽松的成长环境。因此，对于这种类型的企业，了解其敏感问题，避免不必要的冲突是很重要的，

（3）随机型反击。这样的企业采取反击行动的时机和形式都无从知道，他可能采取任何一种反击形式。这种竞争者的反击行为最不确定，也不好预测。

（4）全面防御。这类竞争者会对任何对外在构成挑战和威胁的行动做出全面的反应，全力维护自身的市场地位和利益，以确保其地位不受侵害。这种竞争方式往往战线过长，对付一个竞争者还可以。在同时面对多个竞争对手时会很被动，甚至力不从心。

（5）死守阵地。因其反应范围集中，所以反应强度较高，其结果是比较有效的，而且具有较强的持久性。

（6）静观其变。这类竞争对手不是立即采取任何反击行动，其原因可能是多方面的，可能是对其顾客的忠诚度深信不疑，也可能是反击的条件不成熟，还可能是基于对攻击程度的判断不明等。对于这一类的竞争对手可能采取的反击行动需要格外慎重。

5.6.3 竞争对手的选择

竞争者是与企业战略实施相对立的实体，它的存在对于企业占领市场，获得目标利润是一种威胁，但它又对企业的生存和发展有一定的促进作用。一个企业既不应在竞争者面前自满，又不应放弃追求竞争优势的努力。企业要想保持持久的竞争优势，就必须仔细研究竞争对手及其对行业结构的影响。

1. 增加竞争优势

构建竞争战略的最基本规则是以其他参与者的观点来认识竞争。这使企业能更好地了解竞争对手可能做出什么样的反应和行动，从了解这些行动开始，决定自己的战略行动。竞争者的存在能使一个企业增强其自身的竞争优势，主要表现在：

（1）吸收需求波动。竞争者的存在可以吸收并有效缓解由周期性、季节性等因素而引起的需求的波动，使一个企业能够在不同的时期可以最大限度地利用其生产能力。这种现象的一种表现形式就是行业领先者的市场份额会在需求下降时期上升，而在需求上升时期下降。当行业领先者的生产能力在需求上升时期不能或不愿满足市场的全部需求时，竞争者便可获得市场份额；在需求下降时期，如果领先者是用户偏好的货源并且此时有足够的可用生产能力时，竞争者可获得市场份额。

（2）提升差别化能力。企业可以通过与竞争对手的比较来提高自身的差别化能力和水平。如果缺乏竞争者，购买者就很难理解一个企业创造的价值有多大，而导致更大的价格和服务的敏感性。结果是顾客可能在价格、服务或产品质量上更强的讨价还价能力。当有竞争者的产品作为标准时，企业就可以表明自身产品的优越的品质或更低成本。因此，竞争者可以很好地为一个企业的产品价值提供参照物。

（3）服务吸引力小的部分市场。有的竞争者可能服务于吸引力小的部分市场，但可能是非自愿的，其原因也许是出于防御的考虑。企业为其提供服务成本太高的市场，客户有讨价还价能力并对价格敏感的市场，以及企业不具有稳定的市场地位，或者企业如果进入其中会削弱企业在那些吸引力更大的市场中地位的市场等，都属于无吸引力的市场。

（4）提供成本保护。一个高成本的竞争者有时会成为低成本企业的保护伞，使低成本的提供者获得更大的赢利能力。一般情况下，行业的领先者为其追随者提供保护伞，但在稳定成长的市场中，市场价格常常取决于高成本竞争者成本的情况。如果高成本的竞争者依据其成本或接近其成本的水平确定其所提供产品的价格，就会使低成本竞争者只要响应这个定价就有可能获得大量超额利润。因此，把一部分市场份额让给高成本的竞争者时，这个高成本竞争者提供的成本保护伞作用会更加明显。但是，高成本竞争者确定的较高价格容易导致新的竞争者进入，所以设置一定的进入障碍是很必要的。

（5）降低反垄断的风险。对于减少政府或私人的反垄断调查和起诉的风险，有竞争力的对手的存在是必不可少的。微软公司屡遭反垄断起诉，其主要原因在于在软件行业没有可以与其匹敌的公司存在。

（6）增加动力。企业在降低成本、改进产品和应对技术变化等方面的压力往往会形成一种激励力量，竞争者就成为激励并引导企业一起实现目标的伙伴。

2．改善现有行业结构

（1）增加行业需求。竞争者的存在能够增加整个行业的需求，进而增加销售额。例如，如果对于某一产品的基本需求量是整个行业广告量的函数，那么企业便可以从竞争者的广告中获得好处。市场跟随者由于规模小而不能形成规模经济性，其广告投入与其销售量往往不相协调。企业和竞争者作用可以形成整个行业的更大的影响力和市场感染力，进而提高行业的知名度并增加产业需求。此外，有影响力的竞争者的进入也会对行业的发展起促进作用。

（2）提供其他货源。在许多行业中，特别是涉及重要原材料或其他重要投入的行业，买主希望有更多的货源以减少因供应中断带来的风险和对付供货者的讨价还价的能力。此类竞争者的存在既能防止买主将更具威胁的竞争者引入该行业，又能减少或推迟买主退离组织联盟形成的风险。

（3）使行业结构更加理想。竞争者可以使行业影响力增强或促进行业结构的改变而改善行业的吸引力。竞争者如果强调产品质量和性能的改进，可以有效减少购买者的价格敏感性并使行业中的价格竞争得以缓和；行业内主要竞争者在大量广告投入则促使行业向着有少数名牌产品和较高的进入障碍演化。与此相反，坏的竞争者会损害一个行业的结构。行业中一旦出现由坏的竞争者挑起的恶意竞争，就会给整个行业带来灾难性的后果。

3．有助于市场开发的竞争者

一个可以帮助企业开发市场的竞争者的行为特征包括：

（1）可以分担市场开发成本。竞争者可以为新产品或新技术分担市场开发成本。在市场开发及推广、学习或经验曲线效应的积累过程等方面都需要企业支付大量的开发和研究成本，竞争者同样做相似的工作就可以降低企业的市场开发成本，当竞争者因在这方面的投入与其销售量不成比例，着手针对整个行业面临的问题进行市场开发时，本企业市场开发成本的降低幅度就更大。

（2）帮助买主减少风险。在新市场或新技术开发中，为客户提供可供选择的新货源可以避免因少数企业提供导致转换成本过高或不能提供更多服务以及退出交易给顾客带来的风险，这时竞争者就是不可缺少的。

（3）使技术标准化或合法化。与企业采用相同技术的竞争者的存在，可以加速技术合法化或标准化的进程。

（4）有利于行业形象树立。更多好的竞争者可以帮助一个行业建立良好的形象。因为在其他商业活动中享有信誉的企业进入一个行业标志着该行业的合理性，以及该行业承诺的可靠性，从而可以给该行业带来信誉。

4．阻止新的竞争者进入

在阻止其他竞争者进入或保持企业竞争优势的持久性方面，竞争者起着关键的作用，尤其是在企业实施防御战略的时候。具体表现在：

（1）增加报复的可能性和强度。竞争者的存在可以增加报复的可能性和报复的强度，它可以充当阻止进入者的第一道防线。

（2）标示成功进入的难度。作为见证人，竞争者的存在可以表明成功地与一个企业竞争过程中存在的困难，又可以证明追随者的地位和好处。如果缺乏竞争者，潜在的进入者就可能低估进入的障碍和难度以及与领先者竞争的强度。

（3）封锁进入途径。竞争者在存在可以占据行业内的部分市场，可以使潜在的进入者难以找到偷袭的机会。

（4）挤占销售渠道。竞争者的存在可以在流通中提供更多品牌的产品，新的进入者想开辟其自己的销售渠道就会更困难。

5.6.4 理想的竞争者特征

由于竞争者的目标、战略以及所拥有的资源等情况不是一成不变的，有关理想的竞争者好坏的标准也不是一成不变的。其特征如下：

（1）富有良好的信用和活力。好的竞争者拥有充分的手段和能力充当激励者，它促使企业努力降低成本、改进产品的品质和质量，使企业赢得客户信赖并为客户所接受。同时，好的竞争者和强大的能力是阻止新进入者所必须具备的。

（2）有实事求是的假定并通晓规则。好的竞争者通晓竞争规则，按竞争规则行事；好的竞争者对于行业和其自身市场地位能够做出实事求是的假定，不会高估行业的增长潜力和其自身的能力，从而可避免为争夺高地份额而引起争斗，在阻止新进入者方面有较强的能力和信心。

（3）有正确的战略观念和改善行业结构的战略的行动。好的竞争者有其符合自身能力和条件的战略，并定位于行业中企业不感兴趣而对竞争者又具有战略意义的特定部分和比例的市场上，拥有保护和加强行业结构中合理因素的战略。

（4）在行业中有适度的战略利益。好的竞争者不会把自己与在行业中取得支配地位以及现谋求不同寻常的利益增长联系起来，有与公司战略高度协调的目标。

企业竞争战略的制订与实施之前必须对竞争者进行全面的分析。事实上，并不存在任何一个竞争者能满足好竞争者的全部标准。战略管理者要仔细分析竞争者的目标、假设、战略和能力，根据其对行业或企业地位有利或有害的主要特征来判断。

5.6.5 应避免的竞争者行为误区

（1）错误地判定竞争者。有许多企业没有认清其竞争对手孰好孰坏，奉行一视同仁的措施，或者向好竞争者发动进攻而对坏竞争者不闻不问。另一方面，企业将市场份额与自己最接近的竞争者或战略与自己最相像的竞争者当作最大的敌人而反复向这样的竞争者发动进攻，而对其他竞争者置之不理，这样的竞争者很可能是好的竞争者，它的存在对企业有益而无害。

（2）置竞争者于绝境。无论是对于哪一类型的企业来说，把竞争者逼得走投无路是有风险的，这会导致恶性竞争，它或许会给企业和行业带来灾难性后果。

（3）市场份额过大。市场份额超过一定比例时继续增长可能为企业带来一些问题，导致收益率下降。对高市场份额的企业而言，好的行动路线应在扩大行业规模方向上努力，在确保行业稳定的前提下，在更大的蛋糕中分得属于自己的利益的增长部分。

（4）进攻领先者。追随者有时会犯错误而向领先者进攻，结果导致领先者的被迫报复而失去既得利益。

复习思考题

1. 什么是成本领先战略？其主要的优势和劣势都是什么？企业在什么条件下可以采用成本领先战略？
2. 试述实现成本领先战略的途径。
3. 试述差异化战略的含义与内容。
4. 如何评价差异化战略？
5. 什么是集聚化战略？这一战略的长处与风险主要有哪些？
6. 简述企业应如何进行目标顾客的选择。
7. 对竞争对手的分析应包括哪些内容？

本章案例

让天下没有难做的生意

马云如何在不到20年的时间缔造了阿里巴巴这样一个举世闻名的商业帝国，其成功的秘诀在哪里？或许他说的一句话可以给人们一些答案：让天下没有难做的生意！为了更好地理解这句话的深意，不妨看看马云说的另一句话——如果我们发现了金矿，我们不会去挖，而是让别人去挖，他挖到了金子，给我们一块就可以了。

阿里巴巴集团由马云等人于1999年在中国杭州市创立，他们创办公司的本意是为维护小企业的利益，通过互联网能够创造公平的竞争环境，让小企业通过创新与科技扩展业务在参与国内或全球市场竞争时处于更有利的位置；为更多为商家、品牌及其他企业提供基本的互联网基础设施以及营销平台，借助互联网的力量与用户和客户实现互动。

阿里巴巴集团现在经营的业务涉及很多领域，包括从关联公司的业务和服务中取得经营商业生态系统上的支援等等。具体如淘宝网、天猫、聚划算、全球速卖通、阿里巴巴国际交易市场、1688、阿里妈妈、阿里云、蚂蚁金服、菜鸟网络等。

2014 年 9 月 19 日，阿里巴巴集团在纽约证券交易所正式挂牌上市，股票代码“BABA”；2016 年 8 月，阿里巴巴集团在“2016 中国企业 500 强”中排名第 148 位；2017 年 1 月，阿里巴巴集团与国际奥林匹克委员会达成期限直至 2028 年的合作；2018 年 7 月 19 日，全球同步《财富》世界 500 强排行榜中阿里巴巴集团排名为第 300 位。

1. 阿里巴巴电子商务平台

近二十年飞速发展的电子商务的发展以一系列新型技术为依托，为分散在各地区、各行业的网商提供了低成本、便捷的平台，实现买卖双方的双赢。阿里巴巴为注册会员提供贸易平台和资讯收发，使企业和企业通过网络做成生意、达成交易。服务的级别则是按照收费的不同，针对目标企业的类型不同，由高到低、从粗至精阶梯分布。加之，阿里巴巴提供的电子商务平台为众多商家的网上经营降低了成本，赢得了网商们的青睐。

阿里巴巴在充分调研企业需求的基础上，将企业登录汇聚的信息整合分类，形成网站独具特色的栏目，使企业用户获得有效的信息和服务。

阿里巴巴主要信息服务栏目包括：①商业机会，有 27 个行业 700 多个产品分类的商业机会供查阅，通常提供大约 50 万供求信息。②产品展示：按产品分类陈列展示阿里巴巴会员的各类图文并茂的产品信息库。③公司全库：公司网站大全，目前已经汇聚 4 万多家公司网页。用户可以通过搜索寻找贸易伙伴，了解公司详细资讯。会员也可以免费申请自己的公司加入阿里巴巴“公司全库”中，并链接到公司全库的相关类目中方便会员有机会了解公司全貌。④行业资讯：按各类行业分类发布最新动态信息，会员还可以分类订阅最新信息，直接通过电子邮件接收。⑤价格行情：按行业提供企业最新报价和市场价格动态信息。 ⑥以商会友：商人俱乐部。在这里会员交流行业见解，谈天说地。其中咖啡时间为会员每天提供新话题，为会员分析如何做网上营销等话题。⑦商业服务：航运、外币转换、信用调查、保险、税务、贸易代理等咨询和服务。

这些栏目为用户提供了充满现代商业气息，丰富实用的信息，构成了网上交易市场的主体。

2. 阿里巴巴的盈利模式

阿里巴巴的盈利主要依靠各付费会员每年缴纳的年费及广告方面的收益。其旗下有两个核心服务：一是诚信通，针对的是经营国内贸易的中小企业、私营业主；二是中国供应商，针对的是经营国际贸易的大中型企业、有实力的小企业、私营业主。除了付费的中国供应商和诚信通会员，阿里巴巴上面还活动着免费的中国商户 480 万家，海外商户 1 000 万家。

这样依托阿里巴巴网站汇集企业会员并整合成一个不断扩张的庞大买卖交互网络，形成一个无限膨胀的网上交易市场，通过向非付费、付费会员提供、出售资讯和更高端服务，赢得越来越多的企业会员注册加盟。

3. 阿里巴巴的物流体系

阿里巴巴电子商务物流体系主要为第三方物流和信息化物流构成，这是由阿里巴巴独特的商业模式和竞争战略决定的。

2013 年 5 月 28 日，阿里巴巴集团与银泰集团联合复星集团、富春控股、中国邮政、EMS、顺丰速运、天天快递、“三通一达”（申通、圆通、中通、韵达）、宅急送、汇通，以及相关金融机构联合建立 “中国智能物流骨干网”（简称 CSN）。其合作各方共同组建了“菜鸟网络科技有限公司”，阿里巴巴集团拥有这一公司 51%的股份。对于其发展战略目标，马云提出十年后实现全国任何地区 “24 小时送达”。2013 年 12 月，阿里巴巴集团与浙江金华市人民政府签署战略合作协议，双方在金义都市新区投资建设“中国·金义电子商务新城”。

为适应电商新经济的需求，提高物流运作的效率和送达准确率，阿里巴巴电商物流系统首先要通过对于商品货物堆放分区的科学性、易存取性的精细化管理来提高物流企业对仓储与库存管理的运作能力，通过供应链方式的创新去科学管控物流配送服务商。其次，要做好“最后一公里”物流园区专业化服务。以“中国·金义电子商务新城”为例，它不仅优化了阿里巴巴集团企业内部物流管理，降低物流成本，市场影响力及辐射范围的扩大也起到了推动的作用。

4．全球化、农村电商和大数据三大战略

2018 年 7 月 7 日，阿里巴巴旗下的天猫总裁靖捷在 APEC 工商领导人中国论坛上指出：天猫新零售正成为重要商业模式。2016 年新零售模式出台以来，天猫新零售不断给人们新的消费体验。2018 年 6 月 18 日开始，在天猫网达到一定信用分数的消费者可体验“先穿后买”、“先享后付”等一系列新金融消费方式。智能搭配云货架、3 秒换装的试衣镜、刷脸支付设备与商品、会员数据系统全部打通、无忧购服务，以各种各样的方式打破人们的消费顾虑。

阿里巴巴全球化战略是不仅立足中国、买遍全球，还要把中国的产品卖遍全球。而农村战略同样是双向的，让中国各地的特色农产品卖得好，农民赚到钱之后，也能享受到最前沿的产品和服务。

中国的人口超过 13 亿，网民超过 6 亿，电商人群是十分庞大的群体。因此运用大数据来实现企业发展是阿里巴巴的另一个核心战略。

资料来源：

1. 任政和．阿里巴巴的企业战略．深圳：海天出版社，2010.
2. 邓肯·克拉克（Duncan Clark）．阿里巴巴．北京：中信出版社，2016.
3. 管理：阿里巴巴的三大战略．中国新闻网．2014.11.25.
4. 朱运清，王文娟，卞丹．阿里巴巴电子商务的竞争战略分析．企业导报，2011（18）.
5. 靖捷．传统商圈销售增长超 50%将改变全球商业．阿里研究院官网，2018.7.7.

第6章 动态竞争战略

战略正变得越来越动态，一个非常好的战略或策略完全可能被对手的行为所破坏。一个特定的战略或策略的力量不是由最初所采取的措施所决定的，而决定于它对竞争者行为反应。

——乔治·S·戴伊

本章要点

- 动态战略的含义、内容及特征
- 不同生命周期战略
- 不同市场地位的企业竞争战略

本章目标

- 了解动态战略的含义、内容
- 熟悉不同生命周期的战略选择
- 掌握不同市场竞争地位的企业战略选择

动态竞争战略这一问题的核心是企业战略的制定与选择在本质上都是动态性而非静态性环境下进行的。一个公司采取的战略行为会引起其他竞争者的反应，这些行动反过来又会对这个公司的战略有影响。例如，一个汽车制造商准备向市场投放新产品——共享汽车，这种竞争性行为会对其他汽车制造厂商和从事出租车经营业务的企业经营带来影响。

第1节　动态竞争：对抗与合作

企业战略的成功与否不仅取决于其竞争性行动决定本身，还受企业对竞争对手的竞争性反应预测的准确程度以及其对竞争者的初始行为（也称为攻击）的反应影响，尽管企业的竞争性行为影响其公司层战略、业务战略等各种类型战略的选择各有不同。

在不断变化着的战略环境中，企业经营常面临许多新的问题。其中一个重要问题就是外部环境结构性变化所导致的企业战略失效或原有竞争优势的丧失，市场结构在技术上、市场需求等方面的变化使得企业原来建立起来的竞争优势变为劣势。例如复印机的发明者施乐公司拥有复印机的专利技术在复印机市场上曾占领先的地位。但随着这一专利的过期失效，其竞争对手给施乐公司带来了严峻的挑战。当时施乐公司的战略设计是遏制其传统竞争对手 IBM 和柯达公司对其市场份额的侵蚀，却忽视了日本佳能公司和理光公司等企业的竞争威胁。20 世纪 80 年代初，佳能公司根据当时施乐公司产品机型大、价格高的弱点，联合多家企业推出了小型复印机等产品，这给施乐公司的经营带来了沉重的打击。

影响企业投资战略的首要因素是基于企业基本竞争战略的投资回报与成本之间的关系评估。战略家们需要确定某一特定战略的盈利前景及产业竞争变迁对企业盈利能力的影响，其中有两个关键问题是非常重要的：企业同竞争对手相比的市场竞争地位；企业所在产业生命周期所处的阶段。

6.1.1　动态竞争的概念与特点

迈克尔·希特（Michael A. Hitt）提出了动态竞争的概念：动态竞争就是企业为应对

竞争环境和追求市场优势而做出的竞争性行为，它表示企业的战略和战略实施在本质上都是动态的。他在系统研究企业所面临的新竞争环境的特点的基础上，用动态竞争来解释在新环境下企业的竞争行为。

动态竞争是由行业中某企业的行动和其竞争对手的反应行动引起的即一个企业的竞争行为会引起其竞争对手的反应行为，同样竞争对手的反应行为又会再次引起先动企业的一系列反应，企业之间的这种竞争是一个动态的过程，也就是企业双方进行动态博弈的过程。这一过程如图 6-1 所示。

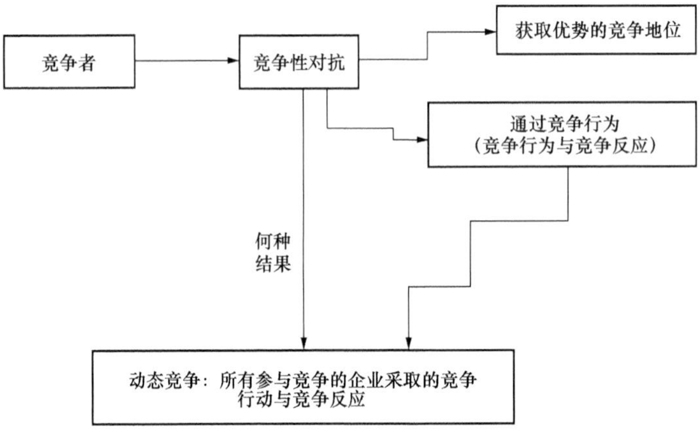

图 6-1　从竞争者到动态竞争

迈克尔·希特认为动态竞争战略有两个显著的特点，即对抗性和动态性。其中对抗性体现竞争企业之间的互动关系和博弈过程；而动态性则体现竞争随时间和环境的变化而变化的过程。

1．竞争对抗性

竞争对抗性（competitive rivalry）指竞争者为获取有利的市场地位，所采取的竞争性行动以及随之所发生的竞争性反应。企业针对其竞争对手的市场行为采取有针对性战略的目标是为了抑制竞争对手的发展，这体现了竞争者之间的不相容性。对抗性由不对称竞争引起，是由于企业在资源、能力和核心竞争力以及企业所面临的机会、威胁和所处的环境等方面的差异所致，公司的业务层战略设计应该充分利用竞争者之间的这种不对称关系。随着市场管理的完善和行业规模的不断扩大，企业之间的竞争日趋激烈，企业对抗的强度不仅受到竞争者数量的影响，还受市场结构和竞争者所采用的战略影响。

2．竞争动态性

动态性（competitive dynamics）强调企业之间的竞争是动态的、变化的过程，这与竞争环境的多变和难以预测的观点相一致，其具体内容包括：

（1）时间上的动态性。在动态竞争环境中，首先行动的企业根据市场环境选择了某一种竞争战略行为，从而引发了其竞争对手的对抗行为；反之，竞争对手的反应行为又会引起先动者的战略行为，这个过程是动态的、持续地发生，直到企业间的竞争结束。

（2）空间上的动态性。如果企业与竞争对手在某一市场领域展开了竞争，这种竞争会蔓延到企业的其他地区的市场领域。如果企业在某一区域市场上遭遇了竞争对手的竞争，那么，企业可能选择其他的区域市场与竞争对手展开竞争，这体现了竞争在空间上的动态性。

（3）竞争形式上的动态性。在竞争中的后动者总是可以根据先动者的竞争行为，并结合市场竞争环境修正其对先动企业竞争行为的预期，再选择对自己更有利的竞争形式。因此，企业和竞争对手的竞争形式都会随着对手的市场竞争行为的改变而改变。

3．竞争相对性

动态竞争除了具备迈克尔·希特所指出的两个基本特性之外，还具有相对性特征，这不仅与它本身的动态性有关，还因为：

（1）动态竞争是高速变化的竞争，每个竞争对手在构建自己的竞争优势的同时，与竞争对手之间的互动也在加速。

（2）一个看似抢先战略随时有可能被竞争对手的反击行动打败。

（3）任何竞争优势都是暂时的，而不一定是长期可以保持的。

（4）竞争战略的有效性不仅取决于时间领先，更主要的是保持优势。

6.1.2 动态竞争产生的根源

许多人认为动态竞争理论（Dynamic Competition Theory）的研究来源于熊彼特的创造性破坏理论。这里的“创造性破坏”被界定为领先企业经历了与挑战者攻击与反击的过程后，不可避免地会使其市场地位衰落。在这种动态的环境中，产业领先者为了追求新机会的创造性行动会引发其他竞争者的反击，以破坏领先者期望的优势。企业之间之所以会存在动态竞争，是因为企业面临着来自市场的压力或者是它们发现了提升自己市场地位的机会。动态竞争的产生主要是源于以下几个方面：

1．市场同一性

市场同一性指的是两个公司所参与竞争的市场相似程度。多数企业是在相同类型的市场进行竞争，争夺一定的市场份额市场。市场的同一性为多点竞争提供了机会，即企业在几个市场上同时与竞争对手展开竞争。

2．资源相似性

资源相似性是指两个公司资源一致的程度。它对竞争动机的产生有着重要影响。企业之间的资源分布越不平衡，它们对彼此竞争行为的反应就会越迟钝，市场竞争的对抗性就越小。

3．竞争性对抗

竞争性对抗产生于企业一系列竞争性行动中，当这个企业的竞争性行动显著影响到竞争对手时，就会引发竞争对手的竞争性反应。每个企业都会受到其他企业行为和反应的影响，激烈的竞争性对抗给企业的销售业绩带来影响。甚至低于行业内各个企业的平均利润。

战略实践 6-1

可口可乐与百事可乐——两个激烈竞争环境中的老对手

可口可乐与百事可乐都是著名的成功企业，这两家公司都以它们的软饮料或者苏打水享誉世界。很多人认为它们是美国文化的象征和名片。尽管它们的产品并不一样，这两家企业间的竞争仍然很激烈，尤其是在碳化和非碳化饮料方面，并且这些竞争在全球的很多国家和地区都存在。

百事可乐通过它的菲多利（Frito-Lay）业务部成为全球零食产业的领导者。近期菲多利业务部的销售收益占到了百事可乐公司总收益的 21%，而且百事可乐 35%的运营利润都由菲多利提供，这说明菲多利对百事可乐公司的重要性。

可口可乐是世界上最大的软饮料浓缩液和糖浆生产商，也是世界上最大的果汁和果汁相关产品的生产商，然而它没有零食业务部门。

近年来，不断变化的外部环境影响了这两家公司的竞争选择——碳酸类产品的总销售量下降是一个重要原因。人们对富含热量的苏打水产品的价值观发生了变化。为此，可口可乐寻求从它的果汁产品中获取利润的方法。为了保证柑橘的供应，可口可乐公司与两家佛罗里达栽培园建立了长期的租赁关系。这项交易使公司能在 20 年的时间里种植 500 万棵橘树。而百事可乐则以 42 亿美元的价格收购俄罗斯酸奶业巨头 WBD（Wimm-Bill-Dann）食品公司，这是百事可乐迄今为止最大的国外收购。

除此之外，这两家公司继续在苏打水领域激烈竞争。它们都研发出了能允许顾客制作多种混合口味的饮料机，如草莓山露（百事可乐的一款产品）。为了能更好地吸引更年轻人，百事可乐与了与摇滚明星碧昂斯签订了代言协议。这两家公司还展开了在非碳化饮料产品领域竞争，如提高水、果汁和运动型饮料的市场份额。

由于这两家公司的某些产品可能会造成肥胖症，可口可乐承诺在全球范围内为个人健康做出贡献。在每个参与竞争的国家支持体育运动项目是它正在采取的一种履行承诺的方法；百事可乐则通过建立起“全球营养集团”来开发突破性产品，满足顾客对美味且健康的产品的需求。

6.1.3 合作竞争

合作竞争（cooperation-competition theory）理论源于人们对竞争对抗性的缺点的认识和对复杂的经营环境特征的不断深入的了解。企业的经营活动需要竞争，也需要合作，网络经济时代企业如何创造价值和获取价值的新理念。合作竞争战略强调了战略制定的互动性和系统性，为企业战略管理研究提开辟新领域。

耶鲁大学教授拜瑞·内勒巴夫和哈佛大学教授亚当·布兰登勃格是合作竞争理论的代表人物作，他们在 1996 年合著出版了《合作竞争》一书。书中提出了企业经营活动是一种特殊的、可以实现双赢的非零和博弈，要以博弈思想分析各种商业互动关系、与商业博弈活动所有参与者建立起公平合理的合作竞争关系为重点。麦肯锡高级咨询专家乔尔·布列克和戴维·厄恩斯特认为，未来的企业将日益以合作而非单纯的竞争为依据，企业会把合作竞争视为企业长期的发展战略之一。

6.1.4 动态竞争与静态竞争

企业在制订竞争战略之前，必须先认真研究的问题：

（1）应该选择谁作为竞争对手；

（2）竞争对手会不会以及会做出什么样预期的反应；

（3）先采用进攻策略还是采用反击策略；

（4）公司的竞争行为会给竞争对手和你本身造成什么影响，而竞争对手的反应又会给你造成什么影响；

（5）公司的竞争行为会给整个行业市场和竞争结构造成什么样的影响，改变后的市场和竞争结构又会对你将来的行为产生什么样的影响。

在静态竞争条件下，制订竞争战略的目的就是要保持长期竞争优势。而在动态竞争条件下，制订竞争战略的目的是要创造新的竞争优势。这时的战略思维的基本出发点就是发挥自己的长处，而且认为企业的长处可以作为竞争优势而加以长期的保持。

在动态竞争条件下，竞争优势都是暂时性的，所有的竞争优势都会受到侵蚀的。这种侵蚀有时是因为竞争对手的模仿，有时是被竞争对手以智取之。一旦竞争优势没有意义就很可能成为负担。如果继续投入去保持过时的竞争优势将可能导致更大的灾难。所以在动态竞争条件下，虽然也要保持竞争优势，但是更加重要的是如何及时地创造新优势。通过创造新优势，削弱对手的竞争优势，或者通过改变竞争领域及规则使竞争对手的竞争优势过时。

基于上述考虑，动态竞争战略的目的总是有两个：一是获得高于平均水平的投资收益；二是要在动态竞争互动中建立新的竞争优势。而在同一个竞争战略的实施过程中，要同时实现这两个目的就必须建立和发挥形成远见、迅速行动和改变规则的能力，立足于不断寻求暂时性的领先，利用主动改变现状和规则所创造的机会，获得超过平均水平的投资收益。

静态竞争背景下人们已经有了许多对环境行业和竞争对手继续静态分析的方法。传统的 SWOT 分析方法、波士顿四方格模型以及迈克、波特的“五力”模型等都是静态的分析方法。这些方法是立足于竞争优势是可以长期保持的，而且主要是从保持和发挥竞争优势出发，为制定和选择竞争战略提供依据。

在动态竞争背景下分析、评价和选择竞争战略的方法不再立足于竞争优势的可保持性，不是只考虑一个竞争回合，而是立足于竞争对手之间的互动。静态竞争背景下人们更加注意环境、市场和行业结构对企业行为和效益的影响及企业的资源条件；而在动态竞争背景下人们越来越关注企业的能力、核心竞争力以及企业战略的作用。人们把大量的精力放在分析环境、预测侵蚀、选择行业方面，一旦选择了好的机会，就可能盲目进入。因为他们相信先动优势，而且认为优势一旦建立就可以长期保持。但是在动态竞争条件下，越来越多的管理者认为客观环境、市场结构和行业竞争结构是可以通过企业的战略行为而改变的，而且变化越来越快。

第 2 节　不同生命周期竞争战略

在动态的竞争环境下，不同产业业务生命周期体现的竞争要素特性各有不同。战略管理者应结合不同生命周期不同阶段的产业特点和产业发展规律，为企业制定适用的竞争战略。一般情况下，产业生命周期分为萌芽期、成长期、成熟期和衰退期四个阶段。不同生命周期的每一阶段具有不同的产业环境，表现出不同的机会和威胁。每一阶段获得竞争优势所需要投入的资源是不一样的，不同阶段的战略选择及其可能面临的风险也不一样。表 6-1 指出不同生命周期阶段、竞争地位与投资战略之间的关系。

表 6-1　不同生命周期的竞争地位

产业生命周期阶段	较强的竞争地位	较弱的竞争地位
萌芽	建立市场份额	建立市场份额
成长	成长	市场集中
成熟	持有——保持或赢利	收割或清算/剥离
衰退	市场集中或收割（减资）	转向、清算或剥离

6.2.1　萌芽期的竞争战略

在产业萌芽期，多数企业所注重的是独特企业竞争力的开发和与之相关的商业模式的建立。在这一时期建设投资的需求很大，因为企业需要通过扩张建立自身独特企业竞争力以形成竞争优势。例如研究与开发能力或销售和服务方面的能力的提升都需要投入巨额资金，此时适当的业务层投资战略应当是建立市场份额战略。

产业发展萌芽期企业销售增长缓慢的主要原因包括：行业生产技术还不成熟，对顾客的吸引力较小；企业新产品的生产经营多数属试运营状态，投资处于逐步增加阶段，已经建成的新产品生产能力与生产工艺还不成熟；产品分销网络还不完善，顾客往往不愿改变原有的消费行为模式，对新产品的接受需要一个过程；新产品的产量少但价格相对较高，只有少数购买者有购买兴趣等。

萌芽时期企业经营的成功首先取决于向外部投资者或风险资本家证明自己独特竞争力，如果企业获得了发展独特企业竞争力所需要的资源，它就会取得较强的竞争地位。如果失败，它唯一的选择就是退出市场。

通常情况下，处于产业萌芽期的主要企业经营目标应包括：

（1）向潜在的消费者宣传新产品；

（2）引导购买者试用企业产品；

（3）建立产品的分销渠道。

处于产业萌芽期的企业新产品的利润水平往往很低。在这一时期企业战略制定者面临的主要问题包括：企业是否作为首入者进入市场，如果决定进入，如何展开竞争业务。

1．市场首入者战略

在任何一个产业，企业的新产品进入市场都需要做出时机的选择，先动者是最先实施竞争行动策略的企业。当然，事物的发展也是辩证的，在产业萌芽期首入市场者拥有优势的同时，其劣势和风险也是不可忽视的。

（1）市场首入者的战略优势。

市场首入者的竞争战略取得成功会给公司带来超出产业平均水平的利润和投资回报，在产业发展初期首先采取竞争行动的企业往往会建立独有的竞争优势。

①成为行业“游戏规则”的制定者。这对建立竞争优势很有利。例如，MS-DOS 成为工业标准后，使微软公司的市场影响力进一步增强，而其他进入者就只能跟随这个标准，即使能开创新的标准，其难度也是很大的。

②赢得顾客忠诚。在购买者心中建立起良好的声誉，第一批购买者形成对开拓者的忠诚度，往往乐于重复购买。

③早期对新技术、新组件以及分销渠道等方面所作的承诺。这些可以为企业带来绝对的竞争优势，形成市场领导者或领先者的地位和形象，从而使得模仿极为困难。

（2）市场首入者的战略劣势。

新产品功能不够，品质不高且不稳定。例如空调的耗能高、噪声大、容易出故障等等；

在市场上面临跟随者的竞争压力。当最先行动者的技术、技巧、技能以及行动很容易被模仿或被后行动者超过时，就使得后行动者能够在相对短的时间内赶上或超过首先行动者；

有一定实力的跟随者的模仿。他们对首先行动者的产品、营销方式等进行模仿，对市场首入者构成巨大的威胁。市场首入者的竞争优势会随着竞争行动和产业特点的差异而有所不同。首入者的竞争行动被模仿的难易程度影响着竞争优势的变化。

分销渠道效率不高。顾客对新产品不熟悉，缺乏有助于顾客价值增加的互补性产品。

小批量生产带来的成本居高不下。更多的需求受到抑制或被竞争者抢走，产品或成为只有少数人才能使用的产品。

（3）市场次入者的竞争优势和劣势。

在产业发展萌芽期，相对于市场首入者的市场次入者（跟随者）也有其独有的竞争优势：

①建立开拓性的领导地位要比采取模仿战略的跟随者付出的成本和代价大，而且领导者几乎不能获得经验曲线效应，这就使得跟随者因为有比首先行动者更低的成本而具有更大的优势；

②创新者所推出的产品往往是比较原始的和初级的，在性能上不能完全满足顾客的需求，这就使得精明的跟随者可以在模仿的基础上，通过改进和提高产品性能而取得竞

争优势，从开拓者那里争取到更多的顾客；

③技术进步的加快使得快速跟随者可能会先于首先行动者推出升级换代产品，进而形成超过首先行动者所具有的优势。

虽然市场次入者能在竞争激烈的市场上占有一席之地，而且还能避免先行者的错误，但是，大多的跟随者是很难超过具有先行优势且拥有一定资源优势的企业的。

2．产业萌芽期的市场竞争战略

市场竞争战略的选择取决于企业的总体目标：获得利润或者获得市场份额；进而形成企业竞争手段的定价和促销战略，这两个因素的组合为不同的竞争战略：

（1）快速撇脂战略，是以高价格和高促销的方式推出新产品。该战略的特点是以高市场定价使得单位产品的销售获得可观的毛利，同时在市场上花费巨额促销费用以说明新产品的独特价值和扩大目标顾客。采用这一战略的条件是潜在市场上的大部分人还不知道该新产品；知道它的人渴望拥有该产品并有能力付款。

（2）缓慢撇脂战略，是企业以高价格和低促销的方式推出其新产品的战略。采用高价而且低水平的促销手段，目的是获得更高的单位产品的销售利润。采用这一战略的假设条件是：市场规模有限；大多数消费者协会已经知晓该种产品；购买者肯出高价；潜在的竞争威胁很小。

（3）快速渗透战略，是以低价格和高强度的促销手段推出新产品。采用这一战略的目的是形成快速的市场渗透并获得较高的市场份额。采用这一战略的假设条件是：市场很大；市场对该产品不知晓；大多数购买者对价格敏感；潜在的市场竞争强烈；随着生产规模扩大和经验的积累，企业的生产成本会下降。

（4）缓慢渗透战略，是以低价格和低强度的促销水平推出新产品。低价格可以使市场迅速接受新产品，低促销可以使企业降低销售成本以实现较高的回报水平。同时，对新产品的市场需求价格弹性很大，而购买者对促销的反应很微弱。采用这一战略的假设条件是：市场很大；市场对新产品的知晓率很高；市场需求价格弹性大；潜在的市场竞争较温和。

6.2.2 成长期的竞争战略

当大量顾客进入市场、参与竞争的厂商迅速增加时，产业发展进入成长阶段。产业发展进入成长期通常需要三个前提条件：

（1）技术进步使产品使用更加方便，普通顾客的价值得到增加，早期的消费者起到了示范作用，带动了追随消费者。

（2）关键的互补性产品也产生上述变化。由于需求的飙升使整个产业的销售额也随之迅速增长。

（3）厂商降低制造成本，产品价格降低刺激了更大的需求。

在这一时期企业发展的战略目标是巩固自身在产业或行业领域内的地位，以使其在产业发展震荡期、成熟期能够生存下来。企业产品在市场处于成长阶段的标志是对该产品的需求迅速增长。其中市场需求增长的原因很多，主要包括：

由于规模曲线和学习曲线效应，成本开始下降，而且比这一时期的价格下降速度要快；同时，企业花在产品开发与促销上的费用由于被大量的销售额所分摊，使得行业利润增加。

由于利润的吸引，新的竞争者开始纷纷涌入，行业竞争开始加剧。市场销售的增长意味着企业的市场份额与市场增长同步，为企业在市场进入成熟期以后的竞争奠定基础。

处于产业成熟期中的厂商竞争战略选择主要包括：

（1）改进产品质量和增加新产品的特色和式样；

（2）增加新式样和派生的产品；

（3）进入新的细分市场；

（4）进入新的分销渠道；

（5）广告营销目标从产品知名度转移到说服消费者购买产品；

（6）适当降低产品价格，以吸引其他层次购买者。

在产业成长期企业是采用利润导向还是市场份额导向，是战略决策的一个重要问题。选择利润导向固然可以获得可观的利润，但是从持久竞争优势的角度考虑，扩大市场份额更为重要。

6.2.3　成熟期的竞争战略

在这一时期，产品的销售增长率在到达某一点后放缓，产品销售进入相对的成熟阶段。追求相似的基本竞争战略的企业组成的战略群组开始登场。在需求一定的条件下，生产能力过剩导致竞争加剧。销售增长率的减慢使得整个产业中的生产能力大大超过需求，竞争者更频繁地使用降价手段进行促销。许多企业为了找出比较好的产品式样和派生产品而增加研究和开发预算开支，这些都意味着某些企业的利润被侵蚀。一些资源不足和能力较弱的竞争者开始退出，整个产业逐渐由一些实力较强的竞争者所组成。

这一时期竞争战略决策的核心问题是企业的角色定位，即努力成为行业中的前三名，还是甘心做一个拾遗补缺者。如果能成为行业中的前三名，那么企业的竞争优势很有可能持续到市场衰退期，如果做一个拾遗补缺者，采用集中战略，至少在可预见的时间里可以获得较好的利润收入。企业要想成为前三名，就要综合运用下面的多种战略，要想成为拾遗补缺者，可以选择其中的一种战略。

这些企业需要根据自身定位的不同，综合考虑运用下面的战略，缔造自己的竞争优势。

1．市场改进战略

综合运用组成销售量的两个因素，为企业的品牌寻找市场机会。它们是企业产品品牌使用人数量和每个使用人的使用频率，二者的关系是：

销售量＝品牌使用人数量×每个使用人的使用率

其中，扩大品牌使用人的数量和提高每个使用人的使用频率可以分别采用以下面的战略：

（1）扩大品牌使用人的数量的战略。

转变非使用人。企业通过努力把非使用人转变为该类产品的使用人。例如，飞机货运服务成长的关键是不断地寻找新用户，说服他们相信空运比陆地运输有更多的好处。

进入新的细分市场。企业可以努力进入新的细分市场。例如从一个地理范围转移到另一个地理范围；从一个人口细分市场转移到另一个人口细分市场等等。前一种方式包括跨国经营，后一种方式如宝洁公司在女性市场取得海飞丝的成功以后，又将其推向男性市场。

争取竞争对手的顾客。企业可以通过努力，吸引竞争对手的顾客试用或采用本企业的品牌。例如，百事可乐抛出一个接一个的挑战，劝说可口可乐的消费者改用百事可乐。

（2）提高每个使用人的使用频率的战略。

增加使用次数。企业可以努力使顾客更频繁地使用该产品。例如，橘子汁厂商应努力劝说消费者除了在早餐时饮用外，还可在一般场合下饮用。

增加每个场合的使用量。企业可以努力使用户在每次使用时增加该产品的使用量。例如，洗头膏制造商可以给用户暗示，每次洗头时冲洗两次比一次更有效。

新的和更多种类的用途。企业应努力发现该产品的各种新用途，并且要使人们相信它有更多种类的用途。例如，一个食品制造商通常的做法是在包装上列出几种食谱，以扩大消费者对这种食品全部用途的认识。

2．产品改进战略

企业还应努力改进该产品的功能特性以刺激销售，这包括对质量的改进、特点的改进和式样的改进。

（1）质量改进。这一战略的目的是注重增加产品的功能特性——它的耐用性、可靠性、速度、口味等。这种战略有效的范围是：质量确能改进，买方相信质量被改进的说法和要求较高质量的用户有一个足够的数量。

（2）特点改进。这一战略的目的是注重增加产品的新特点，例如尺寸、重量、材料、添加物、附件等，扩大产品的多功能性、安全性或便利性。

特点改进战略的优点：新特点为企业建立了进步和领先的企业形象。由于新特点能被迅速采用、迅速丢弃，因此只要花非常少的费用就可供选择；新特点能够赢得某些细分市场顾客的忠诚；新特点能够给企业带来免费的公众化宣传；新特点会给销售人员和分销商带来经营热情。

（3）式样改进。这一战略的目的是注重于增加对产品的美学诉求。定期发布新的汽车模型是式样竞争，而并非是质量或特点竞争。对包装式样不断更新，把包装作为产品的一个延伸，也是一种式样改进方法。

3．横向并购战略

很多企业都把横向并购战略作为市场成熟期的一种竞争战略。所谓横向并购就是并购同行业的其他企业。这种战略的好处是既可以减少竞争者，从而降低竞争程度，又可以获得市场份额，使企业可以在更大的程度上获得规模优势。

战略实践 6-2

应对产业变革：戴姆勒将拆分为三家公司

经济日报-中国经济网综合外电报道，德国当地时间周四（7 月 26 日）上午，戴姆勒股份公司发布一份组织架构重组方案：将目前 5 大事业部重组为三家新公司，包括梅赛德斯-奔驰公司（Mercedes-Benz AG）、戴姆勒卡车公司（Daimler Truck AG）以及戴姆勒移动出行（Daimler Mobility AG）公司。

目前，戴姆勒董事会和监事会已经同意分拆计划。公司方面表示该结构重组方案还将于 2019 年 5 月 22 日提交戴姆勒年会股东批准。如果获得批准，将在 2019 年秋季合法生效。

戴姆勒集团监事会主席 Manfred Bischoff 在一份声明中表示，“新架构使戴姆勒能够更好地应对移动出行领域的快速变化以及相应的战略挑战。合法的独立实体将使我们更加关注企业未来的成功”。当前，戴姆勒集团的组织架构分为五大部分：负责金融业务的戴姆勒金融服务部门；负责货车业务的戴姆勒货车部门；负责大型巴士的戴姆勒客车部门；负责轿车/SUV 等车型的梅赛德斯奔驰乘用车部门；负责各类 MPV 的梅赛德斯奔驰厢式车部门。

而在重组之后，新的奔驰汽车和货车部门在全球将拥有17.5万名员工，戴姆勒卡车和客车部门将拥有10万员工。戴姆勒金融集团目前已经处于独立运营状态，未来将更名为戴姆勒移动出行集团，拥有1.3万名员工。根据组织架构重组方案显示，戴姆勒已经与劳工代表就确保工人就业、投资德国工厂等事项达成协议。

戴姆勒方面强调，新的组织架构将给各公司更大的商业自由，有更多的自主权去满足市场与客户需求，同时更容易、更迅速地与其他相关公司进行合作。三家新公司的总部都将在戴姆勒集团的总部——斯图加特。

2017年10月份，就有报道称："为了应对自动驾驶等颠覆性的技术转变，戴姆勒正考虑进行十年来规模最大的企业变革，从而为公司拆分和其他交易铺平道路"。此次公布的组织架构重组方案意味着戴姆勒的"变革计划"正式进入实施阶段。

资料来源：经济日报-中国经济网 2018.7.27 王跃跃编译 （有删减）

6.2.4 衰退期的竞争战略

许多产业发展经历成熟期后会走入低迷，其产品市场也会进入衰退。这种衰退也许是缓慢的，也许是迅速地，或者也可能在一个低水平上持续很久。

产业衰退的原因很多，包括技术进步、消费需求的改变、国际竞争的加剧等等。所有这些都会导致产业生产能力过剩、竞争加剧和利润水平的持续下降。

产业发展进入衰退期时，大部分企业退出了市场。由于退出屏障等原因，一些企业仍在犹豫是否该退出该行业。除非有强有力的保留理由，否则继续经营一种滞销的产品对企业来说代价是非常高的。滞销产品的经验可能会使企业在将来付出更大的代价。由于没有淘汰滞销的产品，从而会延误积极寻找替换品的工作；它们使企业产品组合失去平衡；它们降低了企业目前的获利能力，并削弱了企业在未来的发展根基。

处于衰退期的企业战略选择的基础是考察行业的相对吸引力和企业在该行业中的竞争能力。如果行业仍有吸引力，而企业又有一定的竞争能力，则它应该考虑有选择地收缩自己的投资；但是，当它发现自己处在有吸引力的行业中并有竞争能力时，则它应该增加或维持其投资水平。面对产业衰退期企业可选择的战略：

（1）增加企业的投资使自己处于能支配或得到一个有利的竞争地位；

（2）在未解决行业的不确定因素前，企业保持原有的投资水平；

（3）企业有选择地降低投资态势，抛弃无希望的顾客群体，同时加强对有利可图的顾客需求领域的投资；

（4）不顾对投资结构会产生什么后果，从企业的投资中获取（或榨取）利润，以便快速回收现金；

（5）尽可能以有利的方式处理它的资产，迅速放弃该业务。

如果企业要在收获和放弃之间做出选择，它就要采用不同的战略。收获要求一方面要尽量提高销售额，另一方面又要逐渐减少成本。首先要减少的应是研究和开发以及对设备的投资。企业不必补充即将退休的销售人员，还可以在一定条件下撤销某些服务项目，减少用于广告的开支。

第 3 节　不同市场地位的企业竞争战略

正确的竞争战略应是经营者在对企业市场地位的科学研究和准确判断基础上做出的，企业在市场竞争中的不同地位影响其竞争战略的选择。

6.3.1　市场主导者竞争战略

市场主导者是指在同产业相关市场中居于领导地位的企业。一般来说，这类企业进入产业的市场较早，竞争地位通常会比其他企业高。在相关产品的市场上占有最大的市场份额，并在新产品开发、价格变动、分销渠道及促销等方面支配和领导着其他企业。

作为产业领导者，需要关注的主要的战略问题是如何维护并强化企业的领导地位，同时还可能会成为占统治地位的领导者，而不仅仅是领导者之一。追求产业领导地位和大的市场份额的本身相当重要，因为由此可以带来竞争优势和赢利能力而使企业成为产业内最大的企业。产业领导者和占据市场统治地位的企业可以采取的战略：

1．扩大市场需求总量

当一种产品的市场需求总量扩大时，受益最大的是处于领先地位的企业。市场主导者可以采取以下办法扩大市场需求量：

开拓新的市场。增加新的产品销售领域、区域，发展新的用户使市场需求增加。如将原用于城市的电子产品销售到乡村，生产男士使用香水等。

增加产品的新用途。产品新功能的开发可以扩大市场需求，增加计时电子产品用于体育运动及健康产业，将航天军事工业用品用于民用等等。例如杜邦公司开发的尼龙产品最初是用作降落伞的合成纤维，后来用作丝袜的纤维使其产品应用空间大为增加。

增加使用量。增加消费者使用量是扩大产品市场需求的一种重要方法。例如增设洗涤、化妆品产品的家庭包装系列。

提升购买频率。采取措施促使顾客提高购买频率也是扩大消费量的一种常用方法。如食品企业每个季节都推出新的蛋糕口味和款式，吸引消费者不断地购买，产品款式的变化越快，消费者购买新装的频率也就越高。

2. 保护市场份额

市场主导者往往是同行企业攻击的对象，在扩大市场需求总量的同时还要面对竞争者的不断挑战以维护其市场地位。这类企业为保护其已有的市场份额，削弱进攻者的攻击可采取的战略主要有：

（1）防御战略。

防御战略可采取的防御方式有侧翼防御、以攻为守、反击防御、运动防御等。阵地防御是在现有市场建立防线以保护自己目前的市场份额。如申请专利加大进入壁垒。阵地防御属于静态防御战略，是防御战略的基本形式，需要和其他防御战略联合使用。

侧翼防御。市场主导者在使用阵地防御战略的同时还应特别注意其侧翼薄弱环节，适当强化相关市场建设和保护作为防御的犄角，以防其他企业乘虚而入。

以攻为守。一种先发制人的防御，这种战略主张预防胜于治疗。具体做法是：当竞争者的市场占有率达到某一危险高度时就主动对其发动攻击。如实施促销战、价格战、服务战等。

反击防御。当某一产业的领导者遭到对手发动降价、促销、投放新产品等市场攻势时，不能只是被动迎战而应主动反攻入侵者的主要市场阵地，以迫使其撤回力量守卫本土。

运动防御。即不仅防御目前的市场阵地而且还要扩展到新的市场领域，还将这些新的市场领域作为未来防御和进攻的中心，从而增加防御和进攻战略选择的灵活性。向新的市场领域扩展的主要方式是通过市场扩大化和经营多角化来实现。

收缩防御。当市场主导者认为企业无力占据所有市场主导地位时，最适宜的行动是有计划地收缩其战线进行战略撤退，放弃一些较弱的领域以便集中力量于较强领域。以保存并巩固企业在市场上的竞争实力的战略即为收缩战略。

（2）进攻战略。

进攻战略的核心目标是成为最早的行动者。其基本原则就是始终抢先一步，迫使竞争对手做出回应。要成为产业标准的制订者，就要坚持不懈地追求精益求精和创新，在技术进步、新的或更好的产品、更有吸引力的性能特色等方面始终处于前列，并且能够想方设法使顾客能够更容易从购买其他企业的产品转而购买他们所提供的产品，并且使转换成本更低。

进攻和防御战略适用那些已经获得了产业的领导地位、同时又不希望受到政府反垄断行动制裁的企业。这种战略实施效果良好的条件是企业利用现在的地位获取利润和现金流，由于产业的成长前景不清晰，或者因为进一步扩大市场份额似乎不一定有利可图。但是，加强防卫战略在所有的情况下要求企业努力跟上市场整体的发展速度以防止市场份额被蚕食，并且要对业务有足够的再投资，以保护作为领先者所具有的竞争能力。

战略实践 6-3

星巴克竞争战略的奥秘

在许多大城市的街头，人们都会看到一个绿色的美人鱼标识——这就是星巴克。作为一个把咖啡店开遍全球的跨国企业，星巴克无疑是成功的行业领导者。那么，星巴克成功的奥秘是什么呢？

1．确定竞争对手

对于品牌而言，制订和实施竞争战略之前，确定并了解竞争对手是至关重要的一步。作为餐饮企业，星巴克最主要的竞争对手自然应该是同样作为国际连锁店品牌的肯德基和麦当劳等；作为提供咖啡饮料的企业，其产品的竞争对手是提供咖啡及其他品种的饮料的企业，如果汁、可乐、茶等。只有确定竞争对手才能了解差异、继而采取有效的竞争战略。

2．研究与竞争对手的差别

分析竞争对手，设法超越竞争对手。作为全球最大的咖啡连锁店，星巴克最大的优势是高品质的产品和独特的咖啡文化。其细心甄选的咖啡豆、多样的种类和舒适的门店环境是雀巢等速溶咖啡无法替代的。在品牌文化方面，从“LOGO 的深邃含义”，到“装修细节的内涵”，到“自带杯子免费喝，倡导环保”，再到“顾客在店内的轻松体验”等等无不在强调品牌的独特内涵。

3．如何超越竞争对手

星巴克的竞争战略的实施提升了品牌的相对优势，即品牌内涵和话题性，提供受消费者追捧的差异性产品和服务。如线上线下联动营销——星巴克的限量的季节性咖啡特供是其品牌特色之一，且每季都有特供主题，并配上相应主题的赠品和附加值产品。利用咖啡杯大做文章，开启“星巴克杯 DIY 随身花园”行动——消费者只要在星巴克店购买外带的咖啡，就会随之赠送一包植物种子，扫描包装袋上的二维码，便可获得详细的 DIY 步骤。星巴克还以防污染公益活动的形式，引起全球消费者对品牌的关注与好感。

资料来源：畅行互动：星巴克竞争战略背后的奥秘　搜狐文化　2017.10.11（有剪辑）

6.3.2　市场跟随者的战略

属于市场跟随者地位的企业如果实施模仿性的战略很难成功地挑战市场主导者的市场地位，其市场份额通常比领导者的市场份额要小很多。它们中的少数可能通过实施进攻性的战略来攫取市场份额以及建立更加强大的市场地位，多数采取努力满足有限部分的市场份额来维持生存。事实上，每个产业中的跟随企业数量都是最大的，这些企业缺乏足够的竞争资源和竞争优势，在市场竞争中只能继续处于跟随的地位，跟随由市场领先者确立的行动导向。

在生产规模成为关键性竞争要素的产业中，市场份额小的企业要在竞争中取胜需要克服如下障碍：

（1）不能充分利用生产制造的规模效应；

（2）难以获得顾客的忠诚；

（3）营销能力较弱；

（4）融资难以满足需求。

为解决上述问题，企业应采用的竞争战略：

（1）利用更低的价格从弱小的竞争对手那里争取顾客；

（2）并购竞争对手的企业，达到获得规模经济效应所必需的生产规模；

（3）投资购买能够节省成本的设备，或将部分经营活动安排在那些可以降低成本的国家和地区；

（4）通过技术创新和价值链再造降低成本。

事实上，许多属于市场跟随者地位的中小企业的利润水平并不低，而且这些企业在顾客中有良好的声誉，它们往往以灵活的经营在所属产业的市场竞争中占有重要的地位。如果那些位于主导者地位大企业的规模经济效应和学习曲线效应相对比较小，最终没有带来显著的成本优势的话，这些属于跟随地位的企业具有相当大的战略优势和灵活性。

属于市场跟随者地位中游企业一般很难通过模仿一流企业的战略方式提高自己的竞争地位，其竞争战略的原则应是避免采用模仿战略与领先者进行正面竞争。

为赢得大的市场份额这些企业必须扩大在市场上的影响，其战略选择可以考虑下述战略中的一种或几种：

（1）通过并购实现扩张。对于中游企业来说，最常采用的战略就是收购或者兼并竞争对手，形成具有更强大的竞争力和的市场份额的新企业。

（2）寻找空白市场，是将企业的精力集中在市场领导者忽略的顾客或者最终用户。理想的空缺市场点应该有足够的规模和范围使企业赢得利润，它应当有一定的成长潜力，甚至与企业所具有的资源和优势相适应，甚至是出于某种原因，占据领先地位的企业很难满足这个市场的需要的理想状态。

（3）实施专业化。专业化企业往往将他们的竞争行动集中在某一种技术、一种产品或产品系列、最终使用者或者细分市场。实施这一战略的目的是通过在某一特定领域建立起领先地位而强化企业的资源优势和能力，以进一步形成企业的竞争优势。

（4）产品优质化。这一战略的基础是追求卓越的产品质量或者独特的属性。实施产品优质化战略的企业的市场营销活动直接面向那些对质量敏感和以性能为导向的购买者。精湛的工艺、卓越的质量、不断进行产品创新吸引消费者参与企业的开发更好产品的活动。对于企业来说，优质产品战略可以使其获得稳定的市场份额，这对企业的生存和发展具有重要意义。

（5）差异化战略。有些市场跟随类企业采用的是能够使自己企业与竞争对手区别开来的方式制定自己的战略。可以选择的具体战略途径很多，如形成定价最低的声誉；以最适中的价格为购买者提供卓越的质量；竭尽全力提供卓越的顾客服务；设计独特的产品属性；在新产品推出方面成为领导者；设计不同寻常的创造性广告等。

（6）满意跟随。满意跟随者不去刻意模仿市场主导者的战略行动，也不积极地从领导者手中攫取顾客，更喜欢采用那种不至于激起报复行动的策略。实施这种战略的企业往往只是做出反应而不会主动采取某种行动或提出挑战。在价格方面这些企业几乎不会与领先者在价格出现差异，只满足于维持当前的市场地位。

6.3.3 经营危机中的企业的战略

如果企业的经营陷入危机，需要尽快采取措施遏止企业面临的危机和竞争和劣势。在制定适用的转变战略过程中，管理者需要做好以下工作：

1．分析企业业绩降低的根源

企业要对所处的产业、主要竞争对手以及企业自己竞争地位和企业能力与资源等各个方面加以分析，这是采取正确行动的前提条件。

造成企业经营困难常见的原因有：在资产结构方面，负债过大导致经营所需要的资金紧张；对销售增长的前景估计过于乐观，忽略了某些通过降价等过于积极的行动来购买市场份额而导致的利润下降的影响；在生产方面，由于不能充分利用现有生产能力而导致固定成本过高；在新产品开发方面，为提高企业竞争地位和盈利能力投入大量的资金用于研究与开发，却没有获得有效的革新发明，将赌注全压在技术的长远成功之上；在市场开拓方面，对企业进入新市场的能力过于乐观，频繁地调整战略，被竞争对手抓住时机超过。为解决这些问题给企业带来的困难，可以采取下述一些行动：

2．剥离部分资产

企业通过剥离部分资产可以将筹集的资金用于现有业务恢复。具体办法包括：

（1）变卖企业部分资产。如设备、专利技术、存货或有赢利能力的下属企业等；

（2）收缩经营领域。停止薄利或亏损产品的生产，关闭或者变卖没有发展前途的工厂或生产线，缩减劳动力数量等。

这样通过处理企业资产中的非核心部分的方法，可以支持核心业务的发展和战略更新。

3．进行战略调整

低下的业绩往往是由糟糕的战略所导致的。这时企业需要对战略进行全面调整。下面是可以考虑的战略选择：

（1）转向一个新的竞争路径，重新确立企业的市场位置；

（2）彻底检查企业的内部经营活动和各个职能领域的战略，以便更好地支持原来的业务战略；

（3）同产业中的另一家企业合并，制定新的战略，以新合并的企业的强势为基础；

（4）进行收缩，减少核心产品和核心顾客，并使其更加紧密地与企业的资源能力匹配起来。

4．加大促销以增加收入

加大促销的具体途径主要包括：

（1）降低价格。通过加强促销力度，扩大销售队伍，增强顾客服务，快速对产品进行改造等方法实现；

（2）削减成本。削减成本的转变战略有效的条件：处于弱势的企业的价值链和成本结构有足够的灵活性使得企业能够进行根本性的调整；企业在经营的过程中存在的缺陷能够确定并可以纠正；企业的成本中有着明显的无用部分，生产中有很多环节能实现成本削减。为实现转变战略，企业可以考虑削减管理费用，去掉价值链上的非关键性和低附加值的活动，对现有的设备进行现代化改造以提高生产率，推迟非关键性资本开销，进行债务重组以减少利息成本和延长偿付期。

（3）采取联合措施。采取联合措施的转变战略在一些严峻的环境下是很有吸引力的，因为这种环境要求企业能够在比较宽的领域内快速采取行动。如果企业聘用了新的管理者，并给予他们充分自由的决策权，采取各种他们认为合适的行动，则联合措施通常会发挥作用。企业所面临的问题越严重，解决方案涉及复合战略行动的可能性就越大。

6.3.4 迅速发展中的市场的竞争战略

迅速发展的市场的显著特征是技术变革快，产品的生命周期短，新产品进入市场的速度快，竞争对手不断采取新的竞争行动，购买者的需求和期望变化迅速。有关重要的企业经营的信息每天都在出现，因此了解与评价这些重大变化就成为企业战略制定的一项至关重要的任务。在软件产业、网络产业、无线通信产业，以及越来越多地与电子信息技术相关的产业中，迅速地市场变化已经成为一种常态。

为应对快速变化的市场环境，企业可以从下述方面考虑制订其竞争战略：

（1）积极投资于研究与开发，以使企业处于技术诀窍的前沿。

在技术成为变化的主要驱动因素的市场上，将技术进步转化成创造性新产品的技能和能力是必要的。将企业的研究与开发集中于一些关键的领域，不仅可以避免企业资源的过度分散，也可以巩固企业的专有技能，深入地掌握技术，利用经验曲线效应，使企业在某一项特定的技术或产品方面占据统治地位。

（2）开发并维持组织能力，从而对竞争对手的行动做出迅速反应。

不可能有哪家企业能够预测到所有即将发生的变化，所以，能够快速反应、回应和随即有所行动的组织能力就至关重要。这就需求企业拥有一定的资源调整能力，保持企业在快速的市场变化面前不致落后于竞争对手太远。

（3）同供应商和那些提供重要关联产品的企业建立的战略联盟。

在很多高速发展的产业中，技术的扩展很宽，往往会产生很多新的技术和产品种类，企业不能拥有足够的资源和能力来追求所有的技术和产品。因此，专业化和聚集战略是比较好的战略选择。企业加强其竞争地位的方式不仅可以通过加强自己的内部资源基础，也可以通过同制造最先进零配件的供应商建立伙伴关系以及相关技术开发商和关联产品的制造商进行合作。

（4）及时采取行动。企业可以通过采取定期行动的方式而采取积极行动，如每隔几个月甚至几天推出一种新产品或改良产品，而不是在原有产品的市场份额逐渐减少或者竞争对手推出新一代产品的情况下才推出新产品。同样，一个企业也可以每隔几个月就拓展进入新的地域，而不是等新的市场机会自己出现后再有所行动；企业也可以每隔两年就更新其现有产品品牌，而不是一直等到现有的品牌逐渐丧失其吸引力。成功地将定期行动作为一种战略武器的关键，就是选择有意义的内部和外部时间间隔，确定变化的内部组织节奏、精心策划各种变革。

复习思考题

1. 什么是动态竞争？它有哪些特点？
2. 简述动态竞争产生的根源。
3. 试比较动态竞争与静态竞争。
4. 谈谈产业萌芽期战略制定者面临的主要问题及企业主要经营目标。
5. 试述市场首入者的战略优势和劣势。
6. 试述处于产业成熟期中的厂商竞争战略选择。
7. 以某一企业为例，分析产业主导者的竞争战略。
8. 跟随型企业如何建立自己的竞争优势？
9. 在陷入经营危机企业应制订怎样的战略来维持生存？
10. 市场主导者如何扩大市场需求量和保护自身的市场份额？

本章案例

柯达公司的转型战略

伊士曼柯达公司（Eastman Kodak Company，简称柯达公司）这个曾经是世界上最大的影像产品及相关服务的生产和供应商，在数码时代到来的时候因为实施战略转型不利而破产。

实际上柯达公司多年来都在努力进行由胶片向数字技术的转型。2012 年 1 月，当公司提交了破产保护申请后，这一转型以失败告终。自 1920 年起，柯达公司几乎垄断了胶片和摄影行业，成为全世界最知名的品牌之一。50 多年来，公司一直保有丰厚的年利润和现金流。但是，当其竞争对手日本富士针对柯达公司采取激进的价格战时，柯达公司的年利润和现金流开始减少。随着顾客开始快速转向数码照相机而抛弃了胶片，对照相洗印加工的需求大大减少了，这种向数码技术的转型直接影响了柯达公司的两大“摇钱树”胶片和胶片洗印加工业务。柯达公司因无法满足顾客向数码技术迅速转变的需求，被迫关闭了大量制造工厂，在全球范围内进行裁员。公司员工数量从 1988 年巅峰时期的 145 300 名减少到申请破产时的 18 800 名。21 世纪初，柯达公司的盈利性问题和现金流问题达到最严峻的地步，从 2004 至 2011 年，公司只有一年是盈利的。

柯达公司在 1975 年制造了第一台数码相机，拥有成千上万的技术专利，这些专利可运用于 2012 年人们所使用的数码相机和摄像手机的设计中。20 世纪中期，柯达公司的核心业务下滑，随之而来的是 1993 年，它的摄影化学业务下滑；1995 年，公司向顾客推出的 DC-40 数码相机销量不佳。在申请破产后不久，柯达公司剥离了数码相机业务单元，公司从没有通过销售数码相机和相框而得到有意义的市场份或者盈利能力。2012 年，公司战略主要集中于商业喷墨打印机业务。

2000 年，邓凯达（Daniel Carp）成为公司的首席执行官，这时柯达公司将焦点集中在数码成像上。邓凯达将柯达公司的资源投放到数码成像技术上，投资了超过 30 亿美元在数码相机、在线相片处理服务、喷墨打印机、油墨和照片打印纸上。2001 年，数码产品的销售额增加到 4 亿美元，但无法抵消公司在照相胶片行业的销售下滑。2001 年，柯达公司的年总收入下降到 132 亿美元，净收入只有 7600 万美元。邓凯达计划在像中国这样的新兴市场上推动胶片和即可拍相机的销售，并进一步裁员以减少费用，以此来扭转公司的销售下滑。到 2003 年，柯达公司的收入和净收入分别小幅增加到 133 亿美元和 2.38 亿美元。公司宣布进一步裁员以削减费用。更重要的是，2003 年，公司在数码成像业务的收入已经增长到 40 亿美元，这一业务首次成为公司最盈利的单元。

2005 年，彭安东（Antonio Perez）取代邓凯达成为柯达公司的首席执行官，他于 2003 年加入柯达公司，担任公司总裁和首席运营官。在此之前，彭安东在惠普公司工作了 25 年，管理惠普快速增长的打印机业务。彭安东上任的第一把火是将柯达公司的所有高管召集到柯达公司塔的二楼会议室，告诉他们："你们必须把船烧了"。这句话引用自西班牙探险家赫尔曼·科尔特斯在发现拉丁美洲时所说的话。

一位前柯达公司高管是这样总结公司的文化和决策过程的：柯达公司的员工工作勤奋，但他们不理解计算机技术的竞争本质。在柯达公司必须每周都对市场做出反应，但是如果你提出一个新想法，可能在 5 年后才能看到该产品。2010 年，在傻瓜相机和微型相机经营领域，柯达公司的数码技术水平远落在佳能、尼康、松下这些企业的后面。

彭安东的计划也包括剥离那些不太可能在各自行业中达到数一数二的业务。2005 年后，柯达公司大幅削减了生产早期胸部肿瘤 X 射线透视图像设备的保健业务。2012 年何达公司新的组织结构使商用产品成为公司最大的运营分部，该分部 2011 年的销售收入为 34 亿美元。公司是电影胶片行业和特殊行业专用胶片的全球领导者，比如在航空拍摄和电路板生产领域。娱乐影像业务产生大量的自由现金流，能够支持柯达公司其他业务的成长，但这是一个不景气的行业。

公司预计 2012—2015 年，随着电影制品厂将进一步转向数码技术，并尝试降低生产成本，电影胶片的销售收入将下降 75%。公司预期电影胶片销量将在 2012-2015 年下降，但实际上在 2009-2012 年就降低了 50%以上。2009 年时，只有 20%的世界一流电影院幕布采用数码技术。柯达公司的管理者还相信数码印前设备和耗材具有广阔的发展前景。2012-2015 年，数码印版和服务的世界市场年增长率大约 4%，达到 220 亿美元。公司在印前输出系统和耗材占据第一的位置，到 2015 年，这两个行业都是利润和现金的重要来源。然而，柯达公司以前解决方案的收入由 2009 年的 16.7 亿美元下降到 2011 年的 15.6 亿美元。

一家洛杉矶印刷公司的老板抱怨道"我真的很担心柯达公司正在发生的事情。我们看好惠普，因为它比较稳定。"事实上柯达公司的竞争对手如佳能和理光，都已经制定了针对柯达公司品牌形象问题的战术，从而分别帮助公司获得 25%和 20%的世界市场份额。

柯达公司的管理层相信公司的创新业务模式能够迅速建立足够规模的喷墨打印机安装基地，从而大量销售墨盒。领先的打印机制造商将定价定在接近盈亏点，却在打印机油墨销售上赚取大量边际利润，而柯达公司的业务模式却是基于以低于市场的价格销售打印机和油墨从而赚取溢价。

资料来源：2012 年的柯达公司：它的后破产战略成功吗？（有剪辑）作者：约翰 E.甘布尔 R.雷·哥哈尼

第7章 产业环境与竞争战略

日益衰退的产业销售状况，让衰退阶段呈现起伏不定。需求衰退期间，逐渐增强的竞争压力会侵蚀厂商的获利力，其程度要视厂商预备撤资的脚步快慢，以及试图留下来的厂商能容忍业绩衰退的限度而定。

——迈克尔·波特

参与市场的竞争就像参加一场战争。您会遭受伤害和伤亡，最好的战略才能取得胜利。

——约翰·柯林斯

企业的竞争战略是在特定的领域或产业/行业范围内实施的，战略管理者在评价和制订企业战略的时候，要仔细研究不同的产业环境的特征，通过采取适当的战略以建立和巩固企业的竞争优势。本章主要内容就是研究在不同的产业环境下，企业如何采取适宜的战略来建立和巩固自己的竞争优势。

第1节　产业与竞争环境

7.1.1　产业与产业环境

对产业（industry）含义的界定是一件较复杂的事情，在不同语境下有各种解释。传统经济学理论对产业的解读是经济社会的物质生产部门，而产业经济学研究的产业概念泛指国民经济的各行各业。广义上讲，产业包括从国民经济生产、流通、服务及文化教育等部门。总之，大到国民经济的物质生产部门，小到行业都可以称为产业。

可见，产业是介于企业与国民经济之间的集合体，从这个意义上说，产业是由从事生产相近经济物品（不论是产品还是服务）的各种行业组成的企业集合而成。

企业参与市场竞争是在特定的产业环境下进行的，产业及其相关行业是企业生存和发展的空间和领域。迈克・波特在《竞争论》一书中指出：战略形成的本质本来就是为了应付竞争所需。在企业争夺市场占有率的战斗中，竞争不仅仅表现在与其他竞争者的争夺行为上。产业内部的竞争根源于其经济状态，这些竞争力量甚至远超过表面上的那些竞争者。

与宏观环境相比，产业环境对企业竞争行为的影响更为直接。产业环境的分析主要包括两个方面：一是产业中竞争的性质和该产业中所具有的潜在利润，常用工具是迈克・波特提出的"五种力量模型"；二是该产业内部企业之间在经营上的差异以及这些差异与它们战略地位的关系，依据迈克・波特的理论，一个产业的竞争状态主要是由以下五种基本的竞争作用力所主导，如图 7-1 所示。

产业是企业竞争的重要环境，不同的产业有着不同的产业集中程度和不同的成熟状况，这些都会影响到企业竞争战略的选择和实施。企业的竞争战略是在特定的领域或产业范围内实施的，确定了基本竞争战略以后，企业还要根据本产业的特点，考虑如何面对本产业内的竞争对手，建立与增强其竞争优势。

7.1.2　产业与竞争环境分析的任务

企业战略制订者进行产业与竞争环境分析的重要任务是研究企业所在产业的盈利能

力及影响产业吸引力的因素，此外，还需要弄清以下几个方面的问题：

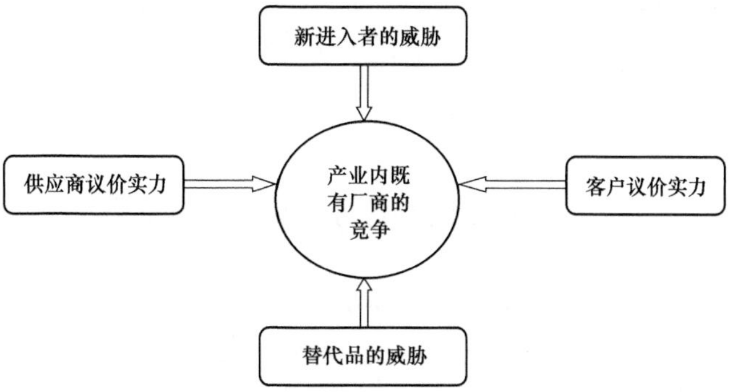

图 7-1　主导产业竞争的力量

（1）产业经济特征；

（2）产业经济结构；

（3）产业竞争环境；

（4）影响产业成长的因素；

（5）产业成长驱动力是什么；

（6）企业在所属产业的地位。

上述问题的研究可以帮助企业战略管理者明确哪些因素影响产业的变化，以便于他们对产业未来的发展方向做出客观的预测，对增加产业吸引力和利润前景有明确的认识。

7.1.3　产业环境分析内容

分析某一特定的产业环境，首先要研究影响产业发展的相关因素。每一个产业在结构、侧重点、顾客群体、优势劣势等方面都存在着很大的差异，而对于身处产业之中的企业在制定战略的时候必然要受到产业特征的影响。管理者在进行产业环境分析时，首先要了解产业的主要经济特征。

（1）产业增长速度和成长周期；

（2）竞争者数量和相对规模；

（3）竞争者的产品/服务的差别度；

（4）市场容量与消费规模；

（5）产业一体化程度；

（6）技术变革速度；

（7）资源及其分布情况；

（8）产业盈利性水平。

拓展阅读 7-1

公司战略与行业及公司形势之间的匹配

20 世纪 90 年代后，随着经济全球化和知识经济的时代到来，世界各国企业竞争环境、竞争规则发生了巨大变化，传统竞争战略受到前所未有的挑战。商业生态系统理论和复杂性科学等纷纷被用于战略研究的探讨中，对企业与环境匹配的战略选择得到了更多的关注。

在这样的背景下，战略制订者在研究了不同的产业环境的特征后，还需要从不同的形势出发讨论使公司战略与不同产业环境匹配的问题。诸如行业类型与竞争条件；公司所拥有的资源优势与劣势、竞争能力、机会和威胁及其市场地位等等。

产业是企业竞争的重要环境，不同的产业有着不同的产业集中程度和不同的成熟程度，这些会影响到企业竞争战略的选择和实施。确定了基本竞争战略以后，企业还要根据本产业的特点，考虑如何应对本产业内的竞争对手，建立与增强自身的竞争优势。

第 2 节　新兴产业中的竞争战略

随着社会的进步和技术的发展，新兴产业大量地涌现出来，如网络游戏业、电信业、生物基因产业等。

新兴产业是指由于一些因素产生新形成的或重新形成的产业。这些因素包括技术创新、消费者、新需求的出现、相对成本关系的改变或其他经济和社会变化将某个产品或服务提高到一种潜在可行的商业机会的水平。例如电讯业、智能家用电器制造业是创新技术的产物；快递送餐公司、婚庆礼仪公司等则是新需求的产物等。从技术层面来看，新兴产业主要是指电子、信息、生物、新材料、新能源、海洋、空间等新技术的发展而形成的一些产业部门。

新兴产业是在社会变化的条件下产生的新行业，产业内的大企业多数为了使自己在行业竞争中拥有有利地位而与竞争对手展开竞争。此阶段的企业很多处于初创阶段，大多数创业者都致力于技术创新、市场开拓、生产设施兴建、培养和扩大自己的分销领域及赢得顾客的认同等。

从制订战略的角度来看，新兴产业的一个重要特点是“游戏规则”尚未建立或不够规范，对于产业内的企业来讲，这既是挑战也是机遇。一个卓越的战略管理者应该能够使公司抓住产业发展的战略机遇，甚至成为新兴产业发展规则的制定者。

拓展阅读 7-2

2017 年 1—8 月我国互联网和相关服务业规模增速两位数增长

2017 年 1—8 月，互联网和相关服务业规模增速较快，网络购物和网络交易平台保持活跃。其中规模以上互联网和相关服务企业完成业务收入 4 561 亿元，同比增长 20.1%。如图 7-2 所示。

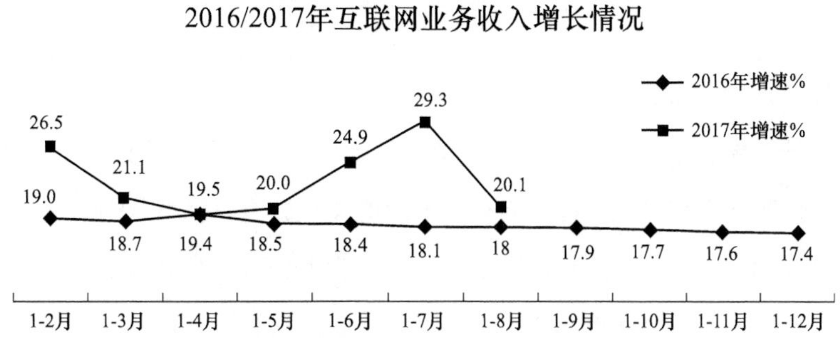

图 7-2

信息服务收入 4 147 亿元，同比增长 26.6%，占业务收入比重达到 90.9%。其中，网络游戏（包括客户端游戏、手机游戏、网页游戏等）业务收入 925 亿元，同比增长 28.7%。

在信息服务收入中，电子商务平台收入 1 510 亿元，同比增长 41.4%

资料来源：中华人民共和国工业和信息化部网站

7.2.1 新兴产业特征

新兴产业诞生之初并不预示着可以获得巨额的利润，因为这时候顾客对市场反映较为冷淡，产品并不一定为其接受，市场容量往往较小，例如 20 世纪 50 年代的计算机产业就很冷清。

无论是哪一个产业，技术进步对于降低成本和实现产品差异化并形成竞争优势都会产生强大的力量和显著的效果。电子、信息、生物、新材料、新能源、海洋、空间等新技术的不断涌现并快速产业化，带来生产方式的进步和人们生活方式的一系列改变。比如生物工程技术带来的生物工程产业化，让人们体验更先进的医疗服务；新材料产业生产出的复合材料以及抗酸、抗碱、耐磨、柔韧性好的新型材料让人们的生活更加多彩。

从战略决策环境角度来看，新兴产业的特征主要有以下几个方面：

1．技术的不确定性

在新兴产业出现的时期，企业的生产技术往往不够成熟，有待于进一步完善。首先，由于存在产品和技术的不确定性，所以对产品和技术没有统一标准，没有形成一套完整的技术方法和规程。由于生产技术不稳定，可能影响产品成本的稳定性。其次，产品质量水平也不稳定，虽然在少数几个企业中出现这一问题，但不稳定的产品质量将给产业形象造成不利的影响。在许多情况下，作为新兴产业中的产品的基础的技术性诀窍都是为各个企业私有的，并且受到严格的保护。专有技术掌握在一部分企业手中形成技术壁垒，这是新兴产业内的企业获得竞争优势的关键要素，尤其是产业发展早期阶段。

2．市场尚未成形

由于消费者对于该产业尚无清楚的认识，市场缺乏对于这类产业的产品的显著需求。人们对于新兴产业的运作方式、产业的成长速度以及产业的未来容量和规模等问题的了解甚少，存在许多推测和假设。消费者会多长时间对使用新兴产业提供的新产品感兴趣以及他们愿意为此支付的价格等问题，还存在很多不确定性。在市场竞争性中哪一种产品和技术能获得竞争优势，以及哪一些产品属性更为影响购买者认同等问题还没结论。由于新兴产业的企业之间的产品质量和性能一般都存在很大的差异，竞争战略的核心主要是企业要致力于努力使市场认可自己的技术、产品设计、市场营销和分销等方面的战略途径。

3．战略的不确定性

在新兴产业中哪种产品结构会是最好的？哪种生产技术会效率更高？这些都具有较大的不确定性。不仅如此，新兴产业中更为广泛的不确定性是产业内竞争的参与者及其使用的战略。由于企业对客户特点、购买者的需求规模和偏好、市场成长的速度和生产规模以及处在新兴阶段的产业条件等方面的了解还不够深入，对于竞争对手、顾客特点和处于新兴阶段的产业条件等只有较少的信息，因而很难知道所有的竞争者是谁，也缺乏可靠的产业销售量和市场份额的信息等等。

此外，由于新兴产业内的一些产业配套环境不完善，使得企业战略的实施效果也面临风险。比如，新能源汽车的推广面临充电站等配套设施不健全的问题，汽车厂商往往不愿承担投资风险。

案例分析

谁之错？

某超市通过分析一位女顾客的购物数据（包括购物清单；浏览物品；咨询信息；视频监控信息;超市内徘徊区域等）的分析结果给该女顾客邮寄了孕婴童试用品。这一行为让该女顾客的父亲非常生气，立即致电该超市投诉，因为她女儿还未成年。超市经理立即登门拜访道歉。可是不久后这位小女孩因遮盖不住隆起的腹部而不得不向父亲告知真相：她真的怀孕了。

4．成本变化快

在新兴产业内往往存在初始成本较高但之后急剧下降的现象，这主要是由于有一条陡峭的学习曲线在发生作用。这种小批量和新产品在产业中共同形成相对于产业能够获得的潜在收益的较高成本，产业最初的成本高但往往以极高的比例下降。然而，随着生产规模的扩大、经验的积累、生产过程和工厂设计的改进、工人工作熟练程度的提高，以及生产组织趋于合理及规模经济的形成，成本会下降。通常当处于新兴阶段产业的技术在开始时比最终情况劳动密集程度更大时，这些因素的作用更加明显。如果学习曲线的作用能与产业增长时不断增加的获得规模经济的机会相结合，则成本会下降得更快。

5．消费者的顾虑及缺乏技术标准的一致性

在新兴产业中遇到顾客顾虑的问题，来源于众多产品技术方案、技术种类以及竞争者们相互冲突的宣传。这些现象可能增加购买风险而使购买者采取等待观望的态度，从而限制了产业的市场容量。此外，缺少分销渠道也是制约新兴产业市场容量发展的障碍。这些现象既是技术不确定的表现，也是由于产业竞争企业缺乏在技术标准和意见等方面的一致性，它们导致的混乱可能增加购买者的购买风险。

另外，由于在新兴产业中许多顾客都是第一次购买，市场营销活动的中心是诱导初始的购买行为，克服他们对不同企业产品特色、性能可靠性以及竞争企业之间有时是相互矛盾的宣传所存在的顾虑，避免顾客在产品技术和功能等方面与竞争对手发生混淆。而许多顾客之所以对新兴产业持观望等待的态度，认为第 2 代或 3 代技术将迅速取代现有的产品，他们等待的是产品的成熟与技术和设计方面的标准化，上述这些问题都导致新兴产业的发展具有一定的风险性。

6．进入壁垒较低

如果产业有快速增长的前景，或者产业的发展将对企业的现有业务造成威胁，那么拥有充足的资源和竞争潜力的大型企业很可能会进入这一产业。很多中小企业由于缺乏足够的研究与开发资金，未度过产品流行之前的一些困难阶段，最后被迫同竞争对手进行合并或者被那些寻求在成长的企业购并。

与新兴产业产业发展到一定阶段的进入障碍相比，其早期进入障碍有很大的不同。常见的早期进入障碍包括：①专有技术；②分销渠道的获得；③一定成木和质量的原材料和其他投入；④成本优势。

这些进入障碍会随着新兴产业的发展逐步弱化或消失，由于它们不是来源于需要掌握巨大资源，而更多地源于承担风险的能力、技术上的创造性以及做出前瞻性的决策以储备投入物资与分销渠道的能力等，在这些方面中小企业往往比大企业更具有优势。

7．企业创新活跃

新兴产业的发展很多都是源于科技创新。当科技创新出现时，中小企业的适应能力强，富有创造力和创业活力，创新和变革的速度较快。但是另一方面由于中小企业规模小，各类经营资源不足，抵御风险的能力较弱，需要有关组织对其进行投资融资、风险担保等方面的支持。

8．替代品威胁

由于新兴产业的产品或技术更新换代较快，在面临新产品替代威胁时，老产品生产厂商会采用各种有效的方法降低替代品的威胁。其中很多企业采用低成本战略，试图通过进一步降低成本获得市场份额，这一行为往往给高成本压力较大的新兴产业的发展带来困难和不利影响。

新兴产业中的企业发展所面临的关键问题：

（1）企业在获得较稳定的销售额和收入之前如何为业务运作提供初始的资金支持？

（2）如果要取得领先地位，企业应该追寻哪些细分市场和竞争优势？

（3）企业家的创新精神和对待风险的态度。

由于新兴产业中相关游戏规则还不够成熟，产业参与者就可以自由地尝试各种不同的战略。拥有丰富的资源能力、有吸引力的商业模式、科学适用的战略的企业，拥有更多可以影响产业规则并且使自己成为产业领先者的机会。

战略实践 7-1

新兴产业中企业家的力量

要想在新兴的行业中取得竞争的胜利，就要有大胆的企业家精神，他们富于开拓精神和愿意承担风险，对购买者想要购买什么有一种直觉式的感觉，以及一种机会主义式的战略制订方式。

二战结束以后，摩根财团的各个公司从绅士银行的典范演变为一个充满着敌意兼并、垃圾和杠杆收购的咄咄逼人的新世界中的先锋。在一个半世纪里，摩根家族的四代人在华尔街和伦敦金融城里缔造了神秘的金融帝国。这个金融帝国凭借巨大的投资在经济、社会、政治和外交等领域织成了无比繁复的人际关系网络。

摩根首先选择了约翰·恩·盖茨拥有的美国钢铁·铁丝公司，用拉拢盖茨律师等多种方法威逼利诱达成了一个协议：在美国钢铁·铁丝公司之上成立一个联邦钢铁企业，其中包括全美 265 家钢铁企业。接下来摩根以此为资本，开始了和安德鲁·卡内基的谈判，最终以 4 亿美元收购了后者的钢铁公司。1901 年，摩根自己的美国钢铁公司正式成立。

为了使公司加速运转，摩根一方面制定高额产品价格，以挤压中小钢铁公司的方式抬升了行业门槛；另一方面趁着这些中小公司财务吃紧，继续收购——一举吞并了 700 多家相关钢铁企业。此后，摩根的美国钢铁公司马上开始降价。

这种策略很奏效，摩根公司控制了全美 3/5 的钢铁生产，可以决定近 17 万钢铁工人的命运。而美国钢铁公司也成为美国有史以来第一家资产超过 10 亿美元的工业公司。

7.2.2 新兴产业中的企业制订战略需考虑的问题

由于新兴产业发展时间较短，产业内竞争活动的管理及行为规则尚未完全建立与完善。战略制订与实施的不确定因素多，对企业经营绩效的影响也大，而这些风险都来源于产业的不确定性。因此，新兴产业中企业的战略制订需要重视这些不确定性因素。

在新兴产业中，企业经营者首先需要考虑的重要战略问题是企业是否有能力促进产业结构趋于稳定而且成型。这种可以使企业在产品策略、营销方法以及价格策略等领域建立一套有利于自身发展的竞争原则，在产业的内在经济性和资源的限制范围内使企业获得最有利的竞争地位。

新兴产业的战略制订必须与行业发展这个时期内的不确定性及风险相适应。由于产业结构动荡不定而且还可能发生变化，竞争者也较难判别。并且所有这些因素还有另一方面的性质——一个产业发展的新兴阶段可能是战略自由度最大的时期，并且在确定其业绩方面也是通过良好的战略选择所产生的杠杆作用达到最高的时期。新兴产业竞争战略制订的首要问题是能够尽快在产业前景分析、产品政策、销售方案以及定价等方面了解产业特点，明确竞争规则。由于在新兴产业形象、信誉以及买主的不确定状态等潜在问题，一个厂商自身的成功部分依赖于行业内的其他厂商。所以，新兴产业内的竞争中的重要问题是引入替代品并且吸引首期买主。

1. 塑造产业结构

在产业发展阶段，企业自身的成功在某种程度上依赖于产业中的其他企业。因此，企业首要的问题是吸引第一批顾客，在这一阶段与企业利益一致的是帮助行业建立标准化。为摸索中的其他企业设置质量标准，以及与其他企业一起在顾客、供应商、政府和金融机构之间结成统一战线，以对付产业外部的压力。

经营战略的制订必须适应新兴行业的市场特征。领先企业由于缺乏足够的有关竞争对手、顾客以及需求时间的信息而导致的不确定性；初始成本高但随着经验曲线发挥作用而使成本急剧下降；只有少量的进入市场的障碍，这经常会促使很多新企业成立；初次购买者需要基本的购买诱因，而消费者因为购买到一些不符合产品而感到困惑。

2. 进入新兴产业的时机与领域选择

在新兴产业中进行竞争的一个重要战略选择是选择正确的进入时间与领域。早期进入新兴产业面临较高的风险，但可能在另一方面面临较低的进入障碍，并可获得较高的收益。因此，选择适当的进入时机在新兴产业中尤为重要。

在下列情况下早期进入新兴产业对于企业是有利的：

（1）企业的形象和声誉对顾客至关重要，企业可因作为先驱者而发展和提高声望；

（2）当经验曲线对一个产业至关重要时，早期进入可以使企业较早地开始学习过程；

（3）顾客忠诚非常重要，首先对客户销售产品的企业可以得到好处；

（4）早期进入投资于原材料供应、零配件供应和批发渠道等，可以取得成本优势。

在下列情况下早期进入新兴产业将面临较大风险：

（1）产业早期竞争和市场分化有很大的不同，早期进入企业因此可能建立错误的技能，还可能面临很高的转换成本；

（2）开辟新市场代价高昂。如对顾客的宣传、广告费、规章制度建立、技术首创等方面的投入等，但开辟市场的利益并不能为本企业所专有；

（3）早期与新开办的、小型的企业竞争代价高昂，这些小企业可能被更难对付的竞争者所取代；

（4）技术变化使早期投资的设施变得陈旧，使晚期进入具有新产品、新工艺的企业获得优势。

新兴产业早期的进入障碍可能会迅速变化，在产业规模发展和技术上成熟时，企业不能永远依靠诸如专有技术或独特产品种类等进入障碍保护自身地位，这些障碍可能转换为其他障碍。对变化的进入障碍做出反应可能涉及投入比早期阶段更多的资金。另一方面，产业的发展会吸引更有规模、资金和市场营销等实力的企业进入，甚至供给者和购买者也可能以纵向一体化的方式进入该产业。在这些情况下，企业必须有应对激烈竞争的准备。

由于新兴产业的发展存在种种障碍，进入新兴产业中经营的企业失败率很高。这些障碍来源于新兴产业不确定的技术与战略、不稳定的产品质量、缺乏产品或技术标准，以及难以避免的早期高成本等。在新兴产业中流动性障碍表现为获得适当的技术水平、销售渠道、低成本和高质量的原材料以及与风险相当的机会方面的障碍。这些障碍会随着产业规模的成长和技术的成熟而迅速地发生结构性的变化。这种变化对企业的最明显的影响是企业必须寻求新的方法来维持其产业地位，而不能只固守产业过去的优势。

3. 关注产业机会与障碍的转变

在产业发展早期，企业战略的制订应关注有发展前景的先进技术，同最有能力的供应商建立联盟，扩大产品的选择范围，改善产品的款式，实现经验曲线效应，在新的市场分销渠道中占据有利地位，尽量抓住首先行动者所拥有的优势，在产业发展变化中占据主动地位。

通常，新兴产业发展迅速，随时可能面临许多变化：①供应商和渠道的角色可能会变化。②新兴产业早期的进入障碍可能会迅速变化。③产业的发展会吸引更有规模、资金和市场营销等实力的企业进入。

随着产业规模的成长，新兴产业内的重点企业必须在战略上准备对付供应商和销售渠道可能出现的方向性转移。例如，供应商可能越来越趋向于满足产业的特殊要求，而销售渠道可能对一体化感兴趣等。这些方向性的转移，会在很大程度上使企业改变战略。

新兴产业的特征既可能成为发展的障碍与风险的来源，也同样可能成为发展机遇的来源。新兴产业的发展机遇更多地从五种竞争力中的另外两个方面——进入障碍与产业内现有企业的竞争中表现出来。由于新兴产业进入障碍相对较低，产业尚处于不平衡状态，竞争结构还没有完全建立起来，因此，相对于成熟产业，新兴产业的进入成本与竞争代价都会小得多，这就为新兴产业中的企业发展打下了良好的基础条件。

在新兴产业内进行经营，对付竞争者既是一个难题，也是最具挑战性的战略问题。企业要想成功地在这一领域经营，可以考虑选择以下措施：

（1）实施创新战略，赢得早期争取领导地位竞争的胜利，维护企业作为产业先驱者高的市场占有率。

（2）使企业在技术上臻于完善，改善产品的质量，开发出更多有特色和吸引力的、优越性能的产品。

（3）当技术不确定性消除，出现了先进、稳定的技术，及时将它应用于生产实践。尽力成为产业技术方面的标准制定者和开拓者；另一方面，企业必须清醒地意识到，由于存在很多相互竞争的技术，加上研究与开发代价往往很大，技术发展又有向出人意料的方向发展等可能，因而企业需要在所偏爱的技术和产品设计方面下很高的赌注。

（4）同重要的供应商建立联盟关系，以获取专业化的技能、技术能力和关键的原材料或零配件。

（5）收购拥有相关或互补的技术性专业知识的企业，或者与他们建立联盟，以卓越的技术为基础打败竞争对手。

（6）在早期就致力于有前途的技术研究，同最有能力的供应商建立联盟，扩大产品的选择范围，改善产品的款式，抓住经验曲线效应，在新的分销渠道中稳住阵脚，尽量获得首先行动者所拥有的优势。

（7）采用建立战略合作伙伴或成立合资企业的方式，追寻新的顾客群、进入新的地理区域。

（8）使首次购买者试用企业的第一代产品的代价和难度都降低，然后随着产品为大部分市场所熟悉之后，开始将广告的重点从创造产品转向提高使用频率和建立品牌忠诚。

（9）采用削价策略吸引后来的对价格敏感的购买者。

企业为获取自身发展和市场份额方面的领导地位而展开的竞争，必须同建立持久竞争优势和牢固市场地位结合起来。随着产业的迅速发展以及在该产业投资的可感知的风险的降低，那些拥有强大的资金实力的外部企业将采取进攻性的战略进入该产业。新进入竞争者的大量涌入，会使市场拥挤并迫使产业内的企业合并为数量更少的企业。拥有资源丰富的竞争者，由于渴望成为产业领先者，可能会通过收购或兼并比较弱的竞争对手，再发起进攻性的战略行为，赢得更大的市场份额，并迅速建立起顾客品牌忠诚，成为产业内的重要竞争者。

新兴产业中的新加入者面临着三方面的战略问题：

（1）对自身快速扩张的管理；

（2）防御竞争对手的进攻；

（3）形成超越最初的产品或市场的竞争地位。

新兴市场上的早期领先者则需努力强化自身的资源能力，建立起强大的市场地位以击退新进入者的进攻，取得长期竞争的胜利。

4. 塑造产业规则引领产业发展

在新兴行业中，建立一个产业规则和行业标准是极为重要的。由于前期产业结构仍未成形，企业谋求产业法则的确立不仅可行，且可因此获得长久的领导地位。

其次，作为新兴产业的领导者需要在产业发展和自身利益之间寻找一种平衡。在产业发展初期，一方面需要大力培育市场，另一方面更要帮助其他企业（包括同类企业、供应商、分销商）共同发展，并联系政府、金融机构，形成一个良好的产业环境。

拓展阅读 7-3

方兴未艾的无人机产业

2016 年夏天，暴雨、台风持续侵袭了我国许多地区，造成了洪涝、风雹、滑坡、泥石流等灾害，给国家和人民造成了重大经济损失。在这场自然灾害中，人们除了看见不畏艰险奔赴一线的救援战士，还看到了不少新兴的科学救援手段，其中无人机的表现突出。

无人机产业一直就被认为是最具投资价值的新兴产业之一。其研发、制造和应用是衡量一个国家科技创新和高端制造业水平的重要标志。美国蒂尔集团咨询公司（Teal Group）预测全球无人机市场规模会从 2015 年的 64 亿美元增至 2024 年的 115 亿美元。

无人机按照市场领域分为军用和民用，民用按照行业应用领域又分为消费级和工业级。随着无人机研制、生产成本不断降低，其应用范围日益广泛。消费级无人机的客户群体从小众拓展至大众，客户规模呈现指数级增长。红杉资本、红点资本等全球顶级风险投资机构进入消费级无人机市场，高通、通用、英特尔、谷歌、腾讯、小米等企业巨头纷纷加入，甚至宗申动力、山东矿机等传统制造企业也蜂拥而至。2017 年 10 月，在注册名称中直接含有无人机字样的中国公司数量达有 474 家。

与消费级无人机市场不同，工业级市场由于主要侧重飞机的技术性能和行业应用，在各行业不同细分领域具有极大的商业价值，主要应用于农林植保、电力巡线、石油管道巡检、国土测绘、海洋监测、气象探测、人工降雨、航空遥感、抢险救灾等领域。

预计 2020 年全球无人机销量将达到 29 万架，其中工业级无人机销量占 1/3 左右，按每台工业级无人机至少需要 2 名操作人员估算，2020 年中国无人机飞控手的就业市场规模约 30 亿元。

资料来源：

（1）我国民用无人机产业市场现状与发展趋势. 民航资源网，2017-09-11

（2）徐晨曦.无人机：经得住自然风浪 更要经得住市场风浪. 中国战略新兴产业网，2016-09-08

第 3 节　成熟产业中的竞争战略

多数产业在经历了震荡期的激烈竞争后会进入整合期，产业发展呈现成熟与稳定发展的状态。在这一阶段，企业对利润的追求表现为开始寻找不同的方式，企业经营出现了多种形式的扩张，企业间的收购、兼并战争频繁上演。由于企业的实力和规模差异，不同的战略目标和竞争方式开始显现，产业内部不同类型企业间的竞争更加激烈。

7.3.1　成熟的产业中的竞争特点

成熟产业是指一个正在从快速成长逐渐转向明显变慢或平稳增长阶段的产业。当一个产业的几乎所有的潜在购买者都已经成为该产业产品的使用者的时候，可以说这个产业成熟了。此时的产业需求主要是现有使用者的更换销售品，企业战略的制定更集中于吸引新的购买者和说服现有购买者增加消费。

一般说来，成熟的消费品产业的成长率大致等于经济整体的成长率。一个产业究竟在何时开始转向成熟，虽然人们还不能准确地做出预测，但还是可以从产业竞争环境变化得到某种启发。

1．竞争更加激烈

购买者需求增长速度的降低，使得争夺市场份额的竞争更加激烈。想继续维持快速增长的企业开始寻找各种途径从竞争对手那里获得顾客。企业保持市场占有率更加困难，甚至无法维持历史上的销售增长率。企业因此一方面设法保持自身原有的市场份额，同时将注意力转向争夺其他的市场份额。在向成熟转变的过程中，产业内部形成的竞争有三方面：一是众多企业对缓慢增长的新需求的竞争；二是企业之间对现有市场份额的竞争；三是中间商利润水平下降，但对行业控制力增强。

2．购买者变得更加精明

买方市场业已形成，购买者对产品有了自己的亲身体验，对各个竞争性品牌也熟悉，能够更好地评价各个不同的品牌，能够运用他们的知识来同卖方洽谈出更好的交易条件。产业内的企业加紧向老顾客促销，老顾客价值提升。虽然产品不再是新的，但它是一种成熟的、合法的产品。由于已购买过该产品，购买者的目标集中在是购买该产品还是向其他品牌产品转移的选择上。与这些导向不同的购买者打交道，需要企业对战略做出重新评价。

3．竞争焦点转向成本和服务

由于成熟期产业内销量较缓慢的增长，购买者变得更加成熟和精明，加之更高、更成熟的技术不断涌现的缘故，产业竞争就会趋向于越来越具有成本导向和服务导向。此外，在成本竞争的压力下企业要增加投资，购买更加先进的设备而增加对资本的要求。由于卖方企业都开始提供购买者所喜好的产品属性，所以，购买者选择哪一家企业受价格和服务组合的影响越来越大。企业往往难以获得产品革新和新产品的最终应用，为产品寻找新的用途以及维持购买者的兴趣越来越困难。

4．产能和人员过剩日益加重

产业盈利能力下降，全产业产能人员过剩。在产业适应较缓慢的增长时，产业内生产能力增加的速度也必须慢下来，企业需要在产业成熟期中裁减一定的设备和人力，否则将会产生过剩的生产能力。因此，企业对于增加生产能力和人员的导向必须从根本上加以改变。企业需要密切地监视竞争对手的生产能力的增长，还需要精确地选择其生产能力增长的时机。

5．产业总体利润水平下降

缓慢甚至停顿的市场增长、更成熟的购买者、越来越激烈的市场占有率的争夺，以及战略环境变化的不确定因素和种种困难意味着短期内产业的利润将逐步降下来。产业的盈利能力下降，产能过剩，使实力比较弱、效率比较低的企业日子难过。同时经销商的利润也会受到压缩，以致许多经销商退出经营，这种趋势加剧了产业参加者之间对经销商的竞争。经销商的讨价还价能力显著增长，对行业控制能力增强。伴随产业成熟的日益恶化的竞争暴露了企业经营的弱点，使得企业不得不为争取生存而展开竞争。

6．企业间的并购开始增多

在成熟的产业中，一些企业利用自身的优势进行兼并与收购，形成企业集团。这些行为迫使一些企业退出该经营领域，即使是最强有力的竞争企业也常常因战略与环境不相适应而遭到淘汰。这些变化迫使企业重新审视其经营战略，进行战略调整。

7．企业在增加新的设施时面临“溢出”问题

产业增长率的降低就意味着对制造商来说，产业市场容量扩张的下降；对零售商来说，新的商店的发展速度降低。而产业成长速度一旦降低，过快的扩张可能会造成供应过剩，可能会给企业的盈利造成不利影响。一方面，在成熟产业中，研究开发、生产、营销、分配、销售及研究方法等发生变化。另一方面，企业面对所出现的更为激烈的市场竞争、更为成熟的技术、更为复杂的购买者，需要在供、产、销等方面进行调整，将原来适应高速增长的经营方式转变为与缓慢增长相协调的经营方式。

8．国际市场竞争加剧

随着产业的日趋成熟，成本和风险日益增大。企业所面临的国内需求增长缓慢而且趋于饱和，国际性竞争开始出现。在竞争的压力下，企业转向经济发展不平衡、产业演变尚未进入成熟期的国家。一些密切关注业务增长的国内企业开始寻求在国际市场上的销售机会。这些企业寻找各种途径降低成本，将生产工厂重新布置在那些工资水平低的国家。另一方面，产品标准化的提高和技术的扩散降低了市场的进入壁垒，从而使得外国企业有可能在更多国家的市场上成为重要的市场竞争者。如果企业在全球绝大多数的市场上建立强大的竞争地位以及赢得最大的全球市场份额，那么，它们就会获得产业的领导地位。

7.3.2　成熟产业中的企业竞争战略

作为产业生命周期的一个重要阶段，一个产业要经历从高速发展的成长期进入到有节制发展的成熟期。在这个时期中，企业的竞争环境经常发生变化，要求企业在战略上做出相应的改变。在成熟的、合并型产业中企业间高度的相关性要求战略管理者们在采取战略行动之前遵循瞻前顾后的原则，他们必须仔细思考竞争对手对自己行动的反应，制定出有效的战略。

事实上，成熟产业中企业最主要的挑战就是找出在其他企业最可能采取的战略已知的前提下，如何实现本企业赢利能力最大化。如果产业内的竞争力量极强，企业受制于相互间的竞争、潜在的进入者、强势的供应商、强势的顾客等的压力会小些。在成熟产业中，竞争战略围绕着理解大型企业间如何采取集体行动减少产业竞争力量，保护产业和企业的赢利能力。

1．产品结构的调整

在产业处于增长时期，广泛的产品系列和经常开发产品是可行的战略选择，但在成熟期，这种战略不再可行。这时，成本竞争和为市场有率进行的竞争最为激烈，价格成为主要竞争手段。原有的产品结构必须调整，为此需要进行产品结构分析。企业要缩减利润低的产品，将生产和经营能力集中到利润高或者有竞争优势的产品上。

高度相关企业可以通过减少产业内每一种竞争力量的竞争行动的战术来保护本产业内企业的竞争优势和赢利能力。

2．正确的成本分析和定价

在产业成熟过程中，价格竞争激烈是成熟产业的基本特征。于是成本分析对于使产品组合合理化以及正确地定价日益显得重要。在一个产业内常常有可能存在着不止一条成本曲线。在一个成熟的市场内并不是全面成本领导者的企业才能找到一些新的成本曲线，这些成本曲线实际上可能使其成为某种类型的买主、产品品种或订货规模的较低成本的生产商。成本曲线差别有可能建立一种在少量订货、定制订货、特殊的产量小的产品品种和其他品种的基础上的战略。

另一方面，在产业增长期定价通常是以平均价格或以一个产品系列为基础，但在产业成熟期，由于产品价格竞争的加剧，要求企业提高对产品成本进行衡量的能力并制定出相应的价格。

3．进行工艺创新和生产设计革新

在产业成熟期，工艺创新的相对重要性有所增加。通过创新企业推出低成本的产品设计、更为经济的生产方法和营销方式，力争在市场中获得独特的竞争优势；生产设计革新也是同样重要的，它使企业将资金投在优化的设计制造和交货系统，以实现生产效率的提高。

4．选择适当的顾客

在成熟产业中，获得新顾客通常意味着为扩大市场份额而与其他企业进行激烈的竞争，最终的代价是高昂的。现实的办法是使原有顾客增加使用量，如提供边缘设备和服务、提高产品等级、扩展产品系列等。这种战略可使企业脱离原产业进入相关产业，与吸引新顾客相比，往往代价较低。

如果自己采取行动改变战略，就会刺激企业所在的战略群组和其他战略群组，认为自己受到其战略行动威胁的对手会采取竞争性反应。例如，一家实施差异化战略的企业由于采用成本效率更高的技术而开始降价，它不仅威胁到本产业群组内其他的差异化企业，同时也威胁到低成本战略的企业，因为这样做侵蚀了它们的竞争优势。这些企业也将会改变战略，例如采取降价措施等等。

5．扩大现有客户的采购范围

扩大现有客户的采购范围可能要比寻求新的客户更合乎企业需要。对现有客户的增量销售有时可以通过供应边缘设备及服务、提高产品档次、扩大产品种类等方法来得到增加，这样的战略可把企业从某一产业带进其他有关产业。在一个成熟的产业内，争取新客户往往意味着与竞争对手争夺市场占有率，使企业消耗巨大。

6. 购买廉价资产

产业进入成熟期时，有时会出现一批经营欠佳或处境艰难的企业，其资产就会廉价地被出卖或兼并。此时如果本企业竞争地位较强，可以以很低的价格购买经营艰难企业的资产，并在技术变化幅度不大的情况下创造低成本的地位，进一步增强企业的竞争力。

7. 进行国际化经营

当国内市场趋于饱和时，企业如果具备条件可谋求国际化经营。

第一，同一产业在各国的发展是不平衡的。在一国处于成熟期的产业，可能在其他国家处于迅速成长期；

第二，企业进行国际化经营，可以充分利用各国的经营资源，使自己的生产经营更为经济；

第三，企业进行国际化经营，可以避免饱和市场上的竞争；

第四，某种在国内市场上过时了的设备有时能够在国际市场上相当有效地加以使用，这可以降低其进入成本。

随着国际化经营，产业内的国内竞争也会形成国际化的竞争，产业内的企业开始争夺海外市场，同时开展与该市场所在国企业的竞争。此外，国际竞争风险以及国际化经营只能延迟成熟阶段。

战略实践 7-2

一汽大众的本地化战略

一汽大众汽车有限公司（以下简称一汽大众）于 1991 年 2 月 6 日成立，是由中国第一汽车集团有限公司、德国大众汽车股份公司、奥迪汽车股份公司和大众汽车（中国）投资有限公司合资经营的大型乘用车企业。经过多年的发展，一汽大众已拥有长春、西南和华南三大基地，华东基地和华北基地也在建设中，并将于 2018 年建设完成。

一汽大众华南基地从 2011 年一期项目开工建设，现已成为一家在华南扎稳根基的本土企业。继长春奥迪 Q 工厂、华东基地（青岛）后，2018 年 8 月，其华北基地（天津）也将建成投产，一汽大众全国五大基地 8 座工厂的生产网络布局逐渐形成，一汽大众本地化战略实施更加清晰了。

一汽大众华南基地二期总投资约 150 亿元，建成后将形成年产 30 万辆整车的能力，生产大众和奥迪品牌 MQB 平台的最新产品。2018 年 5 月 28 日，一汽大众华东工厂（青岛）正式投产，这座工厂于 2014 年 2 月启动，整个一期项目预计产能为每年 30 万辆，加上华北基地（天津）、成都基地，一汽大众形成覆盖东北、西南、华南、华东、华北的全国五大战略布局。

在设计方面，一汽大众充分考虑南方汽车市场消费特点，使华南定制版车型满足华南用户的多样化用车需求，以增强一汽大众车型在华南市场的竞争力。在生产本地化的同时，一汽大众也实施了更本地化的营销策略。例如在一汽大众华南基地建成投产之际，举办了2018广州国际龙舟邀请赛，致力于与华南消费者建立更深厚的文化认同和情感联系。

资料来源：郜小平　一汽大众加快本地化战略 南方日报 2018.6.29　（有删减）

7.3.3　成熟产业中企业制定战略应注意的问题

1．对企业自身的形象和产业发展存在错误的认识

处于成熟产业中的企业往往自我感觉良好，它们仍然陶醉于产业处于增长期时企业所取得的经营业绩中，甚至它们并未觉察到产业已经进入了成熟期，而此时实际上在成熟产业中顾客以及竞争者的反应都发生了根本性的变化。企业仍以过去对产业、竞争者、顾客以及供应商的错误假设来开展经营，从而使企业陷入困境。

2．存在盲目投资的问题

成熟产业内，企业利润维持一定水平或上升需要很长时间，在成熟的市场上投入资金来建立市场份额可能是不利的。有些企业为了节省开支，企图轻易地放弃市场份额或放弃市场研究活动、研究开发活动和其他需要的投资，以图保持目前的利润，这种做法将严重地损伤企业将来的市场地位。企业应当认识到，规模经济在成熟时期至关重要，在过渡调整阶段一个低利润时期是不可避免的，不愿接受较低利润是目光短浅的表现。

3．对产业发展的变化做出不合理的反应

在成熟产业中，市场环境、技术、生产方法等的变化是不可避免的，它们可能对产业长期潜力极端重要，但有些企业面对这种情况不适应甚至抵制。这样的行为可能使一个企业严重落后于向新竞争环境调整的步伐，而使企业陷于被动的局面。

4．以维持高质量为借口，采取不当的市场行为

高质量可能是企业的重要竞争力量，但在一个成熟的产业中，质量差异有受侵蚀的趋向。即使质量差异还存在，顾客也可能倾向于以更低的价格替换质量因素。因此企业必须意识到，在产业成熟期，他们不必拥有最高的产品质量。企业还应认识到，产业成熟期中价格竞争是基本的竞争手段。一个企业采取进攻姿态制定价格政策有可能获得更多的市场份额，这对其长期建立低成本地位是很重要的。

5．过于强调开发新产品，忽视现有产品改进

虽然一个产业在早期和增长阶段的成功依赖于研究与开发新产品，但进入成熟期后意味着开发新产品越来越不容易。企业正确的策略应是改变专注于开发新产品的做法，更多地重视生产工艺上的改革，以产品标准化代替产品创新。

6．过多地使用过剩生产能力

由于对生产能力超需求的投入，或成熟时期竞争引起的生产现代化，很多的企业可能拥有过剩生产能力。这种过剩生产能力的存在给企业经营者造成压力，他们考虑充分利用这些过剩的生产能力，却可能使企业陷入被动。可行的做法可能是采取集中化战略，努力削减或出售过剩的生产能力，但很明显过剩能力不应售给任何可能应用于同一产业的经营者。

7.3.4　成熟产业中提高企业的竞争地位的途径

1．削减利润低的产品类型

在产业的成长阶段，购买者的需求仍在不断发展，所以产品的类型、特色和选择的广泛性在有些情况下会有竞争价值。但随着价格竞争的加剧和利润率的降低，这种多样性的成本会很高。拥有太多的产品类型会阻碍企业在产品设计、部件存货和生产方面的经济性。另外，那些销售速度很慢的产品的销售价格可能无法弥补其成本。因此，将那些利润低的产品从产品线中去掉可以降低成本，使企业的生产可以更加集中于那些利润水平高或者企业拥有竞争优势的产品上面。

2．重视价值链的创新

致力于产业价值链的再造可以帮助企业降低成本、提高产品质量、生产能力以及缩短生产周期。企业可以通过将一些高成本活动实现机械化操作来改造生产线以提高劳动效率。同时，产品部件和配件供应商、制造商和分销商可以通过互联网和电子商务技术开展合作，使各价值链活动进一步简化并更有效率，实现以降低成本为目的的创新。

3．努力降低成本

日益加剧的成本竞争刺激企业努力降低单位成本。最为常见的降低成本的方法包括：促使供应商提供更理想的价格；实施更加严格的价值链管理；从价值链中删除那些创造的价值比较低的活动；开发出更为经济的产品设计；利用电子商务技术再造内部活动过程以及转向更为经济的分销途径。

4．扩大对现有客户的销售

在一个成熟的市场上，从竞争对手那里争取客户不如扩大对现有客户的销量更有吸引力。提高现有客户的购买数量需要提供补充性和辅助性的服务，为客户寻找更多的产品使用方式等。

5．国际化经营

随着国内市场进入成熟阶段，企业可以寻求进入存在成长机会但竞争压力相对小的国外市场。国际化扩张战略的意义在于将国内企业所拥有的技术、声誉和产品转移到国外市场上。尽管美国市场上的软饮料产业已经成熟，但可口可乐公司仍然是一家持续成长的企业，它就是不断努力向国外市场扩张。

6．培养企业新的或更加灵活的能力

正在成熟或已经成熟的市场上日益加强的竞争压力常常可以通过加强企业的资源和竞争能力而得以弱化。这就意味着企业需要增加新的能力，即增强企业现有能力使竞争者难以模仿，或者尽力使企业现有的核心能力对变化的顾客要求和期望具有更强的灵活性和调整性。

第4节　分散产业中的竞争战略

分散产业是指在这种产业中有许多企业在竞争，但没有任何一个企业具有市场占有率上的明显优势，一个企业很难取得市场份额的绝对优势，少有领袖企业对产业发挥决定性主导作用。分散型产业通常由许多中小企业组成，如快餐业、洗衣业、照相业等都属于这类产业。

7.4.1　分散产业形成的原因

分散型产业通常由许多中小企业组成，其有代表性的竞争特色是其存在和发展的重要基础。分散产业形成的主要原因有：

1．进入障碍较低或存在退出障碍

产业的进入障碍低，企业就比较容易进入这种产业。实力相对较弱的中小型企业可以以较小的代价快速地进入这一产业，其结果是大量的中小企业成为该产业中的竞争主导力量。由于存在退出障碍，迫使一些经济效益水平较低的企业仍然留在产业内，难以退出。

2．规模经济效应影响小

在分散产业中，还没有哪一家企业拥有足够的资源基础、竞争能力和市场认可，从而可以获得相当大的市场份额。有的产业生产过程比较简单，难以实行有效的机械化和规范化，许多小型企业可以在相同的成本基础上与大型企业进行竞争。在这类企业中，尽管生产规模会不断扩大，其成本并不会下降，或者下降幅度很小。同时，由于企业的储存成本高，而且销售额的变化无规律可循，使企业难以发挥规模经济的作用。因此，在一定程度上，专业化程度较低的企业要比专业化程度高的资本密集型大企业更具有竞争性。

3. 市场需求的多样化和产品的差别化程度高

企业可以根据部分购买者的偏好和需求、覆盖必要的地理区域。由于地域等因素影响的差异，顾客的需求和偏好是分散的。每一个顾客希望产品有不同式样，不愿接受更标准的产品，也准备或能够为这种需求付出代价。因此，对某一特殊产品式样的需求很小，这种数量不足以支持某种程度的生产、销售以使大企业能发挥优势。产品的差别化程度高，可以限制生产规模，使效率不同的企业得以发展而导致产业分散化。例如理发业的固定资产投入较少，专门技能是竞争优势的主要来源，而这些专门技能很难模仿和复制，所以不存在规模经济，即大企业在这一产业难以发挥规模优势。

4. 讨价还价的能力不足

在分散的产业里，供应方与购买方的结构决定了企业与相邻的企业或单位交易时不具备较强的讨价还价能力。高度的产品市场区分，特别是当这种区分建立在特殊的、具有地域限制和文化制约的形象之上时，消费者对于产品需要的价格敏感度降低。

5. 产品运输成本较高

高额的运输费用，往往限制企业的有效生产规模，以及生产布局，使产业不能形成整体规模效应。此外，产业运行的就近监督和控制是企业成功的基础条件，区域性企业和扁平管理的中小企业会获得更大的优越性。

6. 高度的产品市场细分与企业形象影响

如果产品为适应市场而进行的区分程度很高且以形象为基础，就可造成对企业规模的限制，使小型低效的企业能够生存下去。大的企业规模可能不符合某种排他的形象，或不符合某种商标只为个人所有的愿望。

7. 服务成为经营关键要素

在某些产业中，人员的服务质量和顾客的感觉因人而异，一般来讲，当企业规模达到某一界限的时候，其所提供的服务质量就会开始下降。

7.4.2 分散产业中企业的战略选择

分散产业中企业数量多，企业间竞争较激烈。确立合理的竞争战略是适应市场竞争的客观要求。针对产业的分散型的经营状态，需要研究运用符合产业特点的战略与经营方法获得竞争优势。实践中，分散产业中企业常用的战略选择有以下几种：

1. 连锁经营

经营同类商品或服务的若干个企业以某种形式组成一个联合体，在通过专业化分工将独立的经营活动组合成具有一定规模的、统一的经营体系，这种经营模式被称作连锁经营。连锁经营把分散的经营主体组织起来，通过统一店名店貌、统一管理及广告宣传等使消费者在相信商品质量可以得到保证，进而形成定向消费信任或依赖。与许多制造业通过集中生产获得规模经济的方式不同，这种经营方式使企业获得成本领先的战略优势。

连锁经营模式的经营主体之间是授权人与被授权人之间的合同关系，授权人与被授权人的关系是依赖于双方合同而存在和维系的，授权人与被授权人之间不存在有形资产关系，而是相互独立的法律主体，由各自独立承担对外的法律责任。

连锁经营改变了以往零售店的分散布局状态，建立联络网络，形成规模经济，拥有大量的购买力，如一些便民超市、快餐店、理发店、美容厅等零售业和服务业。对于由顾客消费地点或消费口味不同而形成了生产规模的不经济性，克服分散的有效方法是实施连锁经营或特许经营。连锁经营可以使这些服务点仍然分散在居民的生活区中间，但是可以建立起区域性的供货配送中心，降低高运输成本，减少库存，快速反馈顾客的需求，并分享共同的管理经验。这些都可以降低企业的成本，进而使企业获得一定的竞争优势。

2．特许经营

特许经营行为是拥有注册商标、企业标志、专利、专有技术等经营资源的企业（简称特许人），以合同形式将其拥有的经营资源许可其他经营者（简称被特许人）使用，被特许人按照合同约定在统一的经营模式下开展经营，并向特许人支付特许经营费用的经营活动。

根据我国法律的有关规定，特许经营只是一种销售商品和服务的方法而不是指一个行业。作为一种商业经营模式，特许经营的主要特点有：

（1）法人（或个人）对其商标、服务标识、专利、经营诀窍等拥有所有权；

（2）权利所有者授权其他人使用上述权利；

（3）在授权合同中包含一些调整和控制条款以指导受许人的经营活动；

（4）受许人需要支付权利使用费和其他费用。

在分散产业的市场竞争中，企业要实现差别化经营，采取特许经营的方式获得竞争优势是一种合理的选择。特许经营使一个地方性的企业由一个人同时拥有与管理，其卓有成效的经营管理使企业产品保持特色和服务质量，很好地满足了顾客的差别化需求。另一方面，企业通过特许经营还可以减轻财务开支，获得广告、分销的特殊效益。特许经营的优势包括：

（1）特许商能够在实行集中控制的同时保持较小的规模，既可赚取合理利润，又可控制高资本风险。

（2）加盟店对所在区域经营环境的了解使企业更容易发掘出新的经营机会和扩大业务范围。

（3）由于特许商不需要参与加盟者的员工管理工作，相对减少了员工管理问题。

（4）特许商不拥有加盟商的资产，保障资产安全的责任由资产所有人承担，特许商一定程度上降低了经营风险。

（5）特许商可以借助特许经营建立分销网络，实现产品的市场开拓。

3. 建立分权组织结构

分散产业一个重要的竞争战略选择就是建立严格管理的分权体制。管理者做出这种战略选择是因为相信与其在一个或几个地点增加经营规模，不如保持个别经营的小规模并尽可能地使它们保持自主经营。例如在食品零售业中的企业可以在不同地区建立许多连锁食品店，并保持它们的自主经营，同时通过报酬制度和利润分配制度保持企业对其集中控制，并由企业加强它们之间的协调。

4. 增加附加价值

许多分散生产的产品或服务按市场进行区分是非常困难的，因为企业间的产品系列很接近。在这种情况下，有效的战略之一是给经营的产品或服务增加附加价值。如在产品营销中提供更多的服务，进行产品的深加工以及产品销售给顾客之前对零部件进行分装或装配等，以此增加产品或服务的针对性和实用性，产生更高的附加价值来吸引消费者。

5. 使用标准化与多样化相结合的技术

造成产业分散的一个重要原因是市场需求的多样化。需求多样化可导致企业组织生产难以实现标准化，生产效率降低。解决产品标准化与需求多样化矛盾的一个有效方法是运用群组技术。群组技术将制造属性或设计属性相似的产品摆在一起制造，将相似过程的产品集中在一起组成工件族。群组技术最早用于制造数千种不同零件的加工过程，这种技术将具有大致相同技术次序的零件归类，按照一定的规则将产品生产模块化，这样可以实现大量生产而获得规模经济，同时，保持最终产品的多样性。将成组技术应用于整个企业，特别是当由服务支持的营业是该企业的基础时，就为业务流程再设计提供了方便。

6．关注产业发展趋势

由于产业处于开发期或成长期的产业分散，随着产业的演变可能会集中。导致产业集中的因素可能是多方面的，如替代品的威胁，通过改变顾客需求触发了产业集中；产品销售渠道结构的改变和其他产业的发展趋势直接或间接地造成产业分散；政府或管理当局提高产品或制造标准，使其超过小企业的能力以造成规模经济的实现等等。因此，尽早识别产业发展趋势，可以使企业较早地利用这些信息制定或调整战略而使企业处于主动的地位。

7．通过技术创新实现规模经济

如果技术发展带来规模经济效益，产业就可能集中。这种情况在我国农村的养殖业中很明显。过去农村中家庭饲养动物可以充分利用家庭消费中的废弃物，如剩余饭菜、刷锅水等，还可利用农民的闲暇时间。随着养殖技术的发展，催肥、防疫、品种改良等手段的广泛应用，集中圈养已被证明是养殖更经济的方法，通常情况下养殖场饲养的猪、鸡的成本远低于农家散养的土猪、柴鸡。

8．改变运营方式，降低经营成本

建立和运作公式化的设施的战略经常被餐饮店和零售业采用，这类经营机构可以在有利的地点以最低的成本建立标准化的分店，再以高效的管理经营。分散产业的市场竞争很激烈，企业可以强调减少附属经营和运作，使各项经营费用降低。另外，分散产业中成功的低成本生产商可以在采取折价销售策略的同时仍然能够获得高于产业平均水平的利润。例如，许多网店竞争的基础都是通过超低的价格来竞争，一些专门性产品零售商、超市、加油站往往都是如此。

概括地讲，分散产业的市场竞争强度可能处于一般水平甚至较高水平，因为产业低水平的进入壁垒容易使新竞争企业的进入成为一种持续性的威胁。同时，替代品的竞争也可能成为一个主要力量。虽然分散产业中企业相对较小的规模使得它们在同强大的供应商和购买者进行谈判的时候处于相对较弱的地位，但它们在有些情况下可能进行合作以取得联合优势。

有些分散产业会随着产业自身的逐渐发展和成熟走向统一，随着竞争的加剧和企业成长速度的降低，实力弱小和效率低的企业将被淘汰出局，进而导致企业的集中度的提高。还有一些产业仍然会处于分散分割的状态，是因为产业内现有的企业缺乏一定的资源或创造性采取足够强大的战略来推进集中。

专题分析

快餐业克服分散的竞争战略

快餐业的产业特性：需求移动性小；近距离控制和现场服务。

克服产业分散带来的经营困难——连锁经营和特许经营。

核心内容：非分散因素规模化。例如在建立品牌和采购等方面实行统一；在分散因素中通过标准化，保证对分散经营地的控制和现场服务质量。

百胜中国开放其旗下的肯德基、必胜客、小肥羊和东方既白的特许经营业务，通过“开新店”的加盟方式，授权加盟商在特定区域内或加盟商持有的市场渠道内开设品牌餐厅。其特许经营内容包括统一的采购和配送；餐厅操作及值班管理培训、持续的营运训练和管理培训；初创期管理组借调服务及新员工训练支持等等。

资料来源：肯德基官方网站

7.4.3 分散产业中的专门化战略

鉴于分散产业市场需求多样化特点，专门化战略常常成为产业内企业的经营选择。具体类型通常包括：

1．产品类型或产品细分的专门化

当造成产业分散的原因之一是产品系列中存在多项不同产品时，产品类型或产品细分的专门化就是一种可行的战略，例如运动服装、小五金家电等等。如果一个分散产业的产品包括一系列的款式或服务，聚集于某一种产品或服务的战略可能会很有效。它一方面可以使企业通过使其产品达到足够大的规模来增加与供应商的讨价还价能力，还可以因企业具有专门技能而提高细分市场上产品差异化程度。但需要指出是，这种战略的代价是可能会对企业的发展前景形成某些限制。

2．顾客类型专门化

企业专注于产业中一部分特定顾客也可以获得潜在的收益。这些顾客可能团体购买量小或规模小而造成讨价还价能力低下，或者可能对产品或服务有特殊要求而对价格很不敏感。一家企业通过为那些对低价格、独特的产品属性和特色、舒适的服务以及其他特别服务项目感兴趣的顾客提供服务，建立自己的目标市场，例如美容美发、瑜伽健身、旅游休闲、文化文娱活动等等。当然，像产品专门化一样，顾客专门化也可能限制企业的发展前景，但企业仍可能获得较高的利润。

3．地理区域专门化

虽然分散产业中的企业不能获得整个产业销量的一个大的比率，但是，仍然可以获得某个地理区域的较大市场占有率。将企业产品集中布置在特定的地理区域可以提高经营运作的效率，降低广告宣传成本及提高品牌认知度，同时避免因为经营运作分散而带来的非经济性。有些产业在大的地域范围内可能不存在规模经济，但在一个小的地域范围内却可能得到重要的经济性。

7.4.4 分散产业战略选择及实施需注意的问题

分散产业内企业在战略制订与实施过程中，需要注意以下问题：

1．战略调整的随机性

分散产业市场需求变化快且经营环境复杂，企业在战略制订与实施过程中，虽然需要根据市场变化调整经营战略，但不应频繁调整和变化。在短期内频繁调整经营方向、资源配置可能会产生不利效果。在长期的发展中，企业战略制订与执行过于随机，会破坏企业自身的形象，浪费宝贵资源，削弱企业竞争力。

2．战略选择的全面出击

在分散产业中，企业经营面临的不同地域的自然资源、社会文化、政治宗教等特点，面对顾客需求的多样性、个体化挑战使企业很难全面满足他们的所有要求。因此全面出击以求满足所有消费者的所有需求是一种不切合实际的目标，企业生产经营各种产品和提供各种服务面临困难很多，甚至会削弱企业的竞争力。所以企业应避免过于分散经营，减少全面出击带来的经营风险。

3．经营的过于分权化

在分散的产业中，企业竞争的关键是在生产经营上对需求的变化做出反应。尤其是那些实施连锁经营的企业，实现良好的经营控制是十分必要的。企业在组织结构设计及人员管理方面上需要精心设计，处理好授权与分权的关系。企业应当做出适当的选择，适当的分权可以有效实现企业业务的拓展和人员激励，过度的集权或使企业组织结构对市场反应较差，经营单位的管理人员主动性小，难以适应分散的产业的市场竞争环境。

4．对产业变化做出非理性的反应

在分散产业中企业经营会随时面临生产经营技术、原材料生产方法、批发商变更等变化，各类新产品、竞争者会也会不断出现，企业如果不考虑自身的实力，对这些做出不理智的、过度的反应，其结果会造成错误的经营决策和战略选择，导致经济失败和自身的竞争力削弱。当然如果企业对这些变化的一味抵制，也会使得企业在适应新环境时面临落伍的境地，见表 7-1。

表 7-1　中国餐饮业十大知名连锁品牌

序号	名　称	隶属关系	注册时间
1	中国百胜餐饮集团	百胜全球餐饮集团	1993 年
2	麦当劳（中国）有限公司	麦当劳公司（美国）	1955 年
3	天津德克士食品开发有限公司	顶新国际集团	1996 年
4	北京吉野家快餐有限公司		1991 年
5	上海领先餐饮管理有限公司	香港独资企业	1998 年
6	真功夫餐饮连锁机构	广州市真功夫餐饮连锁企业	1990 年
7	马兰拉面快餐连锁有限责任公司		1995 年
8	大娘水饺餐饮有限公司		2012 年
9	丽华快餐有限公司		1993 年
10	深圳面点王饮食连锁有限公司		1996 年

第 5 节　衰退产业中的竞争战略

衰退产业是一个相对产业持续发展的概念，指在较长时间内市场行情低迷、产品的销售量持续下降、产业结构陷入停滞甚至萎缩的产业。这种产业发展不景气的原因可能是单方面的，也可能是多方面的。例如经营周期或者一些短期的例外事件；技术革新或因为显著的成本与质量的变化产生了替代产品；人口出生率持续下降带来的客户群体数量的减低；社会或其他原因改变了买主的需求和偏好，使得顾客对某种产品的需求下降等等。

例如随着电视、网络等新媒体的出现和发展，作为传统媒体的报业面临巨大的挑战和残酷的现实——读者群的大幅减少、发行量难以支撑办报成本等等，报纸在媒体中的地位已渐渐让位于新媒体。集电视广播的优点、受众高参与性和信息反馈及时性于一身的网络，给报纸产业带来巨大冲击使之逐渐陷于衰退。对导致产业衰退的原因进行研究，有助于让企业尽早采取有效措施，制定正确的战略决策，防控经营风险。

7.5.1　衰退产业的竞争因素

1．需求变化的认知

在衰退产业内，有关需求是否将继续递减下去的不确定性的程度是影响其经营对策的重要因素之一。如果一些企业认为需求可能会回升或趋于平衡，则他们就会试图坚持其原有的地位而留在行业内。企业管理者和普通员工由于不愿销售额的缩减而仍努力维持其地位将有可能导致剧烈的冲突。在人造纤维、传统能源等行业内，这种情况一直在发生。在该行业内，继续存在着并有可能被证实是正确的一些希望。

通常情况下，对衰退产业的需求状况分析内容包括需求状况的不确定性；需求衰退的速度及方式；需求衰退的原因等。另一方面，各个企业在其对产业未来需求衰减的敏感性也各不相同，有些企业认为产业回升的可能性更大，而选择坚持留在行业内。

2．退出障碍的差异

有研究资料表明，企业对产业未来衰退可能性的觉察程度受到其在行业内的地位及其退出障碍的影响。企业的在同行业的地位越强大或其在撤离时所面临的退出障碍越高，则在对其自身未来的规划中存在的乐观因素也更多。通常情况下退出障碍包括固定资产和专门化资产；退出的固定成本；战略退出障碍；信息障碍；管理上或感情上的障碍；政府和社会的障碍等。

3．衰退的速度及方式的多变性

产业衰退进行的速度越慢，企业管理者分析产业环境越容易受到短期因素的干扰，并且未来衰退所存在的不确定性通常也越多，这些不确定性增加了产业衰退速度及方式的多变性。如果产业需求急剧下降，则企业其乐观的未来规划中就会面临困境；反之企业留在产业继续经营的意愿就会增加。

由于销售额下降，一个产业的衰退阶段特别容易受到竞争者之间剧烈的价格冲突的影响。因此确定竞争抗衡多变性的条件在影响衰退中产业的获利能力方面显得尤为重要。由于销售额的大幅度下降会使放弃整个工厂或撤销整个部门更有可能。这种状况下行业生产能力迅速向下调整，衰退的平衡性对不稳定性也起作用。

7.5.2 衰退产业中的企业战略选择

在停滞或衰落的产业中参与竞争的企业需要接受那些与目前可获得市场机会相一致的业绩目标。强大的竞争者有能力从实力比较弱的竞争者那里争取销售额，而且实力比较弱的企业被并购或者退出就为其他企业提高市场份额创造了机会。在这些产业中企业对战略的选择往往围绕减少投资或终止投资等战略来展开，因而战略选择方案的范围有所局限。

虽然不是所有的战略选择方案对某一特定产业和企业都适宜，但企业可以根据自身的资源实力以及经营环境选择实行下面的某一个或几个战略。

1．保持产业领先战略

领先战略是指利用企业在衰退产业中的某种优势，留在原有产业内继续经营，成为产业中保留下来的少数企业之甚至是保留下来的唯一的企业。这样的企业或许可以达到社会平均利润水平甚至以上机会。这种以企业拥有的优越资源来保持产业领先者地位的战略即为领先战略。

实施领先战略的具体措施包括：

（1）在定价和进入市场等为开拓市场而采取的竞争行动上进行投资，并且使本产业的其他企业退出一部分生产能力；

（2）购买竞争者的一部分生产能力，增加市场份额，降低竞争者的退出障碍；

（3）通过公开声明表示企业将继续保留在衰退产业；

（4）通过具体行动向竞争者表明企业的实力，消除竞争者试图将企业排挤出本产业的想法；

（5）搜寻和公布可降低今后衰退的不确定性的可靠信息，以降低竞争者对产业的真实前景的过高期望，减少其准备继续保留在衰退产业中的可能性；

（6）通过增加在新产品或改进生产工艺方面再投资的需要，提高对保留在衰退产业中的其他竞争者的投入。

2．占领细分市场

衰退产业的市场和其他产业的市场一样也包括众多的细分市场。虽然整个产业处于停滞或衰退的状态，但是其中的一个或多个细分市场也会增长。在这些市场中留存下来的某个或某些企业拥有获得高于平均水平的获利能力的潜力，企业应深入挖掘这些市场发展的潜力，集中于有吸引力的成长细分市场上进行经营。这样不但能够避免销售和利润的停滞，同时还可能在目标市场上获得竞争优势。实现这一战略目标的主要方法有：

（1）集中拓展增长最快的细分市场

停止或衰退的市场和其他的市场一样，也包括众多的细分市场或小市场点。虽然整个产业处于停滞状态，其中的一个或多个细分市场也会快速地增长。具有敏锐观察力的竞争企业将自己的精力集中于快速发展的细分市场上，并且在满足这些细分市场上的购买者的需求方面表现突出，这些行动不但避免销售额和利润停滞不前，甚至可能获得具有决定意义的竞争优势。

（2）实施以产品创新和提高质量为基础的差别化经营

不管是改善的质量还是革新都可以通过创造新的重要成长细分市场或者引诱购买者购买更高价的东西来使需求恢复活力。成功的产品创新除了满足或打败竞争对手的价格方面的竞争之外又开辟了一条新的道路。以成功的创新为基础的差别化可以形成一种额外的优势，因为竞争对手模仿起来很困难并且代价很高。

（3）成为产业中的低成本制造商

处于停滞产业中的企业如果不能指望通过增加销量来提高收益的话，那就可以采用逐年追求创造性的压缩成本的方式提高利润和投资回报率，成本降低的措施主要包括：

（1）减少和去除价值链上收益少的活动；

（2）实现低成本的业务外包；

（3）利用能电子商务技术再造内部业务流程；

（4）调整没有被充分利用的生产设施；

（5）增加销售渠道以确保低成本生产所需要的产量；

（6）关闭低销量和高成本产品的分销网点；

（7）停止低利润产品的生产。

3．收缩与放弃战略

在此战略中，企业是通过消除或严格地削减新投资、减少设施的维修，并利用经营单位所有的一些残留实力来提高价格或以往持续销售的信誉中获取收益，从而使这种战略得以付诸实施。即使在广告及研发活动已大为减少的情况下，放弃战略是基于这样一个前提——即企业在衰退的初期早就把其营业单位卖掉，则还能够最大限度地获得净投资额的回收，而不是实行收获战略到后期才出售其营业单位。在某些情况下，在衰退之前或在成熟阶段就放弃营业可能是合乎需要的，一旦衰退明朗化，产业内外的资产买主将处于更强有力的讨价还价的地位。

需要指出是上述三种战略的基本思想都是一般战略的剥离，它们都是企业为适应艰难产业环境的状况而进行调整。并非所有在衰退产业中企业的业务都能获利，获利需要有一些先决条件，首要条件是企业具有能够生存的实力。如果企业不具备一定的经营实力，则在严峻的局面下企业的产品成本将升高，甚至出现大幅度的产品销售量下降的情况。

有吸引力的衰退产业应当是这样的产业：产品销售量下降得很慢，内部需求很大，在衰退中仍然存在一些能够盈利的细分市场或小市场点。

在产业衰退阶段，如果产业的结构导致竞争反复无常，竞争者就可能会利用企业投资不足的弱点夺取市场或迫使价格下降，由此抵消企业通过收获所拥有的低成本。

在停滞或衰落的市场上企业所犯的常见的战略错误：

（1）纠缠于无利可图的消耗战之中；

（2）过多地从业务中抽走现金流，从而使得业绩下降；

（3）对产业前景的估计过于乐观。

复习思考题

1. 试述产业的含义及产业环境分析的任务与内容。
2. 从战略决策环境角度来看，新兴产业的特征主要有哪些？
3. 在哪些情况下早期进入新兴产业对于企业是有利的？在哪些情况下企业或许面临较大风险？
4. 新兴产业中的企业经营可考虑选择哪些措施？
5. 描述成熟的产业中的竞争特点。
6. 成熟产业中企业制定战略应注意哪些问题？
7. 试述成熟产业中的企业竞争战略。
8. 分散产业形成的原因主要有哪些？
9. 阐述分散产业中企业常用的战略选择。
10. 分散产业中的专门化战略。
11. 描述衰退产业的竞争因素。
12. 简述衰退产业中的企业战略选择。

本章案例

2017 年中国汽车工业发展综合分析

一、汽车销量同比增长 3%

2017 年，我国汽车产销分别为 2 901.5 万辆和 2 887.9 万辆，同比分别增长 3.2%和 3%。

2017 年 12 月，国内汽车生产量为 304.1 万辆，同比和环比分别下降 0.7%和 1.3%，销售 306 万辆，同比和环比分别增长 0.1%和 3.5%，如图 7-3 所示。

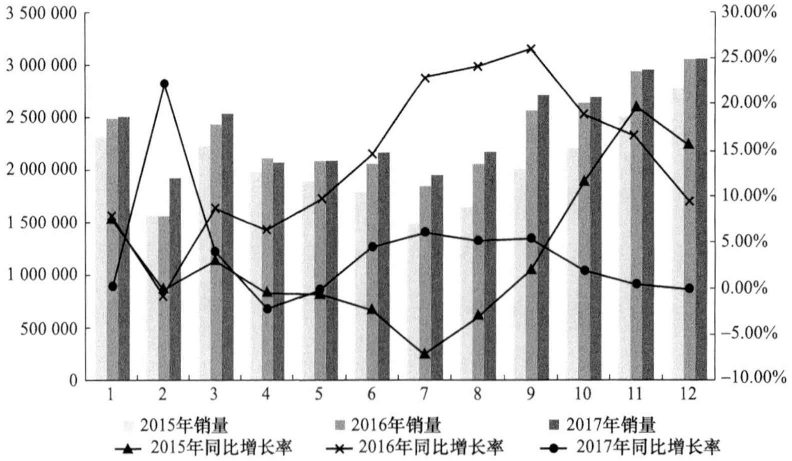

图 7-3　2015—2017 年月度汽车销量及同比变化情况

二、乘用车销量同比增长 1.4%

2017 年，我国乘用车累计产销量分别为 2 480.7 万辆和 2 471.8 万辆，同比分别增长 1.6%和 1.4%。其中，轿车产销分别为 1 193.8 万辆和 1 184.8 万辆，同比分别下降 1.4%和 2.5%；SUV 产销分别完成 1 028.7 万辆和 1 025.3 万辆，同比分别增长 12.4%和 13.3%；MPV 产销分别为 205.2 万辆和 207.1 万辆，同比分别下降 17.6%和 17.1%；交叉型乘用车产销分别为 53 万辆和 54.7 万辆，同比分别下降 20.4%和 20%。

2017 年 12 月，我国乘用车产销分别为 261 万辆和 265.3 万辆，同比分别下降 1.3%和 0.7%。其中，轿车产销分别为 123 万辆和 120 万辆，同比分别下降 1.3%和 4.4%；SUV 产销分别为 113.5 万辆和 117.3 万辆，同比分别增长 4.2%和 8.4%；MPV 产销分别为 19.9 万辆和 22.8 万辆，同比分别下降 19.5%和 16%；交叉型乘用车产销分别为 4.6 万辆和 5.2 万辆，同比分别下降 25.6%和 18.7%，如图 7-4 所示。

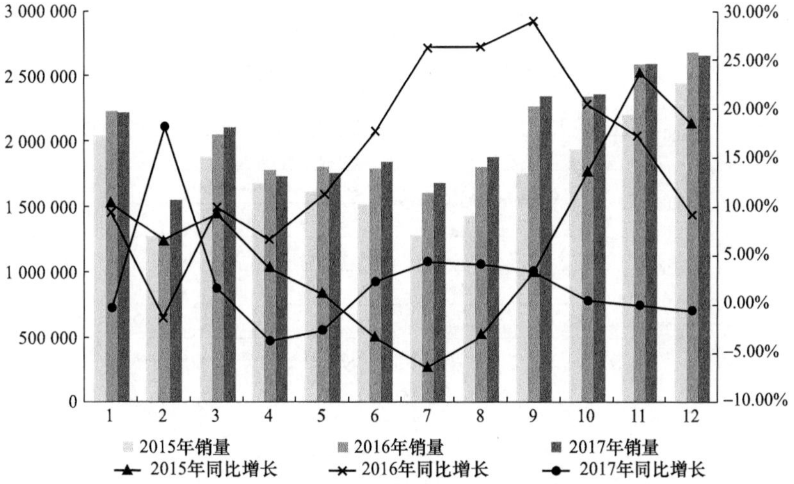

图 7-4 2015—2017 年月度乘用车销量及同比变化情况

三、新能源汽车销量同比增长 53.3%

2017 年，我国新能源汽车产销分别为 79.4 万辆和 77.7 万辆，同比分别增长 53.8%和 53.3%。其中，纯电动汽车产销分别为 66.7 万辆和 65.2 万辆，同比分别增长 59.8%和 59.6%；插电式混合动力汽车产销分别为 12.8 万辆和 12.4 万辆，同比分别增长 28.5%和 26.9%。

2017 年 12 月，新能源汽车产销分别为 14.9 万辆和 16.3 万辆，同比分别增长 68.5%和 56.8%。其中，纯电动汽车产销分别为 12.9 万辆和 14.4 万辆，同比分别增长 67.7%和 56.2%；插电式混合动力汽车产销分别为 2 万辆和 1.9 万辆，同比分别增长 73%和 60.9%。

四、消费结构升级，豪华品牌车需求增长超过 15%

近两年国内汽车市场消费升级，豪华品牌需求量增长速度超过 15%。2017 年前三季度，中国市场豪华品牌合计销售 184.3 万辆，同比增长 17%，占乘用车整体数量的 10.7%。参照美国乘用车市场 2005-2016 年的数据，同期美国乘用车市场年复合增长率为 0.3%。考虑国内豪华品牌渗透率目前处于较低水平（对比美国 14%），预计中长期国内豪华品牌渗透率有望达到 15%，增速有望长期超越行业平均水平，如图 7-5 和图 7-6 所示。

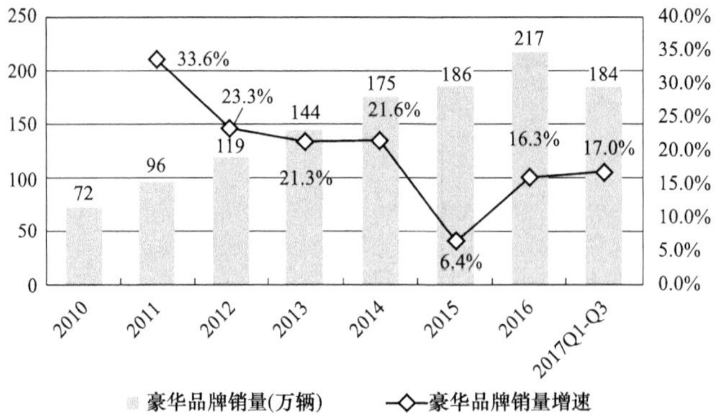

图 7-5　2010—2017 年中国豪车销量及增速

数据来源：根据相关公开资料整理

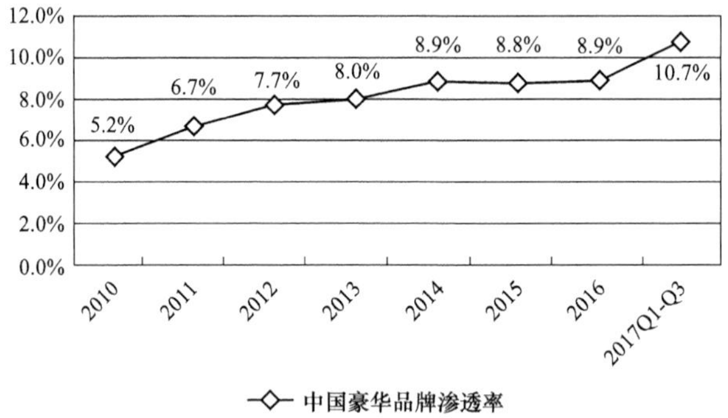

图 7-6　中国豪华品牌渗透率

资料来源：中华人民共和国工业和信息化部网站及相关公开资料

第3篇 企业战略的制订与执行

第8章 企业战略制订：评价与选择

战略制订者的任务不在于看清企业目前是什么样子，而在于看清企业将来是什么样子。

——约翰·W·蒂兹

战略管理不是一个魔术盒，也不只是一套技术。战略管理是分析式思维，是对资源的有效配置。计划不只是一堆数字，战略管理中最为重要的问题是根本不能被数量化的。

——彼得·德鲁克

本章要点

- 战略制订的基本过程
- 战略评价的内容方法
- 不同市场地位的企业战略制订
- 战略制订需要注意的问题

本章目标

- 熟悉战略制订的程序和步骤
- 掌握战略评价的方法
- 了解不同市场地位的企业战略制订

有英国谚语说：对一艘盲目航行的船来说，任何方向的风都是逆风。我国古代兵法：先算先胜，而后才求战。说的是打仗必须先谋划，算好了并且有胜算之后再出击，否则宁可按兵不动，两者从不同角度阐明了战略的制订的基本思想。

战略制订是确定战略的过程，是在战略环境分析的基础上，选择资源的有效配置及为顾客创造价值的基本谋略和具体方法。在不断变化的社会经济环境中，企业制订正确的战略面临许多不确定因素。因此，企业战略的制订不是简单地勾画一个未来的蓝图，而是根据企业自有资源来寻找其发展的方向，为企业选择适宜的战略，取得竞争的优势。

第 1 节　企业战略制订的过程

名家之言

战略的制订就是形成长期计划以有效地应对环境机会与威胁的过程。

——阿比斯·阿克哈法吉

战略制订引导决策者确定企业经营领域、经营目标以及目标实现途径。战略制订过程开始于公司使命的确定。

——（美）约翰·A. 皮尔斯二世　小查理·B. 鲁滨逊

制订和执行战略是管理一家公司的核心和灵魂。战略制订是公司整个管理团队的任务，管理者在确定方向方面的职责——制订战略过程、确定业绩目标以及选择能够产生预期效果的战略。

——（美）小阿瑟 A.汤普森　玛格丽特 A.彼得拉夫　约翰 E.甘布尔　A.J.斯特里克兰三世等

战略制订是战略形成的过程。现代战略管理理论认为战略制订至少应包含基础分析、公司战略、业务战略、职能战略的内容。战略制订要解决两个基本问题：目标是什么？如何实现你的目标？

企业战略制订过程是明确企业方向：愿景、使命、设定目标、制订战略、执行战略并对其结果进行评估，即运用一定的方法选择，制订特定战略的过程。在这一过程中，对企业所处环境的分析是十分必要的。

美国著名学者安索夫指出：战略是使公司适应其所处的环境。因此，只有全面了解企业战略制订时所面临的机会与威胁以及企业优势与弱点，才能选择合适的战略目标与实施方案。

8.1.1 企业战略制订的关键问题

1．战略制订者

企业战略制订者包括三个层次的战略决策者团队：公司层、经营层、职能层。此外，这个团队还应包括公司的各类基层管理人员。

2．战略环境分析

环境分析是战略制订的基础及首要任务，也称基础分析。基础分析的内容是战略制订的基石，在这一过程中，需要对企业的内外部环境进行深入了解和研究。对于内部分析、外部分析两部分，要根据其不同的特性采用适当的方法与研究工具，准确把握其特征。这里需要注意消除一种错误认识——认为基础分析仅只是分析员层次的工作。管理者要根据战略制订特定需求来设定，从来没有一成不变的分析思路和模式。战略制订外部环境对企业经营影响极大，企业制订战略必须考虑环境因素，如经济、政治法律、文化、技术环境等等。

另一方面，战略制订需考虑外部环境因素给企业经营带来的机会与威胁，了解核心竞争优势是什么，这是企业可以利用并进一步发掘以在市场竞争中获取优势的能力和资源。

3．战略体系的完整性

战略制订的体系包括企业战略、业务战略、职能战略。企业战略指的是企业层面的整体战略，业务战略指的是业务层面的总体战略和进一步细分层面的战略，职能战略指的是职能管理层面的战略。

企业战略包含愿景、使命、目标、在行业中的地位等因素，同时也可以考虑企业自身的运营模式、经营领域的选择等；业务战略的制订包含了更多的内容，既包括各类业务战略的不同内容，也包括各业务战略的协同及与总体战略的适应关系，它们应构成一个完整协调的系统；职能战略所涉及的范围、重点以及内容深度都需要结合企业层面、业务层面的战略内容，以助于实现整个的战略目标。

4．事业单位的划分

企业的事业单位是一项或者是几项相关业务组成的集合，这个集合是为了完成共同的事业，它应该有一个非常明确的事业定义，并可以用很短的一句话来描述这几个行政单位或组织所担负的职责；它有自己明确的竞争对手；还有专门的负责人员——也许是企业的高层管理者；还有专门负责这个事业方向的组织，它由一个或更多的职能部门和计划单位组成。更重要的是这个事业单位应该从战略规划中得到好处，而且它独立于其他事业单位，并自主制订规划，在规划的时候不会受其他事业单位规划的影响。

企业战略制订必须确定战略事业单位，以及这些战略事业单位应该在企业发展过程中所担负的职责。战略事业单位的确定要根据企业发展的需要，并非组织或企业现有的每个行政单位都要纳入战略规划中。构成一个事业单位的条件一是要有一定的规模，很小的组织一般都不是一个事业单位；二是要相对独立，有独立的竞争对手、独立的规划、独立的业务、独立的领导等；三是要能够从规划中获利。之所以能够把它确定成一个事业单位，对它做独立的规划，是因为对这个企业或组织的发展有非常大的好处。

仅仅划分出事业单位来还是不够的，还要进一步确定事业单位在战略制订过程中的职责。企业战略一般分为四个层次：第一个层次为公司战略，它由企业的高层管理者负责；第二个层次是事业战略，是按企业战略单位来制订战略，必须由事业单位负责人亲自负责；第三个层次是职能战略，是实施事业战略的战略，是为完成事业战略目标的各个部门的战略；第四个层次是经营运作战略，它是在基本经营运作单位的一个更具体范围的战略，包括生产工厂、销售区域以及职能领域内的各个部门的战略。图 8-1 所示的是一家业务多元化企业的战略制订金字塔。企业战略制订是一项系统工程，在图中所示的不同层次的战略之间必须互相支持，因而也互相影响。

5．战略创新

战略制订的创新包括指导理念创新、方法工具创新等。理念创新指的是在战略制订中运用创新的管理理念和经营思想指导战略制订理念；方法创新指运用区别于传统的工作方法进行战略制订，工具创新指的是运用新的分析工具或模型进行分析评价。战略创新的核心是企业的经营目标创新。经营目标决定了企业如何确定自己的顾客、竞争对手、竞争实力，也决定企业对关键性成功因素的认知和评价最终影响企业的竞争战略。

8.1.2 企业战略制订的内容与步骤

1．企业现行战略的评价

随着外部环境和自身资源条件的变化，企业原有和现行的战略可能存在不适应的地方需要调整，为制订新的战略首先必须识别企业的现行战略在哪些方面存在问题。因此，识别和鉴定企业现行的战略是制订新战略的前提。只有确认现行战略已不适用时，才有必要制订新战略。同时，也只有在认清现行战略缺陷的基础上，才能制订出较为适宜的新战略方案。

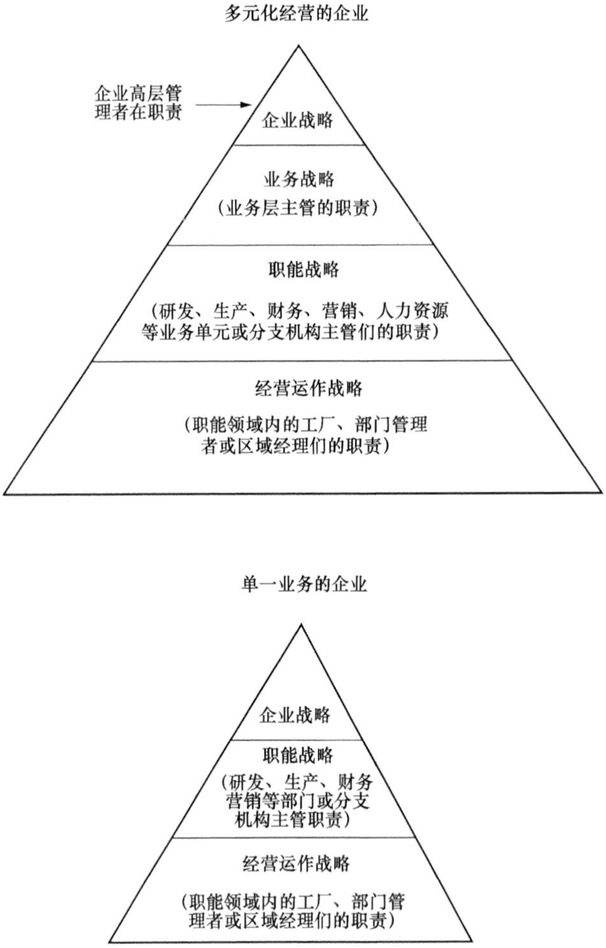

图 8-1　企业战略制订金字塔

企业战略必须明确的问题包括：企业如何满足顾客的需求？如何建立起竞争优势？如何获得业务的持续增长？如何选择并建立企业的业务单元？如何培养必要的组织能力？如何对变化的环境及不可预期的情况迅速做出适当的反应？如何达成企业的目标体系等等。需要注意的是对于这些问题的描述，应避免模糊或过于宽泛的解读，而要尽可能地做出完整清晰的阐述。

2．分析企业外部环境

对企业外部环境的调查、分析和预测，是企业战略制订的基础。通过环境分析，战略制定者可了解企业所面临的主要机会和威胁，研究竞争条件的变化及消费者需求的变化，分析现有和潜在竞争对手的未来的发展动向，发现未来一段时期社会、政治、经济、军事、文化等的发展动向。

行业变化是必然的，不过不是所有的变化都会对企业带来影响，战略制订要分清行业变革带来的主要影响、次要影响;对企业带来的直接影响、间接影响，并把这些影响系统分析。企业外部环境分析帮助战略制订者了解战略制订中有关战略环境的关键影响因素。

3．评估企业资源与能力

企业通过测定和评估自身的各项能力，摸清自身的状况，明确自身的优势与劣势。对企业内部资源和能力评估，包括企业的人力资源、财务资源、生产资源等方面进行系统评价，对这些资源对战略的支持和影响程度进行分析，包括定量与定性分析。对于企业能力的评价包括企业生产能力、营销能力等。上述两方面的分析评价应与同行业不同企业、不同区域的企业对比，以了解企业的优势、劣势。企业内部资源中的关键驱动因素，为明确企业的战略方向打下基础。

4．明确企业使命与宗旨

制订企业战略规划首先要明确企业宗旨，这样才能更好地实现企业的价值。明确经营目标企业发展才会有动力，就像一支军队需要有一个崇高的理想和明确的战略目的一样。愿景让士兵们都知道理想是什么并愿意为实现这个理想去战斗和献身，这样才能使这支军队保持常胜或战无不胜。

企业使命是指企业在社会经济发展中所应担当的角色和责任。是指企业的根本性质和存在的理由，说明企业的经营领域、经营思想，为企业目标的确立与战略的制订提供依据。企业在制订战略之前，必须先确定企业使命。企业使命是企业自己在商业环境中所选择的定位，企业终究是从事商业活动的，企业使命是企业明确其商业价值的重要一步，也是企业需要清晰的，其直接关系到企业战略规划的目标设定。

企业使命是企业生产经营的哲学定位和观念，它为企业确立了一个经营的基本指导思想、原则、方向、经营哲学等，它不是企业具体的战略目标，或者是抽象地存在，不一定表述为文字，但影响经营者的决策和思维。20 世纪 20 年代，AT&T 的创始人提出“要让美国的每个家庭和每间办公室都安上电话”，80 年代，微软的比尔•盖茨提出：“让美国的每个家庭和每间办公室桌上都有一台 PC”这就是对于企业使命的形象阐述。

5．制订企业战略规划

企业制订战略规划的步骤如图 8-2 所示。首先是战略环境的分析和预测，要分析企业的经营环境的特征。企业存在于一个特定的环境里，战略的制订是以环境分析为基础的。战略环境分析是企业战略管理的准备阶段，其中外部环境分析主要是了解宏观经济形势，分析行业状况和市场潜能。即认识企业发展所面临的机会和威胁，回答“我们可以选择什么”的问题。其次是进行内部分析，是从管理、市场营销、财务会计、生产作业、研究开发等核心业务出发的资源能力，通过建立比较优势，回答“我们能够选择什么”问题的过程。战略环境的分析与预测是战略制订的基础，因为没有科学的分析作支撑，战略制订只能是纸上谈兵。

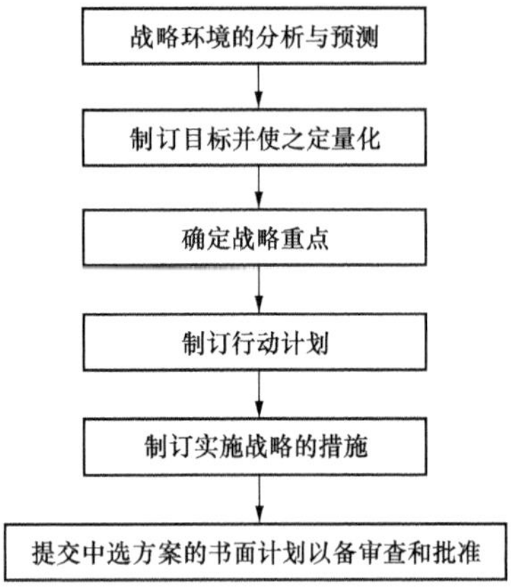

图 8-2　制订战略规划

6．确立企业的战略目标

制订企业战略目标之前要对其现状进行分析，SWOT 分析是常见方法之一。 根据 SWOT 分析找出企业的优势、劣势、面临的机会威胁等等，然后基于分析的结果做出一个判断，企业在制订新的战略目标时可以对内部做哪些变革、如何变革并确定变革的目标。

其次，是战略目标的制订。战略目标是企业战略构成的基本内容，它所表明的是企业在实现其使命过程中要达到的阶段性结果，能够进一步细分为长期战略目标和短期战术目标两大类：前者的实现期限通常超出一个现行的会计年度，通常为 5 年以上；后者是执行目标，是为实现长期战略目标而设定的短期目标，它的实现通常是在一个会计年度以内。

战略目标是企业使命的具体化，是企业追求的较大的目标，包括市场份额、利润率、客户服务、创新、生产率等。企业想要制订正确的企业战略，仅仅有明确的企业使命和功能定位还不够。必须把这些战略愿景转化成各种战略目标。

正确的战略目标对企业的行为具有重大指导作用：它是企业制订战略的基本依据和出发点，战略目标明确了企业的努力方向，体现了企业的具体期望，表明了企业的行动纲领；它是企业战略实施的指导原则，战略目标能使企业中的各项资源和力量集中起来，减少企业内部的冲突，提高管理效率和经济效益；它是企业战略控制的评价标准。

战略目标是企业使命和功能的具体化，一方面有关企业生存的各个部门都需要有目标，从不同侧面反映了企业的自我定位和发展方向；另一方面，目标还取决于个别企业的不同战略。因此，企业的战略目标是多元化的，既包括经济性目标，也包括非经济性目标；既包括定量目标，也包括定性目标。

一般情况下，企业战略目标可用以下指标表示：赢利能力用利润、投资收益率、每股平均收益、销售利润率等表示；市场销售情况用市场占有率、销售额或销售量来表示；生产效率用投入产出比率或单位产品成本表示；产品用产品线或产品的销售额和赢利能力、开发新产品的完成期表示；资金用资本构成、新增普通股、现金流量、流动资本、回收期等表示；生产用工作面积、固定费用或生产量表示；研究与开发用花费的货币量或完成的项目表示；组织用将实行的变革或将承担的项目表示；人力资源用缺勤率、迟到率、人员流动率、培训人数或将实施的培训计划数表示；社会责任用活动的类型、服务天数或财政支出表示。

企业不同领域的目标相互制约，但它们彼此必须保持内在的一致性。另外，企业战略目标应当是动态的，若环境条件发生变化，它们需要重新调整。

7. 拟订战略方案

战略方案（Strategic Program）是为实现企业战略目标，依据外部环境分析及企业资源与能力的结果，制订的具体行动计划与方案。战略方案为实现企业使命战略目标所拟定，是解决企业的重大经营问题的实施方案。其制订者需要制订多种可行的战略方案并加以科学性论证，根据企业的发展要求和经营目标，依据企业所面临的机遇和挑战，列出所有可能达到经营目标的战略方案。

对于企业而言，其战略目标的实现需要具体有效的实施方案，其主要问题在于战略目标的分解和执行：如何保证战略目标分解过程中各个目标的有效协同？如何保证战略计划的有效衔接？如何保证战略方案预算得到有效控制等等。

8. 评价和选择战略方案

是对各个战略方案的可行性、风险性及实施效果进行比较、分析判断的过程。战略管理者要根据股东、管理人员以及其他相关利益团体的价值观和期望目标，确定战略方案的评价标准，并依照标准对各战略方案加以评价和比较。

美国战略学家斯坦纳·麦纳认为评价战略时应考虑六个要素：

（1）环境的适应性。

（2）目标的一致性。

（3）竞争的优势性。

（4）预期的收益性。

（5）资源的配套性。

（6）战略的风险性。

企业家在制订优秀的战略时应在评价和比较战略方案的基础上，选择一个最满意的战略方案作为正式的战略方案。为了增强战略的适应性，企业往往选择一个或多个方案作为后备的战略方案。

战略实践 8-1

沈阳远大企业集团的“三自”国际化战略

沈阳远大集团有限公司（以下简称“沈阳远大”）成立于1993年，是从事建筑产业化相关领域的建筑幕墙、电梯制造、科技电工、工业住宅、环境工程等多元业务的大型国际化企业集团。2011—2012年，远大中国控股有限公司和博林特电梯股份有限公司分别独立上市。

多年来，沈阳远大秉持“科技引领市场，服务创造价值”的经营理念和“自主品牌，自主知识产权，自主市场营销网络”的“三自”发展战略，实施可持续发展的新型工业化道路，根据“全球化人才，国际化公司”的愿景，建成了一个产业规模庞大、技术实力雄厚、核心专利领先，极具国际品牌竞争力的世界级知名企业集团，成为全球第一的幕墙公司和中国自主电梯的第一品牌。

目前，沈阳远大集团的业务遍及140多个国家和地区的全球伙伴。自2007年开始，集团连续多年入选中国企业500强和中国制造业500强；2011年，沈阳远大凭借非凡的国际化声誉，成功进入中国100大跨国公司。

2008年金融危机爆发时，全球最著名的两个建筑研发设计企业瑞士旭密林和德国嘉特纳相继宣告破产，一些世界顶级建筑设计师面临失业。在德国、英国等多国著名公司的竞争中，沈阳集团推出“入股加盟”人才战略，规定在工程中国际级专家占股比例可高达30%至40%。成功地将22位世界级建筑设计专家收入麾下，组建起汇集高端技术人才的“国际大家庭”。

沈阳远大通过高水平研发，已拥有各类专利等知识产权785项。实现国际顶尖技术、人才与一流设备的完美结合，其建设的国际一流的科技园及人力研修院，已成为同行业中世界级的技术研发中心和人才中心，来自全球的科技人员按照“把远大的产品做成世界最新产品、一流产品”的目标，不断攻克关键技术，提高产品的科技起点，增加产品的科技含量。当世界同行业标准还没有制定出来的时候，远大集团的产品已应用到了实践。

资料来源：科技世界网 2014.7.29（有删减）

第2节　企业战略评价

战略评价是战略管理的过程的重要一环。要保证战略管理目标的顺利实现，必须通过战略评估体系对战略方案的制订及其实施效果进行评价，以便采取相应的措施对战略管理过程的控制。

8.2.1 战略评价的内容

1．战略评价的含义

战略评价是运用一定的方法和工具，对战略方案的科学性、可行性以及预计的实施效果进行的分析和评估。战略评价需要研究企业战略的实施基础，将预期战略实施结果与实际结果进行比较，制定合理的控制措施以保证战略目标实现。

与战略评价相近的还有战略评估，两个词含义比较接近，从不同的角度可有不同的理解。一般来讲，两者在确定性程度上并没有原则性的区别，但从使用的习惯来看，两者在实践运用中还是有差别的。战略评价侧重于战略方案的分析评价，战略评估所指范畴广泛些，可贯穿战略管理的全过程，包括战略方案评估，战略实施评估和战略绩效评估等。

2．战略评价的内容

战略评价涉及的内容十分广泛，它与战略制订和实施的内容相关。从总体上讲，战略评价要评价战略制订的环境，明确战略方案的制订与实施的可行性，分析企业的内外部环境的适应性；分析战略是否对企业资源利用得当；所涉及的风险；战略方案是否能够得到完成及控制等。

（1）战略环境评价。

战略环境评价（Strategic Environmental Assessment，简称 SEA）愿意为对政府部门的战略性决策行为及其可供选择方案的环境影响和效应进行系统的和综合性评价，可以为政府政策、规划、计划的制订和实施提供环境影响评价上的技术支持。

这一概念最早出现始于 1969 年美国国会通过的《国家环境政策法案》，该法案规定对环境有重大影响的联邦行为必须提交环境评价报告。荷兰在 1987 年建立了法定的 SEA 制度，要求对废弃物管理、饮水供应、能源与电力供应、土地利用规划等都进行环境影响评价。我国 2002 年通过的《中华人民共和国环境影响评价法》提出环境影响评价的范围不仅局限于建设项目，而拓展到了政府有关的经济发展规划，从项目评价进入到战略评价阶段。

（2）战略方案的经济性评价。

战略方案经济性评价指对战略方案的经济效益进行分析评价，对多个方案的经济效益进行比较和选优的分析论证过程。

战略方案的经济评价是要对其经济性进行全面系统的研究，通过给予定量和定性分析得出客观科学的结论，是战略方案评价的核心内容。

经济评价按内容可分为两类：一是只计算方案本身的直接效益和费用，即方案内部效果的财务评价；二是除计算内部效果外还计算方案的间接效益和费用，即方案的外部效果的国民经济评价。经济评价按方法还可分静态评价和动态评价：静态评价不考虑资金的时间价值，主要用于方案可行性研究初始阶段的粗略分析和评价，以及技术方案的初选，如静态投资回收期法、静态投资效果系数法等；动态评价则考虑资金的时间价值，采用复利计算把不同时点的支出和收益折算为相同的时点的价值，如动态投资回收期法等。

（3）战略方案实施的可行性评价。

有关战略方案实施的条件与基础评价，包括企业设备、人力和财务资源等生产要素条件分析与评价，战略方案实施的客观环境因素评价等。战略实施的可行性评价是战略能否实施的系统性分析，它需要回答一系列的问题，如企业是否有解决问题或者实施战略所需要的生产与经营能力以及其他特别能力；企业管理层是否有实施战略所必备的协调和综合管理能力； 企业是否有实施战略所需的资金及必备的融资渠道与融资能力；企业是否有能力应付竞争对手等等。

8.2.2 企业战略评价指标

战略管理者往往采用一系列的指标来评价企业战略实施的情况。这些指标既可以是定性的，也可以是定量的，但应与企业战略目标保持一致，能反映出企业内部的各种组织关系、企业变化和发展、企业的竞争地位及其在行业中的地位。这些指标主要有：

（1）投资收益率，常用来测定企业综合效益，是将税前收入除以总资产的比率。其评价作用是：

1）能够全面反映企业经营活动状况的综合性指标；

2）鼓励企业有效地使用现有资产，而不是扩大投资；

3）是企业之间进行比较的常用标准；

4）可说明企业投资决策是否正确及企业利用其资产获得利润的程度。

采用投资收益率进行战略评价的局限性主要在于：

1）对折旧政策敏感，折旧摊销的差异及不同的折旧方法都会影响投资收益率；

2）对账面价值很敏感，老厂折旧多，投资基数低，投资利润率高，人为地出售或缩减资产会提高投资利润率；

3）不同行业的不同企业所处的条件不同，投资收益率也不同，难以类比；

4）受经济周期的影响大。

（2）附加价值指标，是以附加价值（销售收入—原材料成本和外购零部件成本）为基础，评价企业的表现和对社会的贡献。

这一指标通常由两部分组成：

1）附加价值。即企业产品的新增价值。

2）附加价值收益率（税前净利/附加价值）。

（3）股东价值，是一定时期内分红和股价升值部分的总和，是股东财富。它可评价企业是否以超过股东要求的利润率增长。

（4）高层管理者评价指标。对高层管理者评价指标主要有投资利润率、资本收益率、每股赢利和股东价值，通过对企业获利情况的评价来评价高层管理者的业绩。在具体操作中，还会考虑其他因素，例如，高层管理者是否建立了合理的目标，是否与业务经理密切合作，是否制订出切合实际的战略实施计划，是否制订和采用了评价企业表现的衡量指标等。

（5）关键表现域指标。关键表现域是指对企业战略的成功具有举足轻重作用的那些方面，它反映了企业的主要战略目标，是建立行之有效的、合理的控制系统的前提条件之一。

战略管理者可以通过上述指标评价战略实施环境变化：企业内部的长处是否存在？企业有哪些新的长处？企业内部的短处是否存在？企业有哪些新的短处？企业外部的机会是否存在？企业新的机会在哪里？企业外部的威胁是否存在？有无变化？

由于环境的变化，今天成功的战略并不意味着明天也一定成功，也正是由于环境的变化，战略实施的控制系统必不可少。当今评价环境变化的方法主要是因素评价法。该方法将企业内外部环境因素列出评价表，然后将战略实施之前的评价表与实施过程的评价表进行比较，如果内容不变，企业战略管理者就不必采取调整措施；如果两个评价表的评价不同，则要按照战略制订的过程重新考虑。

管理者通过上述分析，可以对企业战略实施的业绩实况和环境变化状况有基本评价认识。这样将企业战略实施的实况与战略实施计划进行比较，确定两者之间的差距及形成差距的原因进而采取有效措施实施战略控制。

战略实践 8-2

何去何从的共享单车

2015 年 5 月第一辆共享单车首次出现在北大校园之后，迅速得到各路投资资本的疯狂追逐，各种共享单车公司纷纷出现，短短 2 年多时间，共享单车在中国各大城市集中投放量超过 2000 万辆。

距天津市区 40 公里的王庆坨镇，被称为“中国自行车第一镇”。这里曾聚集了数百家自行车生产企业，产值占到王庆坨镇 GDP 的 75%，从 2016 年底开始，在一年多时间里，这里迎来了共享单车订单热潮，也体验了平台纷纷离场后的迅速降温。

与此同时，全国各地许多城市的各个角落，被随意丢弃的共享单车比比皆是。在多个城市出现了很多的共享单车堆场。如何处理回收被遗忘、废弃的共享单车，甚至成为一个城市管理的难题。

《2018 年中国共享单车行业研究报告》数据显示，2017 年中国共享单车全行业累计投放单车 2300 万辆、覆盖 200 个城市。与此同时，包括悟空、町町、小蓝、酷奇、小鸣等在内的一大批共享单车品牌因为资金链断裂纷纷宣布倒闭或停止运营。

为了解决共享单车带来的问题，很多地方都出台了对共享单车企业的考核制度，比如广州市对共享单车企业考核分为运营服务、企业管理、秩序管理等 5 项，摩拜单车的总分是 62.92，ofo 的总分是 61.52。政府试图通过考核来促进企业对共享单车进行规范的管理，但是包括运维体系、车辆投放管理、禁停区管理等一系列的问题依然没有行之有效的方法，共享单车由乱到治，难点究竟在哪里？

面对这样的行业发展局面，以 ofo 和摩拜为首的头部共享单车企业的竞争壁垒也在逐步提高，留给其他小型共享单车企业的市场空间已十分有限。一些业内分析师认为共享单车行业已从高速发展进入到高效发展的新阶段，这要求企业从拼增量转变为拼效率拼服务，“效率第一”或将成未来各家企业提升核心竞争力的目标。

资料来源：央视财经评论 2018.8.3（有删减）

8.2.3 战略评价的工具与方法

1. 内部因素评价矩阵

内部因素评价矩阵（Internal Factor Evaluation Matrix，简称 IFE 矩阵），是对企业内部因素进行分析的工具，这种方法从优势和劣势两个方面找出影响企业未来发展的关键因素，根据各个因素影响程度的大小确定权数，按企业对各关键因素的有效反应程度对各关键因素进行评分，最后算出企业的总加权分数。这样通过对企业优势与劣势汇总，来评价企业的内部实力。

内部因素评价法的评价步骤：

（1）列出关键因素。通常选用反映企业优势和劣势的 10～20 个内部因素，这些因素需明确、真实具体，尽可能采用定量化指标，以方便比较。

（2）赋予每个因素以权重，其数值范围由 0（不重要）至 1.0（非常重要）。这些权重体现各因素对于企业经营在影响大小，所有权重之和等于 1。

（3）给各因素评分。1 分代表重要弱点；2 分代表次要弱点；3 分代表次要优势；4 分代表重要优势。其中优势的评分必须为 4 或 3，弱点的评分必须为 1 或 2。

（4）每个因素的权重与它的评分相乘，得到每个因素的加权分数。

（5）将所有因素的加权分数相加，得到企业的总加权分数。

无论 IFE 矩阵包含多少因素，其总加权分数的范围都从最低的 1.0 到最高的 4.0，平均分为 2.5。据此可判断总加权分数低于 2.5 的企业的内部经营状况处于相对弱势，而分数高于 2.5 的企业的则处于相对强势。

2．外部要素评价矩阵

外部因素评价矩阵（External Factor Evaluation Matrix，简称 EFE 矩阵）是对企业外部环境进行分析的工具，是从企业经营面临的机会和威胁两个方面找出影响其发展的关键因素。根据各个因素影响程度的大小确定权数，再按企业对各关键因素的反应程度对各关键因素进行评分，最后算出企业的总加权分数。

外部因素评价法的评价步骤：

（1）确定在外部环境关键因素。因素的数量最好在 10～20 个，包括影响企业及其所在产业的各种机会与威胁，数值尽量采用百分比、比率等，便于量化对比分析。

（2）赋予每个因素以权重。数值由 0（不重要）至 1.0（非常重要）， 权重反映该因素对于企业在经营的影响的相对大小。

（3）给各因素进行评分。1 分代表重要弱点；2 分代表次要弱点；3 分代表次要优势；4 分代表重要优势。其中优势的评分必须为 4 或 3，弱点的评分必须为 1 或 2。

（4）每个因素的权重乘以它的评分，得到每个因素的加权分数。

（5）将所有因素的加权分数相加，得到企业的总加权分数。

3．行业吸引力—竞争能力分析

行业吸引力—竞争能力分析法是由美国通用电气公司与麦肯锡咨询公司共同发展起来的。根据行业吸引力和经营单位的竞争能力，用矩阵来定出各经营单位在总体经营组合中的位置，据此来制定出不同的战略。如图 8-3 所示。

经营单位所处行业的吸引力按强度分成高、中、低三等。所评价的因素一般包括：

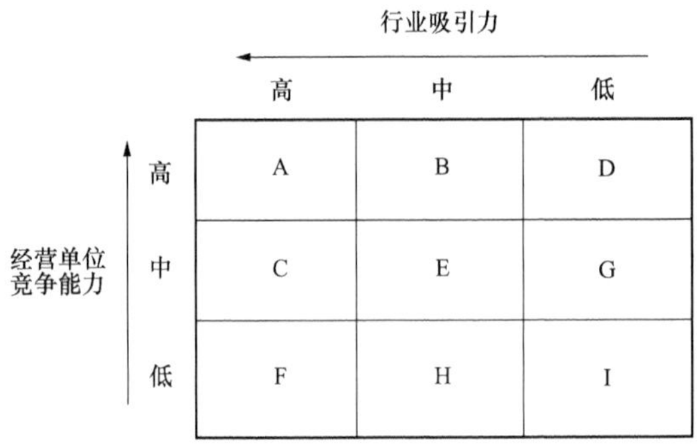

图 8-3　行业吸引力—竞争能力矩阵

行业规模、市场增长速度、产品价格的稳定性、市场的分散程度、行业内的竞争结构、行业利润、行业技术环境、社会因素、环境因素、法律因素、人文因素。

经营单位所具备的竞争能力按大小也分为高、中、低三等。所评价的因素包括：生产规模、增长情况、市场占有率、盈利性、技术地位、产品线宽度、产品质量及可靠性、单位形象、造成污染的情况及人员情况。行业吸引力的三个等级与经营单位竞争能力的三个等级构成一个具有 9 象限的矩阵，公司中的每一经营单位都可放置于矩阵中的每一位置。但总体来说，公司内的所有经营单位可归结为三类，而对不同类型的经营单位应采取不同的战略：

（1）发展类。这类包括处于 A、B 和 C 位置的经营单位。对于这一类经营单位，公司要采取发展战略，即要多投资以促进其快速发展。因为这类行业很有前途，经营单位又具有较强的竞争地位，因此应该多投资，以便巩固经营单位在行业中的地位。

（2）选择性投资类。这类包括处于 D、E 和 F 位置的经营单位。对这类单位，公司的投资要有选择性，选择其中条件较好的单位进行投资，对余者采取收获或放弃战略。

（3）收获或放弃类。这类包括处于 G、H 和 I 位置的经营单位。这类单位的行业吸引力和经营单位实力都较低，应采取不发展战略。对一些目前还有利润的经营单位，采取逐步回收资金的收获战略。而对不盈利又占用资金的单位则采取放弃战略。

4．战略地位与行动评价

战略行动评价矩阵（strategic position and action evaluation matrix，简称 SPACE 矩阵）采用两个内部分析维度：财务优势（FS）与竞争优势（CA）；两个外部分析维度：环境稳定性（ES）与产业优势（IS）来进行战略匹配分析。其中财务优势与环境稳定性构成纵坐标，竞争优势与产业优势构成横坐标，这样将企业的战略地位分为进取、保守、防御和竞争四个象限，如图 8-4 所示。

SPACE 矩阵的四个因素的分析指标：

财务优势：财务优势通常可采用投资收益、杠杆比率、偿债能力、流动资金、现金流动、退出市场的便利性、业务风险等指标来衡量。

环境稳定性：可采用技术变化、通货膨胀率、需求变化、竞争产品的价格范围、市场进入壁垒、竞争压力、价格需求弹性等指标来评价。

竞争优势：可采用市场份额、产品质量、产品生命周期、用户忠诚度、竞争能力利用率、专有技术知识、对供应商和经销商的控制等指标来评价。

产业优势：可利用产业的增长潜力、盈利潜力、业绩稳定性、专有技术知识、资源利用、资本密集性、进入市场的便利性、生产效率和生产能力利用率等指标来进行评价。

在 SPACE 矩阵分析中，FS、ES、CA IS 都是复合指标。对它们进行评价时，需要对其内部的各个分指标进行加权，同时对每一个分指标进行评分。FS 评分范围为 1～5 分，分值越高，表示企业越具财务优势。ES 评分范围为－1～－5 分，其中，－1 分表示环境非常稳定，－5 分表示环境极不稳定。IS 评分范围为 1～5 分，分值越高表示产业越具价值和吸引力。CA 评分范围为－1～－5 分，－1 分为极具竞争优势，－5 分表示企业劣势非常明显。

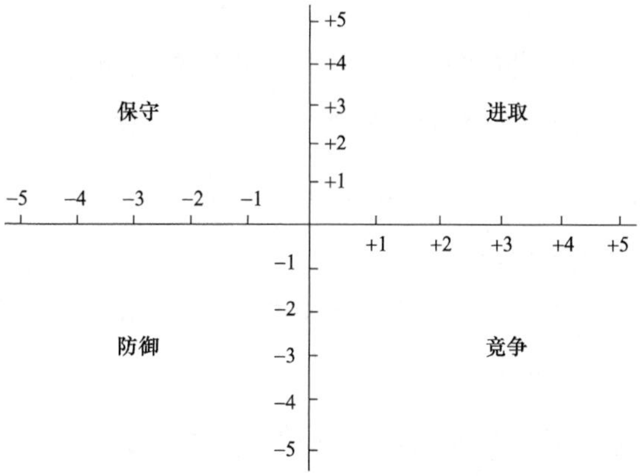

图 8-4　战略地位与行动评价矩阵

SPACE 矩阵的建立步骤：

（1）分别选择构成财务优势（FS）、竞争优势（CA）、环境稳定性（ES）和产业优势（IS）的一组变量，确定组内变量的权重。

（2）对各个变量进行评分。

（3）计算四个变量的加权评分，作为四个维度的分值。

（4）将 FS、ES、CA IS 的分值标在相应维度的坐标轴上。

（5）将 X 轴上的两个分数相加，计算出其平均值，并以此值作为企业战略地位的横坐标；将 Y 轴上的两个分数相加，计算出其平均值，作为企业战略地位的纵坐标。

（6）依据企业战略地位的横坐标与纵坐标定位出企业的战略地位，并作记号 X，从原点引一条线段到 X。

战略地位分为进取、保守、防御和竞争四类区域，不同区域代表着企业应考虑的战略行动。具体表现为：①进取象限：宜采取市场渗透、市场开发、产品开发、一体化、多元化或组合化战略；②保守象限：宜采取市场渗透、市场开发、产品开发、聚集化战略；③防御象限：宜采取紧缩、剥离、清算和集中多元化战略；④竞争象限：宜采取后向一体化、前向一体化、横向一体化、市场渗透、开发以及合资战略。

第 3 节　不同市场地位企业的战略制订

8.3.1　产业领导者

产业领导者是指在同产业中居于领导地位的企业，其在同产业内的市场竞争地位通常会比平均水平高。处于产业领导者地位的企业一般都享有良好的市场信誉及雄厚的经营实力，在相关产品的市场销量中占有最大的市场份额，并在新产品开发、价格变动、分销渠道及促销等方面支配和领导着其他企业。但是这些市场领导者既受到其他企业的尊重，但也往往成为竞争者攻击的目标，因而产业领导者需要制订正确的战略并有效实施这些战略以巩固其领导地位。

产业领导者要关注的主要的战略问题是维护其领导地位。处于产业领导地位和拥有较大的市场份额的可以为企业带来竞争优势，提升其赢利能力而使之规模进一步扩大甚至成为产业内最大的企业。产业领导者可选择的战略包括：

1．增大市场对其产品的需求总量

当一种产品的市场需求总量扩大时，受益最大的是处于领先地位的企业。市场领导者可以从三个方面扩大市场需求量：①开拓新的市场，开发新的用户使市场需求增加，如说服男士使用香水；②开辟产品的新用途：如杜邦公司开发的尼龙产品，最初是用作降落伞的合成纤维，后来用作丝袜的纤维，新用途的开发可以扩大市场需求；③增加使用量：设法促使顾客增加产品使用量亦可有效扩大需求。

2．保持企业产品的市场占有率

产业领导者在扩大市场需求总量的同时，还必须时刻面对竞争者的挑战，保卫自己的市场地位，保护市场占有率战略通常有：

（1）防御战略。具体包括以下几种形式：

1）阵地防御。即在现有市场区域建立防线，以保卫自己目前的市场和产品。如申请专利加大进入壁垒等。阵地防御属于静态防御，是防御的基本形式，但不能作为唯一形式。

2）侧翼防御。领导者在进行阵地防御的同时还应特别注意其侧翼薄弱环节，适当建立一些侧翼或其前哨阵地作为防御的倚角，以防其他企业乘虚而入。

3）以攻为守。这是一种先发制人的防御。这种战略主张预防为主，即当竞争者的市场占有率达到某一危险高度时就主动对其发动攻击，如促销战、价格战、服务战等。

4）反击防御。当某一产业的领导者遭到竞争对手发动降价、促销、投放新产品等市场攻势时，不能只是被动迎战而应主动反攻入侵者的主要市场阵地，以迫使其撤回力量守卫本土。

5）运动防御。即不仅防御目前的市场阵地而且还要扩展到新的市场领域，还将这些新的市场领域作为未来防御和进攻的中心，从而增加防御和进攻战略选择的灵活性。向新的市场领域扩展的主要方式是通过市场扩大化和经营多角化来实现。

6）收缩防御。当某一产业的领导者认识到它已无力防守住所有阵地时，最适宜的行动是有计划地收缩其战线进行战略撤退，放弃一些较弱的领域以便集中力量于较强领域。以保存并巩固企业在市场上的竞争实力的战略即为收缩战略。

（2）进攻战略。

进攻战略的核心目标是成为最早的行动者。其基本原则就是始终抢先一步占据有利地位，迫使竞争对手做出回应。例如在技术方面要成为产业技术标准的制订者，就要坚持技术创新，使产品技术性能、功能特色等方面始终处于产业领先水平。而低成本领先者必须能确定成本降低的节奏，差异化者必须能够不断地想出新的办法使自己的产品与那些不断模仿竞争对手的产品品牌区别开来，从而成为竞争对手的产品进行比较的标准。

进攻战略还可以拓展产业总体的需求——推出新的产品系列、使产品适应国际市场上的顾客需求。发现产品的新用途、吸引产品的新使用者、促使使用者更加频繁地使用产品。进攻战略需要采取的战略还包括采取比整个产业发展速度更快的战略，并且努力从竞争对手那里攫取市场份额。如果一个产业领导者的增长率不能达到或者超过产业的平均水平，它就会把自己的地位拱手让给竞争对手。

进攻和防御战略适用那些已经获得了产业的领导地位、同时又不希望受到政府反垄断行动制裁的企业。这种战略实施效果良好的前提是企业利用现在的地位获取利润和现金流。由于产业的成长前景不清晰，或者因为进一步扩大市场份额似乎不一定有利可图。加强防御战略在所有的情况下要求企业努力跟上市场整体的发展速度以防止市场份额被蚕食，并且要对业务有足够的再投资，以保护作为领先者所具有的竞争能力。

产业领先者还可以利用各种压力迫使当前的顾客不再使用竞争对手的产品。这些方法包括：如果顾客使用竞争对手的产品，企业就表示强烈的不满；争取顾客同意与自己签订独家协议，这样才能得到更好的价格；向顾客宣传如果使用竞争对手的产品，他们将支付较高的费用；向部分顾客保证，如果他们不使用竞争对手的产品，他们就可以得到特殊的折扣或者优惠的待遇。

战略实践 8-3

京东助力构建可持续产业链

电商作为新经济的重要组成部分，已经在信息化、数据化方面已经走在了时代前列。其在营销、物流、售后服务、质控、金融服务和技术支撑等价值链上具备助力实体经济转型升级的能力。

京东建立的世界先进的供应链体系，是中国 3C 产品线上线下最大的销售平台，汇聚了海量的优质用户数据。借助大数据技术，京东已经与供应商实现了良性互动。如神舟笔记本与京东深度合作，京东为神舟提供定制化的大数据分析报告。

京东基于对销售数据和用户购买习惯的分析得出结论：虽然中国的灯具市场已经很成熟，但对于逐渐成为消费市场主力的“80 后”“90 后”来说，越来越陷入“无灯可选”的尴尬境地。“要么是毫无特色的吸顶灯，要么是夸张奢华的大型水晶灯”是当前灯具市场的真实状态，很多年轻消费者为了得到时尚且设计感、科技感强的灯具采取从国外代购方式。为此，京东企业家居事业部与国内最大的照明企业雷士照明公司展开合作，针对“80 后”“90 后”新一代消费群体推出全新的高端设计师产品，以满足年轻人对品质化、个性化的追求。

京东在 2015 年初提出了农村电商发展的“3F 战略”，即工业品进农村战略、农村金融战略和生鲜电商战略，并致力于解决农民购买优质产品难、贷款难、赚钱难等问题。立足“一村一品一店”的特产营销模式，京东集团在具备一定网上销售基础的地区，建立京东线上特产馆，同时在线下建设特色馆。齐峰果业是中国猕猴桃销量领先的企业，其产品有品质、有规模，却无品牌、附加值低。与京东合作后，2016 年 9 月至 12 月，该公司的猕猴桃产品在京东自营平台销售额达 1000 万元，大约有 500 万人选购了“爱奇果”牌猕猴桃，该品牌复购率达到 17%。

资料来源：人民日报　2017 年 03 月 14 日（17 版）

8.3.2　产业中的中游企业

1．中游企业在产业中的地位

中游企业如果实施模仿性的战略就很难成功地挑战产业领导者。中游企业的市场份额通常比领导者的市场份额要小。事实上，每个产业中的中游企业数量是最大的，他们缺乏足够的资源和竞争强势，在市场竞争中只能继续处于跟随的地位，跟随由市场领先者确立的行动导向。

中游企业的赢利能力小就不能对抗那些大的企业的观点不一定是正确的。许多中小企业的利润水平并不低，而且它们在顾客中有良好的声誉，所以它们往往以灵活的经营在产业竞争中占有重要的地位。如果那些大企业的规模经济效应和学习曲线效应相对比较小，最终没有带来显著的成本优势的话，中游企业具有相当大的战略优势和灵活性。

2. 中游企业的战略选择

（1）以攻势战略扩大市场份额。中游企业一般很难通过模仿一流企业的战略方式提高自己的竞争地位。因此其竞争战略的原则应是避免采用模仿战略与领先者进行正面竞争。

如果中游企业想成为产业领导者，赢得大的市场份额，就必须扩大其在市场上的影响。在这种情况下企业战略选择可以考虑下述战略中的一种或几种：

①最先在技术方面取得跳跃性突破；

②比竞争对手更早地开发出新产品，率先赢得产品的声誉；

③在适应不断变化的市场环境和顾客期望方面，比那些反应慢的市场领先者更灵活、更具有创造性；

④与关键的分销商、交易商或互补产品的营销商建立战略联盟；

⑤寻找显著降低成本的途径，从成本更高、价格更高的竞争对手那里吸引顾客；

⑥与竞争对手的企业合并，实现规模经济效应；

⑦以好的质量、技术、服务、产品创新为基础设计有吸引力的差异化战略。

（2）通过并购实现扩张的战略。对于中游企业来说，最常采用的战略就是收购或者兼并竞争对手，形成具有更强大的竞争力和的市场份额的新企业。企业要通过收购兼并战略取得成功，其高层管理者必须具备下述能力：使被兼并的企业的经营活动与原有企业密切整合、避免机构重叠、提高效率和压缩成本、以一种能够从根本上取得更强大的竞争力的方式重新配置整合后的资源。

（3）空白市场开拓战略。是将企业的精力集中在市场领导者忽略的顾客或者最终用户。理想的空缺市场点应该有足够的规模和范围使企业赢得利润，它应当有一定的成长潜力，甚至与企业所具有的资源和优势相适应，甚至是出于某种原因，占据领先地位的企业很难满足这个市场需要的理想状态。

（4）专业化战略。实施这一战略的目的是通过在某一特定领域建立起领先地位而强化企业的资源优势和能力，以进一步形成企业的竞争优势。高技术产业中的许多企业都试图致力于专业化而使自己成为某个特定技术领域中的领先者；他们的竞争优势都是顾客相当看重的精湛的技术、技术性专业知识不断打败竞争对手的能力。

（5）优质产品战略。其基础是卓越的产品质量或者独特的属性。实施这种战略的企业的市场营销活动直接面向那些对质量敏感和以性能为导向的购买者。精湛的工艺、卓越的质量、不断的产品创新或者同顾客签订的合同以吸引他们参与企业的开发更好产品的活动。

（6）差异化战略。有些中游企业采用的是能够使自己企业与竞争对手区别开来的方式制订自己的战略。可以选择的具体战略途径很多，如形成定价最低的声誉；以最适中的价格为购买者提供卓越的质量；竭尽全力提供卓越的顾客服务；设计独特的产品属性；在新产品推出方面成为领导者；设计不同寻常的创造性广告等。

（7）满意跟随者战略。满意跟随者不去模仿潮流领导者的战略行动，也不积极地从领导者手中攫取顾客，更喜欢采用那种不至于激起报复行动的策略。实施这种战略的企业往往只是做出反应而不会主动采取某种行动或提出挑战。在价格方面这些企业几乎不会与领先者在价格出现差异，只满足于维持当前的市场地位。

8.3.3 弱小及陷入危机的企业

如果一个企业的经营陷入危机，则需要采用转变战略，以尽快遏止企业的危机局面和面临的竞争和财务劣势。这类企业在制订战略过程中的第一项任务就是分析业绩低的根源。

造成企业经营困境的原因通常包括：

（1）资产结构方面。负债过大导致经营所需要的资金紧张；对销售增长的前景估计过于乐观，忽略了某些通过降价等过于积极的行动来购买市场份额而导致的利润下降的影响；

（2）生产管理方面。由于不能充分利用现有生产能力而导致固定成本过高；在新产品开发方面，为提高企业竞争地位和盈利能力投入大量的资金用于研究与开发，却没有获得有效的革新发明，将赌注全压在技术的长远成功之上；

（3）市场经营方面。对企业进入新市场的能力过于乐观，频繁地调整战略，被竞争对手抓住时机超过。

为有效解决上述问题，企业可以采取如下行动：

（1）剥离一部分资产，将筹集的资金挽救现有业务。具体措施包括：变卖企业的一部分资产。通过处理企业资产中的非核心部分的方法，可以支持核心业务的发展和战略更新。

（2）进行战略调整。低下的业绩往往是由糟糕的战略所导致的。这时，企业需要对战略进行全面调整。可以考虑的战略选择包括：转向一个新的竞争路径，重新确立企业的市场位置；彻底检查企业的内部经营活动和各个职能领域的战略，以便更好地支持原来的业务战略；同产业中的另一家企业合并，制订新的战略，以新合并的企业的强势为基础；进行收缩，减少核心产品和核心顾客，并使其更加紧密地与企业的资源能力匹配起来。

（3）提高销量以增加企业收入。具体的实现途径有降低价格、削减成本、采取联合战略等。

1）降低价格。通过加强促销力度，扩大销售队伍，增强顾客服务，快速对产品进行改造等方法实现；

2）削减成本。削减成本的转变战略有效的条件：处于弱势的企业的价值链和成本结构有足够的灵活性使得企业能够进行根本性的调整；企业在经营的过程中存在的缺陷能够确定并可以纠正；企业的成本中有着明显的无用部分，生产中有很多环节能实现成本削减。为实现转变战略，企业可以考虑削减管理费用，去掉价值链上的非关键性和低附加值的活动，对现有的设备进行现代化改造以提高生产率，推迟非关键性资本开销，进行债务重组以减少利息成本和延长偿付期。

3）采取联合战略。采取联合战略在严峻的市场环境下是很有吸引力的，因为这种环境要求企业能够在比较宽的领域内快速采取行动。如果企业聘用了新的管理者，并给予他们充分自由的决策权，采取各种他们认为合适的行动，则联合措施通常会发挥作用。企业所面临的经营问题越严重，解决方案涉及复合战略行动的可能性就越大。

第4节　企业战略制订中常见的问题

8.4.1　忽视道德和企业的社会责任

公司的战略制订为什么要重视道德和企业社会责任的履行？其根本原因有两个：不道德的战略在伦理上是错误的，说明公司员工的品质有问题；道德的战略能够成就好的业务并服务于股东的利益。具有高尚道德情操的战略制订者能够倡导公司的道德准则和严格服从道德，维护公司价值观和道德的业务准则。

忽视正确的价值观和不遵守公司的业务准则与道德标准，不履行企业对公众和消费者有关道德准则和社会责任的承诺的战略理念往往会导致战略制订指导思想的严重错误，甚至带来企业经营危机和严重的社会后果。道德高尚的管理者会有意识地选择那些能够经受严格道德考验的战略行为——他们不能容忍战略中有道德争议的因素。

战略实践 8-4

伯特小蜜蜂：基于企业社会责任的战略

伯特小蜜蜂是美国一家个人护理用品的领先公司，它提供了包括蜂蜡唇膏和护肤乳在内的2000多种产品。当消费者开始喜欢纯天然、环境友好型的产品时，该品牌开始获得巨大的成功。2012年其收入达到2.5亿美元。公司经营的成功要归功于其熟练地使用企业社会责任作为其与消费者打交道和与竞争者区别开来的战略工具。

当许多公司热情欢迎企业社会责任时，很少有公司能够像伯特小蜜蜂那样将企业社会责任无缝地与组织整合。公司的业务模式集中于它们称为“伟大的优秀”的原则，该原则详细阐明的实践必须对社会负责。该战略的实施由一个特别委员会进行，该委员会致力于领导组织在三个主要领域实现企业社会责任目标：自然福祉、人道主义责任和环境的可持续性。自然福祉关注于创造伯特小蜜蜂产品的成分。伯特小蜜蜂的产品平均含有99%以上的天然成分；到2020年，公司希望能够生产100%的纯天然产品。伯特小蜜蜂的人道主义关注于公司与顾客和供应商的关系。这一活动的关键部分集中于四个关键领域：扩展、健康、世界级领导力和环境。

高乐氏公司收购伯特小蜜蜂时，引起了顾客的强烈反应。高乐氏的传统形象与小蜜蜂的价值观形成鲜明的对比。尽管伯特小蜜蜂仅仅是高乐氏总收入的很小部分，它仍然是该公司快速增长的部门。

8.4.2 盲目追求利润

这是一种常见的决策失误，其原因既有战略制订者的主观认识问题，也有一些其他客观因素的影响。例如一个创建伊始的企业为了实现更大的发展，急需更多的资金，企业管理者自然希望在短期内赢得大量的利润；还有一些战略制订者之所以热衷于短期利润目标，是因为他们希望能够较快地给员工增加收入，博得员工的认可和拥戴。另外，来自投资方的压力也可能影响到企业的战略决策，使高层管理者被迫在企业的长期利益和短期利益之间做出妥协。

盲目追求利润使企业的战略制定缺乏长远目标的考虑，对企业经营的危害很大，主要表现在：

（1）忽视竞争优势的培养过程。短期利润目标通常反映的是一定时期的企业绩效，而对竞争优势的培养有时却要持续相当长的时期。

（2）使企业迷失战略方向。单纯追逐利润目标的企业领导者很容易受到市场机会的诱惑，把企业的成长寄托在迎合市场潮流、热点上。其实，善于发现和捕捉市场机会并不是什么错误，而是一名优秀的企业管理者应该具备的能力。当市场机会不时地出现在各个不同的方向时，根据利润最大化原则制订的决策会导致一种漫无方向的成长策略，破坏战略性资源的连续积累过程，这对企业的长期利益自然是有害无益的。每一种市场机会中都包含着风险，这些机会的价值很大程度上取决于一个企业驾驭风险、把握机会的能力，而这种能力又与战略性资源的积累水平有关。

（3）使企业难以对外界环境的变化及时做出反应。企业的成长战略是一项前瞻性的计划，是对未来不确定性的研究和对策准备，换句话说，就是对未来环境的可能变化做好应变准备。战略的这种性质要求企业领导人应立足当前，认真地为企业的未来做出规划。如果企业过分追求短期利润，必然使决策者为日常琐事所吸引，被当前的胜利所迷惑，不可能也不会主动预测未来市场的发展变化，因而会丧失好的市场机会，甚至会因此丧失已有的竞争优势。

（4）导致企业伦理的丧失。企业领导为了追求短期利润而置消费者的利益于不顾，这是利益误区中一个最危险的错误。有些企业在创办初期，以高质量的产品赢得了很多消费者。但随着市场需求的陡然上升，某些企业便开始为在短期内获得较高的利润而去走“捷径”，采用种种对消费者不负责任的做法。

拓展阅读 8-1

国家药监局通报对长春长生公司狂犬病疫苗案件处理情况

国家药监局负责人今天通报长春长生生物科技有限责任公司违法违规生产冻干人用狂犬病疫苗案件有关情况。

2018年7月5日，国家药监局会同吉林省局对长春长生公司进行检查，同月15日，国家药监局与吉林省局组成调查组进驻企业全面开展调查并于当天发布了《关于长春长生生物科技有限责任公司违法违规生产冻干人用狂犬病疫苗的通告》。

按照我国疫苗生产、管理有关规定，所有企业上市销售的疫苗，均需报请中国食品药品检定研究院批签发，批签发过程中要对所有批次疫苗安全性进行检验，对一定比例批次疫苗有效性进行检验。据查，该企业编造生产记录和产品检验记录，随意变更工艺参数和设备。这些行为严重违反了《中华人民共和国药品管理法》《药品生产质量管理规范》有关规定，国家药监局已责令企业停止生产，收回药品 GMP 证书，召回尚未使用的狂犬病疫苗。国家药监局会同吉林省局已对企业立案调查，涉嫌犯罪的移送公安机关追究刑事责任。

目前，药监局已部署全国疫苗生产企业进行自查，确保企业按批准的工艺组织生产，严格遵守 GMP 生产规范，所有生产检验过程数据要真实、完整、可靠，可以追溯。国家药监局将组织对所有疫苗生产企业进行飞行检查，对违反法律法规规定的行为严肃查处。

资料来源：中国日报客户端 2018.7.22 （有删减）

8.4.3 陷入多元化战略误区

多元化经营也称多角化经营或多样化经营，它是指一个企业同时生产和提供两种以上不同的产品或服务。实践中，随着一些企业多元化经营的失败，人们开始意识到这种战略不适应所有经营条件，不成功的多元化战略实践是源于人们认识上的一些误区。

（1）盲目追求市场机会。多数企业往往希望通过多元化战略来开拓经营空间，建立一个新的利益增长点。但却容易忽略这样一个事实，即不少多元化战略都以失败而告终，其失败原因往往在于企业原有竞争优势不能有效地转移到新的目标行业中去。企业在确定多元化经营将要进入的目标行业时，应当以该行业能否使自己充分发挥并增强竞争优势为指导思想，应首先判断自身现有的竞争优势是否能延伸扩展至目标行业。

（2）不论业务是否与主业相关。实际上多元化战略有不同的分类，如市场相关多元化、技术相关多元化等。市场——技术相关多元化及非相关多元化等。实际上多元化战略可归为两个大类：相关多元化和不相关多元化。这两种多元化战略各有利弊且各有适用的条件，但总的说来，实行相关型多元化战略对企业更为有利。这是因为：

第一，相关多元化战略更有利于企业将其原有的生产技术、销售、辅助等活动上的竞争优势扩展到新的行业中去，因此相关多元化战略的企业更容易在新行业中立足并逐渐成长壮大。

第二，选择不同的多元化经营战略模式，对企业经营绩效的影响是不同的。采用相关多元化战略的企业投资收益率最高，而非相关多元化的企业收益率最低。

一般说来，优化资源配置常被视为多元化战略的一大优点。这是因为多元化战略的实施可以在企业内部建立一个资本市场，通过内部各部门之间资金的调度可帮助企业尽可能地把握住一切有利的市场机会。不同种类的多元化战略，其资源配置效率是不一样的。如果一个企业的各投资项目间存在着关联关系，即该企业实行相关多元化经营，这时通过内部资本市场配置资源的效率最大。反之，在业务高度分散的企业中，内部资本市场和外部市场的资源配置相比并不具备优势，其资源优化配置的效率难以体现。

（3）认为多元化一定能降低风险。企业实行多元化战略的最主要动因即在于降低风险，实现企业经营利润总体水平的稳定。其实，多元化自身也存在着较大的风险。由于企业多样化失败的概率往往非常大，给企业带来的影响则可能是致命的。多元化经营既可能降低企业的风险，也有可能加大企业的风险，企业在多元化经营之前一定要首先重视评估风险。

一般说来，企业风险主要有两种类型：经营风险和财务风险。

经营风险是指生产经营的不确定性带来的风险。固特异企业便是遭受了经营风险的危害而导致多样化的失败。

财务风险是指因借款而增加的风险。多样化的途径不同，所面临的两种风险也各不相同。就经营风险而言，靠内部发展进入多样化经营的企业由于有一个规模由小到大的缓慢过程，相比之下这种风险要小一些。而靠兼并进入多样化经营的企业却面临着巨大的风险，企业文化的冲突、人际关系的协调、管理人才的匮乏、组织结构的整合等，任何一个环节出了纰漏，都可能导致企业陷入危机。

另外，从企业主业中抽取资金，可能会导致主营业务的萎缩；从金融机构借贷，由于利率、汇率、政策等的变化可能会使企业背上难以承受的债务，因此企业应当充分认识到多样化经营对于风险的两面影响，切实从企业的实际情况出发决定多样化经营战略。

实施多元化战略的企业中往往会存在一些经营不良的部门，而管理者通常不愿看到这些部门经营不力，故而常常对这些部门进行过度补贴和投资，这就不可避免地导致企业效益和效率的降低；同时随着企业组织规模的不断扩大，分权往往成为必须选择的道路，而由此产生的信息不对称成本在多元化经营企业中要明显高于单一经营的企业，这也会导致企业效益和效率的下降。

8.4.4 战略制订缺乏动态性

战略制订要重视与环境的适应性，体现环境变化的要求和特点并具有连续性，也就是说战略制订需要有动态性。实际上，战略的适应性和连续性是战略制定需要解决的重大课题。战略的本质是适应环境，要求战略制定随着环境的改变而改变，快速适应环境的变化。

战略目标的确立和战略方案的制订关系到企业发展各方面的决策，其实施需要相关资源的支持需要企业持续的投入，对企业经营影响很大、持续时间长且不宜随意终止，否则会影响战略的实施。

战略制订缺乏动态性要求战略制订与实施之间建立紧密的联系，将战略制订与实施者的角色显性地融入战略制订与实施之中。动态视角下的战略制订需要企业维持内部资源、能力与向外部环境提供适用的产品输出之间的动态平衡。战略制订需要强调与竞争环境的整体之间的动态平衡，企业与环境之间的相互依赖性，决定了战略制订与实施的动态特性。

组织结构的滞后性组织结构的变化常常要慢于战略的改革。其原因主要有两个：第一，新旧结构的交替需要一定的时间。当环境发生新的变化，企业首先考虑的是战略调整。新的战略制订上来后，企业才能根据新战略的要求来改组企业的组织结构。二是旧的组织结构都有一定的惯性，它们首先来自管理人员的抵制，因为他们对原有的组织结构已经熟悉、习惯，且运用自如。当新的战略制订出来后，他们仍常常沿用旧有的职权和沟通渠道去管理新的经营活动，总认为原来有效的组织结构不需要改变；另一方面，当管理者意识到组织结构的变化会威胁到他们个人的地位、权利和心理的安全感时，往往会以各种方式抵制必要的改革。

战略的前导性和组织结构的滞后性要求战略制订者要遵循战略制订的动态性，在战略环境发生变化过程时，适时修订战略目标与方案，以适应这种变化，同时正确认识战略实施过程中组织结构变革有一定反应滞后性的特性，在组织结构调整过程中循序渐进，尽量努力缩短组织结构的滞后时间，使组织结构尽快适应战略变革。

8.4.5 战略目标与方案的实施基础不足

战略制订只讲目标与制订，对战略实施的基础和资源条件评估不足，环境变化的不确定性考虑不够细致全面，这样往往导致战略制订缺乏坚实可靠的客观基础。究其原因，许多战略方案制订使借助外部的力量——借助“外脑”是许多企业制订发展战略的重要方式，尤其是近年来智库、咨询公司发展比较迅速的情况下。实际上，在这类战略的制订过程中，很容易出现管理层认为制订发展战略就是撰写战略方案和咨询报告现象，对智库、咨询团队过分依赖、不能真正深入分析评估企业战略制订的基础及特点，在对战略方案达成共识时，忽略了对战略实施的深入考虑。在战略制订与实施的责任主体分离时，战略目标就很难实现。

战略关注的是企业长期可持续健康发展的整体性、全局性、根本性的问题，最终还需要短期的战略措施和行动计划来实现战略目标和发展方向，其实质都是责权利的重新界定、资源和利益的重新分配，对这个问题处理不善往往影响战略实施的成效。

复习思考题

1. 试述企业战略制订的内容与步骤。
2. 战略制订要解决哪些关键问题？
3. 简述战略评价的含义和主要内容。
4. 描述内部因素评价法的评价步骤。
5. 战略行动评价矩阵采用的内部分析维度和外部分析维度都是什么？通常采用哪些指标？
6. 阐述SPACE矩阵的建立步骤和分析方法。
7. 对比产业中的领导企业和中游企业战略选择的不同。
8. 造成企业经营困境的原因通常包括哪些？企业解决这些问题可有哪些选择？
9. 盲目追求利润给企业的战略制定带来哪些不良影响？

本章案例

大学教材：电子教材还是传统教材？

2012年前后，哈利·林德索尔教授注意到一个趋势，即互联网已经取代传统购物渠道成为美国人购买音乐、服饰、鞋子等的新方式。人们更喜欢在网上购买演唱会门票或者球票，而不再像以前那样去售票点。

林德索尔教授注意到亚马逊网上书城在与像巴诺（Barnes &Noble）传统书城和当地书店的竞争中逐渐占据上风，即便是在他所在的那个距离大学很近的城镇上，众多书商也会因为网上书店的兴起而不可避免地消失。林德索尔教授确信像亚马逊那样的线上书城终将会代替校园书店和当地书店。但实际情况是并没有如他预见的那样，这引起了他的疑惑与思考。

林德索尔教授认为这对于电子教材的发展是一个很好的机会：既然学生们会用电脑和电子阅读器来下载电子版教材，那么对于互联网公司来说，有没有可能在与当地的实体书店的竞争中取得胜利呢?林德索尔教授分别从零售商和出版商的角度分析教材出版产业，研究成立一个完全以发行电子教材为业务的公司是否可行。

在美国，只有少部分出版公司会大规模地出版教材，这类公司多数已经营多年，资金雄厚，如麦格劳—希尔和培生公司等。要想知道打败这样的行业巨头有多么难，以及如何进入教材出版行业，首先必须了解出版业的商业模式。教材出版行业的商业模式中有一个重要的部分就是组稿编辑，其职责是为出版公司招募相关的专家学者来编写教材。他们需要为公司挑选出那些吸引力大、市场前景好的教材的编写者，并与之签订合同。

林德索尔教授发现确实有一些学生经常在网上买书，但同时他们也觉得去当地书店购书也非常方便，因为自己可以在同一地点一次性购买全部所需书籍，还省去了运送的时间。当学生课程结束时，他们可以把这些从书店买来的书再卖还给书店。林德索尔教授在观察学生群体购书习惯的过程中，发现一个重要现象：学生们的生活已经与互联网密不可分，他们的背包不仅仅装着书本，也放着智能手机和便携式计算机，一些学生甚至还有电子阅读器或者平板电脑等。

在互联网出现之前，教材出版公司主要通过教材质量和书本销售代表推销的方式，争取到大学教授选用其公司出版的教材授课。出版公司通常会指派书本销售代表与教授们接洽，向他们推荐公司的教材。一般来说，大学教授会从众多适合他们课程的教材中，选择最能吸引自己的。不过一种更为常见的情况是，教授会倾向于选择那些常有接触、自己熟知的出版商的书。也有一些教授因为考虑到学生的经济问题而选择相对便宜的教材。很多时候，教授虽然选择了某部教材，但由于种种原因发现这本书其实对自己并没有吸引力，会认为书中有些材料已经过时，或者没有覆盖足够的信息量，甚至觉得整本书只剩一半内容与课程相关。

这种书本销售代表的商业模式对于出版公司来说成本很大，因为公司需要为这些员工支付薪水，同时也要负担他们的差旅费和招待费。需要说明的是，这种商业模式对于教材市场化却非必需的，出版商是否能取得成功，更多地取决于是否拥有更好的作者和更为优秀的文章，以及教授对书本销售代表的个人偏好等。

随着互联网在学生群体中越来越流行，出版商也开始尝试在网上发行教材的 PDF 版本。然而出于种种原因，这类 PDF 版本的教材并没有在学生中流行起来，比如 PDF 版本的教材阅读起来较为烦琐，学生也没有办法在电子设备上做标注，或者像纸质课本那样在边缘空白处做笔记。于是，出版商开始思考能否找到一种更为人性化的虚拟教材，能让教授和学生们更容易接受。

2011 年年末，麦格劳—希尔公司设计出一个名为“联结”的网络平台，该平台允许授课的教授从平台上众多备选项目里，挑选适合自己课程需求的网络作业、笔记、进程报告和测验内容等，进而为学生搭建一个一站式的教学平台。该平台对教授们很有吸引力，比如可以利用平台上的众多章后测试题，布置给学生们作为家庭作业，可以根据学生具体情况选择网络课程等级，还可以及时地获取每个学生的课程报告。

麦格劳—希尔公司认为“联结”平台中的所谓“敏捷学习”设计，可以间接地起到强化学习的作用。比方说，如果某项测验结果表明该学生没有掌握特定的概念，“敏捷学习”会要求学生去复习这个知识盲点，并能根据每个学生不同的学习习惯和能力水平，及时地分析该学生的学习进程，实现同步与跟进。麦格劳—希尔公司认为通过“敏捷学习”，学生们能够真正地消化所学知识，而不仅仅是记住它们，从而取得良好的学习效果。

培生公司作为麦格劳—希尔公司最大的竞争者，也开发了一个被称为“我的实验室”的网络平台，其功能与前者较为相似。这些网络平台的出现，很大程度上改变了出版商与授课教授之间的互动方式。销售代表们不再像以前那样，仅仅向对方推销公司教材的优点，而是开始更多地宣传本公司平台的优势。教授们备受学生信任，他们也发自内心地关心学生们能否更好地接受并掌握所学的课程内容。考虑到学生们已经为课程的学习支付不菲，如果教授们可以选择线上平台提供的教材，同时利用平台提供的便利性来强化学生们的学习效果，又何乐而不为呢?

平台的另一个好处在于它能够为签订合同的代理机构提供一个接近教材编写者的机会。当某教授为公司编写教材时，这些代理机构的工作人员可以向他推介本公司网络教学平台的特点，并向其说明该平台如何能够帮助他们补充、完善所编写的教材。

林德索尔教授从教材市场上发现这样一个机会——电子书产业的发展大有可为，由于电子书的出现，市场上对老版教材的精装版本的需求大为减少。学生一次购买某电子教材，可以长久地拥有这本教材，却无法将其转手卖给二手书店，因此，二手书市场的生存空间也将被限制和挤压。每销售一次电子教材，出版公司均可获得销售收入，而不再是出售实体书那样仅仅在初次销售中获利。

林德索尔教授意识到伴随着电子书的兴起，那些高速发展学科的教材更新换代也会变得越来越简单。作者每每更新了内容，新的材料就会被恰当地编辑和格式化，很方便地被添加到电子教材中去，如此一来教材内容能被及时更新，读者也可以第一时间阅读到学科的前沿知识。此外，电子书还省去了如配送之类的传统购书方式中不可避免的中间环节，校园书店也不必再为选什么教材而费心了，因为学生们可以直接购买自己所需的电子教材。

2007 年，亚马逊公司发明了 Kindle 电子阅读器，读者可以用它来下载电子版的图书。Kindle 上市之初，亚马逊的 Kindle 电子图书馆（用于收集图书）中一共只有 88000 种书，然而到 2012 年， Kindle 商店中已有 130 多万种书刊，并且通过不少像“租借书屋”那样的第三方图书供应商提供超过 100 万册的非自营书刊。Kindle 一经上市，便引发了消费者的抢购热潮，其热销原因有很多，关键的因素是 kindle 的使用便利性以及电子书相对便宜的价格。

电子书的价格要比传统实体书便宜——出版公司不用再为印刷实体书而耗费物料，省去了纸张、装订材料、墨水等投入。特别是对于购买那些颇为昂贵的精装本（成本更高）的读者来说，可以省下更多的钱。出版商将低成本优势形成的部分利润转给亚马逊公司，因此亚马逊公司虽以低于实体书的价格出售电子书，仍能够获取可观的利润。

Kindle 对顾客的另一大吸引力在于其相当便利。Kindle 设备不足一磅重，我们可以轻易地将它装入公文包或随身的皮包里。过去，买书的顾客常常需要开车去书店，现在，使用 Kindle 的读者只需轻点鼠标，然后通过无线网络从亚马逊的网上书店下载电子书。Kindle 用户可以方便地阅读书籍的说明、摘要以及读者评论等相关内容，然后单击页面上的“购买”，就可以在几分钟内购买到这本书。已购图书可永久保存在自己的 Kindle 设备上。

2010 年，苹果公司发布了首款 iPad 平板电脑，同时苹果的开发团队设计了一款叫作“iBook”（阅读星）的应用软件，方便用户从苹果的在线商店 iBookstore 里下载电子书。从方便性上说，iPad 的阅读体验与 kindle 差别不大，但多数用户更喜欢 iPad，因为 iPad 除了是电子阅读器之外，还拥有很多其他功能。

2012 年，苹果公司启动了电子教科书计划，这项计划从苹果的在线书店提供少量的电子教材开始。这些书通常可以交互使用，且购买起来相当方便。此外，苹果公司还设计了“学习卡”，当学生做笔记或者标记某段落时，系统会生成一个包含了笔记内容链接到段落源的“笔记卡”，这种虚拟的卡片有点像广泛用在传统教学中的抽认卡。

从实体教材到电子教材阶段的转变中出现的一个重要变化就是版本的更新。对于商务智能这种更新变化频繁的新兴学科来说，出版商不再需要两三年的时间去等待新的科目标准才去更新教材。以往在新书进入市场之前，通常要在印刷和配送上花去很长时间，如今出版公司所要做的仅仅是编辑新的教材内容，并将新内容及时编排到现有的教材中去，按照自己的出版计划来更新版本。麦格劳—希尔公司把这种新模式称作“常青树出版物”，意思是可以按任意的频率来更新教材的内容，既可以是经常性的，也可以是非经常性的。

第9章 企业战略实施的组织与效果

除非战略评价被认真地和系统地实施，也除非战略制订者决意致力于取得好的经营成果，否则一切精力将被用于为昨日辩护，没有人会有时间和精力开拓今天，更不用说去创造明天。

——彼得·德鲁克

本章要点

- 企业战略实施的主要任务
- 企业战略资源系统
- 企业战略实施的组织

本章目标

- 了解战略实施要解决的问题与基本任务
- 熟悉战略实施的支持系统
- 掌握战略实施的组织方法

第1节 企业战略实施的过程

9.1.1 企业战略实施要解决的问题

战略实施是企业为实现战略目标而对战略规划的实施与执行。当一个企业在确定战略目标后，就需要研究如何将其落实为实际的行动以确保战略目标的实现。适当的战略需要得到有效的实施，否则这个战略是毫无意义的，然而有效的 战略实施要比战略制订困难得多。

一般来讲，企业战略实施要解决问题主要包括：

（1）确定战略实施所需要的时间；

（2）一些没有预料到的问题；

（3）协调各种经营活动；

（4）处理危机分散对战略实施的注意力；

（5）工作人员执行战略的能力不足；

（6）无法控制外部环境因素发生的变化；

（7）管理人员的领导和指挥不适当；

（8）对基层人员进行的培训和指导；

（9）明确战略实施的任务；

（10）控制企业信息系统的监控活动。

9.1.2 企业战略实施的基本任务

成功的战略实施需要管理者更好地判断以便很好地实施战略所进行的选择，他们需要有丰富的知识、经验和技巧，并且有卓越的创造能力。企业战略实施的任务基本可归纳为：

建立一个组织以支持战略实施；保证足够的资源投入战略实施；建立支持战略的规则、政策和程序；完善价值链活动的运作；建立信息沟通和运营系统；将激励机制与实施战略很好地联系起来；创立支持战略实施的企业文化。

9.1.3 企业战略实施的过程

战略实施是动态的管理过程，是战略管理过程的行动阶段。企业战略在被落实和分解并转化为具体战略行动的过程中，通常要经历四个相互联系的阶段。

1. 战略动员

新的战略实施对于企业来说是一次新的行动和变革，可能会有很大阻力和困难。

在这一阶段上，战略制订者要研究如何将企业战略的理想变为企业大多数员工的实际行动，调动起大多数员工实现新战略的积极性和主动性。战略动员通过宣传、培训等形式，使参与战略实施的各类人员建立新的战略理念，让大多数人逐步接受新的战略。并且为了有效实施战略方案还要对企业员工进行专门训练，相关的专业培训可使员工具备战略实施所需要的技能。

2. 战略计划制订

战略计划是企业根据外部环境和内部资源条件而制订的涉及企业生产、营销、财务管理等方面的带有全局性的计划。企业战略计划制订应使企业目标与市场机会相匹配，为此需要从实际出发研究制约或影响企业经营的各种因素能否适应市场环境的变化，实现企业资源与能力组合的优化。其次是企业难以控制的因素，如国家政策、人口变化、社会文化变迁等等，它们既会给企业带来机会，也可能形成环境威胁和障碍，对此企业只能适应。

3. 战略执行

战略执行是为实现企业战略目标而对战略规划、目标和方案的实施及执行。企业在明晰了自己的战略目标后，就需要采取具体的行动和措施将战略目标落实并确保实现。首先要将战略目标分解为不同层级的子目标，制订具体措施以保证这些目标的实现。同时还需要以各项考核制度体系为基础，建立企业以计划、执行和控制为目标的战略控制系统。其次，企业战略的实施需要有效的管理，其实施效果与各类管理人员、技术人员及各类工作岗位的操作人员的素质和价值观念、企业的组织机构的合理性和工作效率；企业资源结构与分配；信息沟通及激励制度等因素有关。

4. 战略目标控制与评估

战略目标的实现是衡量战略实施效果的重要标准，也是进行战略控制的基础。为此要对战略目标的实施效果进行科学、准确的评估。战略目标是多元化的，它既包括经济目标，又包括非经济目标;既包括定性目标，又包括定量目标。实际上，各个企业制订战略目标的共同领域也是存在的，即所有企业的生存都取决于同样的一些因素。

彼得·德鲁克在《管理的实践》一书中提出了八个关键领域的目标：

（1）市场方面的目标。应表明本公司希望达到的市场占有率或在竞争中达到的地位。

（2）技术改进和发展方面的目标。对改进和发展新产品，提供新型服务内容的认知及措施。

（3）提高生产力方面的目标。有效地衡量原材料的利用，最大限度地提高产品的数量和质量。

（4）物资和金融资源方面的目标。获得物质和金融资源的渠道及其有效的利用。

（5）利润方面的目标。用一个或几个经济目标表明希望达到的利润率。

（6）人力资源方面的目标。人力资源的获得、培训和发展，管理人员的培养及其个人才能的发挥。

（7）职工积极性发挥方面的目标：对职工激励，报酬等措施。

（8）社会责任方面的目标：注意公司对社会产生的影响。

总之，战略实施是在变化的环境中进行的，企业只有加强对战略执行过程的控制与评价，才能适应环境的变化进而有效地完成战略任务。

战略实施的过程如图 9-1 所示。

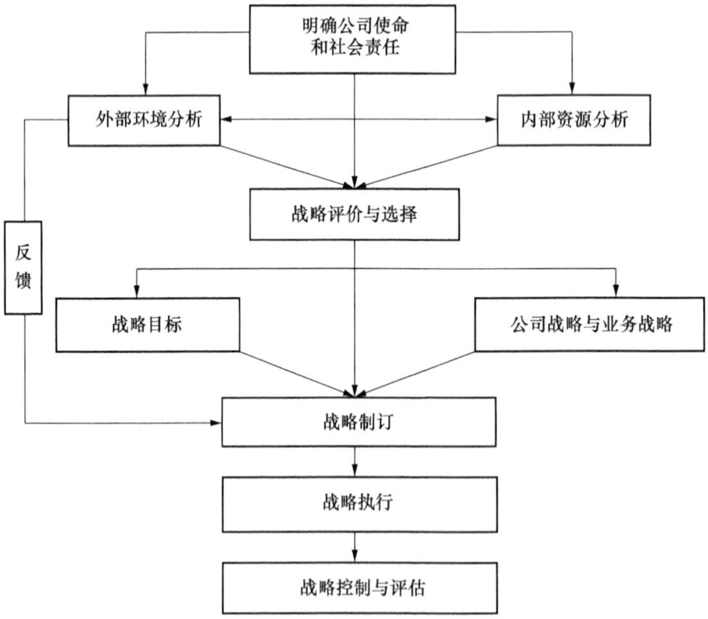

图 9-1　战略实施过程

9.1.4 企业战略实施需要注意的问题

战略实施首先应认清战略实施的主题，许多失败的战略实施因为忽略关键因素只能使战略方案无法实施，因为太多因素会使它难以控制。其次，还应注意战略实施限定的时间，要以“主要活动”“必要时间”为基础安排战略实施的程序与步骤。然后，要注意新的战略实施与现行经营活动的冲突适当分配资源，考虑长远战略计划与近期战略的平衡，并且战略计划方案在最终结果出现前要调整多次，最终修订完善。

另外，战略实施要建立在独特的活动上，竞争性战略就是要做到与众不同。它意味着企业要仔细选择一组不同的经营活动来表达一种独特的价值理念战略的本质在于行动——选择与众不同的方式、实施行动或者实施与竞争对手不同的经营活动。否则，战略就只能停留在营销口号的层面上，根本经不起竞争的考验。以表 9-1 为例。

表 9-1　不同企业独特的战略实施活动比较

	西南航空公司	IKea 家具零售公司
目标市场定位	对票价敏感、要求方便的顾客，如商人、家庭出行及学生	追求独特风格、价格便宜的年轻人群体，为那些喜欢低价位、服务简化的顾客提供商品
战略活动	1. 选择中等城市间短途飞行航线 2. 用较少的飞机实现频繁的飞行起降 3. 不提供订座服务 4. 不提供机上用餐 5. 不提供航班行李寄存核查 6. 选用标准的 737 班机 7. 不设高级服务仓	1. 清晰的展示和标识提供信息，而不是销售人员跟随； 2. 提供居室模块设计 3. 备有标准组装配件、包装等仓库 4. 提供店内婴儿看护 5. 提供延时服务

第 2 节　企业战略实施的支持系统

战略实施不能脱离其支持系统进行，战略目标的实现是各支持系统共同作用与努力的结果，企业战略实施的支持系统由支持战略目标实现的若干系统构成。

9.2.1 企业战略资源系统

1．企业战略资源的含义

企业战略资源是指企业用于战略行动及其计划推行所具有的人力、财力、物力等资财的总和，它们是企业战略推进和实施的前提条件和物资保证重要保证。这些资源应也包括时间与资讯，因为在某种条件下它们可能会成为影响企业战略实施的关键性因素。

2．企业战略资源的构成

（1）人力资源。包括企业的领导者、管理人员、技术人员数量、专业水平及结构等。

（2）生产能力与产品实力。包括企业的生产规模经济性、生产设备、工艺水平先进性、企业产品的质量、性能与服务情况、企业产品结构合理性等。

（3）市场与促销。指企业具备市场开拓的实力、有效的市场策略及有销售人员等。

（4）财务实力。企业的获利能力与经济效益处于同行领先水平，企业利润的来源与分布情况；企业各项财务指标情况及融资能力等。

（5）采购与供应。如有利的材料供应地位与条件；与供应厂家关系协调；有足够的渠道保证；能够以有利的价格来获取所需原料等。

（6）技术开发。企业的产品开发和技术开发能力，与科研单位、高校的合作情况、企业的技术储备在同行业中的地位等。

（7）企业管理。塑造企业的管理理念与企业文化，企业管理水平提升等。

3．企业战略资源配置

企业战略资源配置是指在整个战略实施过程中所需各种资源的配合布置，是按照战略资源配置的原则方案对战略实施过程所需要的人员、资金和物资等战略资源的具体分配。战略资源配置围绕着战略目标的实现来进行，以实现企业战略和战略资源的动态配合，确保战略资源效用的充分发挥和战略目标的实现。

企业需要合理地配置和使用战略资源，首先要保证实现战略和资源配置的一致性，只有这样才能充分保证战略目标的实现。

合理的企业战略资源配置通常具有以下特点：

（1）战略资源的使用直接服务于企业经营战略目标和战略计划。战略资源配置的服务对象、流动方向、流动速度由战略计划体系中的战略行动和战略项目计划所决定。

（2）战略的获取资源使用具有计划性。由于经营战略资源的取得和分配周期长，因此可支配的资源总量和资源结构都具有一定的不确定性，所以科学制订的战略资源使用计划是保证战略目标实现的重要前提。

（3）战略资源的替代性。由于战略实施周期很长，随着科学技术及市场竞争环境的不断进步与变化，企业战略实施所需要各类资源的需求发生一些变化，替代品的出现使企业需要做出相应调整，战略管理者有可能相应地做出资源替代的重大决策，具有替代性的战略资源往往给企业增加更多选择。

（4）重视非物质资源影响。如企业信誉将对企业取得资源，获得政府和公众支持产生重要影响。

企业在战略实施过程中应当有必要的资源保证，没有资源保证的战略是不可能实现的。但在实践中一些战略制订者由于在思考问题上存在误区，致使他们没有注意资源的必要性，不进行必要的资源分析和评价，没有很好利用本企业现有资源，制订了脱离实际的战略而导致失败。

拓展阅读 9-1

新业态：2020 年无人配送车将实现规模化生产

2012 年到 2017 年，我国社会物流总费用占 GDP 的比率从 18%下降至 14.6%，与此同时，我国企业物流费用率也在逐步下降。然而由于我国物流业依然存在行业规模与发展质量效益不匹配的问题，社会物流总费用、企业物流费用率等关键指标依然明显高于欧美发达国家。其中在社会物流组织方面，运输车辆使用率低等方面的问题使我国物流的海铁联运比例远低于发达国家。

相关报告显示，2018 年国内智慧物流市场规模预计将超过 1000 亿元，未来几年年均增速将达到 20%。2018 年 7 月 4 日，百度宣布将与中国最大的商用车智慧服务平台——狮桥集团合作，同时联合各界开发者与主机厂开发智能驾驶货车，共同建设干线物流运营解决方案。同日，苏宁物流与百度自动驾驶事业部联合宣布，加速物流自动驾驶技术开发，在 2020 年实现末端配送的自动驾驶技术普及和无人配送车的规模化量产。据苏宁物流副总裁陆君峰介绍，在智能社区（无人配送小车 + 自提柜）、本地生活即时配送（苏宁小店 + 无人配送小车）、移动分拨（无人分拨车 + 固定线路）等三大智慧物流场景上，会更容易实现自动驾驶技术的普及化应用和无人车的规模化生产。

2018 年 7 月 6 日，京东企业购和德邦快递举行合作签约仪式，德邦快递将依托京东智慧采购体系展开低值易耗品采购、定制化集中采购等系列合作，通过引入京东的基础设施管理经验和技术及服务实现德邦快递的“降本增效”。此前，京东集团董事局主席兼 CEO 刘强东宣布：京东自主研发的第一架重型无人机——京东“京鸿”大型货运无人机正式下线，这也是国内首个真正意义上基于物流运输场景需求研发的大型货运无人机。

此外，菜鸟也不断推出包括菜鸟无人车、无人机、菜鸟快递塔、菜鸟驿站智能柜、菜鸟小盒等系列智能科技，提供从最后 1000m 到最后 0m 的全面解决方案。顺丰科技正在构建以 GIS 技术为基础，面向 AI 的未来智慧物流地图。无车承运人方面，运满满提出今后一段时间的核心战略是“无车无人无处不在”，目前公司正投入重金布局人工智能、大数据和云计算，在硅谷设立自己的实验室。

商务部流通发展司副司长张祥透露，今年商务部将会同有关部门，在全国选择包括北京、石家庄、陕西榆林、山东烟台和潍坊、云南昆明等 18 个城市，聚焦包括农产品、药品、家用电器、服装家具，餐饮等流通领域的短板、重点、热点以及民生领域，探索推进供应链体系建设路径和方法，重点支持提升供应链的智能化、智慧化程度。

资料来源：班娟娟. 智慧物流竞争加速 2020 年无人配送车或规模化量产. 经济参考报，2018.07.10（有删减）

9.2.2 企业战略的信息支持系统

企业战略实施需要以建立健全的战略管理信息支持系统为前提。因为战略的实施过程是信息收集、处理的过程，完整、准确和及时的信息资源是指导战略实施的基础，企业战略实施的信息支持系统是企业战略支持系统一个重要的组成部分。

从战略信息支持系统的构成来看，它包括的不仅仅是单个企业在市场竞争中所需要的系统战略，还应有在整个行业价值链上能够提升竞争力的有效手段，例如通过信息系统所提供的信息交流来改善企业与供货商和顾客的关系。此外，企业还应寻求合作优势，共同分享信息和系统是开放性的关键部分，这种开放性是企业战略实施所必需的。

1．战略信息支持系统的构成

（1）扫描系统。收集企业内部、外部与企业战略相关的信息，输入处理系统。实施企业战略需要大量及时、完整的各类信息，要求有信息系统的支持。

（2）处理系统。整理扫描系统及反馈子系统收集到的各种信息，进行加工、分析并输送到存储系统。通过扫描取得信息后，要对所收集的信息进行分析和加工，区别哪些信息是可用信息，哪些信息适用于哪些方面的需要，是信息支持系统中处理系统可以实现的功能。

（3）存储系统。将处理子系统发来的信息储存起来，以备其他需要信息的系统随时使用。在分析的基础上对信息进行综合利用并储存起来，是信息支持系统的综合存储功能。

（4）论证系统。即战略决策支持系统。它将所得到的信息进行论证，为选择可行的战略实施方案服务。战略实施的方案较多，方案的选择在很大程度上取决于人们对信息的占有和评价。信息支持系统对其中某方案提供的信息越详细，说服力越大，其论证功能越显著，方案的利弊展开也就越充分。

（5）反馈系统。将企业战略实施过程中的结果反馈给处理系统或直接反馈给其他各子系统，对偏离战略目标的部分进行调整，保证对战略实施过程的控制。无论战略实施的情况如何，信息支持系统均会将战略实施状况反馈给企业高层管理人员，以便于其对战略及战略实施做出正确的判断和评价，并及时做出各种调整。

2．企业战略信息支持系统的建立原则

（1）系统性原则。信息支持系统是企业战略管理的子系统，它应根据企业战略管理的需要而建立。信息的种类、规格，信息的流动方向、流动速度，信息量的大小均应与企业的全部战略管理活动联系起来综合考虑。

（2）渐变原则。信息支持系统只能在原有基础上逐步调整和改变，如果操之过急，极易造成企业战略管理的混乱。为此应制订和实施分阶段建立健全信息支持系统的计划。

（3）初步信息最低化原则。所需各种信息必须保证及时有效提供，但过量信息也会造成不必要的干扰。为减少超过需要的信息干扰，必须压缩下级向上级传送的信息，使之保持在必要的最低限度上。

（4）通用原则。信息支持系统提供的信息不仅应满足企业内部各个不同管理层次的不同需要，有些信息还应满足企业外部有关部门的需要，保证信息的通用性。

（5）经济原则。即要考虑到信息支持系统的成本费用，使之与企业的经济支付能力相适应。

关于企业战略管理的信息支持系统的运行情况，图 9-2 所示，表明了信息在各子系统之间的流动及与企业战略制订和实施的关系。

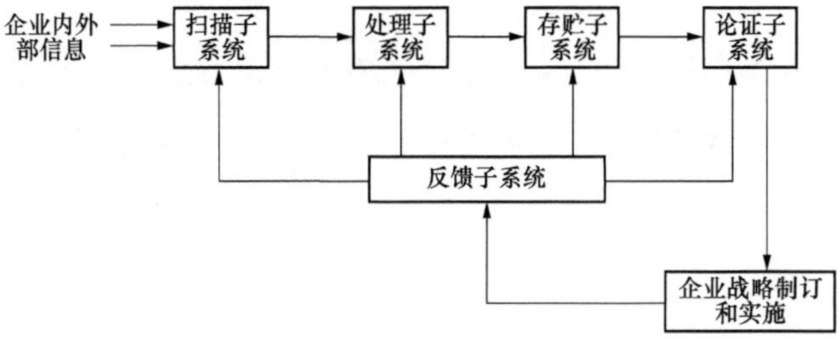

图 9-2　战略信息支持系统

第 3 节　企业战略实施的组织

企业战略实施要将组织的战略计划转变成行动，它可能涉及企业中的许多成员。虽然许多人认为企业的高层管理者对于战略成功的实施都有主要责任，但实际上战略实施的过程会影响企业整体的每一部分。因此假如一家公司中大多数的员工不清楚或不了解本公司的战略，他们肯定无法帮助公司有效地执行战略。

要想战略得到有效实施，每位战略实施的参与者都应认真思考这两个问题：

（1）在我的部门或领域中应做些什么来保证战略实施计划的实现？

（2）我们应如何做好这些事情？

9.3.1　战略描述与战略动员

很多情况下，企业战略实施是战略管理中缺少固定成型的依据、最有动态性的部分，战略行动的依据往往来自管理者的经验和智慧。而环境是变化不定的，管理者的智慧也不是一致的，某些管理者认为有效的方法另一个环境试用时却没有实现预期的效果。

有效的战略实施首先需要对战略制订的方案、实施过程及重点的清晰准确的描述，评价战略实施方案的质量主要应有三方面的指标：战略的清晰性、适合性和恰当性。对战略的清晰描述是评价战略质量的重要维度之一，它决定了企业参与战略实施员工对战略目标、战略实施方案与过程的理解与认同的程度，他们对战略的认识与态度会进一步影响其工作的主动性、参与性等行为特征，并最终影响战略的实施效果。

2000 年，大卫·诺顿和罗伯特·卡普兰发表《战略有麻烦，绘出你的战略来》一文，提出“战略地图”的概念。诺顿先生和哈佛商学院的卡普兰教授先是在 1990 年开始研究平衡计分卡，他们初步的研究结果首先刊登在 1992 年和 1993 年的《哈佛商业评论》上。1996 年出版的《平衡计分卡》一书系统阐述了整个系统的运作，这一方法的应用使西尔斯公司、美孚石油公司等知名公司受益，实现了战略转变和公司改革目标。

战略地图以一种逻辑严密、前后一致的方式来描述战略，每一个主题都是战略的一个支柱，包含其自有的战略设想、因果关系和衡量指标。它展示了组织内的各种资源是如何转化为理想结果的，还可反映出不同的衡量单位以及资源消耗和行为结果之间的时间差。

9.3.2 企业战略实施与组织变革

1. 战略实施与组织变革的关系

成功实施战略的要点之一是管理者能够对战略实施的有关事项进行清楚、准确而有说服力的传达，使企业的各类人员对于实施战略和达到业绩目标都能明了和拥护，唤起员工对战略实施的热情，将战略的实施过程变为全体员工的实际行动。

企业战略可以在两个方面影响组织结构：一是不同的战略要求开展不同的业务和管理活动，由此影响工作职务和部门的设计；二是战略重点的改变引起组织业务活动重心的转移和核心职能的改变，从而使各部门、各职务在组织中的相对位置变化，要求对各管理职务以及部门之间的关系做出相应调整。

企业组织结构随着战略制订和实施而变化，它需要依据战略目标的变化而改变。企业战略实施过程中选择的组织结构取决于战略决策者和执行者对组织战略结构含义的理解、企业自身的条件和能力以及对组织适应战略发展标准的认识。

企业组织结构是实施战略的一项重要工具，企业战略需要通过与其相适应的组织结构去完成。实践证明，不适宜的组织结构必将对企业战略产生不良影响，它会使卓越的战略设计一事无成。新的战略的实施往往要求企业组织的调整变革，以适应新战略实施的需要，同时战略的变化必然带来组织结构的更新。有效地实施战略的一个方面是建立适宜的组织结构，以使其与战略相匹配。

2．战略实施促使组织变革的原因

由于在战略实施过程中存在战略的前导性与组织结构的滞后性，所以在战略实施的过程中，对组织结构进行适时的调整十分必要，它通常是由以下因素决定的：

（1）战略的先导性。

企业战略变革要先于组织结构的变革，这是因为企业一旦意识到外部环境和内部环境的变化提供了新的机会与需求时，首先是在战略上做出反应，以此谋求经济效益的增长，经济的繁荣与萧条、技术革新的发展都会刺激企业发展或减少企业现有的产品或服务。当企业自身积累了大量的资源时，也会据此提出新的发展战略。一个新的战略需要一个新的组织结构来实现，需要在一定程度和范围调整原有的组织结构。如果组织结构不适应战略的实施，给企业经营带来不利影响。

（2）战略变革的渐进性。

传统的观念认为，战略变革是一种不经常的（有时是一次性的）、大规模的变革。近年来，人们认为战略成熟化是一种连续变化的过程，一个战略变革引发其他变革的需要。企业基本的战略变革或许是不经常出现的，而渐进性的变化（可能是战略性的）是频繁发生的过程。在很多情况下，渐进性的变化导致战略变革。

戴富特（Daft R.L.）在 1992 年提出企业为适应环境和在市场条件而推行的战略变革的四种类型：

①技术变革。它涉及企业的生产过程，包括使之有能力与竞争对手抗衡的知识和技能，主要包括工作方法、设备和工作流程等生产产品和服务技术等。

②产品和服务变革。很大程度上影响着市场机会的企业的产出，包括推出新产品或改进现有产品。

③结构和体系变革。指企业运作的管理方法的变革，包括结构变化、政策变化和控制系统变化。

④人员变革。指企业员工价值观、工作态度、技能和行为方式的转变，目的是确保职工努力工作，完成企业目标等。

（3）组织结构变革的滞后性。

在企业战略实施过程中，组织结构的变化往往要慢于战略的改革。原因一是人们对新旧组织结构的交替有一定的适应过程，环境变化时企业首先考虑的是战略的调整，只有新的战略制订完成，企业才能根据新战略的要求来变革企业的组织结构；二是组织结构的运行有一定的惯性，变革会受到一些人的抵制。

3. 战略实施影响组织变革的内容

企业战略的重要特性之一是它的适应性，它强调企业组织运用已占有的资源和可能占有的资源去适应企业组织外部环境和内在条件的变化。这种适应是一种极为复杂的变革过程，它要求企业加强内部管理，不断设计出适应性强的组织结构。企业战略实施影响组织变革的主要内容：

（1）正确分析企业组织结构的优势和劣势，设计开发出能适应战略需求的组织结构模式；

（2）通过企业内部管理层次的划分、相应的责权利匹配和适当的管理方法与手段，确保战略的实现；

（3）为企业组织结构中的关键战略岗位选择合适的人才，选择合理的激励机制，调动起参与战略实施的积极性。

4. 战略组织变革的准备

（1）确定战略实施的关键活动。

在企业战略实施过程中，首先是在战略方案执行、人员培训、市场开发等方面寻找对战略实施起重大作用的活动，将企业整体战略划分为若干战略实施活动单元，这些单元组成了组织结构调整的基本框架，在客观上保证了企业战略居于企业各项工作的首要地位。其次是将各战略实施活动单元的责权利明确化，企业战略管理者应全面权衡集权与分权的利弊，从而做出适当选择，给每个战略实施单元授予适度的决策权力，并责成其制订符合企业战略的单元战略并负责贯彻执行。

（2）协调各战略实施活动单元的战略关系。

通过整个组织权力等级层次的方式来实现目的，在实施企业整体战略的过程中各战略实施活动单元共同参加，在实施过程中相互了解和相互沟通，充分发挥和协调各方面的作用。

（3）明确组织结构适应战略的标准。

企业战略的内容应充分考虑到企业所处的环境、企业的资源与能力、员工的行为特点等，适用于指导企业整体的生产经营活动，这是组织结构适应战略的基本内容。一般来说，这种组织结构应有以下三个标准：产生共同远景；反映企业组织的前进趋势；具备催人奋进的精神力量。

合理的组织结构是战略实施的保证。为了有效地实施战略，企业管理者必须根据战略的特点和要求、环境、技术、企业规模等要素的特点来选择相应的组织结构类型。管理实践中，人们逐渐总结设计出了若干可行的组织结构类型。这些类型包括以职能为基础的、以产品或服务为基础的、以地理区域为基础的以及以其他内容为基础的结构等等。

战略实践 9-1

康佳电子科技——“模式变革”的着力点

2018 年 7 月 9 日，康佳彩电业务以深圳康佳电子科技有限公司新身份在深圳发布全新战略及秋季新品。作为康佳集团整个转型升级新战略的重要一级，推动深圳康佳电子科技有限公司的成立以及更快更好地发展，是实现把康佳打造成“以科技创新驱动、具有全球竞争力的国际一流企业”这一战略目标的重要内容之一。

深圳康佳电子科技有限公司成立于 2018 年 1 月，是康佳集团的全资子公司，它主要负责康佳集团彩电及智能家居产品、商用显示交互设备等核心业务的运营。新公司的成立表明康佳企业集团要以科技创新为驱动，以模式变革为路径，打造具有全球竞争力的产业公司。

核心技术的智能发展要物联网实现。康佳电子科技根植于物联网技术发展，芯片超车也将是其变革首选。从现场展示看，康佳彩电在智能家居物联已经实现了智能家电的物联、网上购物等。这让电视不再是一个冰冷的观看机器，而成为消费者家庭中的一员。

与核心技术同样助力战略发展的还有品牌年轻化、共享思维、混合所有制等模式变革。在品牌年轻化发展上，康佳公司一方面追求产品年轻化，使产品更加时尚；另一方面通过互联网新玩法、终端再造等实现品牌塑造。

实施互联网运营的共享思维，将会构建多元产品销售平台，打开客户合作边界，为员工事业平台和客户双赢平台。

在这次新品发布会上，康佳科技新产品纷纷亮相：“小康小康开机”“小康小康” “我要买咖啡”等等。康佳 OLEDV1 电视，从设计到色彩让人们感受到了一种五彩斑斓的美，相比普通电视来讲，OLEDV1 带给人们一个宇宙星空的颜色。

资料来源：吴丽琳. 康佳总经理常东：电视是康佳“模式变革”的着力点. 中国电子报，2018.7.9 （有删减）

9.3.3 企业战略实施的领导和执行

影响战略实施效果的另一个重要因素是对战略实施过程的领导。他们在企业战略实施过程中可以扮演各种不同的角色：如人际角色或信息角色；战略方案制订的战略决策角色；作为资源分配者角色或企业家角色等。

管理者领导战略执行过程的能力和水平通常是由以下因素决定的：①对于相关业务的理论知识的掌握程度；②个人业务能力与工作经验；③沟通能力及对外联系的能力；

④处理人际关系和解决危机问题的能力；⑤被授予的权力；⑥领导方式；⑦对于所扮演角色的认知及工作态度。

虽然企业战略的实施主要由高层管理者领导，但他们仍需要依赖中层和基层管理者的支持和合作。这些管理者不仅对在其权力范围内监督企业战略实施的过程，他们在使下属不断提高对战略的理解，使一线的生产经营能够达到企业整体的业绩目标方面也起着很大作用，他们在企业的战略实施的作用是不容小视的。

在地域分散的大企业中，高层的管理者的行动日程主要包括对其他人传达有关战略变化的事宜，对如何行动取得一致的意见，在能推进关键组织单元的战略实施工作的位置上建立强有力的联盟，督促和授权下属使整个过程能够进行，建立进步的衡量标准和限定期限，识别和奖励那些完成实施工作目标的人和单位，重新配置资源以及亲自统辖整个战略变化的过程。因此，组织越大，主要战略实施者的成功越是依赖于那些在组织的最低层次推进所需变化的运营经理们的合作和他们的实施技能。在小型的组织中，主要的战略实施者不需要通过中层经理，而可以直接面对基层的经理和员工，他们可以亲自安排行动步骤和实施的顺序，直接掌握实施工作的进度。

9.3.4 企业战略实施组织的建设

企业战略成功实施依赖于有才能的领导者，有着良好的运营能力、竞争能力以及有效率的组织。建设一个有能力的组织是实施战略的重要事情，如图 9-3 所示。

如果不能吸引有能力的战略管理人才，缺少拥有一定知识基础和技能的员工，没有哪个企业能够成功地执行战略实施中的各项活动。这项工作包括以下几个方面：

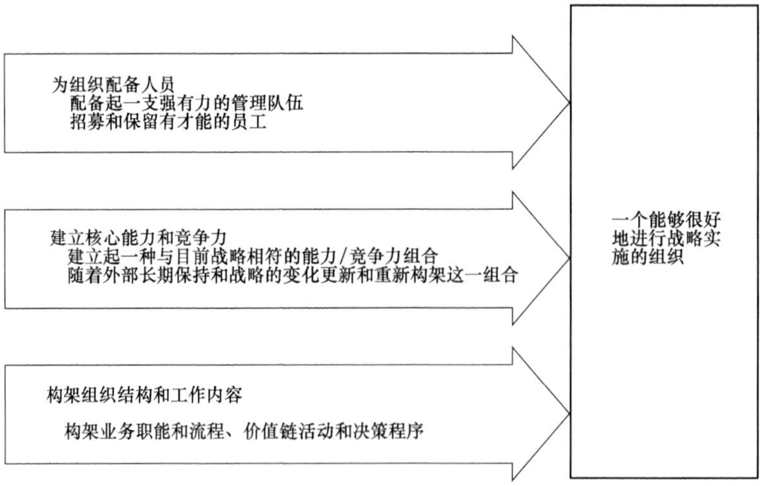

图 9-3 一个有能力战略实施组织

1. 建立优秀的管理团队

拥有一支富有优秀的管理团队是企业战略实施的重要基础。企业高层管理者必须明确实施战略所需的管理团队的类型，甄选合适的人才充任每个职位，这些人员可来源于企业内部提升、从外部招聘等方面。为管理者提供培训和更多的锻炼机会，提高其工作效率与管理水平。相对于企业战略制订来说，管理者的才能符合战略需要的是十分重要的。

2. 招聘高素质的员工

企业不仅要有一支好的管理团队，还应拥有具备各种专业知识和技能的员工队伍。好的薪金制度、较多的晋升和获得职业发展的机会以及富有挑战性而又充满趣味的工作可以吸引和留住人才，这是一些成功企业实现战略目标的重要经验。

美国微软公司坚持寻找世界上最富有才能的程序员为其程序编码，并用很好的金钱激励和从事前沿的软件设计项目这一挑战性工作来激励他们；麦肯锡咨询公司只在前十名的商学院中招募 MBA；美国西南航空公司雇佣那些充满乐趣并且工作中也十分有趣的人，该公司采用特别的方法以确定与顾客打交道的人是否具有与其战略相匹配的开朗的个性特征。

3. 形成核心能力和竞争能力

在战略实施中，组织建设方面需要重视的是建立企业核心能力和竞争能力的问题。这些能力可以帮助企业在运作一项或多项关键的价值链活动时，形成某种竞争优势；当对手采取模仿战略，企业很难或不能在更高级的战略基础上超过他们时，企业要想获得行业领先地位，就必须在实施战略方面超过竞争对手。

建立对手无法相比的核心能力、资源力量和组织能力是在实施战略方面超过他们的有效途径之一。本田公司的核心能力是其在汽车发动机技术和小型发动机设计方面的专长技能的深度；英特尔公司的核心能力在于对个人计算机中的复杂芯片的设计；宝洁公司的核心能力存在于其超级的营销—分销技术和它在五项核心技术方面的研究开发能力，即脂类、油类、皮肤化学、表面活化剂和乳化剂；索尼的核心能力是其在电子技术方面的技能以及将这种技能转移到革新性产品上去的能力。

企业战略管理者为了使企业获得与保持竞争优势，必须将足够的资源和管理的注意力集中在与核心能力相关的活动中。

4. 提高战略实施者的组织才能

战略制订过程的本质是选取各种能力和才能作为支撑战略的基础，而好的战略实施过程的本质则是建设和加强这些能力和才能，以确保所选择战略的实施能够进行。有时，一个企业已经拥有所需要的各种能力，战略实施的任务只是加强和培育它们，使战略实施工作更好地完成。

企业有时通过与外部联盟协作或购买一家具有所需才能的企业，将其能力整合到公司的价值链中来得到所期望的才能。迅速获得某种才能的迫切需求是购并其他企业的一个原因。从竞争方面来看，建立更强才能的购并与以增加企业产品和服务范围的购并相比同样具有价值。

5．培养员工的战略意识与技能

当一家企业转向一种需要不同技能、竞争能力、管理方法和运营手段的战略时，培训和再培训工作是非常重要的。在组织建立基于技能的竞争能力时，培训也具有重要的战略意义。要成功地实施战略，必须既在培训职能方面保证足够的投资，又要保证良好的效果。战略实施培训工作的内容包括使员工、管理技能和经验得到时时更新，提升企业各级管理者的管理能力，为新员工设立上岗指导等。通过这些工作使处于企业不同层次上的员工在战略实施中能够承担积极的角色，履行不断学习的责任，如图 9-4 所示。

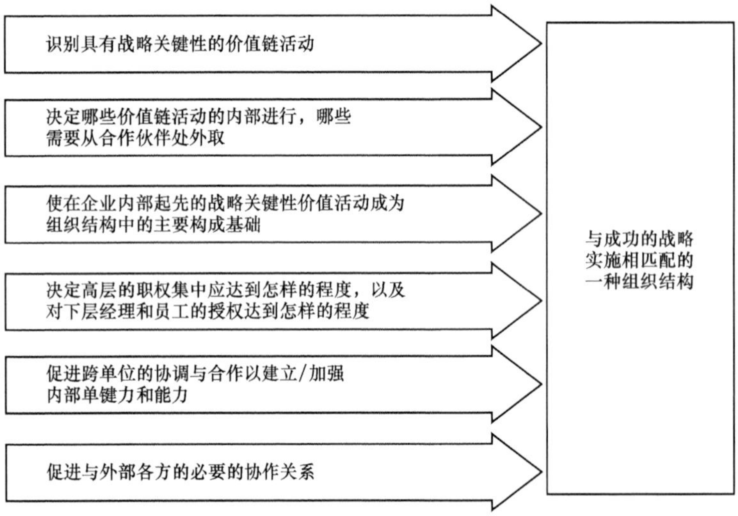

图 9-4　成功的战略实施相匹配的组织

6．使组织结构与战略相匹配

怎样使组织结构更好地支持战略实施，最重要的就是使组织结构与战略相匹配。每个企业的组织架构都有自己的特点，反映在特定战略思想指导下的组织模式，随着企业内、外部环境的变化，管理者对于经济形势和产业发展趋势的判断、企业的组织结构也会有所变化。这些变化应该是围绕企业的战略实施展开的，而且企业的每项战略都应根基于企业成功关键因素和价值链活动。因此，经过定制的组织结构对企业发展是必要的。但是，除了需要建立符合企业特殊状况的组织结构外，有些需要考虑的方面对所有的企业都是共同的。

战略实践 9-2

让“知识产权私有化”的民营企业

沈阳远大集团是一家成立于 1993 年的民营企业，在多年发展过程中经历了由劳动密集型、劳动密集与技术密集结合型向高端技术密集型的转化的 “三级跳”，支撑其起跳的是其“知识产权私有化”机制——科技研发人员的知识、技术、知识产权全部作为商品进行转让，“知识私有化”让远大集团科研人员的价值得到了充分的体现。

通过创建科技园为企业科技创新搭建平台。沈阳远大科技园成立 2013 年 10 月，引进国内外优秀人才和先进技术，孵化创业项目并将成果进行商业性转化，投资并扶持初创企业，为广大市场用户提供先进的产品和服务。2014 年 5 月远大科技园开园仅半年多，沈阳远大集团已向科研人员“购买”了 41 个技术项目，支付转让费达 5000 万元。

通过科技创新实现多元化经营战略。2018 年 6 月 9 日-10 日在青岛举办的上海合作组织峰会上，由沈阳远大装备科技有限公司制造的无线宽带自组网系统为上合组织峰会提供了的现场视频监控安全保障。面对人工智能时代及中国巨大的无线宽带自组网市场需求的发展，沈阳远大选择与国内外优秀技术团队上海自足网络科技合作，研发出拥有国际领先的无线网络技术，目前团队已拥有 4 项专利，5 项软件著作权。

技术创新带来企业战略与商业运营模式的创新。基于这一理念，沈阳远大集团积极实施战略转型——坚持为客户提供全面解决方案，摸索设备成套与工程总承包模式，让客户的需求得到全面满足，由此争取与掌握市场竞争主动权。

资料来源

1. 深入实施创新驱动发展战略 为振兴老工业基地增添原动力　新华网　2013.09.01
2. 沈阳远大：创新驱动迸发新活力　新民网 2014.07.11
3. 沈阳远大精彩亮相 2018 第四届广东军民融合技术展 公共安全装备网 2018.7.27

第 4 节　企业战略实施的效果

企业战略的实施过程中，常常会遇到战略实施的主体所处的客观环境发生变化。许多管理者在制订战略时没有估计到或者不能完全估计到的问题的影响，使战略实施偏离原有的目标和方向。确立科学合理的原则来有效地指导战略实施，是首先需要解决的重要问题。

9.4.1 企业战略实施应遵循的原则

1．适度合理性

首先，企业战略管理者在经营战略的制订过程中，受到信息、决策时限以及认识能力等因素的限制，对未来预测不一定很准确，所制定的企业经营战略也不一定是最优的。而且在战略实施的过程中由于企业外部环境及内部条件的变化较大，情况比较复杂，因此只要在主要的战略目标上基本达到了既定的目标，就应认为这一战略的制订及实施是成功的。

其次，战略的实施过程不是一个简单机械的执行过程，而需要管理者创新，因为创新战略就是在原有战略及其相关的文化、价值观念基础上的创新。管理者要有创新思维，愿意为创新投入时间和承担风险。发展其创新能力的最好方法之一就是成为这一领域的专家。通过不断探索和深入实践，寻求更好地解决问题的方案。

第三，企业的战略总是要通过一定的组织结构分工实施的，是要把庞杂的总体战略分解为具体的易于管理和控制的问题，再由企业内部各部门以至于各基层组织分工去贯彻和实施。组织结构是适应企业战略实施的需要而建立的，但组织结构的建立就会形成自己的局部利益，这种局部利益在各组织之间以及和企业利益之间会发生一些矛盾和冲突，为此，企业的高层管理者要对这些矛盾冲突进行协调。所以，所谓合理是在一定客观条件下相对的合理。

2．统一领导、统一指挥

企业的高层管理者对企业战略的理解因其视野宽广、接触领域与接收信息多而更深刻、全面。战略实施应当在高层管理者的统一领导、统一指挥下进行。企业资源的分配、组织结构的调整、企业文化的建设、信息的沟通及控制、激励制度的出台等各方面才能相互协调、平衡，才能使企业为实现战略目标而卓有成效地运行。

3．权变原则

企业战略的制订和实施是基于一定的环境条件的。在企业战略实施中环境的变化会经常发生，与企业原有制订发生偏离是难免的，战略实施要解决的重要问题就是，如果企业内外环境发生重大的变化，以致原定战略的实现成为不可行的情况下，对战略进行及时、科学、有效的调整，这就是战略实施的权变问题。这一原则同时也要求决策者掌握环境变化的程度，保持战略的相对稳定性。

9.4.2 影响企业战略实施效果的因素

1．组织结构

企业组织结构是实施战略的重要工具，好的企业战略需要通过与其相应的组织结构去完成。按照钱德勒的观点，企业战略决定组织结构，组织结构跟随战略变化。这一观点指出企业不能仅从现有的组织结构去考虑战略，而应从另一视角，即根据外在环境的变化去制订战略，然后再调整企业原有的组织结构。在战略实施过程中，企业采取何种组织结构，不仅取决于企业决策者和执行者对组织结构含义的理解，取决于企业自身的条件和战略类型，也取决于对组织适应战略发展标准的认识和关键性人物的选择。

2．企业文化

企业文化是战略实施的关键。企业战略制订以后，需要全体组织成员积极有效地贯彻实施。长期形成的企业文化具有导向、约束、凝聚、激励、辐射等作用，是激发员工工作热情和积极性、统一员工意志和目标、使其为实现战略目标而协同努力的重要手段。由于企业文化具有刚性和连续性的特点，一旦形成便很难变革，因此，它对企业战略的制订和实施具有引导和制约的作用。

3．信息沟通

企业的战略应为全体成员知晓和理解，因此有效的信息沟通是很重要的。企业各类管理人员首先应获得并了解与他所在部门有关的战略实施的信息，以及在他职责范围内为实施战略提供的信息，并且准时将这些信息准确无误地传达给企业的每一个部门、每一位员工，只有这样才能保证战略得到有效的贯彻和实施。

4．激励机制

企业战略的实施需要具有一定素质的人员来完成，他们的积极性能否得到很好的发挥是至关重要的。合理的激励机制是影响企业战略实施的重要因素，企业管理者需要及时、准确了解战略实施的反馈信息，科学评价企业报酬制度，使企业的激励机制能更好地促进企业战略实施。

5．资源分配

在企业内各个事业部和各个职能部门之间的资源分配的相互协调，对实现企业战略有重要的支持作用。管理者需要了解在这些领域内针对不同问题的有效解决途径与措施。资源是企业战略实施的基础和保证，为使企业战略目标得到落实，需要将企业资源在不同时间和不同职能与空间上合理分配，保证企业战略全面且均衡地得以实施和完成。

6．领导者的能力

企业领导者的素质和领导作风与战略实施要求其承担的角色应当相互匹配，特别是企业高层管理者。由于他们是企业战略的主要制定者并在战略实施起关键作用，企业战略往往打上其个人能力、价值观、决策方式与领导风格的烙印。

复习思考题

1. 阐述战略实施的过程。
2. 战略实施要解决哪些问题？
3. 描述实施战略的信息支持系统的构成要素及其作用。
4. 什么是战略资源？什么是战略资源配置？合理的战略资源配置有哪些特点？
5. 举例说明战略实施与组织变革的关系。
6. 简述战略实施组织建设的内容。

本章案例

格力企业“中国制造”的战略实施

一、格力企业集团

格力企业集团始创于 1991 年，珠海格力电器股份有限公司在那年成立。经过近三十年的发展，该企业已成为全球最大的集研发、生产、销售、服务于一体的国有控股专业化空调企业。

格力企业集团的核心产品是格力空调，其销售业务遍及全球 100 多个国家和地区。作为一家专门生产空调产品的大型电器制造商，格力企业集团在全球建设了珠海、重庆、合肥、郑州、武汉、石家庄、巴西、巴基斯坦等 9 大生产基地，有 8 万多名员工。其市场销售的产品包括家用空调、商用空调在内的 20 大类、400 个系列的 7000 多个品种。企业拥有技术专利 6000 多项，其中发明专利 1300 多项。

在激烈的市场竞争条件下，格力空调产品先后中标 2008 年“北京奥运媒体村”；2010 年南非“世界杯”主场馆及多个配套工程；2010 年广州亚运会 14 个比赛场馆；2014 年俄罗斯索契冬奥会配套工程等国际知名空调招标项目，在空调市场赢得了广泛的知名度和影响力。

二、格力的技术创新

在技术创新方面，格力电器的技术创新战略实施效果为业界普遍认可。截至 2018 年初，格力电器累计申请技术专利 1.4 万多项，其中申请发明专利近 5000 项。企业自主研发的超低温数码多联机组、高效离心式冷水机组、1 赫兹低频控制技术、变频空调关键技术的研究和应用、超高效定速压缩机、R290 环保冷媒空调、多功能地暖户式中央空调、永磁同步变频离心式冷水机组、无稀土磁阻变频压缩机、双级变频压缩机、光伏直驱变频离心机系统、磁悬浮变频离心式制冷压缩机及冷水机组等 12 项创新成果已到达国际领先水平。

近几年格力企业集团每年科研投入都超过 40 亿元。集团现有科研人员 8000 多人、

2个国家级技术研究中心、1个省级企业重点实验室、6个研究院（制冷技术研究院、机电技术研究院、家电技术研究院、自动化研究院、新能源环境技术研究院、健康技术研究院）、52个研究所、570多个实验室。2014年企业申请专利4100多项，平均每天有11项专利问世。

三、格力空调——全球化的品牌

美国著名《财富》500强榜上的世界级公司通常有五个共同的特征：

（1）主要业务生产规模和营业收入处于全球前列；

（2）是具有全球化的品牌形象；

（3）对行业技术或商业模式的变革创新做出了显著贡献；

（4）拥有自己独特的发展战略或商业运营模式；

（5）公司员工具有非常高的职业化和专业化水平。

有数据显示，2018年格力电器家用空调年产能超过6000万台套，商用空调年产能550万台套。营业收入方面，格力电器不仅是中国首家实现千亿的家电上市企业，格力产品已经远销全球200多个国家和地区，其中“格力”品牌空调（自主品牌）远销全球160多个国家和地区。格力家用空调产销量自1995年起连续20年位居中国空调行业第一，自2005年起连续10年位居世界第一。

四、让“中国制造”走向世界

在家电行业的领先地位，多项国际领先技术的取得和企业社会责任的塑造让格力的品牌形象深入国民心中。1994年底，格力企业集团获得国内第一张欧盟CE认证证书，产品开始销往欧洲市场；1998年，格力空调进入巴西市场，以“格力”品牌进行销售；2001年，格力投资3000万美元在巴西正式建厂；2006年，格力在南亚巴基斯坦建立了第二个海外生产基地，生产线由当地经销商投资，格力提供技术支持，但生产销售的都是格力牌空调。

2017年11月29日，格力电器公司公众平台上发文公布，2017年11月格力公司成为美国和加拿大空调国家标准的制订者，这是第一次有中国企业参与美国和加拿大国家标准的制订，彰显了中国家电企业的实力。格力公司参与制订的国外标准，是由CSA（加拿大标准协会）发布的CAN/CSA C22.2 No. 60335-2-40：2017版标准。此标准主要涵盖的产品是空调、热泵、除湿机等产品，加入了美国和加拿大的国家差异，并首次将空调产品使用可燃冷媒及功能安全相关技术要求写入了美国和加拿大的国家标准中。格力企业凭借其参与国际标准制订，使中国制造走向世界。

五、多元化战略的开启

2016年7月23日，在第二届中国制造高峰论坛上，格力电器董事长兼总裁董明珠宣布格力进入多元化时代，格力电器自成立以来一直坚持的空调制造单一主业格局被打破。同年3月6日，格力电器发布公告：拟进入新能源汽车领域。6月份，格力二代手机正式对外发售。此前，格力先后进入冰箱、电饭煲、空气净化器等其他生活电器经营领域。

此前格力电器一直避免“多元化”的形象。2014年，格力销售空调5000多万台，国内市场占有率近 50%，营业收入达 1400 亿元，成为中国家电业唯一一家靠单个品类做到千亿销售的企业。格力的多元化，被界定为“相关多元化”，即在“技术相关多元化”（如空调技术、模具技术、装备制造技术、新能源技术）的基础上，形成的“业态相关多元化”（如智能家居、工业制品、智能装备）。

“格力电器始终不放弃的是专注。”董明珠指出：无论是多元化还是专业化，离开了“专注”这两个字，就不可能成功。她说格力专业化的思路并没有变，只是产品品类的多元化。格力将保持专业化的战略，加紧创新技术研发，以降低多元化风险。

六、锐意变革的脚步

在很多人眼中，格力公司的领头人董明珠是一位具有传奇色彩的市场营销高手。2000 年以后，随着连锁巨头的快速扩张，家电业走入大连锁时代，家电厂商和连锁企业在进场费等方面的矛盾激化，家电厂商纷纷欲通过自建渠道摆脱渠道受制于人的现状。然而当时在内外资品牌夹击下，变革谈何容易。

2018 年 2 月，格力电器董事长董明珠在公司 2018 年度干部会议上表示：“2018 年，（格力）销售管理要彻底变革。”面对电商的迅速崛起和零售业的风云变幻，格力的专卖店模式是否依然可以奏效？通常，销售管理会通过销售报价、销售订单、销售发货等功能，对销售全过程进行有效的控制和跟踪。在业内人士看来，董明珠此次所提出的销售管理变革，更多的是在销售渠道上的一种变革。

多年专业化生产和产业布局，让格力快速发展，也成为格力的核心竞争力，仅专卖店体系在格力总销售收入的占比就达到了 90%，而空调也占据格力总收入的八成，格力对专卖店的管理也高度集中。随着电商的兴起和零售业态的改变，单一的产品和渠道在一定程度上限制了格力的规模扩张。

2007 年，格力电器大股东格力集团在资本层面引入格力经销商，向其核心经销商转让格力电器 10%股权，与经销商建立一种产权关系，将经销商与格力电器的利益捆绑在了一起。目前在新零售大规模兴起的背景下，格力公司加快了渠道变革的脚步。公司先是与国美再度牵手——格力空调、大松小家电全线进驻国美线上线下门店，之后公司又与两大电商渠道阿里巴巴、京东达成合作关系，并于与未曾合作的苏宁结盟。

七、战略管理者的远见

格力企业早期的国际化战略，奉行的是“先有市场后有工厂”的经营思路，以及“技术创新抢占制高点、严格把控产品的质量关”的经营理念。这一战略思想收到了良好效果——2006 年，格力被巴西国家质量技术监督局授予了“巴西人最满意品牌”的称号。

对于国际化战略目标，董明珠特别强调格力公司进入海外市场不只是简单地建厂，而是要通过格力的研发技术、管理服务、企业文化和当地市场深度融合，选择当地合作伙伴，更多地输入技术，实现合作共赢，真正发展成为无国界的全球性企业。格力电器曾获得自主创新工程体系国家科技进步奖，这个奖项体现了格力技术创新实力和组织管理能力。格力电器已经形成了系统化的管理体系和企业文化，“创新”与“责任感”已经内化于每个格力人的基因。

资料来源

1. 朱文彬. 董明珠首次宣布格力开启多元化战 上海证券报 2016.7.25
2. 格力成为美、加空调国家标准制定者："是中企的第一次" 经济日报 2017.11.29
3. 贾丽. 格力 2018 年或再迎巨变 董明珠将操刀渠道变革 证券日报 2018.2.26
4. 格力电器官网、新华网 2015.2.26

第10章 企业战略控制

一个企业不是由它的名字、章程和公司条例来定义，而是由它的任务来定义的。企业只有具备了明确的任务和目的，才可能制订明确和现实的企业目标。

——彼得·德鲁克

30%的人永远不可能相信你。不要让你的同事为你干活，而让我们的同事为我们的目标干活，共同努力，团结在一个共同的目标下面，就要比团结在你一个企业家底下容易得多。所以首先要说服大家认同共同的理想，而不是让大家来为你干活。

——马云

本章要点

- 企业战略控制的类型
- 企业战略控制的过程
- 战略控制系统
- 战略审计

本章目标

- 理解企业战略控制的含义、类型
- 掌握企业战略控制的过程
- 熟悉企业战略控制的方式及战略控制系统
- 了解战略审计相关知识

第1节　企业战略控制的含义、类型

企业战略控制基于两种现实：一是其内外部环境不断地发生变化，这种变化累积到一定程度时，原有的战略就需要调整；二是即使企业战略基础没有发生变化，方案也非常正确，但是由于种种原因导致战略执行的过程中也时常会发生偏离目标的情况，因此需要对其战略实施中发生的偏差进行纠正，即进行战略控制。

10.1.1　企业战略控制的含义

战略控制（strategic control）是指对战略实施进程进行监督，评价战略实施的绩效，与既定的战略目标与绩效标准相比较，及时发现并纠正出现的偏差，以确保战略目标实现的活动过程。企业战略控制根据战略决策目标对战略实施过程进行控制，它使战略实施结果基本上符合企业的战略目标。

企业战略控制的基本假设是所选定的战略能够实现并有助于企业经营目标的达成。然而，在实践中一方面由于战略制订者与实施者主观认知能力的局限性与相关能力、知识和信息的不足，继而出现战略制订的失误与战略实施过程中行为上的偏差。

企业拥有战略控制手段具有未来导向，帮助战略管理者预计变化。这种未来导向方式是前向反馈方式，它可以有效防止人们行动中发生失误，以战略开始实施之前避免过失，为发展中的战略提供了基础。

在企业层面，控制的目的是使企业内各部门的经营活动协调一致，这一层次的控制重点是战略控制和战术控制；在事业部层面，控制的目的主要是维持和改进经营单位的竞争地位，这一层次的控制重点是战术控制；各职能部门控制的目的是提高以职能为基础的竞争优势和能力，在这一层次控制重点是战术控制和作业控制。

拓展阅读 10-1

（一）戴斯酒店的战略实施控制

当戴斯酒店集团（Days Inn）进入低端住宿业经营时，其战略重点是自有设施利用上，公司坚持在特许经营中公司拥有大约 3:1 的所有权，这一比例保证了母公司对服务标准、价格等的整体控制。当其他公司也进入低端住宿业经营时，戴斯酒店的经营者看到了这一领域在美国快速扩张的市场需求，改变了其以往保守的经营模式。这一变化促使其加速开拓新服务网点的建设，计划实施两年后，戴斯酒店的经营者确信特许经营与公司的高比率是能够管理的，他们通过加倍扩展特许经营部门来加速特许经营的增长。

（二）联合航空公司的紧急事务控制

人们知道空难对主要航空公司的突然影响可能是毁灭性的。美国联合航空公司（United Airlines）对处理这类偶发性事件做好了精心的准备。其执行副总裁詹姆斯. M. 盖耶特领导着一个专门应对此类事件的危机小组。这个小组成员佩带通信设备随时待命。2001 年，当联合航空公司的芝加哥总部得到 9 • 11 劫机撞机事件的消息时，小组在一小时内到达“战争室”指导对危机事件的处理，他们迅速在附近支起床铺以便小组成员能够歇息片刻；当一部分成员睡觉时，其余的人则坚守岗位。

10.1.2　企业战略控制的类型

战略控制通常可被认为是一种方向性控制。从战略的实施到最终实现预期目标需要大量的时间，此间围绕着战略的需要进行投资，组织机构的调整等。在这一时期，战略环境状况和公司内部状况都会发生变化。

与战略实施有效性密切相关的问题主要包括：

（1）战略实施是否沿着正确的方向前进?关键事物的排序是否合适?关于内外环境分析和变化的研究结论是否正确?

（2）战略执行的情况如何?战略目标和实施进度是否一致与匹配?成本、收入是否与计划相符?是否需要进行战略运营变革?

战略控制的基本类型的观点有很多，劳瑞格等人认为，在企业中有三种类型的控制：即战略控制、战术控制和作业控制。战略控制涉及与环境的关系、企业基本的战略方向或态势；战术控制基本涉及战略的实施和执行；作业控制则只涉及短期的企业活动。

按控制的内容的不同，战略控制主要分为四种类型，即回避控制、具体活动的控制、业绩控制和人员控制。

（1）回避控制。管理人员采取一些适当的手段，防止不合适的情况发生，达到回避控制的目的。具体的手段有：

1）手段自动化。企业运用计算机等高效自动化手段减少控制的问题，这样可以按照企业预期的目标恰当地工作，保持工作的稳定性，使控制得到改善。

2）管理集中化。管理集中化是指把各个管理层的权力集中在少数高层管理者的手中，避免分层控制造成的矛盾。当然，如管理者将所有的决策中都采用集中化的方式进行时，实际上就不存在管理上的控制问题了。

3）风险共担。是指企业将内部的一些风险与企业外的一些组织共同分担，例如，企业与保险公司签订协议，建立企业战略联盟等。这就使企业可以不必担心某些风险严重影响企业的利益，形成对企业的控制威胁。

4）转移或放弃某些经营活动。当企业的管理者对于企业的某些生产经营活动感到很难控制时，可以考虑采取外包或完全放弃该项生产经营活动的方式来处理，从而将潜在的风险转移出去，使企业消除有关的控制问题。当然，在这种情况下企业也将与之相应的获得利益的机会转移了出去。

（2）具体活动的控制。具体活动的控制是保证企业员工能够按照企业的预期目标进行活动的一种控制手段，具体做法是：

1）行为限制。行为限制可以通过两种途径来实现：一是利用物质性的设施来限制员工的行为；二是利用管理上的限制，在这种限制下，员工必须按照各自的职责进行工作，不能出现不符合企业制度规定的行为。

2）工作责任制。这是一种具有反馈性质的控制系统。它一般要求确定企业允许的行为界限，让员工按照一定的规章制度工作，经常地检查职工在工作中的行为；根据事先确定的标准惩罚或者奖励员工的行为。确定工作责任制是为了使员工明确企业战略对他们的要求，使他们了解每个人的行为对企业战略目标实现的作用，其工作态度和工作结果能够在完成工作职责的基础上得到奖励。

3）事前审查。是指在员工工作完成前所作的审查，如直接监督、计划审查、预算审查等。这种审查可以纠正潜在的有害行为，达到有效的控制。

（3）业绩控制。这种控制形式以企业的业绩为中心，通过业绩责任制来达到有效的控制。业绩控制系统一般要求确定预期的业绩范围；根据业绩范围衡量效益；根据效益对那些实现业绩的人员给以奖励，对没有完成业绩的人给以惩罚。

业绩责任制与工作责任制在某种程度上有一定的相似性。即都是面向企业的未来，使职工的行为符合企业的预期目标。这种控制系统只有在员工充分认识到了它的好处时才会发挥更大的效应。

（4）人员控制。人员控制系统是依靠企业员工为企业做出贡献。必要时人员控制系统还可以为企业员工提供一定的帮助。在此控制系统出现问题时，可以采用的方法有：进行员工培训，优化分配制度，提高关键性岗位上员工的工作能力等。

除上述方法外，具体活动的控制还包括：改善上下级之间的沟通，使企业员工清楚地了解自己工作的意义，更自觉将自己的工作与企业中其他部门、人员的工作进行配合并保持协调一致。建立目标一致和具有高度凝聚力及协作精神的工作团队，实现员工的自我控制等方面。

案例分析

"波坦金"号战舰兵变事件

1905年，在沙俄海军的"波坦金"号战舰发生了一起兵变事件。一天，水兵们吃午饭时发现肉汤是用生了蛆的肉做的，于是全体水兵拒绝吃这种肉汤。舰长见状让高级军官检查肉汤，军医报告说：肉中没有蛆，只有几处苍蝇卵，并建议用醋加水冲洗一下再吃，水兵仍拒食，舰长警告船员，谁再继续反抗就要被吊死在甲板上，但大多数人仍然采取抵制的态度，舰长无可奈何，一方面命令将肉汤密封起来分析检查，一方面向司令部报告这一情况。这时副舰长却采取了强硬的态度，他重新集合队伍，并要逮捕领头闹事的人。这时，在领头人的带动下，水兵们纷纷从各处取出武器，接管了这只船，并把包括舰长在内的大多数军官或枪杀或扔进大海。事后人们分析这起事件失控的原因，认为主要包括这几点：

（1）战舰作为一个系统是十分不稳定的，官兵矛盾尖锐且一触即发，肉汤仅是一个导火线；

（2）舰长不能做到自控，采取的态度和做法是非理智的；

（3）控制方式采用了暴力、强制、压服的办法，激起士兵更强的反抗情绪。

心理学实验证明，在管理活动中，人们所承受的心理负荷是有一定限度的，这就是说当外部刺激继续增加超过了负荷极限就会发生行为失控现象。

上面事件说明士兵的受挫心理已超过了心理负荷极限，以舰长为首的领导者应冷静观察，注意到水兵们心理受挫的严重程度，采取积极措施，进行有效控制。

问题：你认为舰长应如何做才能妥善处理这一危机事件？

10.1.3 企业战略控制的方式

1．事前控制

每种战略都是建立在某种计划前提，即假定或预测之上。事前控制（premise control）

用于系统、连续地检测战略的基础前提是否仍然合理，如果一个关键的前提不合理，那么就必须改变战略。识别和否定不合理也时机越早，进行战略调整的机会就越多。

2．事后控制

这种控制是指在企业战略任务完成，以某一标准对其结果进行评价和比较。典型的例子是预算控制。事后控制的工作重点是要明确战略控制的程度和标准，把日常的控制工作交给职能部门人员去做，在战略计划实施后，将实施结果与原计划标准相比较，根据战略任务完成情况决定是否要采取措施进行调整。

3．即时控制

企业高层领导者要控制企业战略实施中关键性的过程或全过程，随时采取控制措施，纠正实施中产生的偏差，引导企业沿着战略确定的方向进行经营，这种控制方式主要是对关键性的战略措施要进行随时控制。

4．业务控制

业务控制是在战略决策指导下，为了战略的成功实施，对企业内部各部门的业务进展实施控制。业务控制主要的控制内容有：

（1）财务控制。财务控制属于综合控制。这种控制方式覆盖面广，是用途极广的非常重要的控制方式，包括流动比率控制、速动比率控制、负债比率控制和盈利控制。

（2）生产控制。即对产品品种、数量、质量、成本、交货期及服务等方面进行控制，可分为产前控制、过程控制及产后控制等。

（3）销售规模控制。企业销售规模决定企业的收入，对企业经济效益影响较大。适度的销售规模对企业是有利的，如果企业销售规模过大，占用资金太多，也会影响企业经济效益。为此，要对企业的销售规模进行控制。

（4）质量控制。包括对企业工作质量和产品质量的控制。工作质量不仅包括生产工作的质量，还包括领导工作、设计工作、信息工作等一系列非生产工作的质量，因此质量控制范围包括生产过程和非生产过程的控制，这种控制也是动态的。

（5）成本控制。通过成本控制使各项费用降低到最低水平，达到提高经济效益的目的，成本控制不仅包括对生产、销售、设计、储备等有形费用的控制，而且还包括对时间等无形费用的控制。在成本控制中要建立各种费用的开支范围、开支标准并严格执行，要事先进行成本预算等工作。

在企业的生产经营活动中发生偏差的情况是绝对的，没有发生偏差是相对的。企业是否对偏差采取纠正行动，这需要考虑成本因素，考虑对企业的竞争力是否有影响等等。

为了生成一个有效的控制系统，管理人员需要确定哪些领域需要监视。作业管理必须确认需要被监视和评估的实施过程的部分。过程必须以某一方式设计，这种方式能够被周期性和以不间断方式来衡量。

如果实际绩效在标准内或可容忍范围内，那么衡量过程就成功完成了。然而，如果与期望标准偏离，那么必须采取矫正的行为。

战略实践 10-1

花旗集团用六西格玛方法提高顾客满意度

1997 年，花旗集团与摩托罗拉大学咨询与培训服务机构签约，为其提供广泛的六西格玛方法培训。此后，花旗集团开始将六西格玛方法应用到它的非生产领域，目标是在增强顾客的忠诚和满意度的同时，通过减少失误和缩短工艺时间来改进花旗集团的全球运作。

截至 1997 年 10 月，650 名资深经理受到了培训，到 1999 年上半年，全球 9.2 万名花旗员工接受了培训。

西格玛是衡量过程偏离完美的程度的统计词。3 西格玛相当于每 100 万个产品中有 66807 个废品；6 西格玛相当于每 100 万个产品有 3~4 个废品。六西格玛方法应用过程的最初阶段是摩托罗拉大学对花旗集团的员工进行减少循环时间（CTR）和交叉职能映射（CFPM）方面的培训。这些方法开始应用在映射和消除业务中不经济和无价值的步骤。在非制造性公司，90%的活动可能都属于这一范畴。

花旗集团用六西格玛方法来调查为什么不能获得顾客的完全满意，尽管其目标是到 2000 年 12 月将缺陷率和周转时间减少至原来的 1/10，以后每两年再减少至 1/10。

六西格玛方法把缺陷划分为导致顾客不满意和不快乐的任何事物。以下的顾客意见说明服务低于最优状态：

（1）与你做生意有困难；

（2）你没有解决我的问题；

（3）你没有创新，你的系统落后；

（4）迟缓又复杂。

“每月我们把复查从 8000 减到 1000，我们消除了 73%的回应”。花旗集团在美国及西半球私人银行董事谢里尔兰·穆尼奥斯说。

在花旗集团全球现金和贸易组织（Citibank's Global Cash and Trade Organization　GC—TO）中，MU 的六西格玛方法有助于发现缺陷，由教授团成员确定适当的方法，建立适当标准和监视实施来记录结果，员工组成团队来解决他们在分析中发现的任何问题。

为了缩短开户的时间，花旗集团建立了一个 80 人的交叉职能的全球队伍，团队先确定发起人并成立领导委员会。委员会邀请员工参与，使之发挥自己的特长协助提出解决方案。

员工的最大障碍是在完成日常工作的同时分配时间来参与。苏·安德、鲁斯（Sue Andros）是一个全球流程的设计者，在GCTO负责终端对终端顾客，以其经验说流程映射是“让人相互认识”。“团队成员一起工作得很好，因为完成目标将使他们的专业责任容易完成，并使顾客获利，对每个人都是双赢”安德鲁斯说。

总部设在伦敦的花旗集团东欧/中亚和非洲地区的执行副总裁迪帕·拉斯托同意这些观点。拉斯托说：“在正确实施的情况下，质量增加顾客的满意度，导致更短的反应时间和更快的新产品展示，提供了持续的竞争优势。”

第2节　企业战略控制的原则与特征

10.2.1　企业战略控制的原则

成功的控制系统框架都应始于为组织的绩效建立目标和标准基础上，企业必须用相关原则与来阐述其战略实施的绩效考核标准，这样可使企业管理部门的每个成员知道要完成什么任务，怎样来完成。

1．动态原则

战略管理者对战略实施进行控制时应该预见未来，密切监控外部环境关键因素的变化，及时调整战略行动中的偏差，使之不脱离经营战略的方向和总目标。战略控制不应局限于眼前的局部得失，应在一些小得失的允许范围之内，坚定不移地实施既定战略。

2．弹性原则

企业战略首先是一个方向，战略控制应当具有灵活性、伸缩性，控制时只要达到能确保正确的战略方向就可以。具体的战略实施方法应允许多种多样，战略实施的控制因此而具有多样性，并在时间进度、数量要求等方面保持一定的回旋余地。在保持方向的正确性的前提下，具有弹性的控制往往比没有弹性的刚性控制效果更好。

3．突出重点原则

在战略实施控制中要面对的事件非常多，战略实施控制应优先控制对战略实施有重要意义的事件及超出预先确定的容许范围的例外事件，即抓住战略实施的重点，不能事无巨细、面面俱到。

4．自我控制原则

在战略实施过程中的控制应当采用自我控制为主的原则。对于标准的或规范的事可以适度控制或授权控制，重点是处理非标准情景下出现的事件，抓住战略实施的关节点即战略重点。如果企业内各单位和部门自己发现战略实施偏差而及时采取纠正措施，则控制的效果会好得多。

5．因地制宜原则

不同的企业有不同的经营环境，战略目标和战略实施不同，管理者和员工在战略实施中发挥的控制作用也各不相同。有的企业的战略控制依赖于高层管理者的控制效率，而有的则要依赖于员工的积极性和创造性，因而员工能发挥相当高的控制效率。因此，企业要根据自身具体情况来选择战略控制方式、方法。

6．经济合理原则

战略实施的控制不同于技术、工艺质量的控制，不求尽善尽美，只求经济合理。因为实现理想化的最优控制不仅不可能，还会导致控制费用的急剧增长及降低控制效率。

10.2.2　企业战略控制的特征

1．渐进性

企业战略是逐步形成的。虽然管理者可以在平时的想法中发现一些好的战略分析内容，但实际上的战略却是在企业内部的一系列决策和一系列外部事件逐步得到发展时，企业高层管理成员有了对行动的新的、共同的看法之后，才逐渐形成的。

通常情况下，突发事件是难以预知的。一旦出现突发事件，企业管理者可能没有足够的时间、资源或信息来对所有的选择方案以及其后果进行充分的论证，制订出科学、规范的战略。认识到这一点，可以帮助企业的高层管理者常有意识地用渐进的方式来进行战略控制。他们制订的很多战略方案带有试验性质，随时准备在适当的时候进行复审和修正。为了改善战略控制过程，最好是谨慎地、有意识地以渐进的方式进行战略控制，以便使战略制订与实施能够与企业外部新出现的情况和事物发展规律相吻合。

2．交互性

现代企业面临的环境控制因素的多样性和相互依赖性，决定了企业必须与外界信息进行高度适应性的互相交流。战略控制需要高质量的工作、态度、服务和形象等有助于提高战略可靠性的因素。由于多种复杂因素的影响，战略必须进行适当的检验，及时反馈环境发展动态，注重战略信息收集、分析、评价，扩大集体意见，注意协调其他与战略有关的行动。

3．系统性

有效的战略一般是从一系列制订战略的子系统中产生的。子系统指的是主要为实现某一重要的战略目标而相互作用的一组活动或决策。每一子系统均有自己与其他子系统不相关的时间和信息要求，但它又在某些重要方面依赖于其他子系统。

子系统是企业总战略的关键组成部分，它们各自有组织地针对全公司性的某个具体问题，如产品系列的布局、技术革新、产品的多种经营、收购企业、出售产业、与政府及外界的联络、重大改组或国际化经营等。不过每个战略子系统在时间要求和内部进度参数方面，却很少能配合同时进行的其他战略子系统的需要，而且各子系统都有它自己的认知性限度和过程的限度，因此必须采取有目的的、有效率的、有效果的管理技巧把各个子系统整合起来。

除了概括的原则之外，人们不可能一下提出同时能顾及所有领域的企业整体战略。整体战略在细节上永远不可能真正地完整。即使所有的子系统偶尔在同一时刻安排停当，按照逻辑，战略会立刻随着数据、新情况对它的影响开始发生变化。有效的控制系统的特征见表 10-1。

表 10-1 有效的控制系统的特征

经济性	控制信息必须为有效控制而获得；如果获得了太多信息，控制系统将变得麻烦和无效
价值性	一个没有提供与组织目标相关信息的控制方法是无用的
适时性	控制信息必须提供管理人员有效地采取矫正行动所需的足够的时间；必须做出努力以确保任何控制系统获得需要的信息；多余的信息会使控制过程陷入困境
准确性	真正能够衡量一个活动或功能的真实特性和本质
有效性	控制系统必须提供有关趋势的有质量的信息，向管理者提供有用的信息，这些信息标示了需要进一步注意的问题及其范围，有助于相关问题的尽快得到解决

企业的整体是由局部构成的。从理论上讲，整体利益和局部利益是一致的，但在具体问题上，整体利益和局部利益可能存在着一定的不一致性。企业战略控制就是要对这些不一致性的冲突进行调节，如果把战略控制仅仅看作一种单纯的技术、管理业务工作，就不可能取得预期的控制效果。

4. 多样性和不确定性

战略具有不确定性。战略只是一个方向，其目的是某一点，但其过程可能是曲折的、完全没有规律的，这时的战略就具有多样性。同时，虽然经营战略是明确的、稳定的且是具有权威的，但在实施过程中由于环境变化，战略必须适时地进行调整和修正，因而也必须因时因地的提出具体控制措施，这即是说战略控制具有多样性和不确定性。

5. 弹性和伸缩性

战略控制中如果出现过度控制和频繁干预，容易引起消极反应。例如，上级对下级采取过度严厉的制裁会引起下级的逆反心理甚至对抗。所以，战略控制有时需要认真处理，严格控制；有时则需要适度的、弹性的控制；既能保持与战略目标的一致性，也有较大的回旋的余地而具有伸缩性。所以，战略控制中只要能保持正确的战略方向，就要尽可能减少干预和充分授权，对小范围、基层的问题没有必要到大范围和企业高层来解决。

6. 可接受性

战略控制中的可接受性指企业利益相关者是否对战略满意，是否给予战略足够的支持。一般来说，企业越大，利益相关者就越多。要得到企业所有的利益相关者的支持是不现实的，但企业所实施的战略获得最主要的利益相关者的认可或同意，还是可以实现的。

战略控制保持高质量的工作效果有助于提高战略实施的可靠性。由于许多复杂因素的影响，必须对战略实施的过程进行适当的检验、反馈和动态分析，注重信息收集、分析，吸收各方面意见，及时纠正偏差以保证战略目标的实现。

战略实践 10-2

是什么颠覆了安然？

安然公司（以下简称安然）成立于 1985 年 7 月，总部设在美国休斯敦。它以中小型地区能源供应起家，曾是新经济时代传统产业发展的楷模。在安然破产前，其业务遍布全球 40 个国家和地区，公司雇员总计 2.1 万人，资产额 620 亿美元，总收入达 1 000 亿美元。

1990 年，安然的收入的 80%来自天然气传输服务业，而到 2000 年其收入的 95%来自能源交易与批发业务。这一变化反映了壮大后的安然已不满足于传统的经营方式，它开始把目光投向能源证券——因为安然管理层认为任何一个大宗商品创造衍生证券市场都是可能的。

安然不断开发能源商品的期货、期权和其他金融衍生工具，把本来不流动或流动性很差的资产“盘活”。至 20 世纪 90 年代末，安然已从一家实体性的生产企业变成了一家类似于对冲基金的华尔街式的公司；另外安然通过所谓巧妙的会计手段，创造了一套十分复杂的财务结构用于资本运作。

1995 年安然公司被经济界权威杂志《财富》评为“最富创新能力的公司”，其最主要的“成就”就是对金融工具的创新运用，由于它的“出色表现”，安然公司的管理人员被业界认为是资本运营的高手。

可是安然公司所谓的成功仅仅是个假象和泡沫，它们导致安然的股价从2000年的每股90美元跌至不到1美元，安然最终于2001年12月2日申请破产保护，成了美国历史上最大的破产案。

2002年12月4日，安然正式宣布申请破产。安然公司董事会特别委员会于2002年2月2日在纽约联邦破产法院公布一份长达218页的报告，这一报告揭露了这样一些事实：

（1）安然公司之所以倒闭，是因为管理经营不善及部分员工利用职权为自己聚敛财富。

（2）多年来安然公司一直虚报巨额利润。一些高级经理不但隐瞒上一个财政年度（2000年9月到2001年9月）公司高达10亿美元的亏损，并且出售了数百万美元的安然股票。

（3）安然公司内部的高层经理们成立了许多复杂的机构，并和公司外部人员勾结，操纵安然的财务报表，从中牟取了数千万美元的黑心钱。

资料来源：安然事件案例分析 会计通[J/OL] www.kjsmh.com 2011年11月08日（有删改）

第3节 企业战略控制的过程与系统

10.3.1 企业战略控制过程

企业战略控制的目标就是使企业战略的实际实施效果尽量符合战略的预期目标。为了达到这一点，企业战略控制过程可以分为以下几个步骤，建立战略控制系统、制订效益标准、衡量实际效益、评价实际效益以及纠正措施和权变计划。

1. 建立战略控制系统

建立战略控制系是用来监控和评价企业战略在实际上是否按预定的计划实施，如果发生偏差应当如何加以改进。战略控制不仅仅监控组织及其成员目前的绩效，企业利用资源的情况，它还关注如何建立激励机制来调动员工的积极性，以及关注企业在面临可能发生的重大问题，采取哪些有效措施加以解决等等。

2. 确定评价标准

企业战略控制的第一个步骤就是根据预期的战略目标和计划确定的应当实现的效益目标，制订出评价效益的标准。标准是衡量企业工作业绩的规范，制订标准是实现控制的基础。没有一套完整、科学的标准，衡量企业战略实施情况就失去了客观依据。一般来说，企业的战略目标是整个企业的评价标准。在它建立之前企业需要评价已定的计划，找出企业目前需要努力的方向，明确实现目标所需要完成的工作任务。其重点应放在那些可以确保战略成功实施的领域里，如组织结构、企业文化和控制系统等。

企业常用的衡量标准有：资产、销售额、销售增长率、销售成本、销售利润率、净利润、市场占有率、投资收益率、股票价格、每股平均收益、产品质量、员工离职率及生产率等。

3．衡量实际工作成绩

企业战略控制的第二个步骤是将战略实施的实际成绩与确立的评价标准相比较，找出与评价标准的差距及其产生的原因。这是发现战略实施过程中是否存在问题和存在什么问题，以及为什么存在这些问题的重要阶段。在这一阶段管理者需要收集和处理数据，进行具体的职能控制，并且监测外部环境和内部条件变化时所产生的信号。环境变化的信号有两种，即外部环境信号和内部环境信号。外部环境信号较难预测，而且所产生的影响也难以确定。内部环境信号则比较容易控制，而且时间较短。

环境变化的信号还可以分为强信号和弱信号。强信号指变化的信息全面而且明确，企业可以做出反应的时间和选择的余地都很少。这种信号出现时常常事先没有征兆，强信号出现时企业多不熟悉所发生的状况。在这种情况下，企业会突然遇到有重大的战略机会或威胁。弱信号常常会在强信号之前或伴随着强信号出现，企业管理人员在判断和衡量实际效益时，则应尽可能及早而且正确地捕捉到弱信号，对此进行监控并制订采取反应措施的计划。

衡量实际工作成绩中的另一个重要问题，是要确定衡量的时间间隔和领域。为了提供充分而及时的信息，工作成绩应当经常地评价，但如果评价过于频繁，可能会产生负面影响；同时也使得评价过程的费用变得太高，消耗许多资源。因此要根据所评价问题的性质及对战略实施的重要程度，确定合理的评价频度和范围。此外，时效性也是衡量工作要考虑的一个重要问题，必须及时地分析、评价战略实施中出现的问题，并采取恰当的纠正措施。

4．实施纠正措施和应变计划

最后一个步骤是采取纠正措施或实施权变计划。在企业的生产经营活动中，如果能判断出外部环境变化或威胁可能造成不良的结果，就必须采取相应的措施纠正或补救。在企业战略实施中，发生与战略目标出现偏差的原因主要有：①战略目标不正确或不现实；②为实现战略目标而选择的战术有误；③实施战略的组织结构不合理；④参与战略实施的人员不称职或玩忽职守；⑤科学有效的激励；⑥企业的信息沟通存在问题。

整个企业的战略管理过程实际上是一个信息反馈系统，它依据控制系统和组织环境的信息而必须经常地加以调整。

企业在纠正偏差可以选用的模式有：

（1）常规模式。企业按照常规的方式去解决所出现的差距，这种模式花费的时间较多。

（2）专案解决模式。企业就目前所出现的问题设立专案，进行重点分析和处理，这种模式反应较快，集中使用各种资源还可以节省时间。

（3）预先制订计划模式。企业事先对预测可能出现的问题制订计划，减少对发生事件的反应的时间，增强处理战略意外事件的能力。

10.3.2 企业战略控制系统

战略控制系统应设定规范的目标、测量以及建立反馈系统，它使战略经理能够评价公司是否在实现卓越的效率、品质、创新和客户响应，是否在成功地实施公司的战略。

1. 企业战略实施控制系统的组成

在战略实施的控制系统中有三个基本的控制系统，即战略控制系统、业务控制系统和作业控制系统。其中战略控制系统以企业高层领导为主体，它关注的是与外部环境有关的因素和企业内部绩效；业务控制系统是企业的主要下属单位，包括战略经营单位和职能部门两个层次，它们关注的是企业下属单位在实现构成企业战略的各部分策略及中期计划目标的工作绩效，检查是否达到了企业战略为它们规定的目标；作业控制系统是对具体负责作业的工作人员，包括职工及班组日常活动的控制，它们关注的是作业人员履行规定的职责及完成作业性目标任务的绩效，作业控制由各基层主管人员进行。

企业战略控制系统与业务控制系统的区别通常表现为：

（1）执行的主体不同。战略控制主要由高层管理者执行，业务控制主要由中层管理者执行。

（2）战略控制具有开放性，业务控制具有封闭性。战略控制既要考虑外部环境因素，又要考虑企业内部因素，而业务控制主要考虑企业内部因素。

（3）战略控制的目标不确定、不具体。而业务控制的目标比较定量，确定、具体。

（4）战略控制主要解决企业的效能问题，业务控制主要解决企业的效率问题。

战略实践 10-3

苹果公司为什么把这些价值链活动外包?

创新和设计是苹果公司的核心能力,也是苹果公司产品成功背后的驱动力，如 iPod、iPhone 和 iPad。

所有与新产品开发和产品设计直接相关的活动都在苹果公司内部进行。例如，苹果工业设计团队负责所有苹果产品，包括从 Mac mini 到 iPad Touch 的外观设计、功能设计以及触感等等。

持续提供新产品和新产品版本是苹果战略成功的关键，但执行这一战略需要的不仅仅是其创新能力和设计能力。生产的灵活性和速度在苹果产品的生产中是必要的，因为这样才能确保苹果公司能迅速地将最新的理念能够反映在产品中，公司也能够满足顾客对产品的高需求，特别是在新产品发布时。

为了获取这些能力，苹果公司转向外包。将 iPhone 等产品的生产外包到亚洲，在那里合同生产商（CMO）通过大规模、高灵活性、低成本创造价值。或许没有哪家公司比富士康更能集中体现亚洲合同生产商的价值诉求。富士康不仅为苹果装配产品，也为惠普、摩托罗拉、亚马逊和三星代工。富士康的生产规模惊人，其最大的生产基地（中国深圳富士康城）雇用的工人达 23 万之多。通过外包苹果公司比竞争对手更能获得大规模的产量并取得竞争优势。

2．企业战略控制系统的要求

企业战略控制系统的设计和运行所需要管理信息系统和战略决策的管理人员应是满足需要的。设计的控制系统应注意考核的活动或职能的时间跨度；控制系统应有利于采取行动，并且控制系统输出的信息必须传递给企业中那些根据这些信息而采取行动的人。如果给管理人员提供的报告仅仅是为信息而信息，那可能意味着这些报告会被忽视，因为并非企业中的每个人需要所有的报告。

企业战略控制系统应当是简单的。复杂的控制系统常常会引起混乱，收效甚微。有效控制系统的关键是它的实用性，而非它的复杂性。管理信息系统是为便于战略实施和战略控制而设计来提供信息的一个正规系统。不管其复杂程度如何，它的目的是以系统化和整体化的方式，而非以分散和零碎的方式来为管理人员提供信息。所以，谨慎地设计和运行管理信息系统是非常重要的。一个好的管理信息系统必须具有灵活性，能够适应企业变化了的环境。

企业战略的控制标准必须与整个企业的长远目标和年度目标相联系。有效的战略实施的控制与评价必须将控制目标与各特定系统的绩效标准相联系，与资源的分配导向相联系，与外部环境的关键因素相联系，这样做有利于明确战略计划和人们的行为目标之间的联系。

企业战略的控制要与激励相结合。一般说来，当人们的行为取得符合战略需要的绩效时会得到激励，但在平时人们的行为期望目标是不十分清楚的，而有效的战略实施的控制提供了控制的标准，使人们的行为期望目标明朗化、具体化，它提供了人们行为的期望与战略目标之间的清晰联系。这时的控制与评价就具有激励性的特点，这对有效地实施战略十分有用。

3．企业战略控制系统建立程序

设计一套有效的战略控制系统通常需要以下几个步骤：

步骤 1：建立目标和标准。一般的绩效评价标准往往来自品质、创新或客户响应等目标。具体的绩效目标则来自企业实施的战略。例如，如果企业实施的是低成本的战略，每年降低成 5%可能是一个目标。如果企业是提供服务的组织，例如超市、银行等等，其标准可能包括为客户服务的时间目标，或者服务质量的指导原则等等。

步骤 2：创建度量监控系统。建立评估系统分析组织内各类工作目标是否实现。在某些情况下度量绩效的方法是直接的。如根据收银机上的收据数目度量出超市员工服务过的数量；根据完成加工零件的多少计算员工一天劳动量等等。可是在许多情况下，度量绩效是一项艰难的任务，因为组织内各个岗位的员工从事着许多复杂的活动。管理者怎样来度量公司的绩效，正确评价部门整合得如何呢?答案是需要建立各种不同类型的控制系统。

步骤 3：对比目标与实际的绩效。管理者要评价绩效在多大程度上偏离步骤 1 所建立的标准和目标。如果绩效高了，管理者可能会认为所设立标准太低；如果绩效太低了，管理者必须确定是否要采取补救的行动。

步骤 4：根据评价结果启动纠正的行动。纠正的行动可能包括投入更多的资金来改善研发，或者进行多元化投资，或者甚至改变组织结构等等。

战略控制系统的设计步骤如图 10-1 所示。

企业战略的控制系统还应有“早期预警系统”。该系统可以告知管理者在战略实施中存在的潜在问题或偏差，使管理者能及早警觉起来，提早纠正偏差。

10.3.3 实现企业战略控制的条件

（1）完整的企业经营战略规划。战略控制是以企业经营战略规划为依据的，战略规划越是明确、全面和完整，其控制的效果就有可能越好。

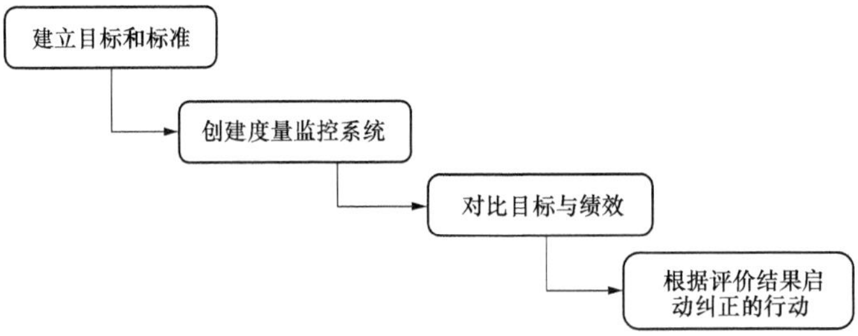

图 10-1　战略控制系统建立步骤

（2）健全的组织机构。组织机构是战略实施的载体，它具有能够具体执行战略、衡量绩效、评估及纠正偏差、监测外部环境的变化等职能，因此组织机构越是合理、完善，控制的效果可能就会越好。

（3）卓越的领导者。高层领导者是执行战略控制的主体，又是战略控制的对象，因此要选择和培训能够胜任新战略实施的得力的企业领导人。

（4）优良的企业文化。企业文化的影响根深蒂固，如果有优良的企业文化并能加以利用和诱导，对于战略实施的控制是很有益处的，但这也是战略控制的难点。

10.3.4　企业战略调整

1．战略调整的必要性

有时对一个企业的战略进行调整的需要十分明显。盈利能力的突然下降、新的竞争、环境的剧烈变迁、危及企业产品系列的技术进步，以及其他许多情况都可能要求企业做出战略上的调整。

对企业内、外部环境条件进行分析和对未来环境条件进行预测的正式程序能够指示出进行战略调整的需要。大量的实践表明企业的成功或失败取决于管理者能否及时认识到需要进行战略调整的能力。

2．战略调整的方法

（1）常规战略变化。是指企业为了吸引顾客而为自己的产品确定位置，在战略上采取的正常变化。企业可以在正常的生产经营活动中改变自己的广告、包装形式，使用不同的定价战略，甚至改变销售分配的方式来进行常规的战略变化。例如，企业根据不同的季节需求，通过广告宣传自己产品可以满足不同需求的特性，并且制订出适宜的价格，鼓励消费者购买。在这种情况下，企业要协调好生产经营活动，保证有足够的产品供应市场。

（2）有限的战略变化。有限的战略变化是指企业在原有的产品系列基础上向新的市场推出新的产品时只需要做出的局部变化。由于产品更新的方式较多，这种变化的形式也较多。一般地讲，如果只是改进产品的形式，则不需要在生产和市场营销上做出很大的动作，但如果产品中附有高新技术，则会对战略的实施带来新的复杂的问题。

（3）彻底的战略变化。彻底的战略变化是指企业的组织结构和战略发生重新组合等重大变化。这种变化有两种主要形式：一种是在同一行业里的企业之间形成联合或兼并时会出现这种变化。作为一个新的联合体不仅要求获得新的产品和市场，而且会遇到如何制订新的组织结构、形成统一的企业文化等问题，这些都使战略变化复杂化。另一种形式是企业自身发生重大的变化。特别是在多种经营企业中，企业管理高层如果对下属的经营单位采取大出大进的方式推进联合或出售时，这种变化便格外明显。

（4）企业转向。企业转向是指企业改变自己的经营方向。这种变化主要有两种方式：一种是不同行业之间的企业进行联合和兼并时所发生的变化。这种变化的程度完全取决于行业之间彼此不同的程度，以及新企业实行集中管理的程度。例如，烟酒行业的企业与食品制造行业的企业进行多种经营的联合时，基本上还是在两个类似的行业里实行转向。但是也有的企业是在两个截然不同的行业中进行联合，这种企业转向便会遇到较大的困难。企业转向的另一种形式就是一个企业从一个行业中脱离出来转到一个新的行业中，这种转向会使企业战略的实施变得更为复杂。因为它往往需要企业的使命发生变化，而且要开发新的管理技能和产品技术。

第4节 企业战略审计

10.4.1 审计的含义与组成

审计时常作为控制工具，在战略评估中广泛使用。美国会计协会（American Accounting Association，简称 AAA）对审计的定义：客观地收集并评估有关评判经济行为与事件的证据的系统化过程。它以此确定这些判断与已确立的标准之间的一致性程度，并将结果传递给对此有兴趣的使用者。审计员通过审查企业的财务报告来判定这些报告是否依据公认会计准则（generally accepted accounting principles，简称 GAAP）编制以及是否公正地反映了企业的经济活动。实践中，独立审计人员往往使用一整套公认的审计标准（generally accepted auditing standards，简称 GAAS）从事审计工作，公共会计师事务所也常常向企业提供专门的战略评估咨询服务。

美国戴顿大学的商业教授 Donna Street 曾指出："如果企业没有提前三年编制财务报告，它们将陷入巨大的麻烦之中"。在美国，CPA 开始专心地研究全球会计准则；许多大学的商学院走在前面，向学生讲授新的会计准则；很多大型公司和跨国公司希望向IFRS转变，他们认为这样使会计简易化，投资者在比较各国公司时更加方便，同样在筹集全球资本时也会更加容易。但是很多小型公司反对这一变化，因为费用太高了。

审计被美国会计协会（AAA）将审计定义为一个系统过程，它客观地获得和评价证据，这些证据是关于对经济行为和事件的断言，以确定这些断言与已建立的标准之间的一致程度，而且这个过程也将结果传达给了感兴趣的用户。依据这一定义，审计通常可分成三个基本组成部分：

（1）单独审计。这通常由经过专业训练的会计人员完成，他们提供服务并获得报酬。其工作的主要目的是提供一个广泛的企业财务交易的复查。这一业务也能够提供维持一个起作用的商业企业的簿记和税收服务。他们的工作决定了企业的财务报告是否与预先确定的规则相符，这些规则称为公认会计准则（GAAP）。

（2）政府审计。通常由政府机构中的某一部分来完成。其工作任务是完成政府机构和有政府合约的企业的审计及其内部收益服务。

上述两个机构履行的审计责任通常被认为是审计组织的基础功能。

（3）内部审计。这是由组织内的雇员完成的，他们的工作是帮助确定是否听从了组织的政策和常规，这些人也有责任保护组织的资产。组织的战略管理者可依靠这些人员的专业知识来帮助他们做财务决策。

10.4.2 企业战略审计的概念

事实上，到目前为止没有一个严格准确的定义来界定战略审计（strategic audit），这一学科还处于初级发展阶段。目前普遍接受的观点是战略审计研究范畴为管理审计或者绩效审计，按照其审计对象和采用的技术方法的不同，可以划分为财务审计与管理审计两个部分。其中财务审计主要是审查公司的会计资料和内部控制系统，评价公司提供的财务报表和其他会计资料是否真实公允。管理审计则是对公司的经营活动和管理活动的经济性、效率和效果进行直接的检查和评价。明确战略审计的学科属性有助于人们了解这一学科的理论基础和研究方法、工具，从而更有效地将战略审计应用于战略管理实践。

关于战略审计的概念的理解，有许多不同观点：

（1）战略审计是计划过程的重要工具，是公司制订战略之前必须实施的准备工作，包括对于企业内外环境的分析、过去战略实施效果的评估等等。

（2）战略审计是公司战略控制与评估的重要工具，可以用于评估公司的管理绩效。

（3）战略审计是一种咨询服务，是公司战略绩效的一种诊断工具。持这一看法的主要是咨询服务公司，例如麦肯锡咨询公司。

（4）战略审计是一种具有公司整体观的管理审计，可以提供对于公司战略态势的综合评价。

（5）战略审计是公司治理过程中的一种正式机制，是正式的战略考察过程，它同时对董事会和管理层施加约束；战略审计应主要由公司的独立董事来负责执行，是独立董事参与战略管理过程的主要方式。

10.4.3 企业战略审计研究的发展

国外有关战略审计的研究较早，哥伦比亚大学的艾贝·肖克曼（Abe Shuchman）教授于 1959 年最先提出了战略审计这一概念。1972 年，C.Frazer 等学者提出了将绩效审计扩展到公司战略管理过程的观点，认为绩效审计可强调外部董事参与公司战略选择与计划的设计与评价。

20 世纪 80 年代以后，研究战略审计的学者进一步增多。Alfred Rappaport 在 20 世纪 80 年代初提出了独立审计人员开展战略审计的可行性，认为首先独立审计人员在正式开始审计之前，必须了解客户的业务、产业和整体经济背景。Wheelen Hunger 提出应强调战略审计的性质及重要作用，认为管理审计是决策过程中的一种重要的分析和诊断工具，可以发现公司经营中存在问题的领域以及公司的强项和弱项。

我国学者王光远（1996）认为：1977 年美国国会发布的《国外反贪污行贿法》（1977 Foreign and Corruption Act），确定了内部审计的法定地位。他认为受 20 世纪 60 年代战略管理理论与发展的影响，内部审计师不仅在从事业务的效率性和效果性审计而且发展起了对战略管理过程进行全面审查的战略审计，因此他指出战略审计的出现应该在 20 世纪 70 年代。

从表 10-2 可见国内学者对战略审计的研究。我国的战略审计研究尚处于起步阶段，还需要对于战略审计进行全面、系统和深入的研究。

表 10-2　国内学者对战略审计的研究

序号	主要观点	学者	提出时间
1	提出市场营销战略审计的概念	李会太	1998 年
2	战略审计是非执行董事参与公司治理的方式	何卫东	1999 年
3	战略审计的内容划分为利润战略审查、增长战略审查、市场开发战略审查、资本削减战略审查、转变战略审查、系列经营与多元化战略审查	文奇	1999 年

续表

序号	主 要 观 点	学者	提出时间
4	战略审计是面向 21 世纪内部审计的重点	于玉林	2000 年
5	分析企业战略审计的必要性、思路、内容	靳磊	2000 年
6	提出了供需链战略审计的概念	陈良华	2001 年
7	由经营审计到战略审计是西方内部审计发展的十大趋势	韩晓梅	2002 年
8	分析了战略审计与公司治理的关系	彭正新等	2003 年
9	将企业管理审计划分为战略管理审计、管理控制审计和业务审计三个不同层次，并且认为战略管理审计的评价重点是最高管理当局所关心的企业与经营环境关系和企业竞争力问题	陈良华等	2003 年
10	分析战略审计及其实施的现实意义并提出了战略审计实施的有关构想	余玉苗等	2004 年

复习思考题

1. 什么是企业战略控制？有哪些类型？
2. 试述业务控制的主要内容。
3. 回避控制有哪些手段？
4. 试述战略控制的特征与原则。
5. 简述企业战略控制系统的组成。
6. 试述有效的控制系统的建立步骤。
7. 试述战略控制的过程。
8. 企业战略实施中，发生与战略目标出现偏差的原因主要有哪些？
9. 企业战略控制系统与业务控制系统的区别是什么？
10. 举例说明战略调整的方法。
11. 审计研究的三个组成部分是什么？简述你对战略审计含义的了解。

本章案例

联合包裹运送服务公司与联邦快递的竞争优势

新加坡的一位技术员对着一盒新制成的芯片移动着扫描器，随着这一简单的动作，高效、自动甚至有些神奇的快递流程开始了。这家松下半导体公司的仓库是由联合包裹运送服务公司的运输专家设计并建造的。联合包裹运送服务公司（以下简称联合包裹）的电脑系统使装有芯片的盒子能够迅速地装运至码头，然后装上货车、飞机、再装上货车，仅在 12 小时之内，即可将芯片交付到松下的客户——家远在大洋彼岸的硅谷的电脑制造商手中。在货物被运送的整个旅途中，芯片中的电子标签使客户能够准确跟踪订单。

上面的场景这只是联合包裹的物流管理一个缩影。新加坡有一家类似的仓库是七年前由联合包裹的竞争对手联邦快递建造的，然而联邦快递却始终未能收回成本。“他们扔掉了皮球”松下全球物流主管凯尔文·菲利普（Kelvin Phillips）说。他接着解释说：联邦快递的人缺乏灵活性，即使不需要如此迅速交货，他们也迫使芯片生产商以最昂贵的方式（次日送达）运送所有产品。并且，新加坡的仓库从来都没有履行承诺去减少库存芯片。

1999年，菲利普摆脱了联邦快递与联合包裹开始了业务合作。联合包裹重新建设，在此后的两年中联合包裹的员工协助松下半导体公司减少了库存并将运输成本降低了15%。在新加坡取得的成绩只是联合包裹诸多成就中的一例。在过去的两年中，联合包裹已悄悄地以后起之秀的形象出现在运输业，无论是电子商务热还是网络公司的陨落时期，联合包裹都通过大量的选择赢得了客户。

频繁的航班与较低的运输费用、简单的运输以及从制造、仓储到供应链的一条龙服务。在美国及其几个国外市场上，联合包裹都以绝对优势超过了联邦快递，不仅是每日的包装运输，还包括新经济服务，如物流。在北美，联合包裹已经成为网络一族的新宠，承担着网上采购业务量55%的运输服务，而联邦快递则只承担10%。

联合包裹的崛起充分说明了与美国最具竞争力的公司相抗衡的可能性。毕竟是联邦快递开创了包裹次日送达和运用计算机跟踪全部行程的先河，这些20世纪70年代的创新震撼了运输业，也为90年代的互联网革命奠定了基础。

现在联邦快递仍然控制着某些领域的航空运输，其精心呵护的商标仍然在向其众多的忠实客户诉说着“绝对、向上”，这不无道理。联邦快递是以卓越的客户服务誉满天下，现已停业的Toysmart.com的创始人戴维·洛德（David Lord），回忆起联邦快递在它的网站建立之初所提供的服务时赞不绝口，联邦快递竟然派一辆客车在它的小公司门外等候，订单一到立即运走。“我只是个微不足道的小人物，但联邦快递把我当成皇帝一般对待。”他回忆道。

然而，联合包裹也在很多方面赢得了竞争。两家公司的财务状况已经显示出差别。在收入方面，两家公司的增长率相仿，2000年，联合包裹的收入增长了11%，达到300亿美元；联邦快递的收入增长了8.8%，达到180亿美元；但是在同期，联合包裹的利润则高达28亿美元，是经营利润的15.3%，这几乎是联邦快递6.88亿美元利润的4倍。随着经济发展的趋缓和行业内竞争日益激烈，两家公司的经营都非常艰难。在2000年第四季度中，联邦制的利润下降了4%，而联合包裹在2001年的第一季度里降低了8.9%。

根据众多的分析家和业内人士的观点，联合包裹在几个竞争激烈的领域内占据明显的优势。除了陆路运输的势头和在线的成功之外，联合包裹能够转向物流业务，实现40%的年增长率；联邦快递则陷于扭转低迷的局面。

即使在联邦快递一统天下的领域，联合包裹也在迅速地赶超。联邦快递在利润颇丰的次日送达的业务中占据绝对优势，每天在200多个中运送着300余万件邮件，占市场份额的39%。屈居第二的联合包裹虽然每天运送的次日送达的邮件只有220万件，但是在过去的三年里，其数量的增长速度明显快于联邦快递。2000年，联合包裹的次日送达业务增长了8%，联邦快递只增长了3.6%。

根据瑞士信贷第一波士顿银行的交通分析家加里·H·雅布隆提供的信息，联合包裹的国内航空速递业务的利润高于联邦快递，前者为24%，而后者仅为6%。

联合包裹在次日送达业务上的发展是如何实现的?这要归功于公司在1999年的决策——将次日送达业务纳入其庞大的陆路运输网。与联邦快递一样，联合包裹仍然用飞机运送货物，但是在过去的两年里，公司的物流专家经过计算，认为中等距离的运输用卡车运输的成本远低于航运。结果，联合包裹每件邮件的总成本是6.65美元，而联邦快递的成本是11.89美元。

尽管联邦快递也使用卡车运送短距离的邮件，但是“联合包裹具有成本优势”约翰·D·卡萨达说，他是北卡罗来纳州立大学弗兰克·霍金斯·科恩私营企业学院的学者和前联邦快递的顾问。

联合包裹的核心优势是遍及美国乃至全球的152000辆棕色卡车。联邦快递步其后尘开始建立家庭邮递体系。但是联合包裹在百年间建立的体系是难以复制的，其建设成本之高足以阻止其他进入者。要想了解联合包裹是如何熟练地占据了优势，应该首先考虑它当初是如何被其竞争对手置于窘境的。几十年来，联合包裹曾尝试过航空运输，但是使这一想法付诸实施的是27岁的弗雷德里克·W·史密斯，他是耶鲁大学的毕业生、越战老兵，于1971创建公司，在随后的五年里，联邦快递迅速崛起，从此开辟了快递业的新纪元。

企业战略管理 ENTERPRISE STRATEGIC MANAGEMENT

第4篇 全球化与互联网时代的企业战略

第 11 章 企业文化和战略管理者

战略制订者要在所取信息的广度和深度之间做出某种权衡。他就像一只在捉兔子的鹰，鹰必须飞得足够高，才能以广阔的视野发现猎物，同时它又必须飞得足够低，以便看清细节，瞄准目标和进行攻击。不断地进行这种权衡正是战略制订者的任务，一种不可由他人代理的任务。

——弗雷德里克·格卢克

本章要点

- 企业文化的定义、要求、结构
- 企业文化对企业战略的影响
- 企业家精神的含义
- 企业家、企业战略管理者、战略领导的含义

本章目标

- 了解企业文化的含义
- 理解企业文化对企业战略的影响
- 掌握企业战略管理者与企业家的区别与联系

第1节　企业文化与企业战略

11.1.1　企业文化的定义

企业文化是一个组织做事的方式，是它的价值观、信念和行为模式。世界企业文化权威专家埃德加·沙因（E.H.Schein）认为企业文化是在一定的社会条件下通过社会实践所形成的并为全体成员遵循的共同意识、价值观念、职业道德、行为规范和准则的总和，是企业在自身发展过程中形成的以价值为核心的文化管理模式，是一种凝聚人心以实现自我价值，提升企业竞争力的无形力量和资本，是群体在适应外部环境及内部整合的过程中，创造、发展或形成的基本假设模式。

Z 理论创始人、日裔美籍管理学教授威廉·大卫（1987）则认为企业文化由传统和风气构成，这种公司文化包括一整套象征、仪式和神话。它们把公司的价值观和信念传输给雇员们，这些仪式给那些原本就稀少而又抽象的概念添上血肉，赋予他们以生命力。

企业文化是企业在生产经营实践中，逐步形成的，为全体员工所认同并遵守的、带有本组织特点的使命、愿景、宗旨、精神、价值观和经营理念，以及这些理念在生产经营实践、管理制度、员工行为方式与企业对外形象的体现的总和。

11.1.2　企业文化的要素

迪尔和肯尼迪把企业文化整个理论系统概述为 5 个要素，即企业环境、价值观、英雄人物、文化仪式和文化网络。

（1）企业环境是指企业的性质、企业的经营方向、外部环境、企业的社会形象、与外界的联系等方面。它往往决定企业的行为。

战略实践 11-1

Facebook 的企业文化

Facebook 用方形的夹板在开放式空间中隔离出很多临时会议区。这些大型夹板被悬吊在棚顶上，一个醒目的“在建”标志再次强化了该公司的企业文化。Facebook 甚至还特别将网线设计得裸露在外，从天花板上悬垂至每个工作区域（见图 11-1 和图 11-2）。

图 11-1　Facebook 办公室一角，可以开会也可以休息

图 11-2　Facebook

资料来源：http：//www.yixieshi.com/16356.html

（2）价值观是指企业内成员对某个事件或某种行为好与坏、善与恶、正确与错误、是否值得仿效的一致认识。价值观是企业文化的核心，统一的价值观使企业内成员在判断自己行为时具有统一的标准，并以此来选择自己的行为。

（3）英雄人物是指企业文化的核心人物或企业文化的人格化，其作用在于作为一种活的样板，给企业中其他员工提供可供仿效的榜样，对企业文化的形成和强化起着极为重要的作用。

拓展阅读 11-1

不同类型的企业英雄

以企业英雄的成长历程为依据，可将企业英雄划分为“共生英雄”和“情势英雄”两种类型。共生英雄也叫创业式英雄，指创办企业的英雄。共生英雄多数是公司的缔造者。情势英雄是企业在特定的环境中精心地塑造出来的。共生英雄对企业的影响是长期的、富于哲理的，而情势英雄对企业的影响是短期的、具体的，只以日常工作中的成功事例来鼓舞企业员工，如劳模、先进职工代表等。

以企业英雄的性格特征为依据，可将企业英雄划分为“出格式英雄”“引导式英雄”“固执式英雄”“圣牛式英雄”四种类型。一是出格式英雄。这些人行为古怪，常常故意违反文化准则；但聪明过人，有独特的见解，工作能力较强。二是引导式英雄。这是高级管理人员为了有力地推行经营改革，通过物色合适对象而树立起来的英雄。三是固执式英雄。这是坚韧不拔、锲而不舍、不达目的不罢休的人物。四是圣牛式英雄。这是忠于职守、坚持传统、乐于奉献的人物，如高级技术人员。

以企业英雄的人物的数量为依据，可将企业英雄划分为“群体英雄”和“个体英雄”两种类型。所谓群体英雄指的就是英雄集体。群体英雄的标准是：他是完整的企业精神的化身，是企业价值观念的全盘体现，这是全面性对英雄群体的要求。所谓个体英雄指的就是企业英雄个人。个体英雄的标准是：英雄应该是企业价值观的化身，因而是企业文化的支柱和希望；英雄有着不可动摇的个性和作风；英雄的行为虽然超乎寻常，但离常人并不遥远；英雄通过在整个组织内传播责任感来激励雇员，所以其激励作用不会随着英雄本人的去世而消失。

（4）文化仪式可以把企业中发生的某些事情戏剧化和形象化，来生动地宣传和体现本企业的价值观，使人们通过这些生动活泼的活动来领会企业文化的内涵，使企业文化“寓教于乐”之中。企业仪式是企业管理的日常表现形式，它是通过规定企业家和员工在企业中的行为习惯，从而形成自己独具特色的企业文化，使企业中的某些活动固定化、程式化。

企业仪式分为正式仪式和非正式仪式。正式仪式包括企业日常经营管理活动中常规性的工作仪式，如工作例会、晨会、培训会、展会等；还包括对企业具有重要意义的纪念活动仪式，如周年庆典、年会等。非正式的仪式即企业开展的与员工生活直接相关的各种活动，如聚餐、联谊会、文体活动等。

（5）文化网络是指非正式的信息传递渠道，主要是传播文化信息。它是由某种非正式的组织和人群，以及某一特定场合所组成，它所传递出的信息往往能反映出职工的愿望和心态。

11.1.3　企业文化的结构

企业文化结构是指企业文化系统内各要素之间的时空顺序、主次地位与结合方式，它表明各个要素如何联系起来，形成企业文化的整体模式。

1. 企业文化睡莲图

英国学者爱伦·威廉（Allan Williams ）鲍·德布森（Paul Dobson）和迈克·沃德斯（Mike Waiters）提出企业文化睡莲图，如图 11-3 所示。企业成员的行为、态度、价值观是由他们所拥有的性能决定的，这些信念中有一部分是潜意识的；企业成员的信念是企业文化的核心因素。

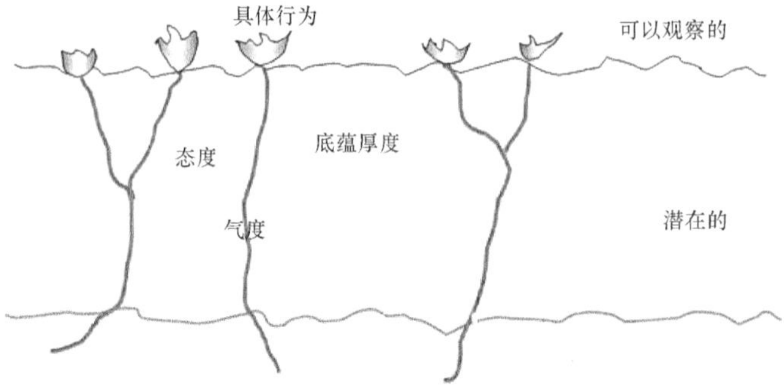

图 11-3　企业文化睡莲图

2. 企业文化冰山模型

冰山模型由美国学者帕米拉·S.路易斯，斯蒂芬·H.古德曼，帕特西亚·M.范德特提出，如图 11-4 所示。企业文化有两种基本的构成成分，可以用冰山来表示：表面的看得见的东西是具体行为，而支持这些具体行为的是深层次的东西，是企业成员心灵深处的看不见的观念、共有价值观、宗旨和行为标准。

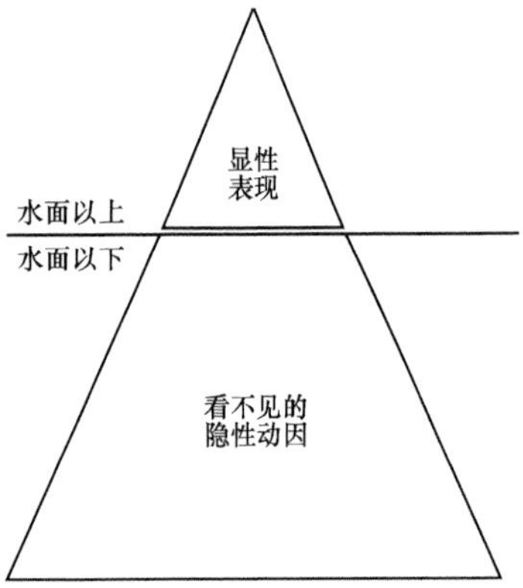

11-4　组织冰山模型

3. 企业文化同心圆模型

企业文化同心圆模型将企业文化划分为四个层面，如图 11-5 所示。第一，企业文化的核心层的构成要素即价值观念，是关于人，以及人与人之间、人与自然之间关系的一系列价值观念的总和。第二，企业文化的理论层是对处于企业文化核心的价值观念进行理论论证，是企业在创造物质和精神财富的生产经营实践活动中表现出来的理论化和系统化的世界观与方法论。第三，企业文化的实体层，是指被企业文化理论层所论证的具有充分合理性和必然性的价值观念，具体到各个层次、各种人员行为上的标准和规则。第四，企业文化的表象层是企业文化存在的外部形式，它在企业文化中起着一个将企业文化的价值观念转化为艺术形式的作用。

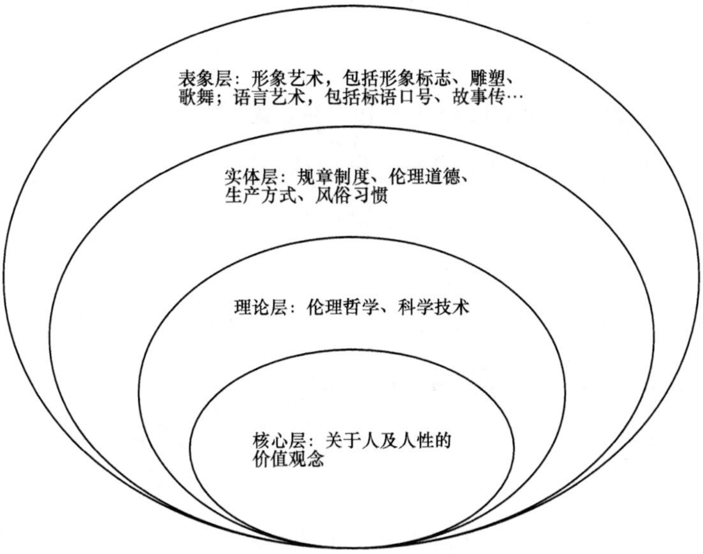

图 11-5　企业文化同心圆模型

11.1.4　企业文化的类型

1. 迪尔（Deal）和肯尼迪（Kennedy）的分类

迪尔和肯尼迪（1983）将企业文化分为硬汉型文化、赌注型文化和过程型文化。此种分类方式依据的是企业经营活动中的风险程度以及企业活动获取反馈的速度，表现的是企业文化中员工的参与程度、企业的灵活性及对外部的关注。

硬汉型文化的主要特点是个人主义、高风险、信息反馈快。在硬汉型文化中公司一般投资相当巨大，信息反馈迅速，公司可以在很短的时间内看到效果。这种文化重速度而不是持久力。硬汉型文化注重快速反馈，总是转移资源而不放在长期投资上。硬汉型文化是一种奖励暴躁易怒、目光短浅和唯心迷信的文化，人们在这种文化中不可能取得持续的成功。

赌注型文化主要具有风险大、反馈慢的特点。“慢”在此处并不意味着压力的减轻，相反，它意味着要持久地承受压力。这种企业中的人不像硬汉型企业中的人那样拿自己的职业去冒险，他们常常是拿企业的未来去冒险。这种文化的人敬重权威和技术力量，不能容忍不成熟的表现。

过程型的文化的主要特点是风险小、反馈慢。员工写的备忘录和报告递交之后就再没下文。由于缺乏反馈，员工们不得不将注意力集中在如何从事工作，而不是他们的工作内容上。过程型文化中的人注重头衔和规范。这种严格的等级观念与阶层体制有着密切的联系。这种文化最大的优势是把秩序带到工作中，这对那些需要预先计划的工作来说十分重要。

2．库克与赖佛提（Cooke and Lafferty）的分类

库克和赖佛特提把企业文化划分为以下 12 类：

（1）人文关怀的文化（humanistic-helpful culture）：鼓励企业成员积极参与企业事务，并相当重视团体中的个人。企业希望成员间能有开放的、支持的、建设的互动。

（2）高度归属的文化（sffiliative culture）：企业成员对其所属工作团体能有相当的认同、友善的态度、开放的心胸与强烈的满足感。

（3）抉择互惠的文化（approval culture）：避免冲突，强调和谐的气氛，支持他人意见，可换取他人对自己的支持。

（4）传统保守的文化（conventional culture）：保守，重视传统，特色是层级节制，严密节制。要求成员顺从决策，恪守规则。

（5）因循依赖的文化（dependent culture）：层层严密监控，决策集权。

（6）规避错误的文化（avoidance culture）：有罚无奖赏的文化，若表现优良，则理所当然。有“多做多错，少做少错，不做不错”的心态，企业成员不再愿意负担任何责任，将自己受责备的可能性降至最低。

（7）异议制的文化：此种企业里异议分子往往是令人赞赏的对象。企业成员会因所提之批评而声名大噪，获得崇高的地位与影响力。会使企业成员因所提之批评而声名大噪，获得崇高的地位与影响力；会使企业成员习惯为反对而反对，因而做出不切实际的决定。当然，适度的异议具有良性的刺激，但若过度，则会产生一些没有必要的冲突，如此问题不但很难对症下药，亦难获得解决。

（8）权力取向的文化：此种企业不注重成员的参与，重视职位所赋予的权威。易言之，企业成员相信只要攀登管理阶层，监控部属并对上级的需求响应得的奖励。如此企业中，人与人之间的关系不再存在，取而代之的是职位与职位之间或角色与角色之间的关系。所以部属很可能会抵抗此种权威式的控制，因而降低贡献心力的意愿。

（9）竞争文化：即成王败寇，企业成员会因突出的表现而受到奖励与重视，企业成员彼此处于竞争态势，不可自拔，合作意愿低。

（10）力求至善文化：追求完美，坚忍而固执。企业中，努力不懈的人才会受到重视。企业成员避免犯下任何错误，并使自己随时对周遭事物保持高敏感度。

（11）成就取向的文化：处事有条不紊、能够自行预定目标与完成目标的个人。

（12）自我实现的文化：此种文化有三个特点：一是重视创造性，二是质重于量，三是兼顾工作的完成与个人的成长。

3．卡梅龙（Cameron）的分类

1985 年，密西根大学工商管理学院的卡梅龙将文化分为四类：支持型文化、创新型文化、效率型文化及官僚型文化。

（1）官僚型文化。特征是企业层级分明，有清楚的责任及授权，工作标准化和固定化，行事态度谨慎保守，此类型文化通常建立在控制和权力的基础上，不喜变革。

（2）创新型文化。特征是面临的竞争环境较为复杂、多变、激烈及动态性，在这种环境下，具有企业家精神或充满企图心的人较容易成功，工作较具创造性、挑战性和冒险性。

（3）支持型文化。特征是企业环境通常相当开放、和谐，有家庭温暖的感觉，企业中具有高度的支持、公平、鼓励、信任与开放，具有很高的相互合作精神，是十分重视人际关系导向的工作环境。接受变革。

（4）效率型文化。特征是企业间重视绩效和讲究效率，存在相互竞争的氛围，经常冒大风险和接受大变革。

4．威廉·大内（William Ouchi）的分类

日裔旅美学者威廉·大内提出三种企业文化类型：

（1）J 型文化：日本式企业文化称为 J 型文化，主要特点如下：实行长期或终身雇佣制度，使员工与企业同甘共苦；对员工实行长期考核和逐步提升制度；非专业化的经历道路，培养适合各种工作环境的多专多能人才；管理过程既要运用统计报表、数字信息等清晰鲜明的控制手段，又注重对人的经验和潜能进行细致而积极的启发诱导；采取集体研究的决策过程；对一件工作集体负责；人们树立牢固的正题观念，员工之间平等相待，每个人对事物均可做出判断，并能独立工作，以自我指挥代替等级指挥。

（2）A 型文化：美国当前盛行的、人际关系淡漠的企业文化模式称为 A 型文化，其主要特点是：短期雇用；迅速地评价和升级，即绩效考核期短，员工得到回报快；专业化的经历道路，造成员工过分局限于自己的专业，但对整个企业并不了解很多；明确的控制；个人决策过程不利于诱发员工的聪明才智和创造精神；个人负责，任何事情都有明确的负责人；局部关系。

（3）Z 型文化：价值观主要是长期的雇佣、信任和亲密的人际关系、人道化的工作条件。所以，Z 型文化能满足员工利益的需要，符合美国文化，又学习了日本管理方式的长处，是美国未来企业发展的模式。

国内著名企业文化见表 11-1。

表 11-1 国内著名企业文化

序号	企业名称	使命、愿景	核心价值观
1	联想集团	为客户利益而努力创新　愿景：高科技的联想、服务的联想、国际化的联想	成就客户、创业创新、精准求实、诚信正直；为客户创造价值　推动行业良性发展
2	华为	使命：为客户创造价值，推动行业良性发展，促进经济增长；促进社会可持续发展； 愿景：构建更美好的全连接世界	坚持不走捷径，拒绝机会主义，踏踏实实，长期投入，厚积薄发
3	百度	使命：用科技让复杂的世界更简单	简单可依赖
4	腾讯	使命：通过互联网服务提升人类生活品质；愿景：最受尊敬的互联网企业	正直 + 进取 + 合作 + 创新
5	阿里巴巴	使命：让天下没有难做的生意　愿景：建立一家持续发展 102 年的公司　成为世界十大网站之一	客户第一：关注客户的关注点，为客户提供建议和资讯，帮助客户成长；团队合作：共享共担，以小我完成大我
6	万科	使命：建筑无限生活 愿景：成为中国房地产行业持续领跑者	创造健康丰盛的人生
7	北大纵横	使命：推动组织的成长与变革　愿景：最受尊重的大型咨询机构	合作、敬业、创新、诚信、专长

资料来源：国内十大著名公司企业文化大盘点　搜狐财经 2018.1.24（有删减）

11.1.5 企业文化的功能

1．导向功能

导向功能就是通过它对企业的领导者和职工起引导作用。经营哲学决定了企业经营的思维方式和处理问题的法则，这些方式和法则指导经营者进行正确的决策，指导员工采用科学的方法从事生产经营活动。企业共同的价值观念规定了企业的价值取向，使员工对事物的评判形成共识，有着共同的价值目标，企业的领导和员工为着他们所认定的价值目标去行动。

2．约束功能

企业文化的约束功能主要是通过完善管理制度和道德规范来实现。企业制度是企业文化的内容之一。企业制度是企业内部的法规，企业的领导者和企业职工必须遵守和执行，从而形成约束力。道德规范是从伦理关系的角度来约束企业领导者和职工的行为。如果人们违背了道德规范的要求，就会受到舆论的谴责。

3．凝聚功能

企业文化以人为本，尊重人的感情，从而在企业中造成了一种团结友爱、相互信任的和睦气氛，强化了团体意识，使企业职工之间形成强大的凝聚力和向心力。共同的价值观念形成了共同的目标和理想，员工把企业看成是一个命运共同体，把本职工作看成是实现共同目标的重要组成部分，整个企业步调一致，形成统一的整体。

4．激励功能

自我价值的实现是人的最高精神需求的一种满足，这种满足必将形成强大的激励。企业精神和企业形象对企业职工有着极大的鼓舞作用，特别是企业文化建设取得成绩和在社会上产生影响时，企业职工会产生强烈的荣誉感和自豪感，他们会加倍努力，用自己的实际行动去维护企业的荣誉和形象。

5．调适功能

企业各部门之间、职工之间，由于各种原因难免会产生一些矛盾，解决这些矛盾需要各自进行自我调节；企业与环境、顾客、企业、国家、社会之间都会存在不协调、不适应之处，这也需要进行调整和适应。企业哲学和企业道德规范使经营者和普通员工能科学地处理这些矛盾，自觉地约束自己。完美的企业形象就是进行这些调节的结果，调适功能是企业能动作用的一种表现。

6．辐射功能

文化力不只在企业起作用，它也能通过各种渠道对社会产生影响。文化力辐射的渠道很多，主要包括传播媒体，公共关系活动等。

11.1.6 企业文化对企业战略的影响

如果企业文化不能与外界环境相适应，就不能为企业自身战略提供支撑。正确认识企业文化对企业战略的影响以及二者之间的深层次关系，对企业的长期健康发展意义深远。丰富的企业文化使得组织面临新环境和新变化时能够做出及时正确的反应，并能够获得各种利益相关者的理解，这对战略变革与创新有重要意义。在拥有强大企业文化的组织中，组织成员的价值观和行为规范高度一致，易于做出符合战略目标要求的行动，特别表现在各种职能战略的实施中。

1．企业文化的使命性对企业战略的影响

企业文化的使命性本身就代表企业最高层次的战略意图，反映了企业文化与战略的共通性。企业文化使命和愿景为企业经营战略的制定提供了基本依据、发展方向和目标。企业文化的使命性越强，员工对企业战略的理解也越透彻，企业战略意图就越明晰。

富有高度使命感的企业文化注重持续发展，必然要求企业高瞻远瞩，积极应变，以求长期生存。因而，企业会密切关注市场变化、积极变革以适应竞争需要，即企业战略的对外关注度更高，竞争态度更积极，更可能推动创新与变革。

2．企业文化的参与性对企业战略的影响

企业文化的参与性越高，表明员工参与企业发展的程度越高，员工的责任感更强，更有利于企业员工了解企业战略，提高企业战略的明晰度，有利于企业战略在组织中被正确地理解与执行。参与性强的企业文化，员工参与度越高越能自发地关注企业的生存环境，为企业的创新与变革出谋划策。在良好的参与氛围中，个体的目标与组织目标有机融合，员工的工作积极性大大提高，能够主动监视环境变化并及时向组织反馈，个体的积极态度与组织竞争态度之间有双向的推动作用，组织整体会表现的积极而有活力。

3．企业文化的适应性对企业战略的影响

企业文化的适应性是指企业积极适应环境的变化，及时响应顾客需求，学习与创新，积极开拓进取的文化特性，反映了企业应变的弹性。企业文化的适应性本身就是竞争态度积极的企业战略的体现，因为，只有积极进取的企业才会不断求变、成长壮大。企业文化的适应性越强，企业的应变弹性越大，主动竞争的能力越强。企业文化的适应性已被证明能够对企业的创新能力和销售增长有很好的促进作用。员工的认知和行为积极适应新变化，一定程度上可以避免企业文化刚性对企业战略的阻碍作用。

4．企业文化的一致性对企业战略的影响

企业文化的一致性是指企业的核心价值观突出，各种规章制度与行为规范均要体现核心价值观的要求，各部门密切联系、协调合作。通常情况下，企业文化的一致性越高，表明组织社会化越成功，员工越容易做出一致的行动，有利于组织内部稳定。企业文化的一致性越高，员工对企业文化的理解越一致，员工之间的沟通与交流越顺畅，容易对企业战略产生清楚一致的认识。

另外，企业文化的高度一致性会使得组织新招聘的员工与原有组织文化有融合倾向，且与企业文化的要求保持一致的员工更容易晋升。并且企业员工的思维模式固定、统一，容易形成“群体思维”，难以产生新思想，不利于企业创新。

第 2 节　企业家与企业战略管理者

11.2.1　企业家的概述

1．企业家的界定

18 世纪末期，法国经济学家坎蒂龙将“企业家（Entrepreneur）”这一术语引入经济学理论，他认为企业家就是在市场中充分利用未被他人认识的获利机会成就一番事业的人。在随后的研究中，经济学家熊彼特将企业家定义为经济发展的带头人，能够实现生产要素重新组合敢于决断并承担风险的创新者。德鲁克则认为，企业家是革新者，是有目的的寻找革新源泉，善于捕捉变化，并把变化作为可供开发利用的机会的人。不同学科对企业家概念的内涵有不同的界定，即便在经济学界，因研究的视角和出发点的不一致，得出的解释也就不尽相同。

企业家理论的研究大致经历了古典经济学、新古典经济学、不确定性和信息不对称条件下的研究、现代企业理论（如交易费用、代理理论等）阶段（见表 11-2）。

表 11-2　企业家内涵界定的不同观点和主要代表人物

企业家的界定	主要观点	主要学派或代表人物
企业家是简单生产要素	企业家与资本、劳动、土地等生产要素一样，是第四种生产要素	新古典经济学理论（如马歇尔）
企业家是冒险家	不承担风险就不能称为企业家，企业家是克服不确定性的冒险家	马歇尔，奈特
企业家是创新者	企业家是市场均衡的创造性“破坏者”，是实现要素重新组合的人	熊彼特
企业家是经营管理者	企业家是企业经济管理的专家，配置资源使得企业形成生产能力	萨伊，科斯
企业家是提高企业效率的组织者	企业家是克服低效率的企业组织者	列宾斯
企业家是资产所有者与经营者	企业家是资产所有者兼经营者，即所有者型资本家	马克思，张维迎
企业家是套利者、是创造价值的人	企业家是通过恢复市场均衡而获利，发现并抓住机会的套利者；企业家应具有合作精神	哈耶克，柯兹纳
企业家是企业决策者	企业家是专门就稀缺资源的配置做出判断性决策的人	卡森，德鲁克
企业家是高级的异质性人力资本	企业家不是一个固定职业，是企业经营管理者群体，企业家人力资本具有异质性（获利能力递增的特点）	舒尔茨

企业家更多的是一个经济学上的概念，代表一种素质而非一种职能。企业家处于企业的决策中心和经营管理的神经中枢，他不但要提出企业发展的总战略，而且要具体组织实施，对企业的兴衰成败负有重大责任。企业家是企业的灵魂，对外代表着企业的形象，起着宣传和信誉担保作用；对内代表企业精神，对职工起着凝聚力、向心力的作用。党的十四届三中全会做出了建立社会主义市场经济体制这一重大历史决定，第一次将“造就企业家队伍”作为重要目标提出。

2．企业家素质

现代管理方式逐渐从硬性管理转变为软性管理，企业家自身素质在企业成长中的作用日益显著。企业家素质主要体现在以下几方面：创新精神、科学决策、承担风险。

（1）创新精神。创新不但是市场经济的要求，更重要的是知识经济的要求，是知识经济的本质。作为现代企业家，只有将制度创新、管理创新、技术创新、产品创新与市场创新相结合，其所经营的企业才能迎接知识经济时代的挑战。衡量一个企业家成功与否的关键，不是看其短期效益，而是长期效益，看其经营企业的思维方式是否具有创新。

（2）科学决策的能力与素养。深厚的理论和广博的知识，包括企业管理基本理论、宏观管理基本理论、市场经济基本理论；认识和掌握经济社会发展的基本规律；卓越的概括能力、抉择能力、组织能力、沟通能力；具有政治远见和战略头脑，能够系统研究所经营的企业的长远发展战略。

（3）承担风险。在市场经济条件下企业的生产经营活动具有极大风险，经营企业的人要承担风险责任。企业家须具有风险意识，不满足于现状，敢于冒险，有极强的风险意识。企业家不仅要有微观和宏观经济管理艺术，而且要有协调上下左右内外关系的艺术。

此外，强健的身体和心理、优秀的品质也是企业家应具备的素质。

3．企业家精神

企业家在经营企业过程中表现出来的思想意识、思维活动以及心理状态，被统称为企业家精神，企业家精神是企业家群体共有的价值观体系和特征。

Hebert 和 Link （1989）在对以往文献进行梳理的基础上，对企业家精神定义的分为三种不同学派：以 Von Thuenen 和 Schumpeter 为代表的德国派；以 Knight 和 Schultz 为代表的芝加哥学派，和以 Von Mises，Kirzner 和 Shackle 为代表的澳大利亚学派。其中 Schumpeter 对企业家精神的理论在当代文献中的影响最为普遍。Schumpeter 认为企业家精神的理论的最显著特点是：认为企业家精神不是一种均衡的力量而是一种非均衡的现象。

Audrstsch（1995）则认为“变革”构成了企业家精神的实质，企业家精神首先是提供新的经济机会以及把新的思想引入市场的功能。

11.2.2 企业战略管理者的界定

1．企业战略管理者的构成

战略管理者（Strategy Manager）是企业战略管理的主体，他是企业内外部环境变化的分析者，企业战略的制订者，战略实施的领导者，战略实施过程的监督者和结果的评价者。

战略管理者是企业战略管理的主体，因此，战略管理者的构成、各自的参与方式与程度以及相互关系等对企业成功地实行战略管理具有非常大的影响。一般来说，战略管理者包括企业的董事会、高层管理者、中层管理者、战略管理部门、非正式组织的领导和智囊团。其中最重要的是企业的董事会和高层管理者。

（1）董事会。董事会是战略管理团队的一个重要构成部分，相对于战略的制订与执行，董事会的成员更注重企业使命的建立、审批高层管理者决策和监视企业内外部环境变化。

（2）高层管理者。企业高层管理者一般包括企业正副经理、事业部正副经理。高层管理者不仅扮演者企业管理的角色，也是企业战略制订和实施的领导者。

（3）中层管理者。现代战略学家认为，公司的每一位管理者都在战略的制订和执行过程中扮演者一定角色。因为真正了解企业问题和机会的人是中层管理者，他们是其所负责领域的专家，他们往往会有极有价值和意义的看法和意见。企业总体战略一经确定，中层管理者就成为其所负责领域具体战略、政策、措施的制订者和实施者。

（4）战略管理部门。当企业战略管理人员无法应付过于繁重的战略制订工作的时候，通常将其中的一部分工作交给一个由高层管理人员组成的计划委员会或由一名副总经理负责的战略管理部门。这种专职的战略管理部门主要负责收集和分析各种数据，提出和评价各种可行的战略选择。

（5）智囊团。智囊团是由外部高级咨询人员构成的参谋集团。成员通常由大学、科研单位、经济技术研究机构、政府高级官员、社会名流以及社会咨询公司中的专家构成。他们在一定程度上参与企业战略管理。

（6）非正式组织的领导。一个企业既存在正式组织也存在非正式组织。非正式组织对企业战略的制订和实施具有一定的影响，这种影响的大小取决于企业正式领导的领导方式和非正式组织领导人的影响力。在决定企业使命、目标、战略和决策过程中，企业内部总会有不同意见，这些意见反映了企业内部各种非正式组织的各种不同利益。最终战略的选择不可避免地或多或少要打上各种势力影响的烙印。

2. 企业战略管理者应具备的素质

企业中的许多人员能够胜任组织内部的中低层管理干部，但却无法胜任组织的战略管理岗位，其中的大部分原因是其自身不具备组织战略管理者应有的独特素质。美国学者通过实证研究认为，企业战略管理者要具有以下几方面的素质。

（1）道德与社会责任感。组织的每一个战略性决策都将涉及其他公司或其他集团的利益，例如企业战略会一定程度地影响投资者、供应商、消费者、内部员工的利益。而公司的战略往往无法满足每个人或集团的利益，公司高层管理者对个人利益的关注程度也并不一致，这就导致了不同的战略管理人员对同一个战略的态度多多少少会有些区别。

（2）目光长远。企业的领导人不仅要重视企业的当下的发展，更应该重视企业未来的发展，根据企业今后的发展要求制订未来的战略规划。战略管理者的这种长远眼光来自战略管理人员丰富的专业知识和管理经验，来自战略管理者对企业内外部各种环境的准确判断，也来自组织所有工作人员的集体智慧。

（3）较强应变的能力。应变能力就是指观察、接受并利用环境变化的能力。无论是在今天还是将来，恐怕唯一不变的东西就是变化。因此，公司的战略管理者必须具备迅速感知并适应环境变化，能够根据环境的改变来改变思想的能力，善于把环境中变化的有害因素转化为有益因素，从而实现公司的长期持续发展。

（4）开拓进取的品格。企业要想取得长远的发展，企业的战略管理人员必须要具备一定的胆量，勇于开拓市场，敢于挑战任何领域，敢于同国际强手展开较量，能够保持一种积极进取、勇敢的精神来面对各种挑战。

（5）丰富的想象力。战略管理者的想象力可以帮助组织创造和把握更多的机遇，可以帮助公司进行合理的调整和改善，并且能够帮助组织迅速适应内外部环境的变化。

（6）具有警惕的心态。在企业的发展过程中有一些因素会使企业发生结构性剧变，从而决定企业的生存状态，这些因素的出现和动态变化都无法受到本企业自身的约束，但却能左右组织经营的根本结构和长远发展。如果其中一个因素发生未知变化，竞争的规则和形式就会发生巨大变化。这就要求企业战略管理人员具备警惕的心态，时刻关注内外部环境的变化，一旦组织出现危机情况，能够率先占据有利条件，把握机会或者避开危险。

11.2.3 企业战略管理者与企业家的区别与联系

企业家是指能将组织内部各项生产要素进行最优组合从而进行生产或经营活动，并能够承担风险，对组织经营成果和长远发展负有最终责任的人。而企业战略管理人员产生于企业家，但这二者之间又存在着一定的区别。

（1）对组织发展所持有观念的不同。企业家普遍都注重组织近期（1~3年）的发展，而企业战略管理人员则更加重视组织长远 （5年以上）的业绩。

（2）工作重点不同。企业战略管理人员的工作重点是战略决策，其次是企业的长远谋划。而企业家则重视企业内部具体的领导管理工作。

（3）职位所需的知识不同。企业家需要具备较多的具体的管理知识，如生产管理、经营管理、财务管理、人力资源管理等微观具体的专业知识；而企业战略管理人员要具备更多的哲学、社会科学等宏观的抽象思维等知识，如战略比较研究、战略思维方式和战略分析方法等。

（4）二者的素质不同。企业家强调各种现时运动能力的提高；企业战略管理者注重培养和提高各种应具备的素质，强调长远发展能力。

虽然企业战略管理者与企业家在发展观念、工作重点、专业知识和能力素质上存在一些区别，但二者也存在着紧密的联系，即企业战略管理者源自企业家中的优秀管理者。

11.2.4 企业战略管理者的能力

1. 战略规划能力

战略管理者的战略规划能力是指战略管理者站在企业的高度，制订企业长远目标，把握企业发展方向的综合能力。战略管理者的规划能力是最能体现出管理者战略思想水平的高低的能力指标，一名优秀的战略管理者会时刻站在企业的高度来为组织的长远发展进行规划，为组织的长期可持续发展提供战略指导。

战略规划能力主要包括：战略环境分析能力、概念化能力、前瞻能力和决策能力。

（1）战略环境分析能力。战略分析能力是指战略管理者对企业所处的内外部环境进行分析以发现企业核心竞争力，明确企业的发展方向、途径和手段的能力。战略环境分析是战略管理者进行战略管理的第一个环节，也是制订战略的开端，其目的是通过环境的分析来展望企业的未来，使企业的发展目标与环境变化和企业能力实现动态平衡。企业战略管理者作为企业未来的主导者，应充分地了解行业环境，对外部环境的变化有着敏锐的观察能力和准确的判断能力，只有这样才能保证企业的长期发展。

战略环境分析的工作主要包括外部环境和内部环境分析，外部环境分析主要包括政治方面、经济因素、技术因素和社会因素。战略管理者对内部环境的分析的主要内容包括技术素质方面、经营素质方面、人员素质方面、管理素质方面和财务素质方面。

（2）概念能力。概念能力是指战略管理者对企业内部要有宏观视野、整体考虑、系统思考和大局把握的能力，具备把抽象的事物具体化使之成为具体问题的能力。任何一项决策是否可行与战略管理者的概念能力有着很强的联系，企业的作风和整个的发展方向也都依赖于管理人员的概念技能，并且一个公司的全面成功有赖于战略管理人员在制定和执行决策上所需要的概念技能，所以这一技能在管理过程中起到了协调和统一的作用，它具有不可否认的重要性。

（3）前瞻能力。前瞻力是指在当前这个充满不确定因素的商业环境中，战略管理者把握组织的发展方向和路径、规划团队长远策略，正确预测未来，从而实现团队目标的能力。前瞻力是一名优秀的战略管理者必备的能力素质，他要求战略管理者要能够从大的背景上为组织的未来勾画远景，制订出符合企业自身发展的战略计划。具有高超前瞻能力的管理者可以帮助企业在竞争激烈的市场竞争中掌握先机，对未来的市场变化形势进行准确预测，使企业在最短的时间内实现收益的最大化。

（4）决策能力。决策能力是指战略管理者对某件事拿主意、做决断、定方向的领导管理绩效的综合性能力。战略管理者决策能力的强弱直接左右着企业的命运，正确的决策可以帮助企业在激烈的市场竞争中立于不败之地，错误的决策可能使企业直接走向灭亡，这就要求战略管理者能够根据外部环境以及自身的发展变化果断进行相应的战略决策，使企业的发展符合环境的变化，从而适应当今激烈的市场竞争。战略决策能力主要包括：经营决策能力、经营管理能力、业务决策能力、人事决策能力、战术与战略决策能力等。

2．战略实施能力

战略实施能力是指战略管理者为实现企业目标而实施战略规划的能力。组织在确定了自己的战略目标之后，就必须专注于如何将其落实转化为实际的行为并确保实现。战略实施能力包括：战略渗透能力、资源配置能力、战略执行能力和战略驱动能力。

（1）战略渗透能力。战略渗透能力是指战略管理者将企业的战略思想灌输到组织内部的能力。许多战略管理者不重视将企业的战略思想灌输给企业的员工，只是要求员工机械地执行上级命令，这种管理方式经常导致上下级对工作的理解不一致，不能充分地激发员工的工作热情，员工工作效率低下甚至出现抵触心理。所以，对组织内部员工灌输企业战略思想尤为重要。战略管理者应善于把制订完成的战略计划细分到每个相关部门，把已经形成的战略思想灌输到每个管理者及员工的脑海中。

（2）资源配置能力。资源配置能力是指战略管理者对企业内部资源在各种不同用途上加以比较做出合理分配的能力。战略管理者资源配置能力的高低直接影响着企业的经营管理水平，内部员工的工作效率和是否有能力按照市场需求优化生产要素组合。资源配置的内容一般包括决策、信息、动力和协调。只有合理分配企业的总体资源，使每个部门拥有其所需要的各种资源，才能够保证战略的顺利实施。

（3）战略执行能力。战略执行力是指战略管理者通过一套有效的系统、组织、文化和行动计划管理方法等把战略决策转化为结果的能力。战略执行力对战略的实现有着非常重要的作用，没有有效的执行就无法实现企业的战略目标，在当代激烈的市场竞争中，竞争优势的确立，不仅要有好的战略，而且要有有效的执行。在战略的具体实施过程中，战略管理者应该坚定不移地执行已选的战略，不要轻易地对已经选定的战略产生怀疑。

（4）战略驱动能力。战略驱动能力是指战略管理者利用各种激励手段促进战略顺利实施的能力。战略驱动能力是战略目标实现的催化剂，主要体现在战略的执行过程中，良好的战略驱动能力可以激发的组织内部员工的工作热情，提升工作效率，从而缩短企业实现战略目标的时间。战略驱动的工作主要分为两个方面：一方面是对各战略工作的督促。战略管理者应对战略目标的部门设定阶段性目标的实现期限，督促其在规定时间内完成任务；其次是对高工作效率的员工或部门进行有效的激励。

3．战略控制能力

战略控制力是指战略管理者在实施企业战略过程中，检查企业为达到目标所进行的各项活动的进展情况，评价实施企业战略后的企业绩效，把它与既定的战略目标与绩效标准相比较，发现战略差距，分析产生偏差的原因，纠正偏差的能力。战略控制能力主要包括：绩效导向能力、战略跟踪能力和战略修正能力。

（1）绩效导向能力。绩效导向能力是指战略管理者通过以员工结果作为衡量工作成效标准，从而提高绩效的能力。绩效导向能力的主要内容是设定绩效标准，根据企业战略目标，结合企业内部人力、物力、财力及信息等具体条件，确定企业绩效标准，作为战略控制的参照系。战略管理者应该具备制订正确的、符合实际标准的能力，以结果作为衡量工作成效的主要依据，重点关注提高绩效、实现目标和产出结果，制订符合企业实际情况的绩效标准，以此作为战略控制与修改的出发点。

（2）战略跟踪能力。战略跟踪能力是指战略管理者对正在进行或已完成的战略工作与既定的目标进行对比，发现战略差距，分析产生偏差原因的能力。战略跟踪的主要内容表现在绩效监控与偏差评估中，战略管理者在制订了具体绩效标准后，应密切关注目标的实现状况，掌握工作进展，通过一定的测量方式、手段、方法，检测企业的实际绩效，将企业的实际绩效与标准绩效对比，以可衡量的绩效标准对战略的具体实施情况进行评价，找出偏差所在，深入分析产生偏差的原因，使战略的实施返回到应有的轨道。

（3）战略修正能力。战略修正能力是指战略管理者在分析偏差产生原因后，通过一定手段纠正偏差的能力。良好的战略修正能力可以保证企业战略始终在既定的轨道上进行，对战略的发展起到了良好的控制作用。战略管理者应该有对环境变化做出准确判断的能力，在确定企业自身战略已不再符合环境的发展后及时果断地对企业战略进行相应的修改，使战略的实施符合企业现状与环境变化。战略修正的主要内容是设计并采取纠正偏差的措施，以顺应变化着的条件，保证企业战略的顺利实施。

第 3 节　企业战略的领导与执行

11.3.1　战略领导的内涵

1. 战略领导的界定

战略领导概念是约翰.阿代尔（John Adair）教授在 20 世纪 80 年代正式提出的，战略领导者在组织变革时期尤为重要，能实现组织期望的结果。战略领导不仅关注任务，还关注团队，他们是思想的领导和正确的领导。他指出战略领导要关注引导变革、创建高层团队、正确执行战略、改变组织文化以及时间管理等 5 个关键，并把战略领导的思维宽展到生活事业等更大的范围。

美国战略管理学家希特（M. AHitt）、爱尔兰（R. D Ireland）和霍斯基森（R. E Hoskisson，1999）在《战略管理：竞争与全球化》书中指：战略领导是一种可以进行想象、预期、维持灵活性并且促使他人创造所需要的战略改变的能力，战略领导包括发展人力资本；探求和维持核心竞争力；决定战略方向；强调伦理实践；维持有效的组织文化；平衡组织控制。在剧烈变化的环境中，战略制订的重点是确定方向并坚持制订的方向。因此，战略领导者可以从文化、社会、政治、道德等维度来描绘战略。

2. 战略领导的核心和意义

有效的战略领导决定着组织的愿景和使命。愿景和使命决定着战略的制订和实施等战略行动，战略行动影响着战略绩效，因此战略绩效就是战略愿景的具体化。

战略领导从战略的高度关注企业组织的整体发展，在战略学习的基础上提升企业组织应对变化着的外部和内部环境的能力。战略领导的本质是对学习能力、适应能力和管理智慧的培育及发展。发掘企业组织需要且能够做好的关键事件，并为其创造集体行动的环境是战略领导的首要任务。战略领导是发现问题、解决问题的关键，战略领导通过组织结构和系统、文化和企业组织氛围来强化组织的持续竞争优势。

3．战略领导的本质

（1）异质、复杂且难以识别。和企业其他资源相比，战略领导更为独特和复杂，通过企业组织舞台展现出来的。

（2）动态性并在相互关联中体现。战略领导能力要与组织内外环境等匹配，它是在与复杂的内外环境、与组织内外许多不同部门或个人相互影响和作用过程中产生和表现出来的。

（3）积累性的智力资本。战略领导是通过自身学习不断积累提升起来的。

（4）历史依存性影响。战略领导是在个人和组织过去历史发展过程中形成的。

（5）不可还原性投资。由于战略领导具有的特殊复杂性和一般不具有可交易性，形成战略领导能力的学习和投资（人力资本等的投资）是不可还原的。这种不可还原性投资本身构成了保持企业核心能力的一种行为活动，并构筑一种进入壁垒。

11.3.2 战略领导的实施

1．确定组织发展目标和方向

确定企业组织的使命、长远战略意图和共同愿景。通过价值信念和未来展望来引导和鼓励员工去拓展对成就的期望，通过变革和行动去实现组织目标。

2．构建组织核心能力

核心能力是企业获取竞争优势的来源和基础，核心能力背后的知识资本是企业持续竞争优势的根本来源。企业组织的核心能力不是与生俱来的，而是企业在自己的经营实践中长期学习而得来的。

3．培育组织智力资本

作为知识载体的全体员工便是企业组织的人力资本，他们不仅是知识存量的载体，而且是知识增量的创新主体，有效的战略领导者要拥有发展组织人力资本所需的能力，有效的人力资源管理是企业形成和实施战略领导能力的关键因素，组织各层次成员持续学习和组织知识的整合积累、融合创新将不断扩大企业组织智力资本和知识储备。

4. 营造组织文化氛围

战略领导的一项重要任务就是要创建企业组织、制订和实施战略、构建组织学习和知识创新的良好环境，即营造组织文化。

5. 实施组织战略控制

战略控制是战略实施过程中的重要组成部分，它是基于信息（知识）系统基础上的监控活动。战略控制有很强的目的性，它主要是由战略领导者来组织实施的，企业组织的所有运作都应得到有效的监控，以确保其能符合企业组织的战略目标和意图。

战略领导必须确保战略的形成和实施，它依托并强化了企业的核心竞争力，而核心竞争力的本质是企业特有的资源和知识。

11.3.3 战略执行的内涵

战略执行通过利用资源和组织重组，把计划转化成一系列的决策和行动，进而实现预期目标的动态的、复杂的系统性的、困难的过程。

战略执行是一个过程，它涉及组织重组。比如组织结构、系统、过程、人员和激励体系等的设计。战略执行是一个受许多相互关联的内外部因素影响的、动态的、反复的、复杂的过程。在一些企业中，战略执行则被看成需要管理和控制的一系列行为和决策的行动导向的过程。它包括对方法和目标的讨论、质疑、坚持不懈地跟进，以及责任的具体落实。战略执行包括对企业所面临的商业环境做出假设、对组织的能力进行评估、将战略和运营及实施战略的相关人员的结合、对这些人员及其所在部门进行协调，以及将奖励与产出的结合。

11.3.4 战略有效执行的影响因素

1. 软性因素

（1）领导力。有效的领导者可以传递关于创新的信心和激情；使关键的利益相关者支持和参与战略执行；在面临逆境的时候坚持下去。

（2）中层管理者。中层管理者的角色在战略执行的成功中是一个重要的因素，并且他们从高层管理者那里得到的支持也是很重要的。组织的绩效与中层管理者的跨职能岗位、向上和向下的战略影响显著相关。中层管理者及在运营层次的人员需要了解高管团队的战略目标，而高层管理者则经常要依赖职能经理团队的技术知识和专业技能，如果没有中层管理者的高度参与，优秀的组织绩效就很难达成。

（3）共识与承诺。在战略执行领域内，理解共识和共识——绩效之间的联系是非常关键的。共识会形成对决策的承诺，使执行中的协调更容易，进而会促进了加速战略执行的成功，如图 11-6 所示。高层管理者的共识与企业绩效之间的关系会受到环境动态性的调节。共识——绩效之间关系的形式和强度，在不同的环境背景下是不同的。

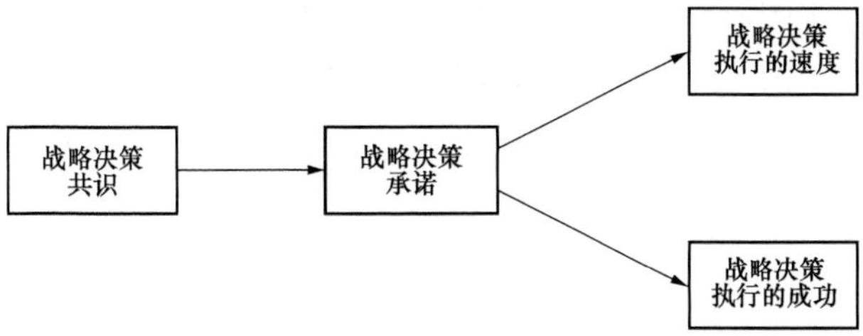

图 11-6　共识、承诺与执行之间的关系

（4）沟通。随着战略变革的演进，共识的建立就需要频繁和持续的沟通。组织内高管和职能经理之间的沟通，是决定一个企业执行成败的最重要的过程。频繁的交流互动或沟通会产生共同的组织感知、价值观、信念、对战略的态度和理解，以及更高的绩效。沟通形成了组织是什么的基础，决定了成员如何行动。

（5）文化。企业文化是一个企业的成员所共同认可的价值观、信念和行为规范的总和。企业战略的调整必将引起企业文化的变革，而企业文化的顺利转型会促进企业战略的调整。如果企业具有强势的企业文化，那么战略调整前就应该先对企业文化进行变革，否则由于企业文化的刚性和固有的连续性，它将对企业的战略调整产生巨大的阻力，进而影响新战略的执行。

2．硬性因素

（1）资源。战略发展的任务不是循环利用资源，而是要创造新的机会，并且最有效的利用可获得的资源。战略应该与可获得的资源相匹配。有效的战略执行过程可能会得益于人力资源，他们会扩大视野，建立跨职能的经验和关系，而这些都将能支持实施。

（2）组织结构。企业的构架应该反映，并且主要受驱动于企业战略的本质，最终为了成功地执行战略，试图实施一个与普遍的权力结构相冲突的战略，注定要失败。

（3）控制系统。执行的过程是动态的和适应性的，控制系统可以对意外的事件及时反应和弥补。成功的战略实施需要控制体系，控制体系提供关于要求的绩效产出是否达成的反馈。

（4）环境因素。企业的战略制订和战略执行过程中需要关注战略环境的变化，特别是在战略执行过程中对外部环境变化的适应是极其重要的。在战略执行的过程中预测环境的变化，且能在环境变化导致重大影响前采取有效的措施就尤其重要，并直接影响到战略执行的效果。战略执行过程必须要适应环境的变化，在动态变化中不断完善。

（5）激励机制。激励机制是战略有效执行的必要条件。如果把薪酬设计更多地与执行绩效联系起来，对那些具有良好执行力的人给予更多的物质回报和精神回报的话，那么这个企业就更易被塑造成为一个具备强有力的执行力的企业。建立健全人员的激励竞争机制是现场管理执行力的动力保障，可以有效地将外部压力转化成内驱力，进而促进战略的执行。

3．混合因素

（1）战略制订。战略制订是一个涉及中层管理者和高层管理者的过程。在一个战略性管理的企业中，高层管理者的一个主要目标就是有计划地让所有层次的管理者参与到战略制订的过程之中，如果有足够的分析能力的话，从多种来源收集各种想法、建议，建立对所选择战略的广泛共识，会提高战略制订的质量及对战略执行的承诺。

（2）职能战略与企业战略的匹配。人力资源管理战略、技术战略、管理模式和营销战略等职能战略与企业战略之间的匹配，会有利于战略的执行。

（3）战略的内部营销。一个企业要想成功，必须要在面向顾客之前，教育好自己的员工。向员工做战略方面的内部营销，将会增强员工对战略的了解和认可，进而有利于战略的执行。

4．战略执行的关键成功因素

战略执行的五个关键成功因素可以分为战略制订过程、系统的执行、战略控制和追踪、CEO 的领导力和合适且受激励的管理者及员工、引领变革的公司治理，如图 11-7 所示。

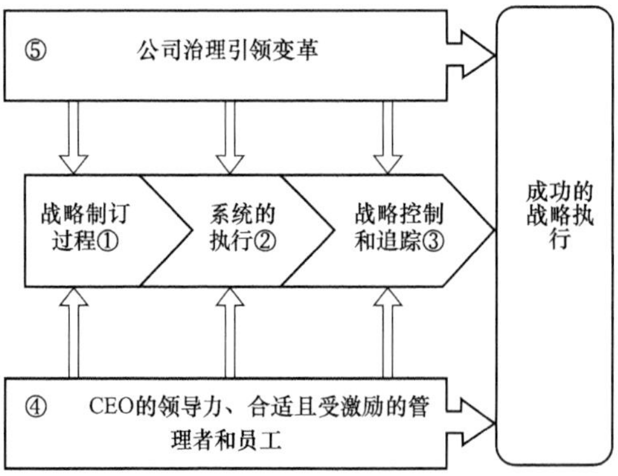

图 11-7　战略成功执行的五个关键成功因素

（1）在战略制订过程中，要让组织各层人员甚至组织外部的第三方参与进来，然后需要用一种长远的眼光对竞争者、环境和产业进行持续和系统的分析。最后公布清晰明确的战略。

（2）在系统执行方面，必须确保组织文化、授权、组织结构、业务流程、工作系统和信息系统与战略相匹配。

（3）在战略控制和追踪方面，高层管理者要定期应用控制和追踪工具对战略执行情况进行系统地测评。

（4）在人员方面，CEO 在实施战略过程中要发挥领导力，建立一个合适的管理团队，同时必须招聘合适的各层管理者及员工，并对他们实施及时有效的激励。

（5）在引领变革的公司治理方面，组织要争取获得股东的承诺和财务支持，董事会在对实施的支持的同时，必须履行有效监督的责任。

11.3.5 战略执行的理论模型

1. 影响战略执行效果的重要变量

影响战略执行效果的重要变量可以分为战略内容、外部情境、内部情境和战略过程四大类，如图 11-8 所示。

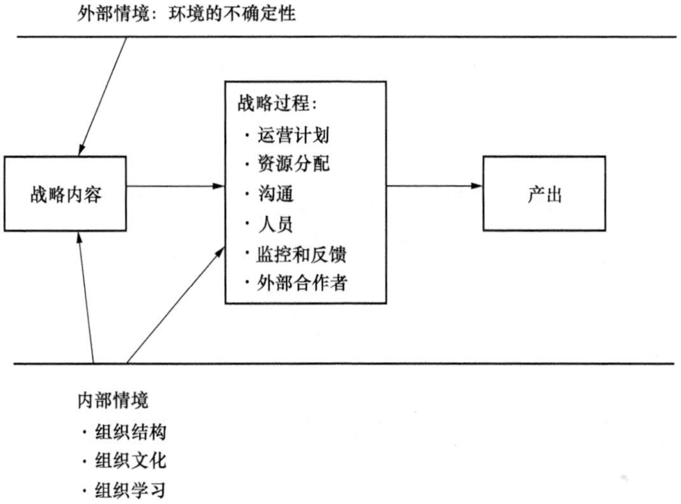

图 11-8 战略执行的框架和关键变量

战略过程中的运营计划包括项目的启动、计划、准备和预测活动资源分配涉及财务资源、时间、信息和能力沟通包括正式的、非正式的、从上到下、从下到上、横向和外部的沟通人员方面包括招聘、培训和激励监控方面包括正式的、非正式的、从上到下、从下到上和横向的控制外部伙伴主要是提供知识和帮助建立各种能力。

战略内容、外部情境、内部情境和战略过程这四类变量都对组织的有形或和无形产出有影响，情境特征及其变动都会影响到战略的内容，促使企业做出新的选择，战略执行活动在内部情境中进行，并受到内部情境变量的影响。

2. 8S 模型

8S 模型（见图 11-9）是在麦肯锡 7S 模型的基础上提出的，强调只有这些因素相互协同才能保证战略执行的成功。

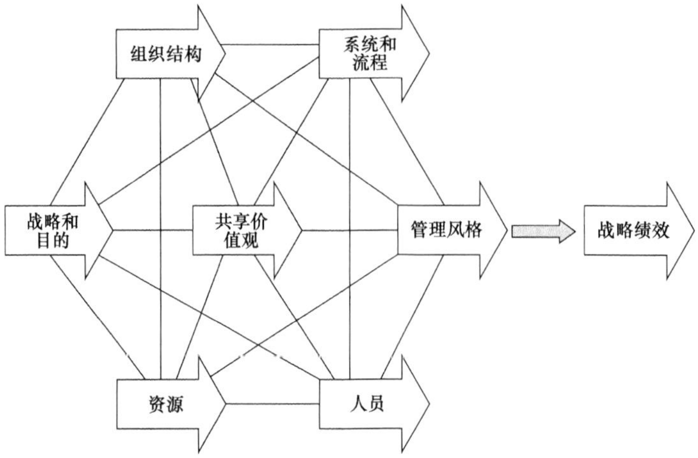

图 11-9 战略实施的 8S 模型

8S 模型隐含的假设是，不同的战略需要不同的组织结构、系统和流程、管理风格、人员、资源、共享价值观等。在跨职能的基础上，一个组织所做的任何事情都被涵盖在 8S 之中。通过在战略过程中运用该模型，组织的领导者能够预测为了使战略执行有效需要做哪些变革。在执行阶段，这个模型也可以作为实施地图。

战略实践 11-2

格兰仕应如何面对"砸厂"危机

多年来，号称"价格屠夫"、拥有"制造王者"之称的格兰仕却在 2014 年遭遇了砸厂危机。持续 6 个小时的"砸厂"中，新员工将宿舍、食堂、车间流水线以及办公室电脑设备等一一"光顾"，而此次事发地点——格兰仕中山厂区因为微波炉的扩产，2014 年刚刚正式投产，开工仅有数月。

（一）危机背后的"失焦"

不久之前，格兰仕总裁梁昭贤刚刚在一次会议上表示，要学会处理各种关系，特别要关注员工的情感管理。但这次砸厂事件似乎显示，他们没有处理好"员工关系"。事后证明，原因不外乎新员工认为薪水低、福利差、工作强度大，愤怒的工人无处发泄，开始砸机器。

众所周知，这两年的高速发展过程中，格兰仕似乎一直在进行"外延革命"，无论是空调还是滚筒洗衣机，格兰仕都延续了价格屠夫的一贯做法，以超低价新品冲击市场，形成巨大的市场刺激之后，再增加营销费用大力推广从而抢占市场空间，赚取微薄的利润。

有国内专家曾经算过一笔账，微波炉在美国生产，一天开工 6 小时，工人周工作 40 小时，年收入是 3 万美元；在格兰仕，24 小时三班倒，周工作约 60 小时，年收入是 1.2

万元人民币，后者单位劳动收入约为前者的1/30——这就是格兰仕竞争优势的秘密，看似合理，其实存在巨大隐患。

不可否认，作为全球最大的微波炉制造商，格兰仕拥有出色的制造和生产能力。而近年来，随着市场格局转换，低价策略不再奏效，订单虽多却根本不赚钱，而利润过于微薄，当然不能投入做研发和提高工人待遇、降低劳动强度。格兰仕的尴尬现状，仿佛是一个无解的怪圈，曾经的微波炉制造大王到了被砸厂的地步，真的有点反讽。

（二）跳出琐事，成为“战略管理者”

这两年在针对电商业务发力，同时进入完全陌生的其他品类市场企业不少。以空调为例，市场份额连格力的1/10都不到，仅仅在网上获得了低端市场的认可，但这种不惜血本的打法，对于一家非上市公司来说，确实充满风险。

格兰仕本应该持续关注厨房家电，就像九阳关注豆浆机，苏泊尔关注炒锅和电饭锅。过度的品类延伸，其实反而让品牌失去了焦点，在员工管理上也难有回旋空间，其境遇令人叹息。再加上企业内部的多年积习，过度重视业绩和营销，轻视企业文化和价值观的建设，使低成本运营下的格兰仕很难获得员工的忠诚和凝聚力。

资料来源：邓纯雅. 理查德·科克：关注“20%”的战略管理者”. 中外管理，2014（6）：72-74

复习思考题

1. 描述企业文化的定义、要求和功能。
2. 简述企业文化的层次。
3. 试述企业文化对企业战略的影响。
4. 论述企业战略管理者与企业家的区别和联系。

本章案例

苹果公司企业文化与企业战略

1. 背景分析

在当代手机行业中，苹果手机可以说是行业中的佼佼者。在自身的经营模式、人员管理、营销策略、技术创新上都有独特的部分。取得这样的成功，与苹果自身的企业文化以及制订的企业战略有着重要的关系。1997年乔布斯再度成为苹果公司CEO，进行了一系列创新改革，使苹果公司取得越来越优异的成绩。这些成绩的取得在于其对产品采用高度聚焦的战略，严格的过程把控，令人惊异的创新技术，持续性的市场营销政策。

2. 完善战略管理

企业的发展战略决定着企业的市场形象与定位，也预示了企业未来发展的方向。在乔布斯重回苹果之后，就坚持他的战略改革：苹果将不再只是一个纯粹的PC制造商，而是要成为一个高端消费电子与服务公司，以此获得差异化的竞争力。企业不断完善战略管理，必然推进企业文化的进步。

3. 产品的革新

乔布斯重回苹果后的第一步就是把苹果的产品线进行削减，把正在研发的巧种产品锐减到4种，不仅如此，还裁掉一部分员工，使得营运经费得以节省。之后，专心研发高端产品市场，不求多，只求精。所以，苹果公司每年所推出的产品并不多，发布产品的时间也大概是一年1到2次，根据市场需求，以其具有想象力的差异化手段满足顾客各种有效需求。

4. 注重人才

人才的选拔，是苹果公司所十分注重的，乔布斯相信一个顶尖的小团队所爆发出的能量是巨大的。相似于与对产品和战略高度聚焦的做法，在使用人才上，乔布斯极力强调以最精简的人才队伍，创造出最优秀的技术。为此，他总是花费大量时间及精力寻找最优秀的人才。同时，如果求职者中，经过公司组织的员工培训，发现自己的价值观与公司的不同，他们也会自动退出候选人之列经过这样双向的筛选，入职的员工与公司的价值理念，基本相符。

. 创新的战略模式

苹果公司企业文化的核心是一种鼓励创新、勇于冒险的价值观。这种理念核心带领着苹果公司开启一种创新的战略商业模式苹果产品往往能提供给消费者超出同业的最新技术，并且将先进的技术，合适的成本和出众的营销技巧相结合。并且苹果并不热衷于技术创新，而是将精力放在实用的应用创新上。虽然苹果公司从没像微软公司那样打造出一项全新的技术，但是它总能后来居上，把一项现有的技术或者产品推广开来。

第12章 互联网时代的商业模式和企业竞争战略

21世纪世界上只有两种生意，就是拥有网站的企业和将被收盘的生意，未来要么电子商务，要么无商可务。

——比尔·盖茨

本章要点

- 互联网的含义和发展历程
- “互联网＋”背景下企业竞争角色和竞争作用力模型
- 电子商务模式含义

本章目标

- 理解互联网的发展历程
- 了解“互联网＋”背景下企业竞争角色
- 掌握“互联网＋”背景下企业竞争作用力模型
- 理解电子商务模式
- 掌握电子商务时代的波特“五力”竞争结构

第 1 节　互联网技术及其市场竞争参与者

12.1.1　互联网的含义

互联网是一种全球性的通信网络，它以网络为基础，达到连接的目的。互联网的交互性、多样性、及时便捷性自主性等特征深刻地影响着个人的生活方式。“互联网＋”实际上是创新 2.0 下的互联网发展新形态、新业态，是知识社会创新 2.0 推动下的互联网形态演进。“互联网＋”帮助传统产业实现向互联网的跨界与融合，实现传统产业的改造升级，企业实现战略的调整与组织结构的完善。 “互联网＋”具有一定的战略意义，是一种经济发展新形态。

12.1.2　互联网技术的含义

1．互联网技术的定义

互联网技术的本质是信息技术和通信技术。从信息技术的角度，当前科技实现了信息的数字化，利于其存储和传播，从而完成了人类在纸质媒体时代无法完成的信息分享功能。从通信技术的角度，互联网技术彻底改变了传统通信方式。数字化的信息技术和光纤化、移动化、全球化的通信技术相结合，造就出如此便捷并具有勃勃生机的互联网技术。以新闻分享为例，借助高度普及的智能终端（手机、平板电脑等），通过移动互联网和传统主干互联网，依托合适的软件平台（微信、微博等），人们可以瞬间将信息分享到指定的交流圈。

2．互联网技术创新的定义

广义上讲，互联网技术创新是指在互联网技术现有的思维模式基础上，进行改进或者创造新的事物、方法、元素、路径、环境，并能获得一定有益效果的行为。狭义上是为伴随互联网技术本身的推广应用、完善发展的过程，互联网技术本身的变化和由互联网技术创新所引发的周边环境的变化，包括技术本身的更新迭代、新兴商业模式的出现、产业环境的变化等。具体体现为用户思维、简约思维、大数据思维、跨界思维、平台思维、社会化思维等同时融合互联网技术特点和商业特点的企业战略思维。

互联网技术共经历了三个主要的创新变化时期，即，Web 1.0 技术时代，Web 2.0 技术时代，移动互联网技术时代。Web 1.0 时期，互联网主要是信息承载平台，互联网服务商更新和提供信息，用户通过个人电脑接入互联网单向阅读接受信息。此时期主要的技术为万维网（www）技术，商业模式是互联网接入服务和门户网站。

12.1.3 “互联网＋”企业竞争角色

1．边缘竞争角色

边缘竞争角色企业的“互联网＋”指的是利用互联网思维跟其他类型的企业形成战略联盟，增强自身的竞争力。边缘竞争角色企业的市场占有率一般比较低。边缘型企业会面临许多的竞争对手，市场进入壁垒低，企业的盈利能力不强，很难发展成为大企业。但是由于创办这样的企业所需的投入不大，所以受到很多创业者的青睐。这类企业所在的“互联网＋”价值环节，主要位于餐饮行业、零售业、草坪维护行业、食品加工行业、理发行业、卫生清洁等行业中。

2．平台竞争角色

平台竞争角色企业能够在较广阔的空间范围内（通常是全球范围内）获取资源。通过构建平台吸引消费者和其他企业来获取收益的企业。如微信平台、阿里巴巴电商平台、京东电商平台、美团团购平台、银行、证券、媒体、移动等，这些平台型企业具有双边市场效应，一方面吸引大量的商家进驻平台；另一方面吸引众多的消费者到平台上消费。“互联网＋”平台竞争角色企业起到一种中介的作用，在全球范围内吸引用户资源。此外，海尔集团、苹果公司、小米公司等大型企业，通过自制平台，在全球范围内吸引用户资源。

平台竞争角色企业的“互联网＋”表现为利用互联网思维不断的共享资源，吸引消费者资源。平台竞争角色企业还可以通过大数据分析，精准确定顾客的需求，获得大量消费者信息，从而吸引大量的企业资源进驻平台。

3．依附竞争角色

“互联网＋”依附竞争角色企业自身无法构建平台，要依靠平台型企业的渠道宣传，这类企业大多都是中小型企业。这类企业通过网络推广与销售，获得全球范围的资源。由于其他依附竞争角色企业同样也可以这样做，因此企业间同质化现象比较严重，竞争也相对较激烈。

4．位置竞争角色

位置型企业主要是指受地理位置限定，获取环境资源范围较小，但是竞争者也相对较少的企业。主要有自来水公司、供电、水泥行业、造纸、印刷、纺织业、房地产等行业的企业。这类企业的获取资源的范围相对来说比较小，竞争对手相对较少，竞争不十分激烈。这类型企业可利用互联网思维谋求与其他企业进行战略合作，使企业不再受地理位置的束缚。

12.1.4 "互联网＋"企业竞争作用力模型

1．边缘竞争角色企业竞争作用力结构

边缘竞争角色企业产品和服务种类少，服务的范围也相对较窄，区域内可能会存在着较多的竞争对手和潜在进入者，边缘竞争角色企业一般与其他企业结成战略联盟，增强自身的竞争力。决定边缘竞争角色企业的竞争强度以及产业吸引力和企业利润的外部竞争力量有竞争者、非联盟供应商、顾客、联盟者，如图 12-1 所示。

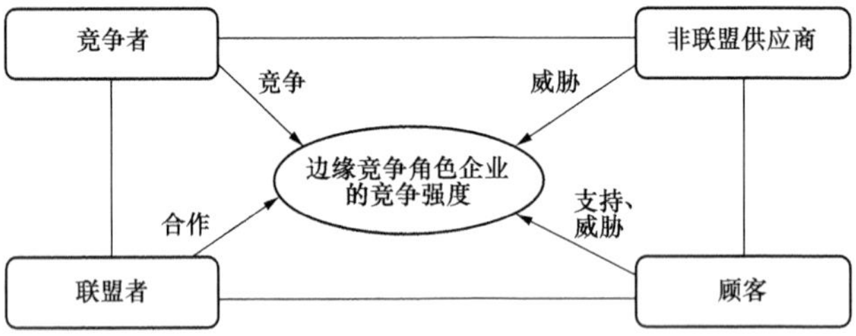

图 12-1 "互联网＋"边缘竞争角色企业竞争作用力四力模型

（1）联盟者的合作程度。

边缘竞争角色企业的竞争能力以及竞争强度很大一部分取决于与联盟者的关系，与联盟者的合作关系越紧密越有利于边缘竞争角色企业与竞争者竞争，反之就会对其竞争不利。联盟者可以是政府、供应商、经销商、零售商、互补企业等。边缘竞争角色企业之间为了共享资源、战胜其他竞争对手也有可能形成战略伙伴关系，共同占领市场，击退其他竞争者及对其他潜在进入者形成强大的壁垒。

联盟是为了获取更多的资源，扩宽自身的经营范围。一般来说，边缘竞争角色企业如果具有较好的信誉、财务支付状况良好、与联盟企业之间资源互补程度较高等情况，边缘竞争角色企业跟联盟者之间的关系程度就会越紧密，与联盟伙伴之间的合作关系越持久。一旦失去联盟伙伴的支持，边缘竞争角色企业往往就陷于被动的地位，其联盟者也可能转向与竞争对手联盟。

（2）非联盟供应商威胁。

非联盟供应商通过提高自身产品或服务价格，或降低质量来影响边缘竞争角色企业的产品和服务的质量和价格，从而影响边缘竞争角色企业在市场中的获利情况及竞争力。供应商的影响力，主要取决于供应商给边缘竞争角色企业提供什么生产要素。对边缘竞争角色企业越重要的要素供应商，对边缘企业的威胁越大。例如供应商提供的产品或服务在边缘企业的产品或服务里价值越大、对其质量影响愈大、供应商数量少、边缘企业转化供应商的风险大等，则供应商越有讨价还价的主动权。

由于边缘企业生产的产品或服务都是处于辅助或补充地位的，其供应商一般也属于边缘企业，例如，餐饮业的原材料供应商、理发店的原材料供应商等，因此，边缘竞争角色企业的供应商选择范围比较多，转换成本小，供应商的威胁不算大，但是一些特殊的材料供应商还是会对边缘竞争角色企业产生很大的威胁，比如说食品加工业受供应商的威胁较大。

（3）顾客支持与威胁。

顾客支持与威胁是指顾客的来源以及顾客的忠诚度。顾客是边缘竞争角色企业生存的基础，如果边缘竞争角色企业的顾客来源少或顾客忠诚度不高，边缘竞争角色企业就可能生存不下去。边缘竞争角色企业之间的竞争的是在区域范围内获得尽可能多的顾客支持，谁获得更多的顾客支持，谁在市场中就处于优势地位。边缘竞争角色企业的产品和服务的价格和质量是获得顾客的基础，边缘竞争角色企业要想获得顾客必须保证产品和服务的质量，才会有良好的信誉和口碑，吸引更多的顾客支持，反之，如果产品质量和服务态度不好，就会引起顾客的反感，导致失去顾客，因此面临着顾客的转移威胁。

（4）竞争者的竞争程度。

边缘竞争角色企业不仅面临着市场上现存的大量竞争者，还面临着大量的潜在进入者的威胁。如果竞争者的能力很强、提供更具特色的产品和服务或者竞争者能够获得更强大的联盟企业的支持，则企业就会在竞争中处于不利地位，受竞争者威胁就越大。边缘竞争角色企业之间的竞争很多情况下表现为在产品质量和价格方面的竞争，竞争企业可能会通过提供更高质量的产品和服务或者降价来赢得竞争。

现有竞争者之间可以结成联盟，共同开拓市场和维护市场，共同实现规模经济，增强进入壁垒，以减少潜在进入者的威胁。

2．平台竞争角色企业竞争作用力结构

平台竞争角色企业一般都是比较大型的企业甚至是跨国企业，平台竞争角色企业经营范围广、产品或服务种类多、跨界融合、跨界经营等特点。影响平台竞争角色企业“互联网＋”的竞争强度及盈利能力的竞争作用力主要有：现有竞争者、潜在进入者、用户三种力量，如图 12-2 所示。

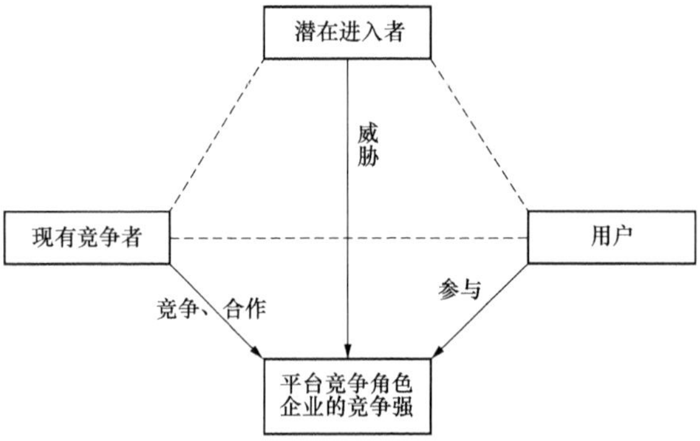

图 12-2 “互联网＋”平台竞争角色企业竞争作用力模型

（1）用户参与程度。

用户参与主要是指平台竞争角色企业吸引的商家进驻情况及吸引消费者到平台上来的数量。平台竞争角色企业的盈利主要来源于平台上的用户，平台竞争角色企业面对的是平台上的企业和消费者双边的市场用户。

对于平台上的企业用户，可以在多个平台竞争角色企业中进行选择，也可以同时进驻多个平台企业。平台上的企业选择平台竞争角色企业的原则是：平台上有大量的顾客来源、平台便于企业进行推广、进驻平台的价格低、平台可以使得企业的产品或服务畅销程度等，反之，平台上的企业数量就会减少。

对于平台上的消费者用户，平台竞争角色企业拥有大量的消费者来源的前提是平台竞争角色企业有大量的企业用户、在平台上购买产品或服务方便快捷、能够享受到个性化的产品或服务、方便消费者参与（包括投诉、建议、评价等）等。因此，平台上的双边用户是相辅相成的，一边的缺失会导致另一边的缺失。

随着互联网的发展，特别是移动互联网的发展，平台竞争角色企业越来越受到广大消费者和企业用户的欢迎，平台竞争角色企业之间的竞争就是对用户的竞争，平台竞争角色企业的容纳能力及市场开拓能力是其制胜的法宝。

（2）潜在进入者威胁。

平台竞争角色企业是开放性的企业，平台竞争角色企业的市场进入壁垒主要来源于：市场中已有的平台竞争角色企业的数量和规模。数量多规模大意味着新进入企业很难获得用户资源，会使新进入者望而却步。新进入者预期被现有竞争者打击报复的程度。如果新进入者预期成为平台竞争角色企业后会招致现有竞争者的强烈报复难以生存，潜在进入者就会减少。

由于平台的开放性和共享性，使得平台竞争角色企业带给潜在进入者的吸引力极大，许多企业都想做平台竞争角色企业，因此，平台竞争角色企业面临着大量的潜在进入者。特别是现在许多大型的平台企业做得很成功，比如阿里巴巴、京东商城、亚马逊等短短几年间就遍及世界，每年的营业额非常可观。“互联网＋”时代，许多大型的传统企业也纷纷进军互联网成为平台竞争角色企业。

（3）现有竞争者的竞争与合作程度。

平台企业之间的竞争主要是竞争用户资源，由于在同一时间顾客流量是有限的，顾客进入了这个平台竞争角色企业意味着这个时间不会出现在其他的平台竞争角色企业上。平台竞争角色企业的产品和服务的多样化及个性化是吸引顾客流量的基础，也是平台竞争角色企业获得竞争优势的源泉。这一方面可以缓解竞争程度，另一方面可以共享资源并从中获利，共同树立行业壁垒，减少潜在进入者的威胁。

（4）依附竞争角色企业竞争作用力结构。

依附竞争角色企业主要是依靠平台竞争角色企业实现全球化经营，企业之间运用互联网思维更加注重的是一种竞合的关系。对于依附竞争角色企业，影响其竞争强度和盈利能力的外部竞争力量主要有现有竞争者、潜在进入者、替代品、供应商、顾客五种力量。

3．位置竞争角色企业竞争作用力结构

位置竞争角色企业受地理位置的限制较大，区域内存在少量的竞争者，影响位置竞争角色企业的竞争强度以及利润水平的外部因素主要有：现有竞争者、潜在进入者、供应商、客户四种作用力，如图 12-3 所示。

（1）供应商合作与威胁。

位置竞争角色企业的供应商的威胁主要来源于位置竞争角色企业的大型供厂商更加具有讨价还价的能力，以及供应商中断供货会对位置竞争角色企业造成严重影响，例如，房地产行业会受到钢筋、水泥等供应商的威胁等。因此，位置竞争角色企业一般采取与供应商之间达成战略联盟的关系，供应商的合作能力影响着位置竞争角色企业的获利能

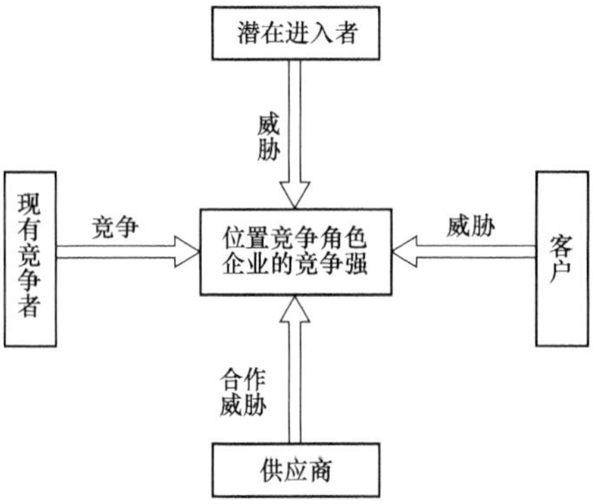

图 12-3 “互联网 +”位置竞争角色企业竞争作用四力模型

力以及竞争能力。

（2）客户的威胁。

位置竞争角色企业的客户威胁主要来源于客户会想方设法要求企业降低价格，当客户是位置竞争角色企业的主要客户、客户购买数量多以及多个客户联合跟企业谈判时，企业就不得不降低价格，使得位置竞争角色企业的利润减少。位置竞争角色企业也可以跟客户形成联盟合作的关系，成为客户的主要供应商，以减少来自客户的威胁。

（3）潜在进入者威胁。

虽然位置竞争角色企业一般需要比较多的固定资本投入，因此会对潜在进入者有一定的抵制作用，但是一些大型企业的跨界融合并不缺少资本投入，因此，位置竞争角色企业仍然面临着比较多的潜在进入者。要减少潜在进入者威胁，就必须在自身的产品和服务上下功夫，获得顾客支持，建立品牌优势。

（4）现有竞争者之间的竞争。

现有竞争者之间为了获得市场份额而展开激烈的竞争，主要表现为在广告、价格、服务、质量、售后等之间的竞争。当竞争者的产品和服务与自身企业相差无几或者竞争者的产品和服务更有特点、竞争者采取降价等形式的时候，位置竞争角色企业面临的来自竞争者的压力就比较大，位置竞争角色企业必须不断的追赶竞争对手，否则就会面临失败的威胁。

第 2 节 网络技术对企业经营和行业价值链的影响

战略变革作为协调内外部环境变化的调适者，已经成为战略界永恒的话题和经典的定理。企业在互联网大发展与大繁荣的背景下会遇到新的问题与矛盾，有必要进行战略变革。

互联网的兴起和成长在促进企业战略创新的进一步快速更新，也进一步对经济和社会的快速发展产生着较大的影响，传统的经济发展模式转型，大规模协作的社会分工，提高资源配置的效率在扩大内需，增加就业和提供工业和经济实力持续经济协调发展也具有深远的意义和影响。

12.2.1 价值链以及传统产业价值链模式

（1）传统价值链。

价值链（value chain）概念最初是由美国哈佛大学商学院教授迈克尔·波特提出的，他认为在企业中包括了两类增值活动，即：基本活动（进货后勤、生产作业、出货后勤、营销、销售和客户服务）和辅助活动（采购、技术开发、人力资源和企业基础结构活动）。波特的价值链通常被认为是传统意义上的价值链，较偏重于以单个企业的观点来分析企业的价值活动、企业与供应商和顾客可能的连接，以及企业从中获得的竞争优势。

（2）产业价值链。

产业链的核心是产业价值链。把价值链的方法应用到产业层次上进行分析，是价值链理论在产业组织中的推广和应用，也是用产业的视角对企业价值链进行分析。迈克尔·波特注意到企业的价值链可能包含于更大的“价值系统”中，价值系统包括企业之外的供应商价值链、销售渠道价值链和客户价值链等。彼特·海恩斯在此基础上提出了产业价值链的概念。他将原料供应商和顾客纳入价值链，把价值链重新定义为“集成物料价值的运输线”，把顾客对产品的需求作为生产过程的终点，利润作为满足这一目标的副产品。

传统价值链与产业价值链区别在于：传统价值链只停留于把利润作为主要目标。而产业价值链把顾客对产品的需求作为生产过程的终点，把利润作为满足这一目标的副产品；传统价值链只包含那些与生产行为直接相关或直接影响生产行为的成员，产业价值链把原材料和顾客纳入他的价值链，这意味着任何产品价值链的每一个成员在不同的阶段包含不同的公司。

（3）虚拟价值链。

杰弗里·雷波特和约翰·斯威尔克莱于 1995 年提出了“虚拟价值链”的概念。他们认为，虚拟价值链任意一个阶段创造价值包括信息的收集、组织、选择、合成和分配等五项活动。虚拟价值链与实体价值链（即传统的基于实体市场的实物价值链）平行运作，虚拟价值链可用于实物价值链的各个阶段，水平地使价值增加，只是虚拟价值链需要在因特网上操作，即供应商等利用因特网创造新的企业。

虚拟价值链的任何环节创造价值要涉及五个步骤：收集、组织、挑选、合成和分配信息。它不仅包括信息的价值增值活动，更是一种为顾客重新创造价值的活动。关键一步是通过寻找信息理解或者改变实体世界并超越实体世界，提供生产新产品、新服务和开拓新市场的机会来改变企业经营方式。

12.2.2 网络技术下的价值链模式

信息时代，价值越来越多地建立在信息和知识上，借助网络技术经营，即开展电子商务的优势变得也更为清晰，企业可以把实物价值链上的传统价值链的每个环节结合到它的虚拟价值链上，缩短价值链环节，提高效率，增强企业竞争优势。按照交易对象电子商务可分为以下几类模式：企业对企业（B2B）、企业对消费者（B2C）、企业对政府（B2G）、政府对政府（G2G）、消费者对消费者（C2C）。

1. B2C 模式重塑价值链的下游

B2C 模式是通过网上商店实现网上在线商品零售和为消费者提供所需服务的商务活动。这种模式对价值链中的批发商、零售商和终端客户环节会产生冲击。在传统价值链中，产品到达终端客户之前往往要经过众多批发商和零售环节；在电子商务价值链中，客户既可直接在产品制造商的网上零售店购买，也可在网上商店购买，将迅速削减交易环节，不仅节约了店面成本或库存成本，还能迅速满足消费者的习惯和偏好，提供个性化服务，如图 12-4 所示。

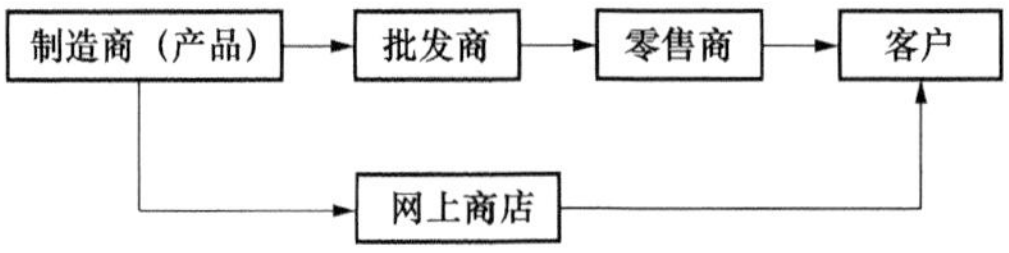

图 12-4 传统价值链与 B2C 模式价值链

2. B2B 模式冲击价值链上游

B2B 模式是指在网上采购商与供应商谈判、订货、签约、接受发票和付款以及索赔处理、商品发送管理和运输跟踪等所有活动。在高度专业化的时代，企业一般不再自己生产零部件而依赖外部的原材料供应商或外协伙伴，在传统商务价值链中，产品制造商往往连接众多供应商环节，而在电子商务价值链中，通过在线市场或采购网站，产品制造商可以以最快捷的方式在全球范围内选择最佳的产品和最佳的合作伙伴，不仅节约了时间、还加快了资金流和物流的周转率，促进企业进行采购管理和成本控制，提高企业的整体竞争能力。

12.2.3 网络技术下价值链特征

1. 价值链环节的缩短并虚拟化

信息社会生产方式的本质特征，是缩短生产和消费之间的中间环节，通过直接快速贴近目标来获取价值。数字化网络为削减不必要的中间环节提供了现实可靠的基础。电子商务下的价值链不再是二级甚至是三级的复杂网络，价值链会缩短并且虚化（即某产品制造商通过因特网与某供应商结成战略伙伴关系，交易完成，伙伴关系也随着结束），交易成本降低且厂家生产的产品更加趋于个性化。

2．价值链内部组织结构的变化

借助网络技术，信息交流不再受制于时空限制，企业内部的销售、设计、制造和采购部门之间将沟通顺畅，界限模糊，管理跨度得以延伸。因此，企业集团领导体制从过去的多层金字塔式变成基于信息的扁平网络式，这种基于信息的扁平网络式结构能够带来企业管理成本的下降，对客户需求及市场变化反应更为迅速。

3．信息创造价值的增值

在网络技术下的价值链中，信息不再只是起辅助性的支撑作用，信息将通过聚合、组织、选择、合成和分配后产生新的价值，信息的创造和利用被看成价值链的组成部分之一。

12.2.4 借助网络技术构建价值链模型

电子商务的各项活动是人参与的活动，人是电子商务的核心，因此还应该有“人员流”。由于客观存在的信息不对称等原因，电子商务中交易各方之间需要相互信任，以保证其他各流的顺利实现，所以，还应有“信用流”。实施电子商务最终实现的是商流，只有信息流、资金流和物流在人员流与信用流的保驾护航下全部有效完成，才能保证商流的最终实现，才能称得上完整的电子商务活动。由此可见，电子商务的顺利开展和成功实现，需要信息流、资金流、物流、商流、信用流、人员流等“六流”的良性循环，如图 12-5 所示。

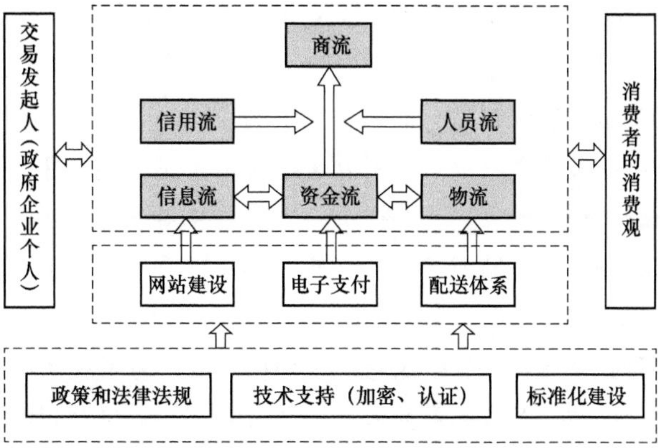

图 12-5　电子商务价值链模型

战略实践 12-1

裂帛的电商之路

裂帛由草根设计者汤大风和汤小风姐妹于 2006 年创立，是中国目前最具规模的原创设计师品牌之一，最初起始于淘宝，后陆续入驻多家电子商务平台，2012 年已自建官网。

裂帛的文字意思是“撕裂丝帛”，其品牌标语为“人生需要裂帛的勇气”，表达了创始人强烈的愿望，也包含了裂帛着装者的大胆无畏。在品牌文化上灌注创始人的生命力，极富情感的表达使得裂帛的品牌个性更为鲜明。

裂帛拥有 700 多名员工，其中研发团队有 100 多人，包括设计师及设计师助理约 50 人，创始人同时是裂帛的主设。对于设计师的培养，裂帛采取一种顺其自然、随遇而安的态度。在裂帛，设计师每年各有一次公费采风和旅游的机会，虽然每年招聘设计师，但不会拟定一个具体的招聘数量。对设计师的考核，是以产品本身为依据，销量作为辅助考虑因素。

裂帛每周有 20 款以上的新品上市，保证了消费者感受上的新鲜度。为了提高设计速度和沟通效率，公司将负责制版、样衣的技术部门同设计部门合并使设计、打版到样衣完成实现了无缝链接，从而加快新品上市速度。另一方面，裂帛将 SCM 系统深入到产品设计的研发环节，设计稿或者制版的阶段就能够考虑物料的可供应性，保证产品设计的可行性。

供应链好坏不是由速度唯一决定，因为快速反应的供应链需要完整的流程设计及组织架构支撑，真正适合的才是好的。裂帛曾经将反应周期定为 30 天，但是最终效果并不理想。一是因为对于供应商的监管不完善，造成很多工厂为赶时间而偷工减料，导致部分产品出现较为严重的质量问题;二是因为对于一个设计师品牌，前端的产品研发需要较长时间，30 天反应周期本来就不适用。最终裂帛决定适当放慢反应周期，同时将代工厂定位在 100～250 人左右的规模，能够较好地控制成本、保证质量。

由于线下运营和拓展成本太高，尤其是对设计师品牌这种相对小众的品牌而言，另一方面是因为设计与市场之间很难平衡。而基于电子商务的运作，给裂帛带来了不一样的机会。

电子商务使得裂帛能够以较低的成本进入市场。2005 年，裂帛创始人用 1000 元在淘宝网上注册开店卖少数民族服饰，逐渐发展起来，2006 年 11 月正式注册“裂帛”品牌，开始走上原创设计道路。现在的“裂帛”是一家拥有 700 多名员工、2011 年增长 380%，2012 年销售 5 亿的“快时尚 + 设计师品牌 + 电子商务”公司，已经开拓了一个男装子品牌“非池中”、两家线下店，吸引到了经纬创投、红杉资本千万美元以上的投资。

裂帛借助电子商务很好地解决了设计与市场的矛盾。裂帛将设计与选款分割开来，设计师只负责设计，选款由经验丰富的运营团队负责。如某款产品销量好，则设计师可获得相应奖励，互联网带来的沟通效率使选款能够对市场做出快速反应。传统服装公司获取市场反馈所需的周期较长，而线上品牌直接面对消费者，能更迅速地做出反应。

第3节　互联网对竞争环境的影响

12.3.1　宏观环境

1．互联网信息技术

互联网时代各种新技术应运而生，如移动云计算、大数据挖掘分析能力、互联网技术等，互联网带来的信息技术进步，影响着商业模式的变革。企业所采取的技术的完备性程度越高，组织系统的标准化程度高低，会对商业模式的程序化高低起影响。企业在实行“互联网＋”商业模式运作和资源转移的过程中，必须考虑到其线上运营技术是否被其他成员接受，并通过技术引进和指导实现企业的高效运营，因此互联网信息技术的有效性和易用性成为企业进行商业模式设计的重要参考。

2．市场条件

在互联网的时代，市场相关的很多环境开始发生变化，传统企业原来的行业保护及壁垒受到来自互联网经营环境的打破，互联网让个体的能力变得更强大，原来如果个体没有在一个组织内部将很难获取资源。

交易风险是“互联网＋”商业模式的企业在市场的交易中面临的风险问题，比如在交易过程中会产生互联网账户信息安全问题。在网络虚拟化的业务执行过程中，也面临着平台风险、技术风险以及系统风险各项问题。因此必须采取相应的措施加强交易安全风险的防范。

12.3.2　行业环境

1．市场竞争

随着行业环境的改变，互联网时代的竞争再也不是行业内的竞争，不同行业之间的跨界竞争成为一种普遍趋势，传统的经营模式如不改变，将会被时代所无情的淘汰。竞争激烈程度是市场竞争者角逐利益的激烈程度。企业的竞争状态在互联网时代中发生改变，原来组织面对竞争时，可能处在一个相对稳定的状态，而如今企业经营每时每刻都处在竞争环境中，要求企业必随时调整方案去应对动态竞争。

2．政策方针

政策支持是针对“互联网＋”商业模式的企业发展起支持性作用的相关政策。由于互联网与行业融合的势头之快，相关法律法规建设与政策的完善需要一个适应过程，一些不良企业往往选择钻法律的空白和漏洞，因而需要防范由此带来的风险。

3．行业规则缺陷

市场缝隙是指在企业“互联网＋”商业模式中，企业的最初定位是针对市场蓝海所获得的商业发现。作为新生市场的破坏者，这些企业一般不正面进攻主流市场，而是选择将主流价值网络中的客户或者零消费的客户拉到新的价值网络中来。这些企业善于在激烈的市场环境中找到新生市场，在初期对传统企业带来的威胁并不大，但随着行业市场的发展，会对传统企业商业模式产生威胁。

4．行业结构

行业分布类型是“互联网＋”商业模式的企业所属行业的经营特征、行业利润来源、品牌集中度等结构性分析。企业通过对所处行业在互联网环境中的产品服务分析、趋势分析、品牌集中度、品牌门槛分析，最终加深对该行业的“互联网＋”商业模式的认识。互联网环境是多变复杂的，在“互联网＋”商业模式中需要对行业相关伙伴的生存稳定性和关系稳定性进行把握。

12.3.3 企业环境驱动

企业在进行“互联网＋”商业模式之前，通过对企业文化的设置、企业具备的组织学习能力及相关的技术条件等支持条件的审视情况。“互联网＋”商业模式中企业文化更倾向于高效、开放和创新。“互联网＋”商业模式的企业应发展完善和吸收新知识的能力，接受新生事物，突破组织的惯性思维。

技术创新是企业技术进步具体化的过程。互联网的产生使技术创新赋予了新的内涵，信息技术的掌握和应用成为实现技术创新的重要基础，服务于技术创新的全过程。在企业“互联网＋”商业模式中，信息技术是企业技术条件的重要代表，对新商业模式形成起重要作用。

12.3.4 顾客环境驱动

对顾客的类型和需求定位是企业经营的起点，而企业的价值主张则是根据目标客户的需要提出的，对企业“互联网＋”商业模式起驱动作用的顾客环境。

互联网的快速发展成为最近十年来最重要的商业趋势之一，我国网民人数每年都成大规模增长之势，因此主要针对线下客户的传统企业，面对大量的网络消费者，需要重新定位需求以及其需求的变化趋势。在准确掌握变化后，才能制定合适的策略。随着互联网的发展，消费者和商品的距离逐渐缩短，甚至是“零距离”。消费环境的变化使得顾客既可以很轻松地实现货品的比较，又可以参考其他消费者的评论，不断产生个性化的需求。因此企业可以面对消费者的需求变化情况，变大规模制造模式为规模化定制，甚至是私人定制。另外，企业也可以邀请有意愿的消费者参与到产品的开发中来。

第 4 节　电子商务模式及其竞争战略

12.4.1　电子商务模式概述

1．电子商务的定义

电子商务伴随着互联网技术的发展，逐渐成为企业竞争优势的一种新来源。电子商务是运用现代通信技术、计算机和网络技术进行的一种社会经济形态，它利用信息技术实现社会商业模式、管理模式、组织结构的创新与变革，使整个社会生产经营活动价值链发生改变。电子商务模式是在电子商务创新条件下，传统商业模式发展的一个新形式。

2．电子商务模式的定义

电子商务模式是企业确定细分市场和目标顾客之后，通过企业内部特定的组织结构和在价值网中的定位，运用网络信息技术，与价值网上的各合作成员整合相关的流程，最终满足顾客的需要，并给企业带来赢利的方式。电子商务模式是企业在价值链系统一定位置上为目标市场提供价值和赢利的方式，它由电子化市场环境、客户关系、产品创新、财务要素、企业资源、业务流程 6 个要素构成，这些要素之间相互依赖和联系，共同确定商务模式的构成和特点。

3．电子商务模式的分类

按组合要素的不同与其组合作用的不同，电子商务模式可分成：电子商务空间模式、电子商务规模模式、电子商务等级模式、电子商务经营范围模式、电子商务运营管理模式。

（1）电子商务空间模式。

电子商务空间模式是指按物理区域划分的电子商务模式，由商家、客户、信息网络系统和支持服务机构四种要素组合而成。电子商务空间模式又可分为本地区模式、跨地区模式和跨国模式三种类型。

电子商务本地区模式通常是指利用本城市内或本地区内的信息网络实现的电子商务活动，电子交易的地域范围较小。电子商务跨地区模式是指在本国或本省范围内进行的网上电子交易活动。其交易的地域范围较大，是在全国或全省范围内实现的电子商务活动。涉及工商行政管理、税务、银行等不同地区的众多部门。跨国电子商务是指在全世界范围内进行的电子商务活动，参加电子商务各方通过网络进行贸易。全球电子商务业务内容繁杂且数据来往频繁，要求电子商务系统严格、准确、安全、可靠。

（2）电子商务规模模式。

电子商务规模模式是以电子商务企业或单位的规模所划分的电子商务模式，由从业员工数、财务中的销售额二种要素组合而成。电子商务规模模式可分为大型、中型和小型三种电子商务类型。

电子商务大型规模模式通常是指企业从事电子商务的从业人员数在 400 人及以上，销售额在 15000 万元及以上的企业或单位。电子商务中型规模模式是指企业从事电子商务的从业人员数在 100 人至 400 人之间，销售额在 1000 至 15000 万元之间的企业或单位。电子商务小型规模模式是指企业从事电子商务的从业人员数在 100 人以下，销售额在 1000 万元以下的企业或单位。

（3）电子商务等级模式。

电子商务等级模式是以经营服务水平所划分的电子商务模式，由信息网络系统、支付服务机构、组织管理三种要素组合而成。电子商务等级模式以经营服务水平不同可分为初级、中级和高级电子商务三种类型。

电子商务初级水平模式通常是指在商务活动中主要实现信息流、商流的网络化，即进行网上发布商品信息，网上签约洽谈等非网上支付型电子商务。电子商务中级水平模式是指在商务活动中实现信息流、商流与资金流的网络化，以供应链管理与客户关系管理为基础，实现网上支付型电子商务。涉及支付服务机构及企业内部的营销管理。电子商务高级水平模式是指在商务活动中实现信息流、商流、资金流与物流的网络化。网上订货与上下游企业应用集成，及时精益生产，在智能化的基础上实现协同型电子商务。

（4）电子商务经营范围模式。

电子商务经营范围模式是以经营业务的种类所划分的电子商务模式，由商品、商家、客户和组织管理四种要素组合而成。电子商务经营范围模式以经营范围不同可分为专业和综合两种类型。电子商务专业经营模式通常是指针对一个行业或某一方面做深、做透的商务模式，这种模式在专业上更具权威，在商品和用户群上更加精确。电子商务综合经营模式是指针对多个行业或方面开展的商务模式，在经营广度上下功夫。

（5）电子商务运营管理模式。

电子商务运营管理模式，是电子商务组织、业务流程的设计、实施、指挥、控制的机制与方式方法。由财务成本、商品、组织管理三种要素组合而成。电子商务运营管理模式以运营管理企业数量的不同分为独立运营管理和联合运营管理两种类型。电子商务独立运营管理模式通常是指企业自主运营和管理的电子商务模式，这种模式由一个企业完成商务活动的主体部分；电子商务联合运营管理模式是指由多个企业共同合作运营和管理所完成的电子商务模式。

4．电子商务模式体系

电子商务模式体系是由电子商务经营范围模式、电子商务运营管理模式、电子商务规模模式、电子商务空间模式和电子商务等级模式中的具体模式依次组合构成的。由于每一具体模式有其限制条件，因此电子商务模式体系并不是所有模式的组合而只是可能模式的组合，如图 12-6 所示。

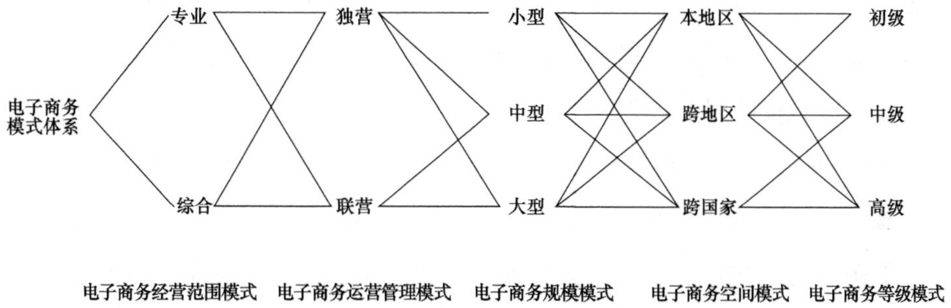

图 12-6　电子商务模式体系

12.4.2　电子商务模式对企业战略实施的作用

互联网的兴起和成长促进企业战略创新的快速更新，也进一步对经济和社会的快速发展产生着较大的影响。社会经济受电子商务模式的影响和激发显示出螺旋的发展态势，通过重新组织社会资源的组合方式和协同分工的方式，来降低在交易活动中的费用，使组织机构运行效率得以提高、战略规划得以落实。电子商务模式除了降低信息成本、营销成本，配送成本，在物流、交易和其他成本的减少上也有显著的影响。在电子商务的支持下，传统的商业或个人企业家可以通过外包、采购、战略合作等，不同的供应链的合作伙伴建立广泛和密切的联系，有效整合员工、技术、生产和社会资本，提高企业战略实施的效率。

12.4.3　电子商务时代的波特“五力”竞争结构

1．新进入者的威胁

数字化技术和虚拟化技术的应用降低了初始资本投入规模的要求，初始资本的投入也很难成为门槛，“规模优势”不再能阻碍新的进入者，渠道不再是稀缺的资源，此时能否有效地阻碍新的进入者，保持并提高整个行业的盈利水平，要靠快速反应和不断创新。

2．顾客讨价还价的能力

在网络的虚拟市场上，个体消费者可以通过网络轻易获得有关信息，再通过网络工具联合到大量的购买者，组成虚拟的购买组织，提高顾客集中度和购买的数量，而使购买者讨价还价的权力变大。因此，网络时代是买方的天下。

3．供应商讨价还价的能力

在虚拟电子市场中，寻找商品和进行“货比三家”的方便程度大大提高，购买者面对众多的供应商，其众多的选择使供应商的讨价还价的权力下降。购买者要求供应商降低零配件的价格，零配件生产厂家又要求原料供应商降低价格，最终将威胁转移到了原材料供应商。因此，在电子商务市场中下游企业的权力要比上游企业的权力大。

4．现有企业间的竞争强度

随着互联网技术的发展和运输能力的提高，企业在广泛的市场环境和地理区域内提供产品和服务成为现实，全世界提供相同或者类似产品和服务的企业，都可能成为竞争对手。竞争的范围也由特定的地理区域成为国际化的区域，且竞争呈现动态性，竞争规则发生了质的改变，个性化市场和顾客的时代顺势而来。网络时代企业竞争将有赖于对无形资源的拥有和有效使用。谁掌握了顾客的需求信息并为顾客提供了满意的产品或服务，谁就会在竞争中取胜。

5．替代品的威胁

网络提供了功能强大的搜索工具，顾客通过网络搜索工具可以轻易地找到满足需求和功能的替代品。为了避免替代品威胁带来的不利影响，企业必须关注顾客的市场需求的变化，关注技术的变化及未来发展的趋势。不断提升企业的创新能力，在产品的研究与开发方面投入大量的人力和资金，为顾客提供高附加值的产品，满足顾客的独特需求，从而达到留住顾客的目的。

12.4.4 电子商务模式下企业战略创新优势

1．降低时间成本

电子商务平台，为企业从事电子商务网络，在线商店，技术维护和其他支持，帮助企业降低了资金和时间成本，缓解组织资金紧张的状态和建立独立网站维护人员的负担；同时，网店相对传统实体的店铺的成本节约更为显著。

2．降低营销成本

通过先进的信息技术和专业的数据系统分析，网络运营商通过营销更准确地交付，实时监控和良好互动等。此外，企业通过灵活地选择支付方式，促使投入成本不断降低，不断优化营销效率，最大化企业的价值，达到企业的业务目标和需求。

3．降低渠道成本

电子商务交易服务平台，有效地剔除了中间环节的交易过程中，各地经销商和许多电子商务卖家，直接给生产商下订单；在交易服务平台上，企业可以通过网店对用户的质量进行负责。传统的多级销售渠道正被缩短为“生产商——网店——消费者”的新型渠道体系，简化了从生产到最终消费层次的产品，从而有效降低渠道成本，提高效率。

4．降低物流成本

通过电子商务物流平台，企业需要支付维护和物流系统的成本。通过专业的物流和配送能力，组织能够适应迅速变化的业务。

5．降低资金周转成本

在传统的多级分销及零售体系，分销商和零售商的各个层面经常账户，坏账之间的复杂关系之间，因此存在坏账是常见的，并且影响货币流动速度。互联网电子支付方式，帮助企业直接完成在网上的付款和结算的过程。在相同的资本规模，电子商务服务业的发展，提高资本周转速度资金的使用效率，使企业能够支持更高的产量。

6．降低信用成本

良好的商业信用体系可以节省谈判时间，省钱谈判，降低交易成本，提高生产率和产品的供应商品流通速度的能力。电子信用卡服务改善和规范电子商务安全与信用环境对促进电子商务交易成本的下降起着重要的作用。网络运营商之间和电子商务平台的相互适应，也可以促进信贷体系的持续改进和成熟。

拓展阅读 12-1

苹果公司在“互联网+”背景下的战略创新

1. 苹果公司

苹果公司自 1980 年公开招股上市以来，一路发展迅猛，到 2014 年，其品牌超越 Google，成为世界上最具有价值的品牌。苹果公司的硬件产品主要是 Mac 电脑系列、iPod 媒体播放器 iPhone 智能手机和 iPad 平板电脑；它与电脑连接的在线服务包括：iTunes Store 和 App Store;其次消费软件即软件下载系统包括 0SX 和 iOS 操作系统、iTunes 多媒体浏览器、Safari 网络浏览器等等一些创意和生产力套件。苹果公司一直以来都以创新在高科技企业中闻名。

2. 苹果公司在“互联网+”背景下的创新

（1）注重技术创新，把握企业核心竞争力。无论是苹果公司哪一个新产品上市，马上就会有模仿者去模仿。而苹果公司作为新产品的创始者，自然是占据着最高的利润，作为“第一”，苹果公司享有自己的创新所带来的成果，引领这个时代的潮流。当然在创新的同时，苹果公司也会借鉴之前的错误，吸取之前的教训，同其他能力强的公司合作，增强自身产品的兼容性和通用性。2007 年，苹果公司将所有的 iPhone 手机都换成了英特尔的芯片，由此，iPhone 手机不仅能在 windows 操作系统进行上运作，还能运 windows 的应用软件。在应用软件上，苹果公司也非常注重和微软的合作；在配件方面，苹果公司也考虑得非常周全，苹果产品外观是统一的，但是有不同的手机机壳，五彩斑斓的手机机壳设计，使原本一个个苹果产品变得活泼可爱生动形象，深受年轻消费者的喜爱。这些颠覆传统的创新，正是苹果公司最值得称赞的地方。

（2）不同价格引领不同市场，采取差异化战略。苹果公司运用不同的价格引领不同的市场，高端市场由高价格产品带动，大众市场则选择亲民的价格。针对不同的市场不同的需求，一方面，苹果公司开发的各种新奇产品，让消费者目不暇接;另一方面，苹果公司通过广阔的销售渠道，将其充满特色的产品送到了世界的各个角落。而利润较低的加工生产这一环节，苹果公司则将其外包给了一些劳动力价格较低的发展中国家，以此来赚取利润。

（3）微笑曲线。苹果公司的设计特点主要表现为其产品设计的简洁。其产品的外观就是一个大屏加上一个触摸按钮，然后以统一的或白或黑的机壳为主，外观的细微变化甚至让消费者们难以察觉产品更新换代后所带来的变化。

复习思考题

1. 简述“互联网 +”背景下企业竞争角色和企业竞争作用力模型。
2. 试述网络技术下的价值链模式和新特征。
3. 举例分析互联网背景下某行业的竞争环境。
4. 简述电子商务模式。
5. 论述电子商务时代的波特“五力”竞争结构。

本章案例

我国农业电子商务竞争战略选择

农业电子商务是利用互联网等现代电子通信技术，为涉农领域的经营主体提供在线产品销售渠道，搭建农产品与消费者之间的流通桥梁，并且提升农业科技的一种电子交易模式。自 1994 年我国开通了中国农业科技信息网至今，各种类型的农业信息网站陆续开通，极大促进了信息技术在农业方面的发展。截止到 2015 年底统计，我国内陆地区开设的涉农网站超过 6000 家，并且吸纳了大量用户，仅中国农业信息网的注册用户就已经突破 3000 人。

在农业市场份额不断缩小，竞争对手不断强大的发展背景下，农业电子商务为实现长远的发展，必须走出一条属于自己的发展道路。农业电子商务在战略选择上，一般有五大战略可供选择：

（一）合作战略

农业电子商务在发展方面应该明确自身的优势，注重其他行业的合作，加强与其他地区的信息交流，包括农业信息资源的利用、农业信息网站的建设、农产品物资配、农业人才培养等。只有与其他行业或者网站合作，结合自身的优势并做到取长补短，才能真正打造具有特色的品牌。农业电子商务网站可以通过如下三种方式来提高自身的影响力：

（1）提升全程传递时限，给出承诺服务。在这个过程中，首先对传统的农产品运输网进行升级，构建能够自主掌控的快速运输网络；其次对传统信息内部处理模式加以升级，加大对新型信息技术的运用效率，建立健全内部作业组织，最大程度上优化农业信息处理流程。

（2）针对价格体进行调整，促使其与市场价格体系相适应。当下农业市场价格已经非常透明化。可以充分考虑到价格机制受到运输工具使用或者地理区域远近等因素影响，进行必要的有针对性的调整。对客户进行细分，并根据客户对产品的需求设定与其相一致的服务价格体系。

（3）实现服务水平的提升。根据行业要求给出可行的服务标准，提升服务人员的综合素质，赢取客户信任，提升客户满意度。对农业物资运输环节进行监控，在第一时间中发现问题，同时对问题加以有效解决。关注物流配送工作，让产品能够在既定的时间中被客户收到，针对运用过程中的问题要积极处理。

（二）规模战略

在有效时间中占据农业电子商务应用的份额。中国有着国内最大的农产品物流运输网络与物流配送队伍，但是网络和队伍之间并不是十分匹配。在经济发达城市中增加农产品物流服务人数，同时加强当地的农业信息网站建设，来实现市场规模的大幅度扩张。在经济欠发达的农村地区，需要为服务提供保障，打造一支稳定的队伍。

（三）科技战略

借助于先进的科学技术建设配送物资分拣自动化系统，减少人力消耗，控制人力成本。其次可以对自身的信息网络加以完善，对内部资源进行重组，展开针对农产品电子商务诸如信息接收、处理、运输等整个流程的实时监控与追踪，实现商务营销水准的核心竞争力得以提升。对各种相关信息系统进行衔接，防止系统在应用上出现独立现象，导致信息传输遇阻问题的产生。

（四）成本战略

需要对管理成本进行下调。将能够替代的职能机构进行精简化，减少可有可无的管理工作；对农业电子商务运作过程中的运输成本进行监管，设置出可行且科学的运输路线，完善管理制度，实现对运输过程中相关成本的有效监控；对人工成本进行控制，对工作人员的精简，着力提升工作人员的综合素质，避免人力资源闲置现象的产生；采取内外部竞争机制，设置奖惩激励机制，促使每个员工能够为企业带来更多的盈利。

（五）人才战略

吸纳社会中适用人才，定期针对员工展开各方面培训，为员工制订可行的职业发展规划，在实现员工发展目的的同时，实现企业发展目标，促使人才成为推动农业电子商务业务发展上的中坚力量。与高校之间建立合作的关系，缓解农业电商人才短缺问题。

第13章 全球化市场的企业竞争战略

那种认为自己什么都行，过去的经验和能力已经足以应付国际化或者全球化企业的需求的领导人，他一定不会取得成功。

——杨元庆

本章要点

- 拓展国外市场的含义和分类
- 拓展国外市场的动因
- 跨国经营的环境分析
- 企业国际市场的进入模式和竞争战略

本章目标

- 了解拓展国外市场的含义和分类
- 理解拓展国外市场的动因
- 掌握跨国经营的环境分析
- 掌握企业国际市场的进入模式和竞争战略

第 1 节　企业拓展国外市场的动因

13.1.1　拓展国外市场的概述

传统理论认为，国际化是企业一系列渐进决策的产物，即通过出口、在海外设立营销机构，逐步发展为在海外直接生产。近年研究显示，新兴市场企业的国际化不一定遵循渐进方式。新兴市场企业以获取战略资产并规避国内制度限制为动因，倾向将国际扩张作为跳板，以激进方式进入海外市场。

目前经济全球化趋势日益显著，对于我国已具备国际竞争能力的优势企业来讲，拓展国外市场，积极参与国际竞争、国际分工与合作，走国际化发展的道路，不断拓展自身的生存与发展空间，既是顺应当今世界经济发展趋势的战略选择，也是企业不断成长壮大，成为世界有实力的跨国公司的必由之路。

企业拓展国外市场是指企业突破一个国家的界限，开始走向国际市场，积极开展国际分工与竞争，以外部资源利用、产品出口为导向从而实现全球化经营战略的过程。其中包括研究与开发国际化、采购与生产国际化、营销国际化、资本国际化、人才国际化、企业文化国际化等内容。

拓展国外市场可以分为“外向型”和“内向型”两种，前者是指通过产品和服务出口、技术出让、在国外建立合营公司、设立国外子公司或兼并国外企业等方式进行国际化经营；后者则主要包括产品和服务的进口、购买国外技术专利、在国内设立合营公司、成为国外跨国公司的分支机构等。

13.1.2　拓展国外市场的动因

1. 宏观原因

（1）资本国际化和生产关系国际化。

科技进步和生产力的迅速发展促进了国际分工的深化，生产的社会化发展成为生产的国际化，从而促进资本的国际化。生产国际化与资本国际化的发展，意味着生产力国际化，生产力的发展促进生产关系发生变化，生产力的国际化必然导致生产关系的国际化，即资本占有的所有制的国际化，跨国公司正是资本国际化和生产关系国际化的一个重要方面。

（2）各国政策措施的调整。

第一，母国政府限制规定。为了保护竞争以及有效合理地利用土地，一些国家颁布了一些限制某类行业发展的规制政策。如英国的区域管制是一项重要的商业规划法规，该法规给予地方政府足够的自主权，计划过程的目的只是对土地使用的管制，所有的商业发展计划涉及对房屋建筑的新建或改建，都要获得当地政府主管部门的批准。

第二，东道国政府规制放宽。为了适应国际政治经济形势的变化，促进经济的发展，世界各国都制订和调整了各自的外国直接投资政策，采用鼓励投资或吸引投资的政策，从而促进了跨国经营的迅速发展。政府通常采用的鼓励措施有：提供信息服务、税收优惠、融资便利、投资风险担保、技术研究与发展费用，以及提供物质上的支持。

2．微观原因

（1）市场区的有限性与企业跨国经营的动因。

假设某国的企业要想使其产品市场覆盖全球，可能的方法是将产品出口到全球各地。如果企业没有竞争对手，且产品对空间距离的克服能力非常强，即产品在一定距离内的运输成本很低，产品的消费没有价格弹性，那么企业就可以以出口方式占领国外市场。

（2）市场区的大小影响企业的跨国经营策略。

不同产品的市场区大小不同，所以生产不同类型产品的企业应有不同的跨国经营策略。食品饮料大多价廉而笨重，对空间距离的克服能力较低（食品还因保鲜的需要对时限有严格要求），其市场半径及市场区较小，所以，食品饮料企业要想使产品占领全球市场，就必须在国外设立较多的子公司。汽车则不同，由于它价值较大，自身又是运输工具，对空间距离的克服能力较强，市场半径及市场区较大，因此汽车生产企业跨国投资的迫切性就不如食品饮料企业那么强烈。

（3）母国成熟业态海外发展潜能的挖掘。

企业生命周期会经历导入期、成长期、成熟期、衰退期。当某一业态进入成熟期以后，销售不会继续增长。可是在母国市场处于成熟期或衰退期的该业态，却可能在国外市场处于导入期或成长期，属于新型业态，具有很大的发展潜力。

战略实践 13-1

突破一条“走出去”的不平凡之路

中国水利水电第十三工程局有限公司（以下简称“水电十三局”）始建于1962年，是世界500强企业——中国电力建设集团有限公司（以下简称“电建集团”）旗下特级企业、中国电力建设股份有限公司全资子公司。

水电十三局根据国家宏观经济政策调整，不断更新公司经营发展战略，从树立“经营灵活、结构合理、管理先进、资产优良、国内一流大型建筑施工企业”的目标，到以“国内外相互促进、共同发展”策略转变，再到“国外为主，国内外协调持续发展”战略变革，奠定了水电十三局“十二五”发展规划大纲中提出的“优先国际、统筹国内、突出主业、相关多元、国际一流”的战略发展定位，先行先试，打造了国内企业走向海外市场的成功典范。

从1987年，真正参与国际工程承包，走出国门进入国际市场至今，水电国际业务不断拓展，已形成东非、安哥拉、中西非、北非、中东、南亚、欧洲七个区域和国别项目群市场，涉及英、法、俄、葡、阿拉伯语五大语系地区，先后在30多个国家开展工程承包业务。

水电十三局秉承“坚持不懈地深化国际业务优先发展战略”，主动搭乘国家“走出去”战略快车，深耕细作国际市场，打造出一家以国内外工程承包为主、具有丰富的海内外工程项目综合经营管理经验的国有大型建筑施工企业，趟出了一条“走出去”的不平凡之路。

第2节　国际市场环境及跨国经营的差异性

13.2.1　企业跨国经营的国际竞争环境

1．跨国经营成为世界经济的主体

跨国企业生产经营活动的规模巨大，跨国化程度高，集中在高新技术部门，立足于核心产业，发展多样化生产。它们的优势表现在规模、科技、人才、范围、无形资产、融资能力、管理、区位优势、内部化、与国家政权相结合等若干方面。在整个经济全球化的进程中，跨国企业起到了重要的作用。随着国际经济体之间限制性措施的逐步弱化，跨国企业在世界经济全球化中所起的作用越来越大。

2．国际分工不断深化发展

随着经济全球化的迅猛发展，传统上以商品贸易为主的国际经济格局被打破。由跨国公司创建的生产体系推动着国际分工沿着产业价值链方向不断向企业的生产环节深入，使全球经济系统发生了国际分工的历史性变迁。其基本趋势是，劳动和资源密集型产品向发展中国家转移，发达国家则不断向科技和资本密集型产业升级。

3．各国产业结构互动增强

各国产业结构相互联系，形成了世界经济产业结构大系统，出现了结构互动的经济现象。从世界经济整体看，经济发展要求在全球范围内实现最佳资源配置。各个国家根据本国的经济发展和资源状况，发展不同层次、不同类型的产业，以发挥自身的比较优势。如制造业在全球范围进行生产专业化分工和不同生产环节的分工，实现了无国界生产，说明了全球范围实现生产要素和产业结构的互补，能够提供高产业运行效益。

4．技术创新驱动能力加大

科学技术迅猛发展是经济全球化得以产生和发展的最大动力。技术创新是一个国家长期经济发展最重要的决定因素，技术创新取向，成为衡量一国生产力发展及其经济社会发展潜力的根本性标志。跨国企业会依靠跨越时空界限的信息网络技术，来谋求超越垄断利润和规模经济效益。

13.2.2 企业国际市场进入模式

1．出口模式

出口模式是指企业从事本国生产，向目标市场出口产品的模式，其又分为间接出口和直接出口两种基本方式。

（1）间接出口。间接出口模式是通过本国的各种外贸机构出口，包括通过外国公司在本国的采购机构和分公司、通过贸易公司出口或代理出口。间接出口的特点是进入海外市场的风险较低，也不需增加新的投资，缺点是企业无法获取国际化经营的经验，对产品的价格以及流向都不好控制，因此，这种方式只适合那些经营实力较弱以及海外经营经验不足的中小型生产企业。

（2）直接出口。企业直接自行报关向国外的客户或者中间商销售产品的这种方式就叫直接出口。企业对产品的流向及销售的各方面情况的把握控制程度的深浅，就是直接出口与间接出口的本质性区别。直接出口的主要优势是企业可以有效地实施进出口战略，及时掌握海外市场信息，积累国际营销经验，培养国际经营人才，从而提高企业的国际竞争力。其不足之处是要求企业投入一定的资源，企业所面临的风险也较大，还要求企业具有专业化的人才和一定的国际企业管理的能力。从严格意义上讲，只有直接出口才是企业国际化经营的起点。

2．契约型模式

契约型模式是指在不涉及股权或企业产权的条件下，通过与东道国政府或海外合作者签订某种契约，使企业的生产要素和产品进入海外市场的模式，包括许可证协议，特许经营，管理合同等。

（1）许可证模式。这种模式是指企业同国外法人单位之间签署协议向其转让工业产权的使用权，以收取一定的费用或者其他补偿。使用这种模式一般转让的都是企业产权的使用权，而不是所有权。许可证进入模式的最大的好处就是能够绕过许多贸易壁垒，降低企业成本，而且许可证进入模式的政治风险很小。但是，这种模式也有其较大的缺点，就是容易将企业的合作方培养成自身的竞争对手。

（2）特许经营模式。特许经营是许可证模式的一种变体。特许经营权的拥有者以合同约定的形式将企业的商标、专有技术以及经营模式等经验资源授权给被特许人。被特许人需按照合同的规定来使用这些经验资源从事经营活动，同时，被特许人还需向特许人支付特许经营费或者其他补偿。

（3）管理合同模式。管理合同模式是指一个企业以合同形式给予另一个国家涉外企业的日常经营的权利。在通常情况下，合同授权公司做出一系列安排，如新的投资、承担债务、更改所有权安排、红利分配等。管理合同属于契约型进入，是对企业经营活动的管理，不涉及股权或企业产权。管理合同广泛应用于服务业。

3．合资模式

合资经营是指由两个或两个以上不同国家的投资者共同投资，实行共同管理，共负盈亏，并按照投资比例分享利润的经营方式。企业采取这种经营模式进入目标市场好处比较多，可以直接利用东道国企业与当地政府、银行、客户以及各级供应商的关系，还有当地的资源，这样可以减少投资，并且将风险缩小；同时，还可以学习合作方的管理经验和生产技术等。当然，每个国家之间都存在着文化差异，企业之间也有不同的经营理念，这些差异在合作中有可能带来不可避免的矛盾与冲突；由于是共同管理，在对企业或产品的控制上也会受到一些限制，这些也是合资经营不可避免的缺陷。

4．独资模式

独资经营进入模式是指企业不与目标国的企业合作，自行在目标国投资建厂，进行经营活动。独资进入模式的组建方式即可以是收购当地公司，也可以是自己建厂。从组建方式我们可以看出，独资经营模式的投入资金比较多，在经营战略上也会受资本投入地的法律制度、社会习惯以及政治文化的制约，如果遇到政局不稳定的情况，企业的风险将更大。当然，独资经营也有其较多好处：企业可以完全控制整个管理过程，减少内部矛盾；对于经营成果，企业也可以独享，避免利益分配的问题。另外，独资模式还有一大优点，独资进入可以保护企业本身的技术和经营秘密，从而保持在东道国市场上的竞争力。

第3节　企业进入国际市场竞争的战略选择

针对企业国际战略和企业发展目标而言，企业在制订国际战略之前首先要明确企业国际战略目标，然后才能够做到有的放矢。国际战略的目标是企业为了取得和保持长期国际竞争优势而设定的预期成果。

13.3.1　跨国公司战略联盟

1．合资企业式联盟

对于那些产品生命周期属于成长期和成熟期的中国跨国公司而言，可以考虑采用这一形式的战略联盟。因为处于成长和成熟期的产品在国外都有发展的潜力，这类跨国公司在国际市场上谋求的多半是完善的销售渠道。如，我国的中成药的生产企业，在出口上就会遇到很多国家设置的市场进入的障碍，如果采取与国外跨国公司合资，利用其完善的销售网络直接进入东道国市场，既绕过了重重壁垒，还可避免自己重新在东道国建立庞大的销售网络的巨额费用，最终可以降低产品的成本，使自己的产品更有市场竞争力。

2．契约式联盟

（1）研究开发战略联盟。

跨国公司可以选择在价值链上的初始位置与国外企业合作，构建研究开发型国际战略联盟，成员方可以相互交换彼此拥有的专利技术等优势要素，充分吸收和利用当今世界各国的先进技术成果，分摊开发成本和风险，提高创新产品的技术含量，从而加大其相关企业技术模仿的成本和难度，延长创新产品的生命周期，以稳获高额的投资回报。

（2）合作生产战略联盟。

合作生产主要指实施产品联盟，共同生产、开发新产品。我国跨国公司往往受到融资渠道不畅通，自有资金不充足的制约，很多时候对于新产品的开发是有心无力。如果和国外中小型跨国公司合作，进行共同生产，共同承担成本，双方可以合作开发填补国际市场空白的新产品，可以是在迅速捕捉了单一国家市场信息后认为有市场需求的小、特、新的产品，也可以是耗资相对高、具有很高附加值的、双方国内市场都有消费潜力的新产品。最终联盟双方的合作意图都是获得规模经济、降低成本或缩减自己的生产能力，实现战略外包。

（3）非控股联盟战略。

当面临外部强有力的竞争时，各种非等级关系的企业联盟在国内企业尤其是大企业之间较快形成有竞争力的联合行动的过程中，可以发挥显著作用。所谓非等级关系的企业联盟，一般是指企业之间的非控股联盟关系，可采用的方式有长期合同、少量非控股性投资、贷款或贷款担保、共用信息系统、联合采购、共同商标、共同开发市场一揽子销售、共用销售服务渠道、合作研究、管理者之间非正式协商等。

13.3.2 生产系列化与产销网络一体化战略

该战略可分为本企业的销售网络和工商结合的销售网络，前者往往是大企业根据自己的企业规模、产品性质、企业目标和外部环境按地区、产品和顾客类型构筑，或者将这几种类型混合在一起使用，使得国外产品很难进入该市场。后者的形式较多，既有排他性较强的制造商——特约经销商形式，也有制造商——指定销售商这种排他性较弱的形式。但无论哪种形式，制造企业和销售商之间都具有一种长期、稳定和某种程度排他性的密切关系。这种产销结合的方式多存在于大宗、无差别、无较多售前售后服务要求的产品的生产销售中，生产建设用原材料多数采用这种形式。

13.3.3 交叉补贴战略

这是指当一个企业同时提供一组彼此互补的产品和服务时，通过有意识提高或降低某些产品和服务的价格，提高企业综合竞争能力的战略。其做法往往是通过一部分产品或服务的低价竞争获取客户，用另一部分产品和服务的较高盈利弥补低价造成的损失。

13.3.4 利用行业组织维护自身权益，提高企业竞争力

从市场经济国家的经验来看，在开放性市场竞争中，行业组织在保护国内产业，支持国内企业增强国际竞争力方面往往起着政府不可替代的作用。行业组织要做好的工作一是利用保障条款维护企业的合法利益。如提供该行业受外来产品竞争所致影响的资料，担当保护本行业利益的发起者和提供证据的角色。二是协助企业实施法律保护。三是帮助企业维护权益，尤其是通过加强同国外相关行业组织的关系，是十分重要的工作。四是协助国内企业保护国内市场和开拓国际市场的行动，减少国际贸易摩擦。

复习思考题

1. 简述拓展国外市场的分类。
2. 举例说明拓展国外市场的动因。
3. 分析企业跨国经营的国际竞争环境。
4. 试述企业国际市场进入模式。
5. 论述企业进入国际市场竞争的战略。

本章案例

杉杉股份有限公司的国际化战略

1. 杉杉股份有限公司简介

杉杉股份有限公司创立于1992年，并在1996年成为服装纺织业里第一家上市公司，业务涉及服装、电池材料及投资三大业务板块。作为中国服装界的龙头企业，杉杉股份自1998年公司实施“多品牌、国际化”战略以来，已拥有杉杉、Marco、Smalto等20多个品牌，是国内最好的时尚品牌运营商之一。

2. 杉杉股份国际化战略现状和模式

在2010年2月，杉杉股份与伊藤忠商株式会社和户田工业株式会社就锂电池材料方面签署相关协议，进一步推动公司锂电池材料的发展。这一系列动作可以看出杉杉国际化不仅仅是服装品牌的国际化，而是全面发展的国际化。截止到2016年半年报，杉杉股份实现营业收入21.54亿元，其中在电池材料方面实现营业收入18.49亿元，同比增长21.6%，净利润1.37亿元，同比增长193.8 %。

多品牌和国际化战略理念一直伴随着杉杉股份，正是通过这些实现国际化战略。杉杉股份国际化战略能够快速取得成功和第一时间与国外知名品牌合作离不开关系。杉杉股份通过以服装纺织，科技与资本三个方面推动国际化，降低仅从服装单方面开拓国际化失败的风险。

3. 杉杉股份国际化战略存在的问题

（1）品牌问题。虽然杉杉股份旗下品牌很多，但是市场中能够保持一定盈利，稳定发展的品牌并不多。跨越不同产品属性的品牌在经营方式及管理方式上会有所不同，在选择经营渠道进行市场拓展也有所不同，企业在较为熟悉市场会相对顺利，跨界经营会产生一定的陌生感。这样就无法与同类企业进行竞争，在市场收益方面也会有所影响。

（2）管理问题。在收购一家企业后仅仅是股权上的变更，经营权和管理权并未改变，而其他同样采用松散式管理的一些国际品牌在收购企业之后，管理层和经营模式都得到了变更，收购企业的主观意识很强，希望能够快速获利。杉杉股份对收购的品牌的管理多采用了延续旧的经营模式。

（3）合作问题。国内企业之间合作很少，迫于竞争压力，大多企业都不愿意合作，但在多元化的今天，同类品牌相互合作已经逐渐普遍，它能使资源更加有效的结合，这也是国内品牌多元化发展的一种新型模式。

（4）杉杉股份国际化战略的建议。

1）构建企业核心力。企业必须要有自己的核心竞争优势才能在市场中得以发展。随着经济发展，杉杉股份要意识到劳动力成本优势不是长久的，技术和产品上的创新才是自身的核心竞争力。

2）注重创新。创新既可以技术产品上的创新，也可以是管理模式上的创新，使资源得到更有效的发挥。杉杉股份可以通过分析自身优势和外部环境，再加以创新，提高自己在市场中的竞争力。

3）继续多元化经营战略。杉杉股份拥有服装纺织、高科技、投资三个不同的领域，都给杉杉股份带来丰厚的收益，有利于公司的发展。在服装纺织业采取国际化同时，公司也在高科技产业基地发展了一批新兴企业。在投资领域，积极进入金融行业，在证券业，保险业等都取得了不错的收益。为此杉杉股份应当继续推进多元化经营战略。

4）减少文化差异的影响。文化差异给国家化战略带来很大的影响。杉杉股份可以通过聘请国外知名的设计师来设计符合国际理念的服装，参与国际服装秀等各类赛事，降低文化差异的影响。

参 考 文 献

[1]（美）小阿瑟 A.汤普森，玛格丽特 A.彼得拉夫，约翰 E.甘布尔 A.J.斯特里克兰三世．战略管理：概念与案例［M］．19 版．蓝海林，等，译．北京：机械工业出版社，2016．

[2]（美）弗雷德，福里斯特．战略管理：概念部分［M］．15 版．北京：清华大学出版社，2017．

[3] 肖智润．企业战略管理［M］．2 版．北京：机械工业出版社，2018．

[4]（美）迈克尔 A.希特，R.杜安.爱尔兰 罗伯特 E.霍斯基森 战略管理：竞争与全球化［M］．11 版.焦豪，等译．北京：机械工业出版社，2016．

[5]（新加坡）库林特·辛格，等．战略管理：竞争与全球化［M］．3 版．张国萍，等译．北京：机械工业出版社，2011．

[6]（美）阿比斯·F.阿克哈法吉．战略管理：制定、执行及动态环境控制［M］．张春萍，等译．北京：经济管理出版社，2005．

[7]（美）加斯·塞隆纳，等．战略管理［M］．王迎军，王建新，译．北京：机械工业出版社，2004．

[8]（美）弗雷德·R．大卫．战略管理：概念部分（上）［M］．李东红，等译．北京：清华大学出版社，2003．

[9] 孟卫东，等．战略管理：创建持续竞争优势［M］．北京：科学出版社，2004．

[10]（美）迈克尔·古尔德·坎贝尔等．公司层面战略：多业务公司的管理与价值创造［M］．黄一义，等译．北京：人民邮电出版社，2003．

[11] 王方华，吕巍．战略管理［M］．北京：机械工业出版社，2004．

[12] 徐二明．企业战略管理［M］．北京：中国经济出版社，2002．

[13] 杨锡怀，冷克平，王江．企业战略管理：理论与案例［M］．2 版．北京：高等教育出版社，2004．

[14]（美）汤普森，斯特里克兰．战略管理［M］．13 版．段盛华， 王智慧，于凤霞，译．北京：中国财政经济出版社，2004．

[15] 张阳，周海炜，李明芳．主编 战略管理［M］．北京：科学出版社，2009．

[16] 黄丹，余颖．战略管理：研究注记·案例［M］．2 版．北京：清华大学出版社，2009．

[17]（美）约翰·A.皮尔斯二世.小查理·B.鲁滨逊.战略管理——制定、实施和控制［M］．8 版．王丹，高玉环，史剑新，译．北京：中国人民大学出版社，2004．

[18]（美）格里高利·G．戴斯等．战略管理：创建竞争优势［M］．邱琼，刘辉锋，译．北京：

中国财政经济出版社，2004.

[19] 刘益，徐波编. 战略管理：工具与应用 [M] 北京：清华大学出版社 2010.

[20]（美）C. W. L. 希尔　G. R. 琼斯. 孙忠译，战略管理 [M] 北京：中国市场出版社，2005.

[21] 张文雷. 跨国经营与中国企业"走出去"战略研究 [D]. 对外经济贸易大学，2006.

[22] 邱慧芳. 从市场区理论看企业跨国经营的动因及策略 [J]. 国际贸易问题，2002（7）：1-4.

[23] 郑淑蓉，吕庆华.中国电子商务 20 年演进 [J]. 商业经济与管理，2013（11）：5-16.

[24] 李琪.电子商务导论 [M]. 北京：中国铁道出版社，2012.

[25] 彼得・德鲁克.创新与企业家精神 [M]. 海口：海南出版社，2000.

[26] 何建华.电子商务环境下企业价值链模型 [J]. 安徽师范大学学报（人文社会科学版）. 2007（7）：390-394

[27] 中国企业家成长 20 年：能力、责任与精神——2013•中国企业家队伍成长 20 年调查综合报告 [J]. 管理世界. 2014（6）：19-38.

[28] 刘雪梅. 企业文化特质对企业战略的影响研究 [D]. 山东大学. 2012.

[29] 田奋飞.企业竞争力研究—基于企业价值观的整合观点 [M]. 北京：中国经济出版社，2005

[30] 于春晖主编 并购案例精粹 [M]. 上海：复旦大学出版社 2005.

[31] 李杰，滕斌圣. 企业战略. 北京：机械工业出版社，2016.

[32] 罗恩・彻诺. 摩根财团：美国一代银行王朝和现代金融业的崛起. 北京：文汇出版社，2014.

[33] 琼・施特劳斯. 美国银行家：摩根传 [M]. 北京：华夏出版社，2014.

[34] 阿伦・肯尼迫，特伦斯・迪尔. 企业文化——企业生活中的礼仪与仪式 [M]. 北京：中国人民大学出版社，2006.

[35] 西蒙・西涅克. 乔布斯何以让苹果红遍世界. 管理实务，2011（6）.

[36] 沈晓燕. 电子商务在国内价值链重构中的作用一一以纺织服装产业为例 [D]. 华侨大学硕士位论文 2014.

[37] 袁洪飞. 我国农业电子商务竞争能力的影响因素及战略选择探析 [J]. 农业经济. 2016（3）：120-122.

[38] 陈敏曦. "走出去"的蓝海策略——中国水利水电第十三工程局有限公司海外市场拓展实录 [J]. 中国电力企业管理，2017（7）：29-32.

[39] 陆昀杰. 杉杉股份有限公司国际化战略 [J]. 中小企业管理与科技（上旬刊），2016（12）：12-14.